国家社科基金
后期资助项目
GUOJIA SHEKE JIJIN HOUQIZIZHU XIANGMU

顾颉刚"层累说"与
20世纪中国古史学

Ku Chieh-kang's "Layered Fabrications Theory" and
20th-Century Research into the History of Chinese Antiquity

黄海烈 著

中华书局
ZHONGHUA BOOK COMPANY

图书在版编目（CIP）数据

顾颉刚"层累说"与 20 世纪中国古史学/黄海烈著. —北京：
中华书局,2016.1（2024.4重印）
（国家社科基金后期资助项目）
ISBN 978-7-101-11390-7

Ⅰ.顾…　Ⅱ.黄…　Ⅲ.史学史-研究-中国-古代　Ⅳ.K092.2

中国版本图书馆 CIP 数据核字（2015）第 276841 号

书　　名	顾颉刚"层累说"与 20 世纪中国古史学	
著　　者	黄海烈	
丛 书 名	国家社科基金后期资助项目	
责任编辑	高　天	
责任印制	陈丽娜	
出版发行	中华书局	
	（北京市丰台区太平桥西里 38 号　100073）	
	http://www.zhbc.com.cn	
	E-mail:zhbc@zhbc.com.cn	
印　　刷	三河市中晟雅豪印务有限公司	
版　　次	2016 年 1 月第 1 版	
	2024 年 4 月第 2 次印刷	
规　　格	开本/710×1000 毫米　1/16	
	印张 21¼　插页 2　字数 340 千字	
国际书号	ISBN 978-7-101-11390-7	
定　　价	78.00 元	

国家社科基金后期资助项目出版说明

后期资助项目是国家社科基金设立的一类重要项目,旨在鼓励广大社科研究者潜心治学,支持基础研究多出优秀成果。它是经过严格评审,从接近完成的科研成果中遴选立项的。为扩大后期资助项目的影响,更好地推动学术发展,促进成果转化,全国哲学社会科学规划办公室按照"统一设计、统一标识、统一版式、形成系列"的总体要求,组织出版国家社科基金后期资助项目成果。

全国哲学社会科学规划办公室

目　录

序　一

吕文郁

呈献在读者面前的这部《顾颉刚"层累说"与 20 世纪中国古史学》，是黄海烈博士在其学位论文基础上修改增补而成的。这部书作为海烈博士的第一部学术著作，能够列入国家社科基金后期资助项目而在中华书局这样的权威出版社正式出版，可喜可贺，我在这里愿为海烈博士的大作问世而点赞！

12 年前的 2003 年，海烈考入吉林大学古籍研究所，在我指导下开始攻读中国古代史专业先秦史方向博士学位。必修的学位课程上完之后，我催促他们尽快提交博士论文开题报告。海烈最初拟定的论文题目是《顾颉刚学术思想研究》。我知道海烈的硕士学位论文选题就与顾颉刚有关，他对顾颉刚研究有浓厚兴趣，在这方面的资料积累也有相当的基础，我认为以顾颉刚为研究对象是完全可以的。但我觉得作为博士学位论文，这个题目明显偏大。众所周知，顾颉刚先生是一位学术兴趣相当广泛的学者，他的研究涉及历史学、文献学、经学、诸子学、民俗学、古代学术史、学术思想史、历史地理学等诸多领域。他在这些领域里都有引人注目的学术成果。要全面总结和系统论述顾颉刚的学术思想，殊非易事。而且有些领域已明显超出了先秦史的研究范围。我认为博士学位论文贵在创新，因此最好是"小题大做"。题目小些，易于深入开拓，易于重点突破，易于推陈出新，因而也易于取得成功。海烈在全面梳理了有关顾颉刚的各种资料后也认为原来的题目确实太大，因而一度准备把论文题目缩小为《顾颉刚古史学思想研究》。但在论文开始写作后，他感觉顾颉刚的古史学思想涉及的问题也很广泛，如面面俱到仍有很大难度，不如以顾颉刚古史学思想中的某一重点问题为突破口，然后深入剖析，这样成功的把握会更大些。因此最后决定把他的学位论文题目修改为《顾颉刚"古史层累说"初探》。这一改动我当然非常赞同。

　　海烈的博士学位论文写作进展并非一帆风顺。这有多方面的原因,其中最主要的原因是学术界对顾颉刚"层累说"及其疑古思想的认识至今仍存在较大的分歧,有的意见甚至针锋相对。选择这样的题目做博士学位论文,势必要冒相当大的风险。任何一位博士学位论文的作者首先都要考虑论文的安全系数,即在专家评审和论文答辩等环节上能否顺利过关。如果学位论文写得过于锋芒外露,论文送审时又恰好送给了与自己学术观点对立的专家,而这位专家对不同的学术观点又恰好不甚宽容,那就无异于撞在了人家的枪口上,麻烦就大了。这是一个无法回避的现实问题。因此,他与许多博士生一样,论文写作过程中不得不在学术与现实的两难境地中苦苦挣扎。他们不得不小心翼翼,如履薄冰,生怕触犯别人的忌讳,这样做的结果往往是使论文的学术价值大打折扣。我知道海烈论文的部分章节写得十分艰难,在写作过程中曾几度"卡壳",并为此而十分苦恼。我鼓励他放心大胆地写,先把种种顾虑抛在一边,待初稿完成后对某些较为敏感的问题再仔细斟酌。我指导博士生撰写论文,主要是在大的原则问题上注意把关,或在研究方法上提出指导意见,对于具体问题的学术观点我并不要求学生一定要遵循我的见解。即便学生的见解与我的见解完全相左,只要能够自圆其说,我都照样放行。我认为这样能够激励学生大胆创新,也是学术民主的具体体现。对于顾颉刚的"层累说",我与海烈的见解实际上是存在较大差距的,我倾向于彻底否定,认为顾氏此说对中国古代史研究造成的影响主要是负面的,而海烈则是在承认"层累说"有其合理性的前提下指出其不足。海烈对顾颉刚的学术思想已关注多年,对顾颉刚的认识已经形成定势,尤其是考虑到学位论文要注意规避风险,这是我完全能够理解的。

　　我认为顾颉刚的"层累说"是顾氏全部疑古思想的一块基石。抓住了"层累说",也就等于抓住了顾颉刚古史学思想的核心和要害。可见,"层累说"是研究顾颉刚古史学思想最关键的问题。不过顾颉刚先生为构筑他的全部疑古思想体系而奠定的这块"基石"并不牢固,因为"层累说"本身不过是尚待证明的一个假说而已。一个以假说为基础的疑古思想和疑古理论,是不可能有长久生命力的。上个世纪二三十年代顾颉刚的"层累说"在学术界曾经引起颠覆性的巨大反响,顾颉刚也因此成为举世瞩目的学术精英。"层累说"之所以在当时能够产生轰动效应,是因为这一假说完全顺应了五四运动所开创的反传统潮流。就这一潮流对当时学术研究的冲击而言,"层累说"与"打倒孔家店"等口号一样,是破坏有余而建设不足。当时中国的现代考古学尚处于刚刚起步的阶段,无法提供更多足以修正"层累说"的实物例证,用胡适的话来说,即不能为"层累说"提供更多的"否证"。可见,顾颉刚的"层累说"是"五四"反传统历史潮流的产物。上个世纪50年代,曾经在全国范围内掀起一股声势浩大的批判疑古派的运动。但由于这场批判运动带有浓厚的政治色彩,即把对疑古派的批判与胡适思想批判捆绑在一起来进行。事实上在疑古问题上胡适很早就与顾颉刚进行了"切割",并互相分道扬镳。50年代进行的这场批判运动的结果,不仅没有把疑古派的思想和理论真正批倒,反而引起很多学者对顾颉刚的"层累说"和疑古理论产生一种同情和恻隐之心,这正是那场政治运动所造成的逆反效应。由此可见,用搞政治运动的方式来解决学术问题,无异于缘木求鱼。随着近年来地下简帛文献一批又一批地陆续出土,为我们研究古代的学术和思想文化提供了大量极为珍贵、可信的一手资料,也为顾颉刚的"层累说"及其全部疑古理论提供了大量的无可辩驳的"否证"。当年曾经产生颠覆性效应的"层累说",被这些出土文献再次颠覆了。许多当年被疑古派宣布为"伪书"的古籍,已经被这些出土文献证明是千真万确的真古籍,人们不得不为疑古派制造的这些冤假错案——"平反昭雪"。

海烈的博士学位论文在写作过程中遇到了许多艰困和曲折,这是学术攻坚过程中常有的事。他最终提交的学位论文写得非常成功,得到了评审专家和全体答辩委员会成员的一致好评。很多专家都指出:顾颉刚的"古史层累说"自上个世纪20年代抛出至今已近一个世纪,学术界回应"层累说"的论文不计其数,但是对顾氏"层累说"进行全面、系统、深入研究的学术著作尚付阙如。海烈的《顾颉刚"古史层累说"初探》是专门研究、探讨这一问题的第一部著作,这是有开创之功的。记得海烈的博士学位论文答辩会刚刚结束时,一位参加答辩会的东北师范大学历史系领导指着海烈的论文对我说:这个学生的去向定下来没有? 如果你们古籍所不留,我们师大历史系要他。我告诉他,吉大人事处已批准他留在古籍所任教。他略带遗憾地说,这是一块做学问的好料。在博士生留在高等院校特别是重点大学任教日益困难的当时,海烈能够受到如此青睐,足见他的学位论文得到了专家们的认可。

　　在论文答辩之后,海烈又先后两次对论文答辩稿进行了大幅度的修改。第一次修改,主要是对论文的整体结构进行了适当的调整,增加了部分章节,对答辩之前来不及展开论述的一些章节进行了增订和扩充,对文字也进行了认真的加工和润色。经过这次修改,论文的篇幅由原来的 25 万字增加到 37 万字,论文的题目也由原来的《顾颉刚"古史层累说"初探》改为《顾颉刚"层累说"与 20 世纪中国古史学》。第二次修改是在申请国家社科基金后期资助项目中标之后,参考了评审专家的意见,对论文在第一次修改的基础上再次加工,主要是对论文的枝蔓部分进行了较大幅度的删改,使主题更加突出;克服了答辩稿中的一些顾忌,使论文的某些学术观点表述得更加明确。经过这两次大幅度的修改,海烈的这部著作可谓更上一层楼。希望海烈能够在学术研究的道路上再接再厉,不断推出新的学术成果。

2015 年 11 月 5 日

序二　清代与民国学术

葛志毅

有著作将民初国学分为三大主脉，即"章太炎学派"、"古史辨派"、"清华国学研究院"①。海烈的研究课题按此自应归入古史辨派的范畴，它既涉及民国学术的主脉之一，其价值可知。但为彻底认识民国学术的价值及由来，必须从清学谈起，从乾嘉考据学谈起。这对深入分析认识海烈此书的内容意义，应有裨益。

一、乾嘉考据学的近代影响

研究中国近代学术文化史，大抵要从清代讲起，梁启超与钱穆两部同名的《中国近三百年学术史》，可为这方面代表。清学之重要，就在它总结前代，开启后来，从而抽绎出 17 世纪以来中国近代学术文化的理性源头。

清学的重心在乾嘉学术，乾嘉的成就集中于其发展出的考据学方法论体系。有研究认为，乾嘉考据兴盛，是中国古典文献学发展的高峰，为两千年传统学术做出经典式的完备总结。具体说，乾嘉考据为此后的近现代研究提供了经过整理校释的可读善本，其实还涉及经多方搜求聚合而成的珍贵资料，包括文献典籍之外金石文字、抄本残卷及器物书画等所有可遇到的资料，皆予精到整理，以方便研究利用。最为重要的，是经此大规模的整理研究活动，总结出的一套有效治学方法，嘉惠后学，遗泽来世，沾溉无穷。清儒在研究中广泛使用包括文字、音韵、训诂、目录、版本、校勘、辨伪、辑佚、注释、典制名物、天算历法、金石、地理、职官、避讳、乐律等学科方法，极大丰富了治学手段。乾嘉考据学最为特殊者是其于诸法中首重小学，于小学中绝重音韵学，清儒由此觅得经史研究中的语文根本。他们在文献典籍的初始研究中首重经史，继之则扩及于子集，囊括四部之学而兼治之。清

① 罗检秋：《嘉庆以来汉学传统的衍变与传承》，北京：中国人民大学出版社，2006 年，第 446 页。

代考据学的最大特征在其主体的理性自觉,这使之能为中国传统学术的发展提供一个研究治学的根基,此后的研究基本都凭借依附于此根基之上。继起的民国学术史证明,能在中国历史文化研究中取得大成就者,几乎全是那些在清代学术修养上功力积累深厚者。

　　越过民国,清学对当下学术研究的补裨之益亦甚明。近几十年随简帛资料的大量出土、经学者的持续努力,新的简帛学已在形成,其中关于文字考释、制度史事考订、古书体例溯源等问题,在清代乾嘉成果中,都不乏可供参考者。如何发掘这一学术宝藏,以促进简帛学的深入发展,不容轻忽。民国时王国维在这方面的研究极具启发借鉴意义。王国维曾倡言"古来新学问起,大都由于新发见",并历数孔壁中书、汲冢书乃至殷墟甲骨、敦煌塞上及西域之汉晋木简、敦煌千佛洞六朝及唐人写本等新资料之出土,并指出新资料对推动学术发展的重大积极作用。罗振玉、王国维率先利用新出甲骨等材料进行研究,完成古文字及考古学发展史上草创时期的罗、王之学,为后来开启研究门径。值得提出的是,王国维利用这些新资料,撰成在当时及后世影响极大的《古史新证》,从而使甲骨金文的史料价值为之倍加提升。但王国维的"新证",显系继承了清儒金石证史的学术传统而又能光大之。最近几十年,因大量简帛材料的出土,学者们又重温王国维《最近二三十年中国新发现之学问》一文,其中可见人们有意继承王国维注意研究和利用新出资料的学术用心。但不能忘记的是,王国维学术成就的取得,最重要的一点是他努力汲取清儒成就。王氏长于以文字、声韵考证古代制度文物,系统地读过戴震、钱大昕、汪中、段玉裁、王念孙、王引之等人的著作,接受了其学术熏染。其弟子就认为王氏治学于清儒中与程易畴、刘端临、吴清卿、孙仲容四人为近。王氏在清华研究院开出的普通课程有"古史新证"、"《说文》学习"、"《尚书》"等,指导学员的专题研究包括经学(《书》《礼》《诗》学)、小学(包括训诂、古文字、古韵)、上古史、金石学等。显然,这类学习训练与清儒的汉学并无大异。王氏发扬乾嘉汉学传统,而学术视野、知识结构更具近代性,故能超越清儒。他服膺段玉裁、高邮王氏的文字学,还从契文、古籀等文字着手研究《说文》,多有创见。他又引用甲骨文、金石文字及敦煌残卷等新史料考释文字。他归纳联绵字,补正谐声谱,并为《尔雅》草木、虫鱼、鸟兽作释例,较之乾嘉诸老及"章派"均有新意①。王国维是在继承和发扬乾嘉考据学成果的基础上,取得其学术成就的,他亦可作为现代简帛学研究的典范。纵观现在的简帛学研究,在具体考释中应有不少可参考清人成绩之处,至少如小学考释、校勘例则及礼制名物研究等方面如此。乾嘉考据学成绩积累深厚,颇多可供利用开发者,简帛研究者若能顾及此,必可取得更丰硕的成果。

二、清代与民国学术间的思想逻辑关联

当下学界有"晚清民国学术"的概念,夷考其实,有清一代的学术主体几为民国全部继承,民国学术大体上可视为清学的延续,故以"清代及民国学术"概念,来叙说 17 世纪以来中国近代学术文化发展之整体大势,似更合宜。但既称"晚清民国学术",则其似应更有见于晚清与民国二者间学术关联之紧密。此中细节可借王国维之论阐释之。他说:清代"学术三变,国初一变也,乾嘉一变也,道咸一变也……国初之学大,乾嘉之学精,道咸以降之学新"。按既云"三变",则说明清学在变化中显现其连续性;"新"则突显了道咸以下与国初及乾嘉以还之异。可以说所谓"新",既使之有异于国初及乾嘉,又使之下启民国学术。王氏又曰:"道咸以降,途辙稍变,言经者及今文,考史者兼辽、金、元,治地理者逮四裔,务为前人所不为,虽承乾嘉专门之学,然亦逆睹世变,有国初诸老经世之志。"按道咸以来边疆史地及经世之学复起,显系世变推动下的学风转移,故道咸以下虽学有其变而趋新,但其"经世之志"犹与国初有联系而未尽绝。王氏又曰:"道咸以降,学者尚承乾嘉之风,然其时政治风俗,已渐变于昔,国势亦稍稍不振,士大夫有忧之而不知所出,乃或托于先秦西汉之学,以图变革一切,然颇不循国初及乾嘉诸老为学之成法。其所陈夫古者,不必尽如古人之真,而其斦以切今者,亦未必适中当世之弊。其言可以情感,而不能以理穷。如龚璱人、魏默深之俦,其学在道咸后,虽不逮国初、乾嘉二派之盛,然为此二派之所不能摄,其逸而出此者,亦时势使之然也。"②即道咸以下,学者虽犹承乾嘉之风,但政俗已变,国势日颓,外患日迫,士大夫有所忧思而计不知所出;忧世

---

① 罗检秋:《嘉庆以来汉学传统的衍变与传承》,第 461—462 页。

② 王国维:《沈乙庵先生七十寿序》,载汪学群:《清代学问的门径》,北京:中华书局,2009 年,第 129—130 页。

之情既显,则其学不能不受影响,表现在其学有失真切而难中时弊。时局形势之变必使之在治学内容上有超逸出国初及乾嘉之学以外者。总之,道咸以下之变,乃社会时局及形势变化之刺激所致,使之在具体研究内容上有所趋向转移即所谓"新"。但这些变化,尚不足以影响到学术研究方法主体上的根本变化,如当时号称治《公羊》今文者,亦已无由摆脱乾嘉古文考据之法,故虽云"颇不循国初及乾嘉诸老为学之成法",但治学方法主体不可能与之相违。因为乾嘉之学已为此后的研究,从方法论主体上奠定了一个原则性基础,具有时空上的某种超越性,虽入民国犹遵行而无背。而且审视民国的学术研究,尤其是民国的国学研究,其内容、方法与精神实乃乾嘉学风的一脉相承和延续;乾嘉之学乃清学重心和主脉,故民国学术对乾嘉的学术继承,亦即延续了清代学术主脉。乾嘉之学对民国的影响,还有一事较少为人留意,即《皇清经解》的辑刻流传。阮元在广州学海堂辑刻《皇清经解》,道光九年竣事;王先谦在江阴南菁书院辑刻《皇清经解续编》,于光绪十四年成。就在此前后,坊间书贾亦刻售是书,有学者指出:"阮、王正续《经解》,光绪中上海坊间有石印本多种","《五经汇解》光绪间石印本,割裂正续《经解》所收诸书,引就经文,以便省览,与《说文诂林》编法相似。虽出坊贾之手,要亦有功学者"①。是坊间刻售《经解》石印本有多种。坊间书贾以牟利为目的,他们刻售此书,必是社会有需要,可满足其牟利目的。尤其是书贾自己编印《五经汇解》,他们肯投资费工做此事,亦与社会需要可牟利有关。当年吴荣曾先生对我讲,此种石印本《经解》颇多见。我自己于"文革"前的哈尔滨古旧书店,亦见过。正续《经解》乃清代汇集考据学成绩的专书,部头很大,虽以石印本缩印,其册数仍不少。民间书贾可用以牟利,表明乾嘉考据学的影响及社会的需要,都不会很小。其书流传于社会,反过来亦会有助于其学的传播影响之扩大。同时,清末国粹派之兴起及胡适倡整理国故,与此书在社会学术氛围的营造上,不能说毫无关系。总之,由于清学在民国的延续,因而若用"清代及民国学术"的概念,叙说17 世纪以来中国近代学术文化发展的整体大势,应更为适宜。

　　梁启超称清学为"文艺复兴",其方法乃科学方法,胡适亦有类似之说,此对理解清学在近代学术史上的开启性地位及示范性意义,均有裨益。他

---

①　范希曾:《书目答问补正》,北京:中华书局,1981 年,第 205 页。

们的这种说法，也推动了民国学术对清学的继承。文艺复兴是晚清民国学者喜欢使用的概念。如晚清国粹派喜欢用"古学复兴"称他们所提倡的国学，但其主要用指先秦的学术文化，而"古学复兴"原本指欧洲的文艺复兴[①]。梁启超《清代学术概论》用文艺复兴指清代三百年的学术文化发展。胡适谓其前有影响的政论家黄远庸，就希望当时的中国出现类似文艺复兴的新文学改革。胡适自己更喜欢使用文艺复兴概念，如他称从唐代至五四之前有过四次文艺复兴，其中第四次文艺复兴即指清代三百年的考证学。此外，五四新文化运动作为文艺复兴则不同于以往的任何一次文艺复兴[②]。由于文艺复兴本质上是一次思想文化改革运动，为清末民初的一些学者心仪向往，乃至认为以之称五四新文化运动最为相宜，因此亦得大多数学者认同。其中梁启超以之称清代学术文化，较早亦较特殊。梁氏自谓在 1902 年《论中国学术思想变迁之大势》一文中，已如此言，《清代学术概论·自序》谓其第八篇论清代学术，章末结论云："此二百余年间，总可命为中国之'文艺复兴时代'，特其兴也，渐也非顿耳。"又曰："有清学者，以实事求是为学鹄，饶有科学精神，而更辅以分业的组织。"[③]按此处与原来有些出入。查《论中国学术思想变迁之大势》，"文艺复兴时代"本作"古学复兴时代"[④]，按"古学复兴时代"即"文艺复兴时代"[⑤]。又查其原书有曰："吾论近世学派，谓其由演绎的进于归纳的，饶有科学之精神，且行分业之组织。"[⑥]按"由演绎的进于归纳的"显然在表述上，要比"以实事求是为学鹄"更好。后来胡适亦以科学方法称清代的治学精神，其一即认为清儒具有归纳演绎的逻辑方法。胡适在《清代学者的治学方法》一文中，认为假设和验证都是科学方法所不可少的主要分子，科学方法是演绎和归纳互用的；中国旧有的学术，只有清代的"朴学"确有"科学"的精神；朴学大要可分四部

---

①　郑师渠：《晚清国粹派——文化思想研究》，北京：北京师范大学出版社，1993 年。

②　胡适：《中国的文艺复兴》，长沙：湖南人民出版社，1998 年。

③　梁启超：《梁启超史学论著四种》，长沙：岳麓书社，1985 年，第 17 页

④　梁启超：《饮冰室合集》第一册，《文集》之七，北京：中华书局，1996 年，第 103 页。

⑤　如其文又有曰："夫泰西古学复兴，遂开近世之治，谓希腊古学，果与近世科学哲学，有不可离之关系乎？"（梁启超：《饮冰室合集》第一册，《文集》之七，第 97 页）又有著作谓，那时所谓"文学复古"、"文学复兴"、"古典兴复"、"古学复兴"等，皆今日所谓欧洲"文艺复兴"的不同译法。详见罗志田《国家与学术：清季民初关于"国学"的思想论争》，北京：生活·读书·新知三联书店，2003 年，第 92 页。

⑥　梁启超：《饮冰室合集》第一册，《文集》之七，第 91 页。

分:文字学、训诂学、校勘学、考订学,此四者都是科学;清代学者使用的治学方法,总括起来只是两点:"(1)大胆的假设,(2)小心的求证。假设不大胆,不能有所发明。证据不充足,不能使人信仰。"①胡适把乾嘉考据学方法,作了完全科学化的论证,在当时影响甚大。不论以上"文艺复兴"还是"科学方法"之说,完全是按西方观念评价乾嘉考据学的性质。但这种说法的重要意义在于,清代学术是中国近代学术文化的理性诞生源头。经胡适提倡整理国故及对清代科学方法的鼓吹,乾嘉考据学益加深入于民国学术之中。五四对科学的崇信,使乾嘉之学在民国受到空前推崇。

　　梁启超论清学演进与顾颉刚"古史层累说"在逻辑上的关联,对我们理解近代学术发展在思想认识上的某种微妙关系,颇有裨益。梁启超以欧洲文艺复兴精神说清学演进,故称之为"以复古为解放",即第一步复宋之古,对于王学而得解放;第二步复汉、唐之古,对于程、朱而得解放;第三步复西汉之古,对于许、郑而得解放;第四步复先秦之古,对于一切传注而得解放。所以能奏此解放之效者,"则科学的研究精神实启之"②。顾颉刚认为其考辨古史是在清代今文家工作之上更进一步,他实际也是在以此"以复古为解放"阐释其古史求真的努力方向。他说叶德辉曾痛心地说:"有汉学之攘宋,必有西汉之攘东汉。吾恐异日必更有以战国诸子之学攘西汉者矣!"顾氏认为此言应在他身上,因为他要用战国之学打破西汉之学,更用战国以前的材料打破战国之学,至此则"完成清代学者所未完成之工"③。此言与其"古史层累说"相切合。即古史既经层累堆积而成,那么我就以层层剥离的努力来恢复古史真相,所以顾氏相当于以"复古为解放"比喻自己的古史求真努力。从这里可以看出西学观念、科学精神在清末民国以来学者思想中发生之影响。但这里也包括梁启超个人对清代学术演进的独特思考。上述《清代学术概论》在"以复古为解放"观念主导下所述清学演进的四步,在前此的《论中国学术思想变迁之大势》中,使用了"如剥春笋,愈剥而愈近里"之喻,他说:"本朝二百年之学术,实取此二千年之学术,倒影而缋演之,如剥春笋,愈剥而愈近里,如啖甘蔗,愈啖而愈有味。不可谓非一奇异之现

　　①　胡适:《清代学者的治学方法》,载汪学群:《清代学问的门径》,第 330 页。

　　②　梁启超:《梁启超史学论著四种》,第 25 页。

　　③　顾颉刚编著:《古史辨》(二),上海:上海古籍出版社,1982 年,第 6—7 页。

象也。"①有人说清代是中国古代王朝的最后一家,故逞回光返照之象,不仅在各方面尽放异彩,在文化上亦如回光倒影一样,将中国学术由近溯前直至先秦原点而止。或者可以认为,是乃以此种形式为中国文化之发展,作一回溯式总结。综之,无论梁启超之"以复古为解放"的剥春笋之喻,还是顾颉刚"层累说"之逆向剥离以求古史真相之说,都对中国古代及清代学术文化发展中值得关注的特异现象进行了观察、总结与揭示。此现象出现的原因或许在于,中国古代文化博大精深、积累深厚,以至在近代进行回顾总结时,不得不层层分析、次第入里,非经如此的细加咀嚼品味,不足以进入"愈唉而愈有味"的内在神明会心之境,并进而把握中国文化的三昧真谛。同时,通过对梁、顾二氏认识的分析,可见在当时学者对清学发展过程的理解中,已蕴含了清代与民国学术间的思想逻辑关联。

由乾嘉之学的性质所决定,其研究集中于几部经书上,前四史因与经书内容相关,亦在此研究视域之内,后来又扩及于子书,故乾嘉之学的研究大致在先秦两汉的历史文化领域之内。由于当时几乎集中了全国的学术精英于此研究领域内,其成就必然是胜义纷呈、精粹迭见,必多可供后来学者取资借鉴之处,但若欲有所超越则较难,陈寅恪自言"不敢读先秦两汉之书"其因亦在此,其价值因之可见。但后来因种种原因所致,对其开发利用并不充分。上文提及近年出土的简帛古书,大抵在此时段内,故若欲使简帛研究更上层楼,必须注意对乾嘉成绩的开发利用,王国维在这些方面已率先做出典范。但至目下的研究看,这方面似注意不甚充分。海烈在论文中运用上博简《容成氏》等新出资料作为研究参证,从而得预于时代之学术潮流,可称为"预流"之士,其研究视野之开阔自然可嘉。海烈读硕士曾从我攻先秦史,博士论文则作古史辨研究,从而涉足民国学术。若能因此再深入一步登上清代学术殿堂,左右采获,取精用宏,则无论对其先秦史研究,还是对中国古代历史文化的精密研究,补裨获益之处,必不可限量。

---

①　梁启超:《饮冰室合集》第一册,《文集》之七,第 102 页。

前　言

顾颉刚(1893—1980)，江苏苏州人，中国现代杰出史学家。作为"古史辨派"主要代表的顾颉刚，贯通经史，著述等身，学术思想包罗宏富，在诸多学术研究领域都做出了巨大贡献[①]。顾颉刚的古史学说在 20 世纪前半期主要围绕两个主题，前期主题是"古史的层累地造成"即"层累说"；后期的主题是"五德终始说下的政治与历史"。"层累说"是顾颉刚古史学说的主要核心与灵魂，是其古史学说中最先提出也是最为重要的方法体系。"层累说"既是一种历史观，又是一种史学研究方法，是在"层累地造成古史观"支配下的方法论体系。顾颉刚在具体古史研究中所运用的史学方法，多是从"层累说"演化而来，服务其"层累地造成古史"的史学观。顾颉刚"层累说"在民国初年的社会、政治和学术背景下产生，继承传统，融会创新，在已是危机重重的传统学术研究中脱颖而出，毅然举起古史研究领域内旧学革命的大旗。"层累说"重新估定传统经学的价值，开创新的古史研究方法，成为 20 世纪中国古史学的主要研究范式。

新中国成立以来，随着中国考古学发展与成熟，地下出土材料纷纷涌现，使过去被认为是伪书的古籍得以重新认识，过去模糊的古史认识也日渐清晰，自宋代以来的疑古思想则遭到前所未有的挑战。有古史学者号召"走出疑古时代"[②]、"中国古典学重建"[③]，而有些学者则坚持认为搜集和考

[①]　顾颉刚作为一位博通的学者，不仅在历史学方面涉猎极广，横跨古史研究、历史地理学和历史文献学等领域，同时还对戏曲、歌谣和民俗等方面也有着深入的研究，在这些方面，他都有极为丰富的著述。详见王煦华：《顾颉刚主要著述年表》，《顾颉刚选集》，天津：天津人民出版社，1988年；顾潮：《顾颉刚先生著述要目》，《顾颉刚学记》，北京：生活·读书·新知三联书店，2002 年。（为使行文流畅及版面简洁，书内所引前辈学者皆免称先生，所引学术专著也只在首次引用时标明出版信息。）

[②]　李学勤：《走出疑古时代》，《中国文化》第 7 期。又载李学勤：《走出疑古时代》（修订版），沈阳：辽宁大学出版社，1997 年。

[③]　裘锡圭：《中国古典学重建中应该注意的问题》，《中国出土古文献十讲》，上海：复旦大学出版社，2004 年；《出土文献与古典学重建》，载清华大学出土文献研究与保护中心编：《出土文献（第四辑）》，上海：中西书局，2013 年。

辨史料这样的工作在任何时代的历史研究中都必不可少,从这个意义上说,"疑古时代"是走不出去的①。于是,学者们围绕如何看待"古史辨派"、顾颉刚古史学说的学术价值等问题,由于学术出发点或现实关怀的不尽相同,不可避免地产生了较大的分歧,这成为当前史学界重要的学术热点问题②。所以,对"层累说"的基本理论和具体观点,进行一次全面系统的梳理与分析,不仅能够使我们更为清楚地认识到顾颉刚古史学说的意义与局限,还有利于认清分歧、平息争论。这就要求我们在20世纪初中国古史学发展的大背景下,重新审视顾颉刚的"层累说",全面具体地揭示其基本面貌,客观评价其意义、作用及局限性。在此基础上,深入探讨20世纪前半期中国古史学研究取向之间的相互关系及研究范式的转换,以此来充分展现中国古史学先破后立的演进过程。如此才能找寻到顾颉刚古史学说在20世纪中国史学发展史上准确的定位,有助于我们批判地继承史学遗产,更好地建设和发展中国古史学学科。

20世纪20年代,自顾颉刚"层累说"提出之初,学术界已对顾颉刚古史学说展开了讨论③,虽历经近百年岁月冲刷,依然热情不减。当年有关顾颉刚古史学的研究成果,多属于辩论性和评价性文章,主要收入七册《古史辨》之中④。

新中国成立后的思想改造运动中,全国知识文化界掀起批判胡适思想

---

①   刘起釪:《关于"走出疑古时代"问题》,《传统文化与现代化》1995年第4期;林沄:《真该走出疑古时代吗?——对当前中国古典学取向的看法》,《史学集刊》2007年第3期。

②   2006年10月21日,山东大学召开"上古史重建的新路向暨《古史辨》第一册出版八十周年国际学术研讨会",会议上学者们就对"疑古"学说的认识和评价、出土文献的意义和价值、上古史重建的新路向等问题进行了深入的交流和探讨。《文史哲》杂志从2006年第2期还开辟了"疑古与释古"专栏,陆续发表系列论文,如王学典《〈古史辨〉第一册出版80周年感言》、杨春梅《去向堪忧的中国古典学——"走出疑古时代"述评》、张富祥《"走出疑古"的困惑——从"夏商周"断代工程的失误谈起》、池田知久《出土资料研究同样需要"古史辨"派的科学精神——池田知久访谈录》、李扬眉《"疑古"学说"破坏"意义的再估量——"东周以上无史"论平议》、陈淳《疑古、考古与古史重建》、彭国良《一个流行了80余年的伪命题:对张荫麟"默证"说的重新审视》、谢维扬《古书成书和流传情况研究的进展与古史史料学概念——为纪念〈古史辨〉第一册出版八十周年而作》、裘锡圭《"古史辨"派、"二重证据法"及其相关问题——裘锡圭先生访谈录》、江林昌《顾颉刚先生与考古学》等。《光明日报》和《中华读书报》亦有专文加以响应。

③   详见张越:《五四时期中国史坛的学术论辩》,南昌:百花洲文艺出版社,2004年,第118—325页。

④   《古史辨》第一册于1926年出版,至1941年已出版至第七册。顾颉刚编著第一、第二、第三、第五册;罗根泽编著第四、第六册;吕思勉和童书业合作编著第七册。1982年,上海古籍出版社予以再版重印,书内所引皆为此版本。

的热潮,这不可避免地涉及到"古史辨派"与顾颉刚古史学说。这时期的研究主要是针对"古史辨派",而且带有浓厚的时代特征。其中杨向奎①、童书业②、李锦全③、吴泽和袁英光④等学者纷纷著文批判"古史辨派",这些论著对顾颉刚"层累说"虽有所涉及,但受当时的政治气候和学术环境的影响,显然是以批判和否定为主论调的。

　　研究高潮的再次到来,则是在顾颉刚去世之后。不仅顾颉刚晚年的古史研究论文陆续刊载在国内有影响的学术刊物上,而且其遗著经过后人的搜集与整理,已基本全部面世⑤。海内外学者对"古史辨派"和顾颉刚古史学说的研究也予以重点关注⑥。大量回忆性、纪念性和编年性论著随之刊出⑦,并出现全面总结顾颉刚学术思想的专门性著述,如刘起釪的《顾颉刚先生学述》⑧、刘俐娜的《顾颉刚学术思想评传》⑨等。一些中国近现代史学史和学术思想史专著也都在有关章节对"古史辨派"和顾颉刚古史学说加

　　①　杨向奎:《"古史辨派"的学术思想批判》,《文史哲》1952年第3期。
　　②　童书业:《"古史辨派"的阶级本质》,《文史哲》1952年第3期。
　　③　李锦全:《批判古史辨派的疑古论》,《中山大学学报》1956年第4期。
　　④　吴泽、袁英光:《古史辨派史学思想批判》,《历史教学问题》1958年第10期。
　　⑤　台湾联经出版事业公司于1990年和2007年分别出版《顾颉刚读书笔记》、《顾颉刚日记》;北京图书馆出版社准备影印顾颉刚三个系列的书稿,即"顾颉刚学术专著系列"、"顾颉刚主编学术期刊系列"及"顾颉刚史料考订系列",并于2006年4月先期出版顾颉刚未刊稿《春秋地名考》(全八册);中华书局也于2006年将《顾颉刚全集》列入出版计划,并于2011年隆重推出六十二巨册的全集。
　　⑥　有关海外和台湾学者的相关论著,详见刘起釪:《顾颉刚先生学述》"国外影响"一节;刘俐娜:《顾颉刚学术思想评传》"海外研究概况"一节。另外,德国的吴素乐(Ursula Richter)1992年出版《疑古:作为新文化运动结果的古史辨与顾颉刚》(*Zweifel am Altertum:Gu Jiegang und die Diskussion über Chinas alte Geschichte als Konsequenz der "Neuen Kulturbewegung" ca.*1915-1923)(Stuttgart:Franz Steiner Verlag,1992)。台湾学者的著作还可看王汎森:《古史辨运动的兴起——一个思想史的分析》,台北:台湾允晨文化公司,1987年;彭明辉:《疑古思想与现代中国史学》,台北:台湾商务印书馆,1991年;陈志明:《顾颉刚的疑古史学》,台北:台湾商鼎文化出版社,1993年。
　　⑦　郑良树编:《顾颉刚先生著述年谱》,北京:中国友谊出版公司,1987年;尹达主编:《纪念顾颉刚学术论文集》,成都:巴蜀书社,1990年;顾潮:《顾颉刚年谱》,北京:中国社会科学出版社,1993年;顾潮、顾洪:《顾颉刚评传》,南昌:百花洲文艺出版社,1995年;顾潮:《历劫终教志不灰——我的父亲顾颉刚》,上海:华东师范大学出版社,1997年;王学典、孙延杰:《顾颉刚和他的弟子们》,济南:山东画报出版社,2000年;顾潮:《顾颉刚学记》,北京:生活·读书·新知三联书店,2002年;中山大学历史系、中国社会科学院历史研究所合编:《纪念顾颉刚先生诞辰110周年论文集》,北京:中华书局,2004年;王煦华:《顾颉刚先生学行录》,北京:中华书局,2006年。
　　⑧　刘起釪:《顾颉刚先生学述》,北京:中华书局,1986年。
　　⑨　刘俐娜:《顾颉刚学术思想评传》,北京:北京图书馆出版社,1999年。

以专门论述①,对"层累说"也有所涉及。但可以说,对顾颉刚"层累说"及其古史学说的研究仍有待深化,未来研究主要有以下四种趋势:

第一,从研究内容来看,以往研究过于侧重"古史辨派",对顾颉刚本人的古史学说并不十分关注。即便有将顾颉刚古史学说做系统描述和梳理者,也鲜有将"层累说"作为个案单独拿出来进行深入学理的剖析与实证研究,多是将其作为"宣言"式学说或是顾颉刚疑古的标志。述及"层累说"的研究也往往将其简单地视为顾颉刚的具体古史学研究方法,或是古史观。实际上,"层累说"是顾颉刚古史学说中最为基础也是最为重要的方法论体系。所以,加深以往在顾颉刚"层累说"研究中过于表面化的认识,为全面深入了解其古史学说的得失利弊和意义作用,奠定了基础。

第二,从研究方法来看,以往多注重从宏观上采用学理分析的方法来研究和评价顾颉刚古史学说,往往忽视了从微观上对其学说体系中具体的古史学观点进行实证性研究。而近期,裘锡圭运用实证的方法,结合新出土文献对顾颉刚的古史学具体观点进行了一次深入客观的检讨②,这对顾颉刚古史学说的研究是一个良好的开端,并在方法上起到了示范作用。所以,结合新材料,运用实证的研究方法,具体针对顾颉刚"层累说"中的理论方法和史学观点,既肯定这些方法和观点中的合理内容和重要价值,又指出其存在的局限与不足,客观地从正反两方面来研究总结"层累说",这无疑会对此项研究的深入,起到积极的促进作用。同时也会有利于纠正以往研究中两种极端的态度:即或一味贬低顾颉刚古史学说的价值,否认其对中国古史学的进步作用;或只关注其学说的合理性和积极意义,一味肯定赞扬,少谈甚至不谈局限与不足。

第三,从研究角度来看,应将注意力集中在顾颉刚古史学说的思想来源、学术环境、发展演变等纵横结合的系统研究方面,特别应着重考察"层

---

① 胡逢祥、张文建:《中国近代史学思潮与流派》,上海:华东师范大学出版社,1991 年;蒋俊:《中国史学近代化进程》,济南:齐鲁书社,1995 年;张岂之主编:《中国近代史学学术史》,北京:中国社会科学出版社,1996 年;路新生:《中国近三百年疑古思潮研究》,上海:上海人民出版社,2001 年;吴少珉、赵金昭主编:《二十世纪疑古思潮》,北京:学苑出版社,2003 年;田旭东:《二十世纪中国古史研究主要思潮概论》,北京:中华书局,2003 年。有关"古史辨"和顾颉刚学术思想的散篇文章还可参见陈其泰、张京华编:《古史辨学说评价讨论集》,北京:京华出版社,2001 年;洛阳大学东方文化研究院编:《疑古思潮回顾与前瞻》,北京:京华出版社,2003 年。

② 裘锡圭:《新出土先秦文献与古史传说》,《中国出土古文献十讲》,第 17—78 页。

累说"在 20 世纪中国古史学大发展脉络中的地位与作用。学术思想的形成和发展不可能是孤立的,必然既有纵向的学术传承,又与当时各种古史学流派、文化思潮有着千丝万缕的横向联系,可谓"观水有术,必观其澜","事不孤起,必有其邻",这也是解读"层累说"的重要研究理念。纵向研究方面,可上溯"层累说"的渊源,在充分吸收已有研究成果的基础上,对其予以全面总结阐释。从横向研究的角度来看,清末民初经学边缘化,呈现学术真空,而历史学的内在发展理路和价值观念的转变,促使其取得学术话语权,由边缘走向中心。民国初年的古史学者们都面临着如何完成这种内容角色转换的问题,于是纷纷依据个人的学术素养提出相应的解决办法,各自采取不同的治学路向,从而出现了学说并起、学术思想异彩纷呈的局面。其间,不免会发生中国古史学研究取向间的紧张和竞争,这就为进行横向比较研究创造了良好的条件。注重以顾颉刚"层累说"为中心的比较研究,必将推动对顾颉刚古史学说的理解,从而为深入观察 20 世纪中国古史学领域内的史学革命及研究范式的转换,提供动态视角。

第四,从研究史料来看,顾颉刚的标志性论著,如《古史辨》中的几篇重要文章,成为研究者反复征引的对象,而对顾颉刚的读书笔记、日记、信件、演讲稿等边缘性史料的运用与研究,还有待深入。如《顾颉刚读书笔记》①这种内容时间跨度五六十年,共四五百万字的大部头著作,蕴含了顾颉刚一生的学术点滴,抄录有大量学术交往的信件,是研究顾颉刚学术思想的重要史料,其学术价值并不在《古史辨》之下②。这些史料为"层累说"的进一步研究,奠定了坚实基础。通过对这些文献史料的详细梳理与分析,可以清晰地考察到"层累说"的形成、发展和演变,有利于重新检视"层累说"的理论方法和学术观点,并对顾颉刚学术地位作出正确认识与客观评价。

基于上述研究趋势,书中的写作思路主要是运用学术史的研究方法勾勒出一个宏观的学术背景,在此背景下采用古史学的实证研究法,依据新出土文献材料和最新古史学研究成果,具体研究顾颉刚"层累说"中重要的理论方法与史学观点,对其作一次全局式系统的检视与考察。从学理上寻

---

① 顾颉刚著、顾洪整理:《顾颉刚读书笔记》(全十册),台北:联经出版事业公司,1990 年。
② 《顾颉刚读书笔记》出版二十余年,只有顾洪《关于顾颉刚先生读书笔记的特色》、汪宁生《以治学为职业,作真实之贡献——读〈顾颉刚读书笔记〉有感》等少数几篇介绍性的文章使用《顾颉刚读书笔记》中的材料,可以说,这些重要材料仍然没有进入实质性的研究阶段。

得"层累说"产生、发展和变化的内在理路,以及在理论方法和具体观点上的得失利弊。力求全面深入地揭示顾颉刚"层累说"的基本面貌,客观公正地评价"层累说"的意义、作用和局限性,给顾颉刚古史学说在中国近现代古史学发展史上一个较为准确的定位。并以此为基础,结合 20 世纪中国古史学的发展历程,深度解析顾颉刚与其他学者、学派之间的互动关系,考察古史学研究范式的转换过程,展望未来中国古史学的发展取向和研究范式。

全书共分六章。

第一章主要探讨顾颉刚"层累说"的学术思想渊源。顾颉刚古史学的产生有着深刻的社会政治背景,近代中国面临着西方强势文化的冲击,中国文化的兴衰存亡成为这一时期知识分子所共同关怀的主题。顾颉刚"层累说"的提出顺应时势,同时也体现和反映了鲜明的民族精神和强烈的时代要求。从学术发展的内在理路来看,顾颉刚"层累说"受到西方学术思想、宋代以来疑古思想、清末今古文经学、现代考古学等诸多影响,这其中中国传统学术的积淀,特别是崔述和康有为的疑古学说对其"层累说"的形成,起着导夫先路的作用。

第二章力求深入揭示顾颉刚古史学的本质与内涵,全面概括"层累说"的主要观点和理论构架,在系统地梳理和分析的同时,对其学说意义与影响给以客观评价。"层累说"从开始提出到初具规模,大致经历了三个阶段:第一阶段,可将《与钱玄同先生论古史书》一文归结为理论体系中的"一个史观"与"三点要义"①。第二阶段,可将《答刘胡两先生书》一文归结为打破非信史的"四个标准"②,是第一阶段的外延性研究。第三阶段,可将《讨论古史答刘胡二先生》一文归结为"六个问题"③,这六个问题只是对前两个阶段理论假设的实证性回应,而且顾颉刚以后的许多工作也都是这种实证性回应的延续,如《战国秦汉间人的造伪与辨伪》、《禅让传说起于墨家考》等文。顾颉刚使"层累说"成为既有具体史观,又有系统理论内核及拓展性研究,更有针对理论假设加以实证性回应的方法论体系。基于此,"层累说"在古史研究领域内引发了一场史学革命,破除了中国传统意识形态,

---

① 顾颉刚:《与钱玄同先生论古史书》,《古史辨》第一册,第 60 页。
② 顾颉刚:《答刘胡两先生书》,《古史辨》第一册,第 99—102 页。
③ 顾颉刚:《讨论古史答刘胡二先生》,《古史辨》第一册,第 105—150 页。

改造了道德观和历史观,对中国学术思想界造成了巨大影响。

　　第三章主要从理论方法的角度,对"层累说"进行深入检讨,揭示其学说的时代局限性和亟待解决的问题。由于顾颉刚受康有为等清末今文经学家的影响,急于在中国古史学领域内掀起一场"革命",不免忽略了对史书史事的精研细判,造成"层累说"中存在着局限性,有待补充和修正。"层累说"在理论方法上的局限主要表现在:过于注重史料和古史认识的层累演化,却忽略了某些史料和古史认识受各种因素的制约和影响而日趋递减以至于消亡的现象;将史实视为传说和故事,认为战国秦汉间人有意无意地伪造古史相当普遍,使造伪扩大化,忽视其中有可能存在的史实素地;对"历史认识"的演进过程较为关注,而对"客观历史事实"本体的追寻和探求则相对薄弱,这就容易造成研究对象的错位。

　　第四章在实证研究方面,结合上海博物馆藏战国楚竹书《容成氏》及其他新出土文献和考古资料,来重新审视"层累说"中的重要史学观点。通过对"层累说"初创期的两个主要观点"禹的神化问题"、"文王非纣臣论"以及成熟期的两篇代表性文章《战国秦汉间人的造伪与辨伪》、《禅让传说起于墨家考》的实证性考察,并将此前后两个阶段具体古史学观点的论述方式与研究手段进行对比,表明在"层累说"的初创期,顾颉刚在治史过程中,能够遵守现代史学的基本规范,严格审查史料,忠实按照史料中所含的史实信息进行研究,但当"层累说"发展成熟后,顾颉刚为维护"古史的层累地造成"的基本史观,一些古史观点出现了不应该有的"矫枉过正"。

　　第五章主要考察 20 世纪前半期围绕顾颉刚古史学说所展开的学术论争,以及各种古史学流派学说之间的异同,来说明当时中国古史学研究范式的分化与统一,揭示顾颉刚"层累说"与中国考古学之间的互动关系。民国初年的学者们共同面临着传统学术转型的问题,于是纷纷依据各自的学术取向和偏好提出应对办法,新旧学者在治学思路和研究方法上往往是参差重合。以顾颉刚为代表的"古史辨派"、以王国维为代表的有"新证"倾向的学者们[①]、以傅斯年和李济为代表的考古学派形成了中国古史学界百家争鸣的局面。将顾颉刚与王国维、傅斯年等诸多古史学者的古史学说进行

---

　　① 有关"新证"的解释和界定,详见冯胜君:《二十世纪古文献新证研究》,济南:齐鲁书社,2006 年,第 1—8 页。

比较,可以窥见在当时史学观点与学术思想纷繁复杂的局面下,他们各自所采取的不同治学路向。这些不同的治学方法与理念,基于各自的立场相互论争、相互影响,更多地呈现出“异中有同”的复杂面相,最终共同推动了20 世纪中国古史学的现代化转型。

　　第六章着重对中国现代考古学的兴起、发展和壮大的历史过程加以详细梳理和重点分析,全面揭示考古学在中国上古史重建中的学术功绩与重要作用,以此来展现 20 世纪中国古史学先破后立的演进过程。中国现代考古学借西方科学的东风而骤兴,在顾颉刚疑古思想的客观帮助下,成为民国史学的一支潜流。中央研究院历史语言研究所主持的十五次殷墟发掘工作,大致可以划分为四个阶段,每个阶段都有着各自不同的宗旨与任务,这些田野考古发掘工作不仅标志着中国考古学的正式建立,对中国古史研究亦有着巨大的学术影响。20 世纪后半期逐渐发展成熟的中国考古学,在中国上古史重建的工作中日益发挥着重要作用。

　　通过对“层累说”的系统考察和比较研究,不仅可以客观公正地评价顾颉刚的学术功绩,更可探寻到其学说在 20 世纪中国古史学发展脉络中的准确定位。而未来的古史研究只有在充分批判继承诸如顾颉刚等前辈学者古史学说的基础上,积极扩充史料范围,严格审查史料的可信性,尝试多学科交叉整合的研究模式,才能真正有利于中国古史学的健康发展。

第一章　顾颉刚"层累说"的学术思想渊源

　　顾颉刚在《古史辨》第一册自序中曾指出,他从事疑古工作的几个重要支柱,不仅有当时反传统的思想氛围,还有诸如崔述疑伪工作的影响、胡适的科学方法之启迪、观赏民俗戏曲的心得、康有为与章太炎的影响等①。1945 年,顾颉刚在《当代中国史学》一文中回首"古史辨"运动兴起的学术背景时,他说:"海通以来,西洋的新科学和新史学输入到中国,使国人思想上受到了很大的刺激,开始发现过去历史观念的错误,于是对古史传说,便渐渐开始怀疑了。远在清代中叶,大胆的崔述已经本其宋学的'卫道'精神和汉学的考据方法,把一部分荒诞不经的古史传说一笔削去,他所著的《考信录》,真是清代史学研究上的一部奇书,其目光的敏锐和史学方法的谨严,在近代的史学界上可说已发生了巨大的影响,虽然他因为限于时代,一切的研求还是不够彻底。到了清代后期,经今文学派兴起,疑古的精神大炽,刘逢禄怀疑《左传》,魏源怀疑《毛诗》和汉《古文尚书》,邵懿辰怀疑《逸礼》,都是怀疑古文经的先声,等到廖平、康有为、崔适等继起,更大举对古文经攻击,而且又联带地怀疑到古史传说上,认为古史传说多出于诸子的创造,用来达到他们'托古改制'的目的的,这样一来,'疑古'的学风便一发而不可遏了。民国以来,西洋的治学方法和新史观不断的输入,更予人们以莫大的启示。胡适先生在北京大学讲学,常根据他从西洋得来的治史方法,考证中国历史上的问题,于是古代史的威信更为动摇。颉刚等身逢其会,便开始提出古史上诸问题加以讨论,'古史辨'便在这种情态之下出现了。"②通过顾颉刚的各种自述,可以窥见其"层累说"形成的学术思想渊源大致分为四种:一为历史进化论等近代西方科学思想的影响;二为前人辨伪学、疑古学和今古文经学的批判继承;三为戏曲、歌谣和民俗研究的启

---

　　①　顾颉刚:《古史辨》第一册自序,第 4—55 页。
　　②　顾颉刚:《当代中国史学》,上海:上海古籍出版社,2002 年,第 122—123 页。

发;四为中国现代考古学的刺激与支持①。以上各种因素在顾颉刚的古史学思想中汇合交融,最终形成"层累说"。

第一节　近代西方科学思想的影响

中国学术思想与社会政治局势有着十分密切的关联,自汉至清,经学及其变种作为主流意识形态一统天下。清中晚期,时势所需,经学内部演化出古文经学和今文经学,随着西学东渐,今文经学派更是接受西学影响,积极向致用一途转化。清末民初,经学逐渐淡出,其功用与价值赋予史学,经史易位。康有为之今文经学一化为梁启超之新史学,再化为顾颉刚之疑古学,都曾直接或间接受到东西洋学术思想之影响。顾颉刚"层累说"形成过程中,所受近代以来西方科学思想的影响,不仅来自历史进化论,还来自"实验主义"、"历史实证主义"等等②。但在各种西方科学思想中,影响其"层累说"最为深刻的无过于历史进化论思想③。顾颉刚了解与接受历史进化论等近代西方科学思想,懂得用进化演变的科学理念来治学,使其学说具有现代史学的眼光与观念。

一、历史进化论的影响

1906 年,顾颉刚入高等小学,告别私塾讲授,接受新式教育,于是开始触及所谓的"科学思想"。1919 年"五四运动"前夕,顾颉刚已经深受来自胡适、章士钊等人所宣扬的历史进化论的影响。如顾颉刚在其 1919 年 1 月 12 日至 17 日的日记中写道:"下午读《新青年》……论世界语一篇,胡先生评他根本论点,只是一个历史进化观念;并谓语言文字的问题,是不能脱

---

①　在谈及"古史辨"运动和顾颉刚古史学说的思想渊源时,往往易于忽视中国现代考古学对"层累说"形成和发展的影响,本章将予以详论。

②　参见吴少珉等编著:《二十世纪疑古思潮》,第 15—20、95—111 页。"实验主义"、"历史实证主义"对顾颉刚的影响,详见李扬眉:《方法论视野中的"古史辨"派》,山东大学博士学位论文,2005 年,第 17—22 页。

③　西学对顾颉刚的影响主要是解放思想、开阔思路,在方法论意义上影响最大的,无过于"历史进化论"。但由于顾颉刚本人无法独立阅读西文,所以他所接受的这些西方学术思想和方法论,多是从胡适等留洋派或是翻译著作间接获得,导致西学的痕迹在他本人的论著中体现得并不明显。其实不仅顾颉刚,就连曾经留学西欧的傅斯年,史学界对他是否受过兰克学派的影响,目前仍争论不休。

离历史进化的观念可以讨论的。此意非常佩服。吾意无论何学何事，要去论他，总在一个历史进化观念，以事物不能离因果也。"（1919 年 1 月 12 日）"下午读胡适之先生之《周秦诸子进化论》，我佩服极了。我方知我年来研究儒先言命的东西，就是中国的进化学说。"（1919 年 1 月 17 日）"见章行严先生在二十周年纪念会演说词……旧者将谢而未谢，新者方来而未来，其中不得不有共同之一域，相与融化，以为除旧开新之地；此共同之域，即世俗所谓调和。不有此共同之域，世界决无由运行，人类决无有进化。"（1919 年 1 月 13 日）① 在顾颉刚此时的读书笔记《寄居录》中，也可以看到他运用进化论来阐述问题，如他说："凡是分类，都是看着两端。……若从学问上看来，便不当有概念，不当有分类。……故分类者，事之所不得已也。他日之学问虽不可知，以臆见推之，则宜为无类之学矣。至于无类之学，则宇宙运行人物进化之大原理，可以见矣。"② 此间，顾颉刚还作《中国近来学术思想界的变迁观》，文中大谈进化论，并尝试用进化论的观点分析中国社会思想变迁的走向③。

　　顾颉刚不仅受到历史进化论的影响，而且已掌握其中的要旨，为其后来提出"层累说"提供了充分的理论依据。他认为治学应该运用发展的观点，这也是前代学者们所缺乏的，正惑于此，才造成学术发展的迟滞。在《景西杂记》中他写道："以前学者无发展观点，遂不能有推陈出新之思想，必遵于唯圣是从之地步，是以两千年来无进步。"④ 随着顾颉刚辨伪疑古工作的深入，他将历史进化论思想运用于"层累说"。胡适当时就已观察到顾颉刚这一学说中所运用的进化论，他说："崔述剥古史的皮，仅剥到'经'为止，还不算彻底。顾先生还要进一步，不但剥的更深，并且还要研究那一层一层的皮是怎样堆砌起来的。他说：'我们看史迹的整理还轻，而看传说的经历却重。凡是一件史事，应看他最先是怎样，以后逐步逐步的变迁是怎样。'这种见解重在每一种传说的'经历'与演进。这是用历史演进的见解来观察历史上的传说。"⑤ 这表明，在胡适看来，"历史演进法"是顾颉刚在

----

　　① 顾潮：《顾颉刚年谱》，第 49 页。
　　② 顾颉刚：《寄居录》（1919.9—1920.10），《顾颉刚读书笔记》（一），第 20—21 页。
　　③ 顾颉刚：《中国近来学术思想界的变迁观》，载王煦华编选《古史辨伪与现代史学——顾颉刚集》，上海：上海文艺出版社，1998 年，第 22 页。
　　④ 顾颉刚：《景西杂记》（1921.9—1922.4），《顾颉刚读书笔记》（一），第 447 页。
　　⑤ 胡适：《古史讨论的读后感》，《古史辨》第一册，第 192 页。

"层累说"中所运用的根本方法。

二、胡适与顾颉刚

在顾颉刚的学术创立阶段的思想融会过程中,胡适贯穿其中,起着不可替代的重要作用,甚至可以说,胡适是顾颉刚的学术引路人和精神导师。胡适"怀疑"的态度和治学的方法,都对顾颉刚起着直接的引导作用。

20 世纪初,中国学术界掀起"整理国故"运动①。1919 年 3 月,朱希祖就提出用科学的方法来整理中国旧籍,他说:"我们现在讲学问,把古今书籍平等看待,也不是古非今,也不尊今薄古:用治生物学、社会学的方法来治学问。换一句话讲,就是用科学的方法来治学问。"②1919 年 12 月,胡适更在《新思潮的意义》一文中明确提出"新文化运动"的基本指导思想与宗旨,即"研究问题、输入学理、整理国故、再造文明"③十六字方针。"研究问题"是手段,"输入学理、整理国故"是方法,"再造文明"是目标。就此,胡适在"国故"研究的取向上进一步强调西方学理的输入。

这种"输入学理、整理国故"的风潮,无疑也影响到身处其中的顾颉刚。1921 年 12 月,顾颉刚正在进行辨伪《诗经》的工作,他认为"整理国故"的利器在于西方先进的科学思想与方法,必须用科学的态度来对待"国故",分清"保存"和"整理"两种手段,在"整理"方面,应分清材料先后次序,使其各归其位。他说:"如何理得了国故!譬如一间屋的乱纸,我若要去整理,必定审择一下,某纸可留,某纸可弃,再将要留的纸分类归好。若应弃者不许弃,应留者不许别择,只许仍照了原来的次序排编,这是很好的保存工夫,不是整理的事业了!所以我们要分清两个观念。一是保存,无论什么东西都应放好。一是整理,我们应放出眼光,谨慎的理出一个头绪来。即如《诗序》、《传》、《笺》这几种书,无论如何的说谎胡闹,在保存上我们还应与别的好东西同等看待。若是讲到《诗经》,我们要整理出一个《诗经》的原

---

① 详见卢毅:《"整理国故运动"与中国现代学术转型》,北京师范大学博士学位论文,2003 年。

② 朱希祖:《整理中国最古书籍之方法论》,《北京大学月刊》第 1 卷第 3 号,1919 年 3 月。又载蒋大椿主编:《史学探渊——中国近代史学理论文编》,长春:吉林教育出版社,1991 年,第 671 页。

③ 胡适:《新思潮的意义》,《新青年》第 7 卷第 1 号,1919 年 12 月。

来的地位,我们便不能不极端攻击,使他退出《诗经》范围之外。等到要整理汉儒的《诗》学了,我们又须招他进来,把他好好的整理。"①1926 年初,顾颉刚针对社会上有关北大国学门研究国学的诸多误解,分别在研究态度、对象、目标、方法、主旨等方面加以解释和阐发,他说:"我们要屏弃势力的成见,用平等的眼光去观察所研究的对象。我们对于政治、道德以及一切的人事不作一些主张,但我们却要把它们作为研究的对象。我们研究的目的,只是要说明一件事实,绝不是要把研究的结果送与社会应用。我们看国学是中国的历史,是科学中的一部分,所以我们研究的主旨在于用了科学方法去驾驭中国历史的材料,不是要做成国粹论者。"②由此表明,顾颉刚对胡适的科学整理国故的目的、方法与手段已经充分掌握,对其"输入学理"的主导思想更是心领神会。

　　胡适对顾颉刚古史学说的形成给予直接影响。胡适不仅直接参与"层累说"的酝酿,赞成顾颉刚古史学基本观点,以自己的具体研究成果参与古书古史的考辨工作,还发表了许多关于治史态度与方法的意见。胡适的《实验主义》、《演化论与存疑主义》、《清代学者的治学方法》、《新思潮的意义》等一系列文章,打出"存疑主义"旗号,鼓吹"天下没有永远不变的真理",主张"宁可疑而错,不可信而错",要人们"不信任没有充分证据的东西",并"重新估定一切价值"等等,这都给顾颉刚以很大的舆论支持和方法启示。顾颉刚在《古史辨》第一册自序中就曾回忆说:"那数年中,适之先生发表的论文很多,在这些论文中他时常给我以研究历史的方法,我都能深挚地了解而承受。"③

　　胡适认为研究国故要具有疑古的态度和历史的观念。"疑古的态度,简要言之,就是'宁可疑而错,不可信而错'十个字。……所以疑古的态度,有两方面好讲:(一)疑古书的真伪;(二)疑真书被那山东老学究弄伪的地方。我们疑古的目的,是在得其'真',就是疑错了,亦没有什么要紧。"对于那些传统上被认为很是可信的中国历史,胡适认为也需要采用"打破砂锅

　　①　顾颉刚:《景西杂记》(1921.9—1922.4),《顾颉刚读书笔记》(一),第 386 页。
　　②　顾颉刚:《北京大学研究所国学门周刊一九二六年始刊词》,《北京大学研究所国学门周刊》第 2 卷 13 期,1926 年 1 月 6 日。又载顾颉刚:《宝树园文存》(卷一),北京:中华书局,2011 年,第 229 页。
　　③　顾颉刚:《古史辨》第一册自序,第 40 页。

问到底"式的怀疑,特别是"在东周以前的历史,是没有一字可以信的。以后呢? 大部分也是不可靠的。如《禹贡》这一章书,一般学者,都承认是可靠的。据我用历史的眼光看来,可是不可靠的,我敢断定它是伪的。在夏禹时,中国难道竟有这般大的土地么? 四部书里边的经、史、子三种,大多是不可靠的,我们总要有疑古的态度才好"①。胡适这种疑古的态度无疑在心理上支持了顾颉刚,使得其"上古史靠不住的观念在读了《改制考》之后又经过这样的一温",在舆论环境上也为其提出"层累说"创造了一个适合的"语境"。胡适在《实验主义》一文中说:"怎么叫做'历史的态度'呢? 这就是要研究事物如何发生,怎样来的,怎样变到现在的样子,这就是'历史的态度'。"②又在《问题与主义》一文中说:"凡对于每一种事物制度,总想寻出他的前因与后果,不把他当作一种来无踪去无影的孤立东西,这种态度就是历史的态度。"③顾颉刚正是用这种"历史的态度"考察中国历史上的传说,得出"历史演进的方法"。

1921 年,杜威离开中国,胡适在《杜威先生与中国》中将杜威的哲学方法"实验主义"中"历史的方法"归结为"祖孙的方法",他认为杜威"从来不把一个制度或学说看作一个孤立的东西,总把他看作一个中段,一头是他所以发生的原因,一头是他自己发生的效果;上头有他的祖父,下面有他的子孙。捉住了这两头,他再也逃不出去了"④。胡适又将这一方法运用到"井田制"和"水浒传考证"的研究上,使顾颉刚深受启发,他说:"适之先生在《建设》上发表的辨论井田的文字,方法正和《水浒》的考证一样,可见研究古史也尽可以应用研究故事的方法。"⑤顾颉刚表示:"适之先生带了西洋的史学方法回来,把传说中的古代制度和小说中的故事举了几个演变的例,使人读了不但要去辨伪,要去研究伪史的背景,而且要去寻出它的渐渐演变的线索,就从演变的线索上去研究,这比了长素先生的方法又深进了一层了。"⑥又说:"后来听了适之先生的课,知道研究历史的方法在于寻求

① 胡适:《研究国故的方法》,《东方杂志》第 18 卷第 16 号,1921 年 8 月。又载蒋大椿主编:《史学探渊——中国近代史学理论文编》,第 683—684 页。

② 胡适:《实验主义》,《胡适文存》(第一集),北京:华文出版社,2013 年,第 206 页。

③ 胡适:《问题与主义》,《胡适文存》(第一集),第 267 页。

④ 胡适:《杜威先生与中国》,《胡适文存》(第一集),第 269 页。

⑤ 顾颉刚:《古史辨》第一册自序,第 40 页。

⑥ 顾颉刚:《古史辨》第一册自序,第 78 页。

一件事情的前后左右的关系,不把它看作突然出现的。老实说,我的脑筋中印象最深的科学方法不过如此而已。"①可见,胡适所运用的"历史的方法"对顾颉刚影响之深刻②。

胡适在饯别杜威会上的"演说辞"中,还谈到"实验的方法",阐述有"三个要点":"第一点注重具体的个别事实;第二是一切学理都只是假设,给我们参考用的,却不是天经地义;第三是一切学说制度等等,甚至真理都要经过试验。"③顾颉刚对这种实验主义的观点深表赞同,他说:"此篇演说深契于余心。我以为欲救今日中国华而不实的毛病,只有杜威一派学说是对病药。"④

综上所述,以历史进化论为代表的西方科学思想对顾颉刚"层累说"的形成,乃至整个古史学说思想体系,都有着不可忽视的影响和作用,是顾颉刚古史学说重要的方法论指导、思想来源和资源库。而这其间,胡适起着导夫先路的作用,成为顾颉刚学术起步的科学引导者和支持者。对顾颉刚来说,西方先进的科学思想促成了其学术自觉和思想解放,并为之提供与以往不同的研究手段和方法,这是毋庸置疑的。但他在吸收西方科学思想的同时,更多还是依靠中国传统学术资源,在此基础上创造出"层累说",成为 20 世纪新史学的代表性学说。如西方学者所说:"传统经史之学也是中国史学现代化的一个基础。更为重要的是,传统经史学著作都是中国式的,故而更容易为人们所接受。"⑤

第二节　中国传统学术资源的批判继承

1955 年,尹达陪同郭沫若访日,归后对顾颉刚说:"日本人在封建社会中不敢疑古史,今在美帝卵翼之下乃敢疑古史,可见疑古运动有其科学的

---

① 顾颉刚:《古史辨》第一册自序,第 95 页。

② 刘起釪就认为顾颉刚"到后来他正式进入古史研究领域后,在长期的学术实践中,他的历史演进的方法作为自己的一个治史方法,有着自己的内涵。虽然当初明确地作为一个新的治史方法确承自胡适,但既形成自己的方法,便已存在着一些重要的区别,这是很显然的"。参见刘起釪:《顾颉刚先生学述》,第 72 页。

③ 胡适:《杜威博士归国饯别记胡适演说辞》,《时事新报》1921 年 7 月 5 日。

④ 刘起釪:《顾颉刚先生学述》,第 72 页。

⑤ [美]J.格雷:《20 世纪的中国史学:对其背景和发展过程的评论》,《历史教学问题》2002 年第 6 期。

一面,亦有其为帝国主义服务之一面。汝之《古史辨》,出于半殖民地之社会,理亦尔也。"顾颉刚当时闻此颇为不服,自念其疑古思想,"首先植根于姚际恒、康有为、夏曾佑之书;其后又受崔述、崔适、朱熹、阎若璩诸人之启发。康、夏、崔适之时代固较后,而朱、阎、姚、崔述则生于纯封建之时代,其时尚未有帝国主义,安得为之服务乎?"不久尹达又重申此说,顾颉刚当即反驳说:"我之学术思想悉由宋、清两代学人来,不过将其零碎文章组织成一系统而已。要批判我,是否先须批判宋、清两代之疑古思想?"①顾颉刚此种"夫子自道"之语,明明白白说出了其对宋、清辨伪疑古思想的承继。早在他酝酿提出"层累说"之时,便已十分注意对传统学术资源的吸取和利用,在充分秉承前代学者们辨伪疑古精神的同时,还对宋、清诸儒辨伪疑古学说进行了深入考察,并加以批判性继承②。顾颉刚运用"疑古"的眼光全面审视宋儒、清儒的辨伪疑古成果,从而找寻到崔述和康有为两大思想资源库,在批判地继承的基础上,创造性地将两者的疑古成就和手段融为一体,推陈出新,成就其古史学说中具有代表性的观点与方法,即"层累说"。

一、宋儒与清儒的辨伪学说

顾颉刚辨伪工作开始于搜集和整理清儒姚际恒的辨伪论著。最初,胡适要求顾颉刚对姚际恒《九经通论》有所留意,但顾颉刚经胡适点拨之后,则对姚际恒《古今伪书考》产生浓厚兴趣。顾颉刚在标点注解《古今伪书考》的过程中③,以姚著为起点,着力搜集了前代辨伪学的著作,由姚际恒到胡应麟到宋濂,后来又扩展到马端临和郑樵④。这不仅使其弄清楚了古今来造伪和辨伪的人物事迹,还"知道在现代以前,学术界上已经断断续续地起了多少次攻击伪书的运动,只因从前人的信古的观念太强,不是置之不理,便是用了强力去压服它,因此若无其事而已"。这使顾颉刚坚定辨伪的信心,明确了工作方向,他说:"现在我们既知道辨伪的必要,正可接收了

---

　　①　顾颉刚:《汤山小记》(1957.4—1961.7),《顾颉刚读书笔记》(七),第 5507 页。
　　②　顾颉刚不仅对宋、清两代的辨伪疑古成绩有所关注,对中国古代整体辨伪疑古成绩也有着系统考察,如 1921 年 4 月 2 日,顾颉刚在给钱玄同的回信《答编录〈辨伪丛刊〉书》中所附的《辨伪丛刊》目录里,就曾系统地列有从《韩非子》至《章炳麟集》等 52 种前代辨伪疑古著作。详见顾颉刚:《古史辨》第一册,第 33—34 页。
　　③　胡适:《嘱点读〈伪书考〉书》,《古史辨》第一册,第 6 页。
　　④　顾颉刚:《论〈通考〉对于辨伪之功绩书》,《古史辨》第一册,第 37 页。

他们的遗产,就他们的脚步所终止的地方再走下去。"①

　　1921 年 7 月至 1922 年初,顾颉刚根据胡适对《辨伪丛刊》编撰体例的调整,决定编辑《伪书辨证集说》,所以加大力度搜集和整理宋儒、清儒的辨伪议论,使得这一期间在他的《读书笔记》中充斥着大量研读前代辨伪学的心得。此前所获得的历史眼光,使得顾颉刚开始以是否"疑古",作为衡量前代辨伪学成绩的决定性标准,这在其《读书笔记》中有着充分的体现。

　　顾颉刚对宋儒辨伪学的关注,主要是围绕《易》、《书》和《诗》等经书的辨伪。他在《琼东杂记》中写道:"宋赵汝谈《南塘易说》,专辨《十翼》非夫子作;《南塘书说》疑古文,而于伏生所传诸篇,亦多所掊击觝排(均见《直斋解题》);洵为勇士。惜今不可见矣!"②在《景西杂记》中写道:"欧阳修真是一个勇于疑古的人,有《易童子问》疑《十翼》,有《诗本义》疑《诗序》及〈传〉、《笺》,有《泰誓论》疑《尚书》。"③

　　在宋儒中,顾颉刚除较为认同马端临的辨伪成绩之外④,还特别推崇郑樵的辨伪精神,他认为"郑氏有特见而敢论议,甚可佩服"⑤。并称:"郑樵的学问,郑樵的著作,总括一句话,是有科学的精神。他所最富的精神,就是中国学术界最缺乏的精神。"⑥顾颉刚还特别注意到郑樵的《诗辨妄》中有关《诗经》的辨伪,1921 年初春,他已经开始从《涉闻梓旧》所刻宋儒周孚《非诗辨妄》中辑出《诗辨妄》⑦,连带研究《诗经》和搜集郑樵的事迹。1922 年 3 月 18 日,他在致胡适的信中,打算将《诗辨妄》分成三种整理出版,最后一种即是《汉儒的诗学和诗经的真相》⑧。可见,他在当时有关《诗经》的研究,一定程度上曾受到郑樵的影响,正如他在《景西杂记》中写道:"《通志·乐略·正声序论》云:'呜呼!诗在于声,不在于义,犹今都邑有新声,巷陌竞歌之,岂为其辞义之美哉,直为其声新耳。礼失则求诸野,正为

---

①　顾颉刚:《古史辨》第一册自序,第 42 页。
②　顾颉刚:《琼东杂记》(1920.10—1921.6),《顾颉刚读书笔记》(一),第 99 页。
③　顾颉刚:《景西杂记》(1921.9—1922.4),《顾颉刚读书笔记》(一),第 411 页。
④　顾颉刚:《论〈通考〉对于辨伪之功绩书》,《古史辨》第一册,第 37—38 页。
⑤　顾颉刚:《景西杂记》(1921.9—1922.4),《顾颉刚读书笔记》(一),第 317 页。
⑥　顾颉刚:《景西杂记》(1921.9—1922.4),《顾颉刚读书笔记》(一),第 457 页。
⑦　顾颉刚:《景西杂记》(1921.9—1922.4),《顾颉刚读书笔记》(一),第 317 页。
⑧　顾颉刚:《告编著〈诗辨妄〉等三书书》,《古史辨》第一册,第 48 页。

此也.'此论极辟,予拟以歌谣比《诗经》,为之解释,正为此。"①但顾颉刚也指出,郑樵有疑古之不彻底的弊病,他说:"盖疑古之家往往不能彻底,故郑樵《诗辨妄》于毛、郑忽褒忽贬,若无主也。"②顾颉刚如此推崇郑樵的辨伪,尚且认为其疑古并不彻底,其他宋儒们则更加等而下之了。所以,顾颉刚对宋儒辨伪学的研究也只是浅尝辄止,就此罢手,并未加以深研。

顾颉刚在早年完成《清代著述考》的基础上,对清代辨伪学者及其著作就有着初步的认识。在这一阶段的《读书笔记》中,他更是将整个有清一代的辨伪疑古划为清初、乾嘉和清末三个时期③。顾颉刚将辨伪成绩最大的清初诸儒按其所研经书分为几类,"辨《易》者,有胡渭《易图明辨》、毛奇龄《河图洛书原舛编》、黄宗羲《易学象数论》、黄宗炎《图书辨惑》、姚际恒《易传通论》。辨《书》者,有阎若璩《尚书古文疏证》、姚际恒《古文尚书通论》。辨《周礼》者,有姚际恒《周礼通论》。杂辨者,有姚际恒《庸言录》、万斯同《群书疑辨》"④。顾颉刚认为乾嘉诸儒并不疑古,他在《景西杂记》中谈到戴震时说:"极有疑古的精神。但何以后来他为汉学的大师,没有一点疑古的成绩呢?可见清儒之学并不疑古。其疑古者,自康、雍以还,已绝迹矣。仅有不与外方通声气之崔述等能够疑古,其余正统学派的人物已想不到怀疑了。"⑤他却特别推崇清末今文经学家的疑古,他说:"人多言清儒好疑古,其实亦只初期之抗宋儒与后期今文家之攻古文经耳。乾、嘉学者不惟不疑,乃反笃信。可笑如纬,而治汉学者无不信之。……清末假使无今文家出,将使朴学之功与汉人头脑同其混沌矣。"⑥顾颉刚此时是以清儒疑古的程度来判断治学成绩的高下,这极有可能造成其当时忽视乾嘉考据学的学术成果,而过度推崇清末今文经学家一派。

综观上述宋、清诸儒辨伪疑古学对顾颉刚所产生的影响,表明"层累说"的形成有着较为清晰的传统学术发展的内在理路。顾颉刚运用"疑古"的眼光,来衡量取舍前代辨伪疑古学的成绩,这就使其对清代中期的崔述和清末今文经学产生浓厚的兴趣,并予以特别的关注。崔述、康有为学说

---

① 顾颉刚:《景西杂记》(1921.9—1922.4),《顾颉刚读书笔记》(一),第379页。
② 顾颉刚:《景西杂记》(1921.9—1922.4),《顾颉刚读书笔记》(一),第380页。
③ 顾颉刚:《景西杂记》(1921.9—1922.4),《顾颉刚读书笔记》(一),第327页。
④ 顾颉刚:《景西杂记》(1921.9—1922.4),《顾颉刚读书笔记》(一),第281页。
⑤ 顾颉刚:《景西杂记》(1921.9—1922.4),《顾颉刚读书笔记》(一),第327页。
⑥ 顾颉刚:《待养录》(1921.6—9),《顾颉刚读书笔记》(一),第220—221页。

既被顾颉刚充分批判继承,便直接促成其古史学说中代表观点"层累说"的产生,下面将予以分别详述。

二、崔述的疑古学说

清代诸儒对顾颉刚的史学研究工作影响甚深,他在《融一斋笔记》中就曾谈及:"予前为国立编译馆主编《古代文类编》,私谓引其绪于龚定盦,今翻览章学诚《校雠通义》乃知予实承实斋之说,盖童年受其书之影响颇深,融为自身血肉,而转忘其所自出耳。"①实际上,崔述对顾颉刚"层累说"研究取向和研究方法的确立,有着决定性影响②。

"层累说"提出后不久的一段时间内,顾颉刚曾专注于"禹"的研究,而此时他也较为注意崔述的相关论述,如在有关禹的神职的论述中,他就曾积极地从崔述的学说中寻找证据。他在《泣吁循轨室笔记》中写道:"崔述云:'古之禄邑多以社计。故《春秋传》云:自莒疆以西,请致千社。《荀子》云:与之书社三百。'此语甚应注意。大约当时一社等于今之一图或一圩,而社神即今之土地神,社即今之土地堂耳。"③直至顾颉刚的晚年,他在具体的治学中,仍将崔述的《考信录》视为必备的参考书。他在《高春琐语》论周公摄政时说:"予前作《周公东征史迹初探》,竟忘检东壁《考信录》。今知其辨成王即位已非年幼,周公摄政,乃因成王居武王之丧,记此待补。"④治学中注重参考崔述的著作,是顾颉刚在很早以前就养成的学术研究习惯。不仅自己的学说要参考崔述,即便是其他人的学说,顾颉刚也习惯厎崔述的相关论述进行比较衡量,如他在《法华读书记》中写道:"惠栋《九经古义》卷六云:'"古公亶父","古公"者,故公也。《说文》云:"古,故也。"《穀梁传》云:"逾年不即位,是有故公也。"犹言"先公"、"先王"。'此说甚通,与崔述说契合。"⑤顾颉刚给崔述的评价,正如他在《崔东壁遗书·序》中所写道:"至于在辨伪史上,他总已导我们的先路了。他已经用了四十年的力量,筚路

---

①　顾颉刚:《融一斋笔记》(1944.7—1946.6),《顾颉刚读书笔记》(四),第 2251 页。
②　有关顾颉刚和崔述之间的学术关系,参见路新生:《崔述与顾颉刚》,《历史研究》1993 年第 4 期;路新生:《顾颉刚疑古学浅论》,《华东师范大学学报》2002 年第 1 期;张京华:《顾颉刚与崔述的学术关联》,《洛阳大学学报》2002 年第 3 期。
③　顾颉刚:《泣吁循轨室笔记》(1924.2—1925.7),《顾颉刚读书笔记》(二),第 730 页。
④　顾颉刚:《高春琐语》(1966.7—1974.6),《顾颉刚读书笔记》(九),第 7353 页。
⑤　顾颉刚:《法华读书记》(1951.1—1955.5),《顾颉刚读书笔记》(五),第 3748—3749 页。

蓝缕以开道路,使我们易为功了。"①

　　根据顾颉刚自述,他在十二三岁时已从李元度《国朝先正事略》中读到崔述的生平事略,知道崔述对西周以前的历史和孔子个人的历史作了细密的考证②。顾颉刚在搞过一段辨伪书的工作后,意识到应该将辨伪工作从伪书引渡到伪史。因为"有许多伪史是用伪书作基础的",也"有许多伪书是用伪史作基础的"③。于是使得顾颉刚"从姚际恒牵引到崔东壁",他"怀疑古史和古书中的问题又多了起来了"④。1921年1月24日,胡适就将《考信录提要》借给他,他也开始有了校点《崔东壁遗书》的决心⑤。顾颉刚得到《崔东壁遗书》后,颇感此道不孤,他说:"我弄了几时辨伪的工作,很有许多是自以为创获的,但他的书里已经辨证得明明白白了,我真想不到有这样一部规模弘大而议论精锐的辨伪的大著作已先我而存在!"但顾颉刚已经敏锐地观察到他与崔述在疑古辨伪上的不同目的,在他看来,只不过是要借崔述的手段和方法来达到与之完全不同的目标。他认为崔述的著作"信仰经书和孔孟的气味都嫌太重,糅杂了许多先入为主的成见",他的著书的目的在于"驱除妨碍圣道的东西,辨伪也只是他的手段",所以"现在要比他进一步,推翻他的目的,作彻底的整理,是不很难的;所难的只在许多制度名物及细碎的事迹的研究上。在这上面,他已经给与我们许多精详的考证了,我们对于他应该是怎样地感谢呢!"⑥此后,顾颉刚在疑伪辨古方面有了更为明确的目标。1921年,顾颉刚在论崔述《考信录》的作用时说:"经到底少,史传杂说则很多,他把难的地方已经做过一番功夫,教我们知道各种传说的所由始了,由此加功,正是不难。"⑦所以,今后所要做的工作就是"在崔氏信经而重新审查了传、记里的资料的基础上","进一步连经书本身也要走着姚际恒的路子,去分析它的可信程度"⑧。

---

　　① 顾颉刚:《崔东壁遗书》序,崔述撰著、顾颉刚编订:《崔东壁遗书》,上海:上海古籍出版社,1983年,第64页。

　　② 顾颉刚:《古史辨》第一册自序,第45页。

　　③ 顾颉刚:《古史辨》第一册自序,第42页。

　　④ 顾颉刚:《我是怎样编写〈古史辨〉的?》,《古史辨》第一册,第9页。

　　⑤ 胡适:《告得〈东壁遗书〉书》,《古史辨》第一册,第19页。

　　⑥ 顾颉刚:《古史辨》第一册自序,第45—46页。

　　⑦ 顾颉刚:《论伪史例书》,《古史辨》第一册,第28页。

　　⑧ 顾颉刚:《我是怎样编写〈古史辨〉的?》,《古史辨》第一册,第9页。

　　顾颉刚之所以将崔述引为同道,除两人都有"打破砂锅问到底"的天性之外,崔述的治学风格与此时的顾颉刚也较为相近。

　　首先,在治学的立场上,两人多相合之见。崔述认为,乾嘉时的汉宋之争实不足取,应从主观上扫除门户家派的畛域。他说:"今世之士,醇谨者多恪遵宋儒,高明者多推汉儒以与宋儒角;此不过因幼时读宋儒注日久,故厌常喜新耳。其实宋儒之说多不始于宋儒;宋儒果非,汉儒安得尽是。理但论是非耳,不必胸中存汉、宋之见也。"①"故今为《考信录》,不敢以载于战国、秦、汉之书者悉信以为实事,不敢以东汉、魏晋诸儒之所注释者悉信以为实言,务皆究其本末,辨其同异,分别其事之虚实而去取之。"②1915年左右,顾颉刚曾欲仿《太平御览》例分类钞录材料编一部《学览》,此中已有了明确的反对门户家派之争的治学立场③。1926年,他说:"我的心目中没有一个偶像,由得我用了活泼的理性作公平的裁断,这是使我极高兴的。……我在学问上不肯加入任何一家派,不肯用了习惯上的毁誉去压抑许多说良心话的分子,就是为此。"④

　　其次,顾颉刚主张治学不应局限于书本,应该到实际生活中去参悟体验,而崔述也有这种学术特点。顾颉刚在《景西杂记》中写道:"我们做学问的一切基础,总要建设在事物上,不要建设在玄例、成例之上。崔述《考信录》所以可佩之处,正是为此。其《读风偶识》中,牵及于磁州杨氏之烟草,京师店铺之出卖字号,此为向来经学家所必不肯言者,他自己说:'余生平无他长,惟以文论文,就事论事,未尝有人之见存焉。'这就是他学问亲切之处。"⑤顾颉刚此时受到外部学术环境的影响,喜援引故事、歌谣和民俗以治古史。崔述亦曾用故事的流衍方式以释古史,如他在《丰镐考信别录》的按语中即云:"羑里之事本战国人所述。既相传为有此事矣,秦、汉以后因以演《易》附会之。既相传有演《易》之事矣,魏、晋以后因又以古小城附会之。证据既多,遂成牢不可破之说。市有虎而曾参杀人,三人言之,未有不

---

　　①　崔述:《〈洪范〉补说》,《崔东壁遗书》,第362页。顾颉刚据此认为:"张之洞录崔述为汉学专门经学家,非崔氏自愿,即此可知。"参见顾颉刚:《泣吁循轨室笔记》(1924.2—1925.7),《顾颉刚读书笔记》(二),第915页。

　　②　崔述:《〈考信录〉提要》卷上,《崔东壁遗书》,第8页。

　　③　顾颉刚:《古史辨》第一册自序,第30—32页。

　　④　顾颉刚:《古史辨》第一册自序,第81页。

　　⑤　顾颉刚:《景西杂记》(1921.9—1922.4),《顾颉刚读书笔记》(一),第449—450页。

信者矣;而孰知其说皆相因而生者乎!邠州山上,有水自洞口下,名水帘洞;山下果树甚繁。好事者遂以为《西游记》孙悟空发祥之所,而建猴王庙焉。呜呼,世所言古迹者,大率皆如此矣。"而顾颉刚便认为"此段话极能了解故事的性质"[①]。

再次,在治古史的具体方法上,两者亦有相合之处。顾颉刚就从崔述所著之《经传禘祀通考》中观察到崔述此文"极有发展观点,乾、嘉时朴学自富于科学精神也"[②]。崔述这种"极有发展观点"的治史方法,顾颉刚认为是"治乱丝的法子",认为这种方法"实当充分运用于古史说中,古史上任何制度任何故事没有不可作这样分析的。我们应当充分用这方法到别的问题上,古史上的各种说法乃有理清的希望"[③]。顾颉刚还将崔述的这种方法应用到具体治史过程中,他说:"我们现在要把这些材料加以分析,看哪些是先出的,哪些是后出的;春秋以上有多少,战国以下有多少。再看春秋以上的材料,在战国时是怎样讲,在秦汉时是怎样讲,在汉以后又怎样讲,而这些材料的真实意义究竟是怎样,以前人的解释对的若干,错的若干。"[④]

更为重要的是,崔述的古史学说直接刺激了"层累说"的形成。早在1926 年,陆懋德便已经观察到崔述对顾颉刚的这一重要影响,他指出顾颉刚所言"周代人心目中最古的是禹,到孔子时有尧舜,到战国时有黄帝神农","后人何以文籍越无征,知道的古史越多?"皆与"崔氏《考信录提要》之言如同出诸一口,故余谓顾君之思想受崔氏之影响而成也"[⑤]。正如其所言,崔述就曾说:"世益古则其取舍愈慎,世愈晚则其采择益杂。"[⑥]从崔述的古史学说中,顾颉刚得出了"古史是层累地造成的,发生的次序和排列的系统恰是一个反背"的理论假设。这表明,在"层累说"的核心理论形成之前,崔述就已经提出过相类似的观点,只是顾颉刚将其进一步系统化、理论化和抽象化。如果仔细观察顾颉刚《与钱玄同先生论古史书》的铺陈方式,也会发现二者有许多相似之处。而且,顾颉刚在《答刘胡两先生书》中提出打破非信史的四个标准,其中"打破民族出于一元的观念"和"打破地域向

---

① 顾颉刚:《泣吁循轨室笔记》(1924.2—1925.7),《顾颉刚读书笔记》(二),第 914—915 页。
② 顾颉刚:《泣吁循轨室笔记》(1924.2—1925.7),《顾颉刚读书笔记》(二),第 916—917 页。
③ 顾颉刚:《崔东壁遗书》序,《崔东壁遗书》,第 62 页。
④ 顾颉刚:《古史辨》第三册自序,第 5 页。
⑤ 陆懋德:《评顾颉刚〈古史辨〉》,《古史辨》第二册,第 370 页。
⑥ 崔述:《〈考信录〉提要》卷上,《崔东壁遗书》,第 13—14 页。

来一统的观念",也受到崔述的影响。顾颉刚的《讨论古史答刘胡二先生》一文,主要针对古代帝系进行发难,目的就是想破除古帝王是一系和夏商周是一统的观念,其对崔述相关学说的客观结构也有所借鉴。

首先,崔述有古帝子孙出于一系是后世所出的看法,他在《补上古考信录》有云:"然于陈言舜而但及于颛顼,不及于黄帝,则是以颛顼为不出于黄帝也。于陈言舜而必及于颛顼,于范氏言陶唐而不及于黄帝,则是亦不以尧为出于黄帝也。至《国语》始好牵连数姓以为同出一祖,固已诬矣。然其所称黄帝之后十二姓者,有祁而无姚,有姬而无子、姒,则是犹未以虞、夏、三代为皆出于黄帝也。"[1]顾颉刚显然对这一看法有所接受,他认为此段话甚可注意,"(1)颛顼之虚在卫,《左传》言舜必及颛顼,似舜为卫地人。孟子称舜为东夷之人,疑可信。(2)《国语》有统一祖先观念而《左传》无之。这两书似有先后之别。但《国语》的统一尚未完全,可知亦不甚后出"[2]。对古帝王同出一系说,崔述分析《大戴礼记》系数姓于黄帝名下的原因,认为:"自战国以后,杨、墨并起,而杨氏尤好为大言:以儒者之称尧、舜而述孔子也,乃称黄帝以求加于尧、舜,述老聃以求加于孔子,故其后遂称为黄、老。犹以为未足快其意,乃又诬孔子为老聃之弟子,尧、舜、禹、汤、文、武为黄帝之子孙,以见夫儒者之所推崇而尊重者实皆吾师之末流余派也。《大戴》诸篇本战国以后所撰,是以惑于其说而载之。"[3]为解释这些古帝王出于一系之说为晚出,崔述出于回护儒家的目的,将其定为因杨、墨"好为大言"所造成。顾颉刚则并未将眼光局限于杨、墨,而是泛化为战国时期社会政治背景的需要,如他说:"《补上古考信录》曰:'按《春秋传》,太皞之后曰任、宿、须句、颛臾,其虚在陈,少皞之后曰郯,其虚在鲁,颛臾之后曰陈,其虚在卫。'在此可注意的,太皞、少皞的子孙都在东方,是东方民族的祖先。黄帝、炎帝起于秦国,是西方的天神。……祝融为楚国之祖,是南方的。共工、女娲、蚩尤之属尚可寻其出处。至庖牺、神农、有巢、燧人、天皇、地皇、泰皇,乃是战国时人用理智想像出来的,更是后起的了。"[4]顾颉刚用战国时代要求统一而形成的"社会背景法",来解释种族观念的淡化和国家观念

---

①　崔述:《补上古考信录》卷下,《崔东壁遗书》,第 46 页。
②　顾颉刚:《泣吁循轨室笔记》(1924.2—1925.7),《顾颉刚读书笔记》(二),第 785 页。
③　崔述:《补上古考信录》卷下,《崔东壁遗书》,第 46 页。
④　顾颉刚:《泣吁循轨室笔记》(1924.2—1925.7),《顾颉刚读书笔记》(二),第 781 页。

的形成,这比崔述只把眼光盯在杨、墨身上,显然要高明。

其次,崔述认为夏商间与商周间均不存在类似于后世的那种君臣关系,夏商、商周间的关系应理解为类似于宗主国和藩国的关系,不该用后世的君臣之分和郡县之制来套用。故夏商"亦但就天子诸侯之名分言之,非以为食其禄而治其事之君臣也","盖三代封建之制,与后世郡县之法异"①,不得以今例古。至于商周之间,崔述认为也不存在后世的那种君臣关系,周文王时已"三分天下有其二",如果商周之间确有君臣关系,"诸侯叛商而归周,文王当拒之而讨其叛;依《史记》云文王受纣命为西伯,伐密伐崇,果如此,周当将密、崇之地归于商,而不当据为己有,甚至迁都于此"。崔述认为:"商日以衰而纣又暴,故诸侯叛者益多,特近畿诸侯或服属之耳。是以文王灭密则取之,灭崇则取之,商不问,文王亦不让也;三分有二之国相率归周,商不以为罪,文王亦不以为嫌也。何者?诸侯久已非商之诸侯也。文王自以其德服之,其力取之,于商何与焉?由是言之,文王盖未尝立商之朝。"②文王"三分天下有其二,以服事殷",崔述的解释是"所谓'服事殷'者,不过玉帛皮马卑词厚币以奉之耳,非必委质而立于其朝也"③,这与顾颉刚所说"商汤不由得不做夏桀的臣子,周文王不由得不做殷纣的臣子"④亦相近。虽然,崔述所论的两点:一是否定古帝王同出一系说;二是夏商周非后世君臣关系,是有其特殊的卫道用心,但对顾颉刚而言,则纯粹是为了拆散传统的"尧舜禹汤文武"的古史系统。虽然两人意图有所不同,不过在客观结构上却有着薪火相传的迹象。正如王汎森所言:"辨伪疑古是可以在不同的基本观点下朝许多不同方向发展出来的。"⑤

崔述的学说不仅对顾颉刚"层累说"的形成有着借鉴与启发的重要作用,对顾颉刚其他的学说、具体的古史观点和古书成书年代,都有着一定的影响。如崔述在处理太皞和庖牺、神农和炎帝的关系时,认为战国以后,阴阳之术兴,始以五行配五帝,《吕氏春秋》采之,《月令》述之,遂以太皞为木,为春,炎帝为火,为夏;但《吕氏春秋》只说五帝之"德"各有所属,并未称太

---

① 崔述:《商考信录》卷一,《崔东壁遗书》,第134—135页。
② 崔述:《丰镐考信录》卷二,《崔东壁遗书》,第177页。
③ 崔述:《丰镐考信录》卷二,《崔东壁遗书》,第177页。
④ 顾颉刚:《与钱玄同先生论古史书》,《古史辨》第一册,第63页。
⑤ 王汎森:《古史辨运动的兴起——一个思想史的分析》,第38页。

皞先于炎帝,炎帝先于黄帝,更未将太皞与庖牺相淆,将炎帝指为神农。西汉宣、元以后,谶纬之学日盛。刘歆以五行相生论来编排五帝先后之序,遂强将太皞列于炎帝前,将炎帝列于黄帝前。为了弥缝其说与《易大传》和《春秋传》的矛盾不合,刘歆遂蓄意将太皞指为庖牺,炎帝指为神农。《汉书·律历志》全袭刘歆说,以太皞为庖牺,神农为炎帝。杜预、司马贞再据刘歆、班固之说来解《左传》与《史记》,后之学者编纂古史皆遵之而无异辞①。顾颉刚在《五德终始说下的政治与历史》中曾说:"他(崔述)指出刘歆增窜的五事,其一为终始五德……其中的主张虽有为我所不敢赞同的(如说终始五德之说为刘歆所造,托始于邹衍),但大部分的意见我都承受。"②再如,崔述认为三代异制,云:"取五十亩而改为七十亩,取七十亩而改为百亩,势必使民递迁递易,闾阎之下皆骚然不得宁。"顾颉刚认为"此语确极",他说:"三统之说,起于夏时与周正之异。'夏、商、周'既成了一个名词,于是凭空造出一个商正来。有了夏、商、周三正,于是别地方也要照样分配,宰我所说之社树,孟子所说之学校与田制,皆如此。汉人更衍之,而夏、商、周遂无事不立异矣。实则天下哪能如此整齐,而一定要立异也有什么道理。"③在某些古书的成书年代方面,顾颉刚在《泣吁循轨室笔记》中记有:"《大诰》但言文王而不及武王,则《大诰》之是否为成王作,未可知也。崔述谓《康诰》为武王书,恐《大诰》亦然。"④在《东山笔乘》中记有:"《尔雅》一书,辨之者少,以其所记者惟语类、物名,本无何种思想性也。至云周公所作,则崔述已辨之矣。"⑤

顾颉刚对崔述的古史学说并非全盘吸收、不加鉴别地运用,而是抱着批判继承的态度。

首先,对崔述学说中某些观点有所检验鉴别。如崔述《读风偶识》曰:"旧说以邶、鄘、卫皆殷畿内地名,北曰邶,南曰鄘,东曰卫。今观《邶》、《卫》二风皆无渡河后之诗,独《鄘风》有之,似鄘在东者然,疑旧说之误也。"顾颉刚在《泣吁循轨室笔记》中对此观点下按语,并用王国维《北伯鼎跋》的研究

---

①　崔述:《补上古考信录》卷下,《崔东壁遗书》,第 39 页。
②　顾颉刚:《五德终始说下的政治与历史》,《古史辨》第五册,第 551 页。
③　顾颉刚:《泣吁循轨室笔记》(1924.2—1925.7),《顾颉刚读书笔记》(二),第 774 页。
④　顾颉刚:《泣吁循轨室笔记》(1924.2—1925.7),《顾颉刚读书笔记》(二),第 928 页。
⑤　顾颉刚:《东山笔乘》(1927.10—1929.8),《顾颉刚读书笔记》(二),第 1127 页。

成果来验证说："言鄜在东，与王静安先生言相同。"①

其次，对崔述的古史学观点有所受亦有所不受，并非照单全收。如关于先秦时期的历法，即是如此。顾颉刚同意崔述"春秋时历法各国互异"的观点，崔述《洙泗考信录》云："春秋之时，列国置闰互异。"顾颉刚下按语说："读此，可见春秋时历法之乱。"②但对崔述关于"夏时"的观点，顾颉刚并不认同，他在《泣吁循轨室笔记》中针对《洙泗余录》所谓"周历之疏，不及夏也"，下按语："孔子时离夏千余年，岂有当时之历反不如夏之理。所谓夏时，恐是那时历官之改良历法，托之于夏耳。"③

最后，也有完全不同意的。如顾颉刚在《泣吁循轨室笔记》中写道："崔述疑《先进》篇《侍坐》章'文体少异，语意亦类庄周，而称夫子'。余按，此章之文实即《公冶长》篇之《颜渊季路侍》章之传讹者。不过传之者只记了子路而忘记了颜渊，又凭空添出冉求、公西华、曾皙三人耳。"④又有："崔述定阿衡、保衡为一人。予按，《书·君奭》云：'在太甲，时则有若保衡。'是保衡在太甲时也。《诗·长发》云：'昔在中叶，有震且业，允也天子，降于卿士：实维阿衡，实左右商王。'是阿衡在商中叶也。太甲在商初叶，不可谓中，而其时亦无天子降于卿士之事（伊尹放太甲，不可谓降。降者，凌夷之意），故吾意保衡与阿衡未必为一人。"⑤

顾颉刚在《与钱玄同先生论古史书》一文中，提出崔述的著作有两点令其感到不满，应该说对这两点的分析是顾颉刚批判继承崔述古史学说的结晶，也充分表明其辨伪疑古的立场、目的与方法。

其一，"他著书的目的是要替古圣人揭出他们的圣道王功，辨伪只是手段。……所以他只是儒者的辨古史，不是史家的辨古史"⑥。顾颉刚已经意识到崔述的辨伪目的本身所具有的缺陷性，即站在儒家信徒的角度维护封建道统和圣道。顾颉刚看到"崔述屡屡驳孟子言古史事，然必云'孟子为其门人所记，不过言过其实'，为孟子轻轻卸责"⑦。而且，"崔氏必欲涂饰

---

①　顾颉刚：《泣吁循轨室笔记》（1924.2—1925.7），《顾颉刚读书笔记》（二），第 736 页。

②　顾颉刚：《泣吁循轨室笔记》（1924.2—1925.7），《顾颉刚读书笔记》（二），第 790—791 页。

③　顾颉刚：《泣吁循轨室笔记》（1924.2—1925.7），《顾颉刚读书笔记》（二），第 789 页。

④　顾颉刚：《泣吁循轨室笔记》（1924.2—1925.7），《顾颉刚读书笔记》（二），第 808 页。

⑤　顾颉刚：《泣吁循轨室笔记》（1924.2—1925.7），《顾颉刚读书笔记》（二），第 843 页。

⑥　顾颉刚：《与钱玄同先生论古史书》，《古史辨》第一册，第 59 页。

⑦　顾颉刚：《泣吁循轨室笔记》（1924.2—1925.7），《顾颉刚读书笔记》（二），第 869 页。

周公之治,故取越裳氏重译来朝之事,及作指南车之事,断之曰,'然于理无所害','未有以断其必不然'"①。此等自欺式的弊端,都是由于崔述的圣人崇拜观造成的,于是顾颉刚评价说:"他的圣人的成见梗得太深了,所以崔氏只是小变汉儒。"②至30年代,顾颉刚仍认为崔述"《考信录》一书,固然不少客观的研究,但也不少主观甚重的卫道议论"③。顾颉刚晚年在《耄学丛记》中,还谈及他与崔述在怀疑考辨古史方面有着完全不同的目的,他说:"在亚东本《崔东壁遗书》中,梁隐说崔述是'考诸经以信史',我则是'求于史以疑经',这把我和崔走的不同路线,指出的最明白。我只是借《考信录》作我工作的阶梯或工具而已,本未尝作崔氏的信徒也。"④所以,顾颉刚基于当时自己改造时势的理想⑤,站在史家的角度,运用辨伪的手段,最终的目的是推翻旧的古史系统,努力创建具有科学精神的新古史系统。

其二,"他要从古书上直接整理出古史迹来,也不是安稳的办法。因为古代的文献可征的已很少,我们要否认伪史是可以比较各书而判定的,但要承认信史便没有实际的证明了"⑥。崔述信"经",不信传记,他说:"传虽美,不可合于经,记虽美,不可齐于经,纯杂之辨然也。"⑦这就在其辨伪古史时,造成很大麻烦,为与经说相符,其辨伪往往表现出矛盾和不彻底。顾颉刚就曾观察到:"崔述笑谯周、皇甫谧为古史始于燧人、庖羲,然自为《补上古考信录》乃始于庖羲、神农。此则犹是信从经记之过也。"⑧"《易传》言庖牺氏王天下,本是一个破绽。崔述因为相信《易传》,故同它辩护道:按唐、虞以前未闻有称王者。'王天下'云者,据三代之称而加之上古者也。此《传》之所以不逮《经》,学者不可以辞害意也。以崔氏这样疑古,而一蔽于感情也会做出曲解,读书之难可见。"⑨"崔述信《晨门》、《荷蒉》而不信

---

①　顾颉刚:《泣吁循轨室笔记》(1924.2—1925.7),《顾颉刚读书笔记》(二),第922页。

②　顾颉刚:《泣吁循轨室笔记》(1924.2—1925.7),《顾颉刚读书笔记》(二),第831页。

③　顾颉刚:《中国上古史研究课第二学期讲义序目》,《古史辨》第五册,第257页。

④　顾颉刚:《耄学丛记》(1972—1975),《顾颉刚读书笔记》(十),第7863页。

⑤　顾颉刚:《中国近来学术思想界的变迁观》,载王煦华编:《古史辨伪与现代史学——顾颉刚集》,第23页。

⑥　顾颉刚:《与钱玄同先生论古史书》,《古史辨》第一册,第59页。

⑦　崔述:《考信录提要》卷下,《崔东壁遗书》,第12页。

⑧　顾颉刚:《泣吁循轨室笔记》(1924.2—1925.7),《顾颉刚读书笔记》(二),第901—902页。

⑨　顾颉刚:《泣吁循轨室笔记》(1924.2—1925.7),《顾颉刚读书笔记》(二),第783—784页。

《接舆》以下三章,似亦未达一间。此等事要是都不可信。"①由此可以看出,崔述在先承认经书中大部分史事为真的前提下,对上古史事提出质疑,故与经相抵触的史事,便判为伪或是先秦诸子有意托古改制。但顾颉刚并不是如此,他并不完全相信经书中的史事与诸子中的史事,主张经传平等,以此为史料观,来表现古史传说的层累式造成。顾颉刚这种用怀疑的眼光来审查"经"的观点,主要是受到康有为对古文经的否定和诸子改制考的启发,巧妙地利用康有为对崔述的态度,破除了崔述因迷信经书而疑古的不彻底性。康有为通过《新学伪经考》、《孔子改制考》,将古文经和诸子中的上古史消解殆尽,认为上古史系统是孔子出于"改制"的需要而推托出来的。所以,其对崔述迷信"六经"的行为抱有贬斥的态度,认为崔述"乃为《考信录》以传信之,不亦谬哉"②。顾颉刚虽然在目的上与康有为的"尊孔"恰恰相反,但基于对上古史系统的怀疑,在对崔述"信经"的态度上,恰与康有为相合。顾颉刚在《与钱玄同先生论古史书》中就说:"古代的史靠得住的有几,崔述所谓'信'的何尝是信!"③

在解经时,顾颉刚强调眼光的转换,要求运用历史的观念,他说:"前年标《王政三大典考》时,简端记云:'汉人解经之目的,欲使经义为一而无异同。今人解经之目的,欲使经义异同毕露而无一毫糅杂之处。'上面是统一观念,下面是历史观念。"④顾颉刚认为只有这样,才能克服崔述的弱点,他在《泣吁循轨室笔记》中写道:"战国时人言尧、舜与言桀、纣,只是方向的不同,并非质量(放大的倍数)的不同。崔述只是要保存好的一方面的扩大之量,而推翻坏的一方面的扩大之量及足以损坏好的扩大量者。他用圣道王功的眼光看,固应如此。现在我们用民俗学的眼光看,则不但好的要保存,即坏的亦要保存。若用历史学的眼光看,则不但坏的要推翻,即好的亦要推翻。"⑤顾颉刚否定崔述迷信经书的治史观念,而在当时考古学尚不发达、可征信的文献较少的情况下,整理史事只能运用历史的观念,破除对经书的迷信,参照民俗学故事演进的方式,看史事演变的经历,寻求其流变的原因。

---

① 顾颉刚:《泣吁循轨室笔记》(1924.2—1925.7),《顾颉刚读书笔记》(二),第 809 页。
② 康有为:《孔子改制考》卷一,第 2 页。
③ 顾颉刚:《与钱玄同先生论古史书》,《古史辨》第一册,第 65—66 页。
④ 顾颉刚:《泣吁循轨室笔记》(1924.2—1925.7),《顾颉刚读书笔记》(二),第 918 页。
⑤ 顾颉刚:《泣吁循轨室笔记》(1924.2—1925.7),《顾颉刚读书笔记》(二),第 851 页。

三、清末今古文经学

吕思勉曾指出,清末今古文经学对于后世的影响最大之处,无过于史学。他说:"康长素和章太炎,虽然都讲经学,而其影响于后来,转以只学为大。"而康有为、章太炎都是清末经学的殿军,其学在经,其功在政,为何会影响到后世之史学? 吕思勉认为,康、梁、章对于史学的功绩,并不在当时作为史学正统的考据上,而在经世致用方面①。那么,如此说来,康、章的史学功绩也自然不在史学"正统"之内,所以正统史学的功绩只能向外寻求,向考据派寻求。这"由经入史"和"起承转接"的工作,在作为考据派代表之一的顾颉刚那里,表现得最为突出,也最具影响。

章太炎在清末所发的言论,多刊登在《国粹学报》上,顾颉刚在初入高等小学时,就已通过读《国粹学报》开始接受章氏"整理国故"的思想,走上钻研中国学术文化之路②。章太炎在《诸子学略说》这篇长文中,大量引用诸子诟骂孔子的话,说"儒家之病在以富贵利禄为心",又说"孔子之教惟在趋时,其行义从时而变,故曰:言不必信,行不必果"③。除《诸子学略说》外,太炎早在《訄书·钉孔》篇中就把孔子下比刘歆。这些大胆的贬孔言论,曾在当时造成巨大的影响,而顾颉刚自幼便是对《国粹学报》有所接触之人,受章太炎贬孔言论的影响,种下根深蒂固的反孔教思想也是在所难免④。顾颉刚在提出"层累说"之前,在与钱玄同商讨交流的过程中,很顺利地把他早年在章太炎处接受的反孔思想,用以推翻康有为的"尊孔"。在经史学上,章太炎主张将六经视为历史文献,在《检论·清儒》中提倡"六艺,史也"⑤。1913 年,顾颉刚入北京大学,进入太炎学派的大本营,夏可谓"如鱼得水","每晚与毛子水、朱孔平前往化石桥共和党本部听章太炎所开国学会之讲学,所讲为文科的小学及文学、史科、玄科"⑥。这又将章太炎

①　吕思勉:《从章太炎说到康长素梁任公》,《月刊》第 3 期,1946 年 1 月。又载《吕思勉论学丛稿》,上海:上海古籍出版社,2006 年,第 402—404 页。

②　顾潮:《顾颉刚年谱》,第 20 页。

③　章太炎:《诸子学略说》,《国粹学报》第 21 期,第 4—5 页。

④　顾颉刚:《古史辨》第一册自序,第 24 页。

⑤　顾颉刚在笔记中记有钱玄同语,云:"古文家言《六经》皆史的,仅一章太炎而已。"顾颉刚:《遂初室笔记》(1929—1930),《顾颉刚读书笔记》(三),第 1206 页。

⑥　顾潮:《顾颉刚年谱》,第 32 页。

的经史学主张重温了一遍。1914 年,顾颉刚在听完马裕藻国文课、沈兼士文字课后,自述"他们都是太炎先生的弟子,使我在听了太炎先生的演讲之后更得到一回切实的指导"①。经过这一番训练,顾颉刚对古文经学家的学说有了初步的了解,为日后其利用今古文经互搏,超越今古文经学,奠定了基础。

吕思勉评价章太炎时说:"章太炎的思想,可谓极深刻,亦有极精密处,然要运用现代的科学方法,则尚嫌不够。所以其主张古学之说,亦不过是向来经学家中一个门户之见而已。"②吕思勉是站在倾向于今文经学的角度,指责章太炎的古文家的门户倾向,但章太炎也确实曾不遗余力地攻击康有为等今文经学家。章太炎攻击今文经学家的言论,使顾颉刚悟到治学应当放弃"致用"而"求真"的态度。不经意间,顾颉刚将这种门户之见转化为治学的态度,他就认为:"在学问上则只当问真不真,不当问用不用。学问固然可以应用,但应用只是学问的自然的结果,而不是着手做学问时的目的。从此以后,我敢于大胆作无用的研究,不为一班人的势利观念所笼罩了。这一个觉悟,真是我的生命中最可纪念的;我将来如能在学问上有所建树,这一个觉悟决是成功的根源,追寻最有力的启发就在太炎先生攻击今文家的'通经致用'上。"③除此之外,便是引起了顾颉刚探寻今文经学究竟为何物的兴趣,他说:"要是我没有亲见太炎先生对于今文家的痛恨,激动我寻求今文学著述的好奇心,我也不会搜读《孔子改制考》,引起我对于古史的不信任的观念。"④不久,顾颉刚就"从《不忍》杂志上读到《孔子改制考》第一篇论上古史事茫昧无稽",此说颇使顾颉刚感到"惬心餍理"⑤。从此,顾颉刚就寻找到创建"层累说"的另一大传统学术资源——清末今文

---

①　顾颉刚:《古史辨》第一册自序,第 27 页。

②　吕思勉:《从章太炎说到康长素梁任公》,《吕思勉论学丛稿》,第 402 页。

③　顾颉刚:《古史辨》第一册自序,第 25 页。此后,顾颉刚始终秉持这种治学理念,直至 20 世纪 40 年代,顾颉刚仍认为,"今日研究古代学术,求是而已,绝不当谈致用"。顾颉刚:《纯熙堂笔记》(1946.6—1947.10),《顾颉刚读书笔记》(四),第 2337 页。

④　顾颉刚:《古史辨》第一册自序,第 80 页。

⑤　顾颉刚:《古史辨》第一册自序,第 26 页。顾颉刚在读康有为《孔子改制考》之前,对今文经学家的史学著作便有所接触,据他回忆 1908 年就已购得夏曾佑《中等教育用中国历史教科书》三册,该书"以基督教《创世纪》及保罗文记洪水事比较汉族历代相传之盘古以迄三皇五帝之传统,耳目顿为一新;又以虞夏为传疑时代,两周为化成时代",使"读《尚书》时之旧脑筋为之一洗",顾颉刚甚至认为其推翻古代传说彼实导夫先路。参见顾颉刚:《枫林村杂记》(1966.1—1966.6),《顾颉刚读书笔记》(九),第 7294 页。

经学家的学说。

　　顾颉刚提出"层累说",在民初古史学界内首倡辨伪疑古,这与清末学术风气的转变,特别是今文经学的兴起有着莫大的关系。傅斯年在《殷历谱》序中说:"清乾嘉考据学之盛,初以为有功乎论赞六艺,其实富于破坏性。自刘逢禄始分解《左传》,至今而辨经籍中之古史资料者多矣。"①陈寅恪已观察到:"独闻光绪京朝胜流之绪论,其时学术风气,治学颇尚公羊春秋……后来,今文公羊之学递演为改制疑古,流风所被,与近四十年间变幻之政治,浪漫之文学,殊有连系。"②钱基博亦云:"自南海康有为作《新学伪经考》、《孔子改制考》,绩溪胡适汲其流,倡新汉学;以为《周礼》为伪作,《尚书》非信史;六籍皆儒家托古;持勿轻信古人之论。而胡氏尤善属书离辞,指事类情,一时风动;后生小子不事研诵,好骋异议;疑经蔑古,即成通人!"③由此可见,民国诸家对当时的疑古风气可溯源至清代今文经学的现象,亦早有所洞明。

　　清末民初的今文经学家,以康有为影响最大,其著作中又以《新学伪经考》、《孔子改制考》最为著名④。钱基博曾对康有为《新学伪经考》和《孔子改制考》所论要义进行过归纳,认为康有为之所以提出"孔子改制说",目的在于"政治革命"、"社会改造",所以喜言"通三统"、"张三世",最终想通过"孔子之改制,上掩百世,下掩百世,故尊之为教主"。这样就使康有为心目中的孔子又带有"宗教性"⑤。康有为的这些学说无疑深刻地影响到顾颉刚,他在提出"层累说"之前的读书笔记《景西杂记》中写道:"康有为为《孔子改制考》、《新学伪经考》,仅有朱一新、叶德辉等零碎文字数篇,无著专书特辟之者,半由理足,半亦近人怕读书耳。"⑥这表明,顾颉刚此时认为康有为的学说"理足",颇有心悦诚服之感。20 世纪 40 年代后,顾颉刚甚至认为自己是在接续康有为的工作,来完成对清代学术的总结,他说:"人皆以此为康有为之政治作用,而不知此为康有为之历史使命。综合的揭发此案

　　① 傅斯年:《史料论略及其他》,沈阳:辽宁教育出版社,1997 年,第 55 页。
　　② 陈寅恪:《朱延丰〈突厥通考〉序》,《寒柳堂集》,上海:上海古籍出版社,1980 年,第 144 页。
　　③ 钱基博编:《国故概论》作者录,《国学必读》(卷下),上海:中华书局,1924 年,第 4 页。
　　④ 1946 年,吕思勉说:"康长素其实算不得经学家,他不过以意立说,而以经说为之佐证,如陆子静所谓'六经皆我注脚'而已。他有名的著作,是《孔子改制考》、《新学伪经考》。……这两部书,影响于学术界颇大,然站在经学的立场上说,则其书实在是无足取的。"吕思勉:《从章太炎说到康长素梁任公》,《吕思勉论学丛稿》,第 400 页。
　　⑤ 钱基博:《现代中国文学史》,北京:中国人民大学出版社,2004 年,第 300 页。
　　⑥ 顾颉刚:《景西杂记》(1921.9—1922.4),《顾颉刚读书笔记》(一),第 324 页。

之条件已备,故康氏能为之也。……予之世,综合的揭发伪史之条件已备,故能有《古史辨》。如无历史的潜伏力,必无此类著作。必为此事,然后清代学术有一归宿。"①于是,康有为了尊孔及"托古改制"而对上古信史所从事的消解工作,被顾颉刚加以批判地继承,并被转化成重新检讨整个古代信史的武器②。

　　康有为的学说是顾颉刚创立"层累说"的直接诱因。顾颉刚就曾自述说:"我的推翻古史的动机固是受了《孔子改制考》的明白指出上古茫昧无稽的启发,到这时而更倾心于长素先生的卓识,但我对于今文家的态度总不能佩服。我觉得他们拿辨伪做手段,把改制做目的,是为运用政策而非研究学问。……那时又起了一个问题:上古史既茫昧无征,这些相传的四千或五千的年数是从什么地方出来的呢?"③而此时的顾颉刚两年里的工作重心是标点《崔东壁遗书》,虽然此项工作耗去他很多的时间和精力④,但也让他获得意外的收获,即从崔述的著述中寻得古史是层累式形成的观念。

　　顾颉刚"打破古代为黄金世界"的观点,受到康有为学说的启发。康有为在《孔子改制考》中认为,至少在夏禹治理洪水之后,人类文明才得以诞生,他说:"太古开辟,为萌为芽,漫漫长夜,舟车不通,书契难削,畴能稽哉?大地人道,皆蓝瞀于洪水后。"⑤而在周予同看来,康有为凭借三世说、大同说,发为进化的史观,认为"尧、舜时代的文化,只是孔子托以明义,悬一理想的目标,以为'太平世'的倒影"。康有为此举"不仅对于孔子以前的史实加以消极的否定,而且积极的对于中国的旧史观提出'进化论'的新见解。原来,照中国以往史学家的观点,更其是受经古文学的影响的史学家,根据一切儒教的经典,认尧、舜、禹、汤、文、武时代都是至治的盛世,认《周礼》确实是周公'致太平之迹'",自然而然地会发生"今不如古"的悲观论与宿命论的史观,这种史观则被康氏之说打破了⑥。康有为这一史观,又被顾颉

---

①　顾颉刚:《纯熙堂笔记》(1946.6—1947.10),《顾颉刚读书笔记》(四),第 2302 页。

②　王汎森:《古史辨运动的兴起——一个思想史的分析》,第 52 页。

③　顾颉刚:《古史辨》第一册自序,第 43—45 页。

④　顾颉刚:《古史辨》第一册自序,第 55 页。

⑤　康有为:《孔子改制考》卷一,载姜义华编校:《康有为全集》(第三集),上海:上海古籍出版社,1992 年,第 2 页。

⑥　周予同:《五十年来中国之新史学》,载朱维铮编:《周予同经学史论著选集》,上海:上海人民出版社,1983 年,第 526 页。

刚加以继承,对古代是黄金世界的观念产生了怀疑[①]。只是今文经学家在处理为什么经书中的上古时代是黄金时代而实际情况则不同这一疑问时,解释为是孔子托古改制造成的[②],顾颉刚则将其归为战国诸子托古改制,或是战国时代的要求。

　　顾颉刚解释古史是如何"层累"的思路,实际上亦受到康有为的影响。康有为在《孔子改制考》中认为孔子和诸子"皆曰吾上祖尧、舜、禹、汤、文、武云云,则当时诸子纷纷托古矣,然同托于尧、舜、禹、汤、文、武,而相反若是与!"[③]顾颉刚只不过是将这一观念扩大化而已,所以他在《古史辨》第一册自序中说:"长素先生受了西洋历史家考定的上古史的影响,知道中国古史的不可信,就揭出了战国诸子和新代经师的作伪的原因,使人读了不但不信任古史,而且要看出伪史的背景,就从伪史上去研究,实在比较以前的辨伪者深进了一层。"[④]他在《景西杂记》中解释"象刑"和"三代征伐",认为

---

　　① 王汎森:《古史辨运动的兴起——一个思想史的分析》,第156—160页。顾颉刚"打破古代为黄金世界的观念"的想法并非单纯地来源于今文学家,受到今文家的影响是不可否认的,但无论是康有为亦或是廖平,都没有直接提出"黄金世界"这一名词概念,顾颉刚在这方面很可能也受到过李大钊的影响,或者说是反映了那个时代学者们普遍的呼声。李大钊1919年主编《晨报》副刊,同时协助北京大学学生创办《国民》和《新潮》杂志,自1920年7月任北京大学教授。李大钊在1920年就指出封建史观的核心是:"大抵慨念黄、农、虞、夏、无怀、葛天的黄金时代,以重审其怀古的幽情,而退落的历史观,遂以隐中于人心。"(李大钊:《史观》,《李大钊史学论集》,石家庄:河北人民出版社,1984年,第72页)顾颉刚在1921年9月前后所写的《景西杂记》中说:"古代社会本来很苛酷、很淫乱、很奸诈,在《今文尚书》、《诗》三百篇《国语》(《左传》)、《论语》等书里到处可见。不料三代被后人看作黄金时代,那时的君相都看作圣贤人,经书都看作三代圣贤'劝人为善'的语录,所以作伪的人总想把他装点得越好,便越合读者的心理。"(顾颉刚:《景西杂记》(1921.9—1922.4),《顾颉刚读书笔记》(一),第322—323页)1923年4月6日,李大钊在上海《民国日报》副刊《觉悟》上,发表《史学与哲学》一文,大谈中国古代的历史观念,称黄、农、虞、夏之世,便是中国人理想中的黄金时代,倡议新历史学家首当打破此种谬误观念。他说:"从前的历史观,使人迷信人类是一天一天退化的,所以有崇古卑今的观念。中国如此,西洋亦然。他们谓黄金时代,一变而为银时代,更变而为铜时代、铁时代,这便是说世道人心江河日下了。这种黄金时代说,在十七世纪时为一班崇今派的战士攻击的中心。……诗人的梦想,多以前代、过去的时代为黄金时代。中国的《采薇》、《获麟》诸歌和陶渊明一流的诗,都有怀思黄、农、虞、夏的感想。黄、农、虞、夏之世,便是中国人理想中的黄金时代。新历史学家首当打破此种谬误的观念。"(李大钊:《史学与哲学》,《民国日报》副刊《觉悟》,1923年4月6日。又载《史学探渊——中国近代史学理论文编》,第945页)而1923年1月至5月间,顾颉刚恰好在上海商务印书馆任职,与王伯祥合编《现代初中教科书本国史》,至5月末才请假回苏州。
　　② 康有为:《孔子改制考》卷一,第2页。
　　③ 康有为:《孔子改制考》卷四,第61页。
　　④ 顾颉刚:《古史辨》第一册自序,第78页。

是"战国人要把唐、虞说成黄金时代"①的需要。顾颉刚将康有为的"孔子改制说"进一步改造为"诸子伪托说",当时的学者也有所觉察。1946 年,吕思勉在《从章太炎说到康长素梁任公》一文中就指出:"康长素所谓托古改制,乃说古人因欲改制,所以托古,是一种有意识的伪造。后人所谓托古改制,则把无意的传伪、附会等,一并加入其中,其范围就推广得多了。"②即便是顾颉刚本人,也于 1948 年在兰州大学讲课时,再次提及对康有为这个方法的改造,他说:"康有为所著《孔子改制考》,是一部划时代的著作,不过这个名称,应改做'战国诸子托古改制考',因为孔子尚无改制思想,还没有想到改制,到战国诸子才有这种改革旧社会的思想。"③

　　然而,顾颉刚虽"倾心"于康有为的"卓识",但"对于今文家的态度总不能佩服",他认为:"据今文学以斥伪古文学,本是一历史问题。而康氏必欲以翼圣保教为名,则成政治问题与宗教问题。这本是一死问题,要强使它变活,实不可能,故两败俱伤,现实与历史两方面均未做好。"④所以,顾颉刚对康有为今文经学"致用"的主观目的并不赞同,只是吸取其中对古文经的怀疑和对古史系统的破坏⑤,他认为:"康氏为人,盖政客而非学者,其著书目的但欲借孔子之名以造成其主教之地位。由此动机观之,至无足论,然其书固不可易也。"⑥恰如王汎森所说:"事实上不管讨论康有为或章太炎对顾颉刚的影响,都应特别注意顾氏对他们的学说都只取一部分,舍一部分,对康有为,舍的是尊孔的精神,取的是疑伪言论,对章太炎,取的是反孔精神,舍的是章氏对古文经的信仰。他如果不曾超越今古文家派意识,则充其量只是个旧经师而已。"⑦

　　顾颉刚对康有为等今文经学家采取批判继承的态度,但由于在学说结构上过于依赖今文经学,使得今文经学中对古史不信任的特性深深影响到

---

①　顾颉刚:《景西杂记》(1921.9—1922.4),《顾颉刚读书笔记》(一),第 463—464 页。

②　吕思勉:《从章太炎说到康长素梁任公》,《吕思勉论学丛稿》,第 402—403 页。

③　顾颉刚:《中国古代史研究序论》,《文史》2000 年第 4 辑(总第 53 辑)。

④　顾颉刚:《纯熙堂笔记》(1946.6—1947.10),《顾颉刚读书笔记》(四),第 2302—2303 页。

⑤　顾颉刚:《遂初室笔记》(1929—1930),《顾颉刚读书笔记》(三),第 1282—1283 页。

⑥　顾颉刚:《论康有为辨伪的成绩》,《国立中山大学语言历史研究所周刊》第 11 集第 123、124 合期,1930 年 3 月 26 日。又载顾颉刚:《顾颉刚古史论文集》(卷三),北京:中华书局,2011 年,第 38 页。

⑦　王汎森:《古史辨运动的兴起——一个思想史的分析》,第 57 页。

顾颉刚。康有为的《新学伪经考》推倒古文经的信史性,而《孔子改制考》则更进一步地全盘推倒今文经及先秦诸子的信史性①。这就使得顾颉刚对传统学术典籍中的"经"和"史",都抱有不信任的态度。康有为以为孔子以前的历史,是孔子出于救世改制的目的,而假托的宣传作品,都是茫昧无稽的,中国历史从秦汉以来乃可考信。他说:"六经以前,无复书记。夏殷无征,周籍已去,共和以前,不可年识,秦汉以后,乃得详记。"②顾颉刚也说:"自从读了《孔子改制考》的第一篇之后,经过了五六年的酝酿,到这时始有推翻古史的明了的意识和清楚的计划。"③所以,王汎森认为顾颉刚"层累说"从一开始就带有全盘"抹煞"上古信史的精神,在还没有逐步检视大部分重要史事前,就先"抹煞"古书古史,而这个精神主要便是继承清季今文学家的历史观而来④。

1924 年,章太炎指责古史辨派"因疏陋而疑伪造",1933 年,他更将此种治史视为"魔道",视为今文经学家的余孽⑤。1946 年,吕思勉起而为顾颉刚辩护说:"近来研究史学的人,虽然喜引用荒唐的神话、传说等,亦未尝把史官所记、士大夫所传,一笔抹杀;而其所谓疑古者,亦和康长素无甚关系。在这一点上,太炎并没有认清楚最近史学界上的事实,而其见解,亦和现在新史学不合。"⑥吕思勉此说,主要是针对章太炎所认为的顾颉刚等人是接康有为之余绪,提出顾颉刚有关近似康有为"托古改制"学说是运用了发展的史观,不应与康有为等量齐观。他说:"古史的不确实,这在今日,是人人会说的,而说起这话来,往往引起'托古改制'四个字。其实他们所谓托古改制,多非康长素的本意。……这不过是一个古不如今的进步观念,就是没有康长素托古改制之说,也是要兴起的,或者还可以正确些。所以把打破崇古观念之功,归之于康长素,只是个不虞之誉。"⑦顾颉刚随后对此也作出回应,他在《纯熙堂笔记》中写道:"吕思勉《从章太炎说到秦长素梁任公》一文,对清末思想界有极透辟的议论,当钞出。末云:'如近人所

①　王汎森:《古史辨运动的兴起——一个思想史的分析》,第 209—218 页。

②　康有为:《孔子改制考》卷一,第 2 页。

③　顾颉刚:《古史辨》第一册自序,第 43 页。

④　王汎森:《古史辨运动的兴起——一个思想史的分析》,第 217 页。

⑤　汤志钧编:《章太炎年谱长编(增订本)》(上),北京:中华书局,2013 年,第 439、537 页。

⑥　吕思勉:《从章太炎说到康长素梁任公》,《吕思勉论学丛稿》,第 403 页。

⑦　吕思勉:《从章太炎说到康长素梁任公》,《吕思勉论学丛稿》,第 402—403 页。

说,以禹为古代的一个动物,并无其人,这个固然近于怪诞。然其发明《禹
贡》不但非禹时书,所述的并非禹时事,乃后人据其时的疆域附会,则不可
谓非一大发明。……章太炎于此不甚了解,他认为根据神话传说而否认古
代史官所记或士大夫之所传,就是把中国古代的历史抹杀了,把中国古代
的历史抹杀就是把中国古代的文化抹杀了,所以竭力反对这一派议论。'这
几句话把章先生和吕先生对我的态度写得很明显。"①

四、融合崔述与康有为的集大成之作

1930 年前后,顾颉刚为寻得自己在中国辨伪学史上的位置,频频对崔
述及康有为等今文经学家作学术史的回顾,这在其《读书笔记》以及相关论
著中都有所体现。顾颉刚在《遂初室笔记》中谈及近代辨伪之进展时说:
"崔述、梁玉绳——指出事件之妄。康有为——指出作伪之时代。康氏但
以加入少皞为暗容三皇五帝之次(升黄帝于三皇)。崔适——指出作伪之
方式。崔氏始用五德说说明之。今文家只肯打破五德说,不肯打破三统
说,我——立于超然之地位,加以系统之说明,补其所未备。以前人对于古
史问题,愚者则信而不疑,智者则存而不论,起而为大规模的反抗,则始于
崔述。"②他在谈及辨古帝王名号之进展时说:"崔述均辨之,以为非一人。
(只知辨其事迹,不知辨其系统。)……康有为辨之,以为刘歆增入,其增入
之故为欲定'三皇、五帝',挤黄帝于三皇。(知辨其系统矣,然而还看得
浅。)"③1930 年 6 月,他在《中国上古史研究讲义》自序二中谈到崔述、康有
为、崔适时说:"他们这些著作,都是在历史界里起革命的,论理应当使通俗
的历史大大地改观。何以这三位先生倡导了一百余年,我们的历史系统还
是王莽的历史系统,不但通俗的历史书未改,即学者们也不大理会呢?"最
主要的原因在于:"他们的治学,究竟不能脱离旧观念,既要昌明孔学,又要
通经致用。"④由此可见,顾颉刚分别受到康有为和崔述的影响,虽然对他
们的目的都不接受,但显然接受了他们的研究方法和手段,并将其融会贯
通,在批判继承的基础上有所发展。1921 年 1 月间,顾颉刚看到钱玄同给

①　顾颉刚:《纯熙堂笔记》(1946.6—1947.10),《顾颉刚读书笔记》(四),第 2335 页。
②　顾颉刚:《遂初室笔记》(1929—1930),《顾颉刚读书笔记》(三),第 1233—1234 页。
③　顾颉刚:《遂初室笔记》(1929—1930),《顾颉刚读书笔记》(三),第 1238—1239 页。
④　顾颉刚:《中国上古史研究讲义》自序二,北京:中华书局,1988 年,第 12—13 页。

胡适的信,钱玄同在信中大谈崔述和康有为在疑辨群经的功绩和相互承继的关系①,这些内容使顾颉刚在疑古方法论方面深受启发。

崔述疑古学说对顾颉刚古史学说的形成,起到了较为突出的示范作用②,尤其是在"层累说"形成的技术层面上。顾颉刚古史学说无论是理论方法、思维结构亦或是具体观点,都曾受到崔述直接而又深刻的影响·所以顾颉刚一生对崔述都十分推崇。顾颉刚接受康有为《孔子改制考》的启发,认为上古茫昧无稽,那么旧上古史系统又是如何形成?此时,崔述朴素的层累说以及对史事繁密的考证,即顾颉刚所说的"制度名物及细碎的事迹的研究",则又启发了顾颉刚。但崔述限于理学家的思维,只是怀疑专记,未敢触动经,顾颉刚则更向前迈进一步,利用康有为对经的客观破坏结果,认为经也不可信。具体实践于1922年顾颉刚编写《中学本国史教科书》时,他将《诗》、《书》、《论语》这三部书中的古史观念进行比较,忽然发现了一个大疑窦,即尧、舜、禹的地位的问题!他曾经回忆说:"《尧典》和《皋陶谟》我是向来不信的,但我总以为是春秋时的东西,哪知和《论语》中的古史观念一比较之下,竟觉得还在《论语》之后。……因为得到了这一个指示,所以在我的意想中觉得禹是西周时就有的,尧、舜是到春秋末年才起来的。越是起得后,越是排在前面。等到有了伏羲神农之后,尧、舜又成了晚辈,更不必说禹了。我就建立了一个假设:古史是层累地造成的,发生的次序和排列的系统恰是一个反背。"③于是,便如顾颉刚所说,前人看古史是平面的,而"现在我们看古史是垂线的,起初一条线,后来分成几条,更后又分成若干条,高低错落,累累如贯珠垂旒,只要细心看去就分得出清楚的层次"④。

那么,又将如何解释这些"贯珠垂旒"是怎样累累形成的呢?顾颉刚再次从康有为的思想中吸取养分,接受《新学伪经考》的刘歆伪造说和《孔子改制考》的孔子托古改制说,但他并未照单全收,而是在此基础上加入"社

① 胡适:《转致玄同先生论崔述书》,《古史辨》第一册,第27页。
② 一种新学说的诞生,不可能是凭空而来,它应有较为复杂的思想渊源。这些学术思想来源对这种学说的形成,缺一不可。说崔述的学术思想有着突出的作用,只是相对而言,其他传统学术资源,也都是顾颉刚辨伪疑古学说形成和发展中不可或缺的因素。
③ 顾颉刚:《古史辨》第一册自序,第52页。
④ 顾颉刚:《古史辨》第一册自序,第45页。

会背景法",即"依据了各时代的时势来解释各时代的传说中的古史"①。这方法主要是受到民俗学的刺激。顾颉刚认为:"古史应当和现在的故事同等看待,因为这些东西都是在口耳之间流传的。我们在这上,不但可以理出那时人的古史观念,并且可以用了那时人的古史观念去看出它的背景——那时的社会制度和思想潮流。这样的研究有两种用处,一是推翻伪史,二是帮助明了真史。"②这就促使顾颉刚在研究上古史时,将重点放在上古传说材料较为集中的战国秦汉这一时段内的社会背景分析上,如他所说:"我对于这项研究有一个清楚的自觉,就是:我们要辨明伪古史必须先认识真古史。我的目的既在辨论东周秦汉间发生的伪史,所以对于东周秦汉间的时势、思想、制度、史迹等等急要研究出一个真相来。"③他通过社会背景法的运用,将单纯刘歆伪造扩大成战国秦汉间诸子根据不同的社会政治需要而出现的造伪风气,突出表现在《战国秦汉间人的造伪与辨伪》④一文;还将单纯的孔子改制扩大成诸子改制,表现在《禅让传说起于墨家考》⑤一文。

　　顾颉刚古史学说对传统经史之学主观上持批评态度,客观上也造成了巨大冲击,但从根本上来说,其研究取向和研究方法,主要是在对前人辨伪疑古成绩充分吸收和利用的基础上确立的。顾颉刚通过对崔述和康有为等今文经学家的辨伪疑古手段与方法的批判继承,巧妙地将两者融合改造,推陈出新,最终创造出其古史学说中最具代表性的观点"层累说"。现在看来,这颇有些"入吾室,操吾戈,以伐吾乎"的吊诡意味。

第三节　研究戏曲、歌谣和民俗的启发

　　20 世纪以来,新文化思潮的出现以及"民史"研究的兴起,渐趋使得学者们"眼光向下",开始着意关注中国本土的大众文化,如戏曲、民歌、民俗、民间故事、白话小说等。专门研究这类民间文化的团体,也如雨后春笋般出现。

---

①　顾颉刚:《古史辨》第一册自序,第 65 页。
②　顾颉刚:《古史辨》第一册自序,第 65—66 页。
③　顾颉刚:《古史辨》第一册自序,第 60 页。
④　顾颉刚:《战国秦汉间人的造伪与辨伪》,《古史辨》第七册(上),第 1—64 页。
⑤　顾颉刚:《禅让传说起于墨家考》,《古史辨》第七册(下),第 30—109 页。

顾颉刚作为 20 世纪新史学的代表之一,治学的突出特点表现在将民俗学和民间文化的研究方法引入历史研究中,并为史学的通俗化和大众化作出贡献。顾颉刚的著名学说体系"层累说"的形成,就曾经得益于他在戏曲、歌谣和民俗方面的研究①。正如其所自陈:"老实说,我所以敢大胆怀疑古史,实因从前看了二年戏,聚了一年歌谣,得到一点民俗学的意味的缘故。"②

冯友兰晚年曾在《三松堂自序》中回忆说,顾颉刚告诉他,在北大做学生的时候喜欢看戏,"看得多了,他发现一个规律:某一出戏,越是晚出,它演的那个故事就越是详细,枝节越多,内容越丰富。故事就好像滚雪球一样,越滚越大。由此他想到,古史也有这种情况。故事是人编出来的,经过编的人的手越多,内容就越丰富。古史可能也有写历史的人编造的部分,经过写历史的人的手,就有添油加醋的地方,经的手越多,添油加醋的地方也越多。这是他的《古史辨》的基本思想,这个思想,是他从看戏中得来的"③。虽然不能根据这一回忆,说顾颉刚"层累说"全然是从戏曲中来,但也大致道出"层累说"的形成与从事民俗戏曲研究之间的密切关系。正是顾颉刚在戏曲方面的爱好,促使其较为关注戏曲历史材料的系统搜集,以及剧本不同版本之间的比较研究,更是将这种爱好和研究方式扩及他所熟悉的民间故事以及民间文艺的历史研究层面。而上述这些民间艺术形式的共同特点,即是"口耳相传",表现出层层相因的传播特性。这种故事的传播形式使顾颉刚发现,史书中所记载的有关尧、舜、禹的历史传说,很可能就是按照这种民间故事或神话传说的传播过程而"层累式"形成的④。

---

① 顾颉刚从事民俗研究的影响颇为广泛,不仅影响到新史学,更影响到中国现代民俗学的创立及发展趋向。反过来看,其所从事的民俗研究也对顾颉刚本人治史有着巨大的影响。治史理念方面,顾颉刚经历了从以民俗材料印证古史到号召人们打破以圣贤为中心的历史,以及建设全民众的历史之转变。史料方面,他强调以平等的眼光来看待史料。在履践治史理念过程中,以歌谣来论证《诗经》是古代诗歌总集,其中有大量的民间创作,推翻此书之"圣经"地位;以东岳庙为切入点,系统考察中国神道的源流与发展;又以妙峰山进香来探讨春秋以来的社祀等具体实证研究。详见桑兵:《从眼光向下回到历史现场——社会学人类学对近代中国史学的影响》,《中国社会科学》2005 年第 1 期。

② 顾颉刚:《我的研究古史的计划》,《古史辨》第一册,第 214 页。

③ 冯友兰:《三松堂自序》,《三松堂全集》(第一卷),郑州:河南人民出版社,2001 年,第 277 页。王汎森认为,冯友兰的这一个斩钉截铁式的论断实有误导之嫌,因为如果把看戏经验说成是促成层累说的唯一因素,恐怕就会逐流而忘返了。详见王汎森:《古史辨运动的兴起——一个思想史的分析》,第 46 页。

④ [美]J.格雷:《20 世纪的中国史学:对其背景和发展过程的评论》,《历史教学问题》2002 年第 6 期。

顾颉刚在他的《古史辨》第一册自序中,曾一再强调观赏戏曲的心得对他后来研究古史的助益。正是由对戏曲的演变过程的了解,顾颉刚认识到从戏曲到史书,因版本各异,改动无数,只要是后人有改动故事的需要,就使古人迁就于他们的想象。这样,顾颉刚通过听戏曲的心得,将故事与古史联系在一起。顾颉刚治古史时,还喜用古史中的人物来和戏曲中的角色对比,将古史中的事件与戏曲中的故事相比较,总之,用戏曲角色的眼光来考察古史①。他在《景西杂记》中将古代传说中的古帝王比拟成戏曲中的各种角色,写道:"据书上,舜之死于苍梧,年已百岁,其二妃年岁,度亦相若。彼此期颐,必已无情可说,何以又有泪竹成斑之哀艳事乎!盖古人之事,虽无所知,而谈说之士,必欲装饰之为戏剧中人物。故舜之在野,则小生也;瞽瞍,净也;瞽瞍之妻,彩旦也;象,丑也。舜既登庸,则老生也;二妃,正旦也。战国之设想,何以与后世戏剧格局相似之甚乎!"②在《泣吁循轨室笔记》中还记有:"'桀犬吠尧','舜、跖鸡鸣而起',此等处尧、舜、桀、跖等专名均用成了类名,只当一种人格的记号。正与戏中角色及脸谱同。"甚至由文献中所记史事,顾颉刚也会不自然地联想到相类的戏曲,如《孔子家语》中曾记载孔子之宋,匡人简子以甲士围之。子路弹琴而歌,孔子和之。曲三终,匡人解甲而罢。他便认为:"这不是一出《空城计》吗?大约古今人对于故事,不过这几种想象。弹琴退敌,为想象中之故事之一,故不施于孔子,即施于诸葛亮。"③

在"层累说"的形成过程中,顾颉刚对歌谣、民俗的研究也起到了重要的作用。"五四运动"爆发前,顾颉刚回乡省亲,为排遣寂寞,开始搜集歌谣,搜集结果使其"知道歌谣也和小说戏剧中的故事一样会得随时随地变化"④。1920 年,顾颉刚将其在家乡搜集来的吴歌发表在《晨报》"歌谣"专栏,从此他开始与民间文艺结缘。顾颉刚在其《读书笔记》中还具体谈到歌谣的演进转变方式可通于古史,《淞上读书记》中记有:"《歌谣》第廿三号,家斌译述的《歌谣的特质》中有云:'歌谣是口口相传的,因之,一首歌谣每有许多变体。凡一件东西经许多人传说,一定会有许多变化的。唱歌的人

---

　①　顾颉刚:《古史辨》第一册自序,第 41 页。

　②　顾颉刚:《景西杂记》(1921.9—1922.4),《顾颉刚读书笔记》(一),第 328 页。

　③　顾颉刚:《泣吁循轨室笔记》(1924.2—1925.7),《顾颉刚读书笔记》(二),第 729 页。

　④　顾颉刚:《古史辨》第一册自序,第 37 页。

又好把许多以前已有的歌里,这里摘一句,那里摘一句,凑成一个新的歌。所以歌谣时常被人有意的或无意的一点一点改变了。有意的改比较是很少,但是有时唱的人在这地方就用这地名,若在旁的地方就用旁的地名,内容却完全无异,各地方都觉得自己的是真的。……'这几则虽论歌诗,实可通于古史,特录存之。"①

民俗研究方面,顾颉刚最著名的个案研究,是对孟姜女这一民间传说的深入考察②。1921 年,顾颉刚在整理郑樵的诗论,而在《通志·乐略》中见到论《琴操》之言,才知杞梁之妻"初未尝有是事,而为稗官之流所演成",这是其"对于孟姜女故事的注意的第一回"③。1924 年 11 月 19 日,他在北大《歌谣周刊》上刊出《孟姜女故事的转变》④,将先前古史领域所得出的"层累"方法在民俗研究领域中"牛刀小试",由此考出孟姜女故事是由《左传》中杞梁之妻发展层累而成。1925 年,顾颉刚有关孟姜女故事的研究有了另一次突破,这时他发现孟姜女故事不只是随历史的发展而层累,而且还随地域而分化。这也在横向的角度上,启发其对有关古史"层累"式演进方式的认识。1927 年 2 月,顾颉刚总结说:"我们可以知道一件故事虽是微小,但一样地随顺了文化中心而迁流,承受了各时各地的时势和风俗而改变,凭借了民众的情感和想象而发展。我们又可以知道,它变成的各种不同的面目,有的是单纯地随着说者的意念的,有的是随着说者的解释的要求的。我们更就这件故事的意义上回看过去,又可以明了它的各种背景和替它立出主张的各种社会的需要。我们懂得了这件故事的情状,再去看传说中的古史,便可见出它们的意义和变化是一样的。"⑤

顾颉刚后来还特别谈到,他如何把研究孟姜女故事的方法运用到解释古史传说上。他说:"现在我试把这件故事比似传说中的古史。江浙人说孟姜女生在葫芦、冬瓜或南瓜中,这不像伊尹的生于空桑中吗?……读者

---

① 顾颉刚:《淞上读书记》(1923.3—1924.2),《顾颉刚读书笔记》(二),第 693—695 页。

② 顾颉刚:《古史辨》第一册自序,第 66—67 页。

③ 顾颉刚:《孟姜女故事研究的第二次开头》,《北京大学研究所国学门周刊》第 1 卷第 1 期,1925 年。

④ 顾颉刚:《孟姜女故事的转变》,钱小柏编:《顾颉刚民俗学论集》,上海:上海文艺出版社,1998 年,第 93—115 页。

⑤ 顾颉刚:《孟姜女故事研究——〈古史辨〉自序中删去之一部分》,《现代评论》第二周年增刊,1927 年 2 月。又载钱小柏编:《顾颉刚民俗学论集》,第 160—161 页。

不要疑惑我专就神话方面说,以为古史中原没有神话的意味,神话乃是小说不经之言;须知现在没有神话意味的古史却是从神话的古史中筛滤出来的。……我们若能了解这一个意思,就可历历看出传说中的古史的真相,而不至再为学者们编定的古史所迷误。"①在顾颉刚看来,不仅孟姜女故事的演变方式与古史的演进有相通之处,而且民俗的心理与治史者的需要也是相通的,都会赋予历史传说以不同的故事形式,只有了解这些心理和需要,才可以透过古史传说的外表,真正探寻到其内部的真正意义。他在《泣吁循轨室笔记》中写道:"凡是一个圣人,照民俗心理,一定要度过许多难。……民俗的脑中,见得圣人一定受灾难,但一定有救星,不会死。这是一个极普遍的方式。"②在《辛丑夏日杂钞》中记有:"汉以下人要使故事变成历史,可是汉以前人却要使历史变成故事,因此同样一件历史故事,各家说来便有不同样的处理,后人必欲定某家为真而某某诸家为伪,徒然'治丝而棼之'。必须认识某家要给听众以某种的教育,别家又要给听众以别一种的教育,方始可作古代史传说的整理。"③

总之,顾颉刚最终将这些从戏曲、歌谣和民俗等方面的研究中总结出的治学之道,归结为故事与传说的演变方式,并应用到古史研究中,试图以此摆脱经学正统对古史解释的束缚。周予同在20世纪20年代便指出,顾颉刚"是用研究故事转变的方式来研究古史,也就是颉刚所要著作的'层累地造成的中国古史'"④。

顾颉刚运用故事演进的方法来治古史和民俗,主要是受到胡适的启发。1921年,胡适发表《红楼梦考证》,在这篇序言中,他论证了编写民间文学史的必要性,并对有关研究方法进行概括⑤。即使顾颉刚本人,也认为:"后来读到适之先生的《井田辨》与《水浒传考证》,性质上虽有古史与故事的不同,方法却是一个,使我知道研究古史尽可应用研究故事的方法。"⑥当时胡适对故事演进的看法,顾颉刚在1921年的《景西杂记》中有所披露,他写道:"伯祥日记记适之先生昨日谈话云:'故事相传,只有几个

① 顾颉刚:《古史辨》第一册自序,第68—70页。
② 顾颉刚:《泣吁循轨室笔记》(1924.2—1925.7),《顾颉刚读书笔记》(二),第749—750页。
③ 顾颉刚:《辛丑夏日杂钞》(1961.8—1961.10),《顾颉刚读书笔记》(八),第5860页。
④ 周予同:《顾著〈古史辨〉的读后感》,《古史辨》第二册,第327页。
⑤ 胡适:《红楼梦考证》(改定稿),《胡适文存》(第一集),第445页。
⑥ 顾颉刚:《答李玄伯先生》,《古史辨》第一册,第272页。

motif(介泉译作主旨)作柱,流传久远,即微变其辞。若集拢来比较研究之,颇可看出纵的变痕与横的变痕。譬如此 motif 是明代发生的,其形容描写都用明代之习尚服装;传到清代,即改变为清代之习尚服装了。又如此 motif 是江苏发生的,其形容描写都是当地的风尚;传到安徽、江西、湖南、四川等处,又变成各该地的风尚了。所以 motif 不变,而演化出来,可以多方。'"①这些都使顾颉刚深受启发,知道故事的来历和演变有许多层次,不仅可以纵向地流变,而且可以横向地衍生。使其回想起以前做戏迷时的经验,"觉得用了这样的方法可以讨究的故事真不知道有多少",并在后来所进行的孟姜女民间传说的研究过程中加以进一步的验证。使得顾颉刚从戏剧、歌谣、唱本、宗教及民间传说种种方面,都抽象出一个共通现象,即不同类型的各种民间文艺中的故事传说,都是会由一个内容分化成几个不同内容,由原来的形式变化出后来不同的形式。这就促使顾颉刚结合年轻时在一些书上看到的三皇五帝名号和《纲鉴易知录》上所载的不一致,在意识中初步形成一个比较带直觉性的看法,即"不论史书、小说、戏剧、歌谣等等,一切传说中的故事都会有变迁分化的"②。

　　顾颉刚从戏曲、歌谣和民俗的研究中吸取抽象出故事演进的方法,并将之运用到古史研究中,这虽促成极有创造性的"层累说"的诞生,同时也在其古史学说体系中留有些许遗憾。顾颉刚曾经一度觉得史事和史籍中都有可与民俗戏曲故事相比较之处,甚至将这种相通性泛化③,这就致使古史的真实性与可信性在此时的顾颉刚心中遭受到巨大的挑战,他甚至认为上古史实无非是神话和戏剧化故事的综合品④。但是,正如王汎森所指出的那样,"层累说"固然受到民俗戏曲的影响,但是两者仍有一个关键性的差距。民俗戏曲中的层累现象根据有无历史源头可以大致分为两类,但是不管有没有历史源头,这两者之所以会层累发展,大多是由"自然"无心地添改,而少有为了某些现实理由"刻意造伪"的现象。而顾颉刚"层累说"的最大特色是古史既无历史源头又是出于有意造伪,而非自然积累⑤。

①　顾颉刚:《景西杂记》(1921.9—1922.4),《顾颉刚读书笔记》(一),第 383 页。
②　刘起釪:《顾颉刚先生学述》,第 45—46 页。
③　顾颉刚:《泣吁循轨室笔记》(1924.2—1925.7),《顾颉刚读书笔记》(二),第 730 页。
④　顾颉刚:《朝阳类聚》(1957—1962.8),《顾颉刚读书笔记》(八),第 5834—5835 页。
⑤　王汎森:《古史辨运动的兴起——一个思想史的分析》,第 49 页。

第四节　中国现代考古学的刺激与支持

顾颉刚"层累说"与考古学是 20 世纪中国古史学中两种重要的研究取向。"层累说"在形成之初,便受到尚处于萌芽时期的中国考古学的支持,从而提出"打破古代为黄金世界的观念"等一系列史学观念和具体古史学观点。顾颉刚能够提出"层累说",在当时是得力于如考古学这样的新学识,他晚年回忆说:"我们当时为什么会疑,也就是因为得到一些社会学和考古学的智识,知道社会进化有一定的阶段,而战国秦汉以来所讲的古史和这标准不合,所以我们敢疑。"①查晓英认为,从知识背景来说,古史辨的爆发有近代自然科学的催化作用,其中地质学以及现代考古学知识占据了一定位置②。如其所言,如果深入分析顾颉刚"层累说"的具体观点,则会发现其中有中国现代考古学的影响因素。

顾颉刚关于"禹"起源的认识,曾受到中国现代考古学的启发,后来观点发生转变,依然与其有着一定关系。顾颉刚根据《说文》"禹,虫也"的解释,认为"禹或是九鼎上铸的一种动物",被夏人认做夏的始祖③,这是顾颉刚最早对"禹"的看法。但后来受到考古学的刺激,顾颉刚的这一看法有所改变。顾颉刚认为"禹为动物"不误,此假定其终身都未改变④,但对于"出于九鼎"的假定,则认为有修正的必要。顾颉刚之所以否认禹不出于夏鼎上的原因如下:

首先,是由于甲骨金文中对"禹"的文字训诂,使顾颉刚放弃了这一假说。顾颉刚在和钱玄同讨论禹的来源时,他认为"禹,《说文》云,'虫也,从厹,象形'。厹,《说文》云,'兽足蹂地也'。以虫而有足蹂地,大约是蜥蜴之类。我以为禹或是九鼎上铸的一种动物"⑤。钱玄同则指出,"《说文》中从'厹'的字,甲文金文中均不从'厹',那'象形,九声'而义为'兽足蹂地'之

---

① 顾颉刚:《我是怎样编写〈古史辨〉的?》,《古史辨》第一册,第 28 页。
② 查晓英:《从地质学到史学的现代中国考古学》,四川大学硕士学位论文,2003 年 5 月,第 91 页。
③ 顾颉刚:《与钱玄同先生论古史书》,《古史辨》第一册,第 63 页。
④ 顾颉刚:《讨论古史答刘胡二先生》,《古史辨》第一册,第 120 页。
⑤ 顾颉刚:《与钱玄同先生论古史书》,《古史辨》第一册,第 63 页。

'内'字,殆汉人据讹文而杜撰的字"①。因此,顾颉刚在《答柳翼谋先生》一文中说其在引用《说文》来解释禹时,其中一理由即:"古人在器物上刻镂神迹,是很普通的事实,有现存的遗物可证。《左传》所谓'铸鼎象物,俾民知神奸'是不错的。《吕氏春秋》说,'得陶、化益、真窥、横革、之交五人佐禹,故功绩铭于金石,著于盘盂'(《求人篇》),可见禹一起人也是刻镂在器物上的。但器物上的人总是怪物模样的(现存古器可证),所以禹有怪物模样也是在情理之内。"但又表示:"玄同先生给我复信……我看了这段,知道《说文》中的'禹'字的解释并不足以代表古义,也便将这个假设丢掉了。"②

其次,由于当时的考古学证明"九鼎不铸于夏代"。胡适曾经给顾颉刚去信云:"铁固非夏朝所有,铜恐亦非那时代所能用。"顾颉刚据此动摇了前说,认为:"商器尚如此茫昧,夏之尚未进于铜器时代自不必论,哪里能铸出九鼎!……不过禹说既是后起,他的神迹还来不及刻上九鼎罢了。"③所以,顾颉刚最终认为禹起源于南方民族的神话中人物。

到1937年,顾颉刚又放弃了这个假定,依据九州、四岳原位于西方,提出禹应起源于西方戎族的新看法,他认为禹原为"戎之宗神",随着九州、四岳的扩大,"演化而为全土共戴的神禹,更演化为三代之首君"④。

"层累说"外延性研究中的"打破地域向来一统的观念"、"打破民族出于一元的观念"和"打破古代为黄金世界的观念"的提出,也受到过考古学的影响。顾颉刚将考古学或是作为支持论点的坚强论据,或是作为判断论点是否成立的标准。他在论述"打破地域向来一统的观念"时便说:"中国的统一始于秦,中国人民的希望统一始于战国;若战国以前则只有种族观念,并无一统观念。看龟甲文中的地名都是小地名而无邦国种族的名目,可见商朝天下自限于'邦畿千里'之内。"⑤顾颉刚在这里,是用甲骨文中的新发现来支持其战国以前无一统观念的论点。而在论述"打破民族出于一元的观念"时,又说:"中国民族的出于一元,俟将来的地质学及人类学上有确实的发现后,我们自可承认它;但现在所有的牵合混缠的传说我们决不

①　钱玄同:《答顾颉刚先生书》,《古史辨》第一册,第69页。
②　顾颉刚:《答柳翼谋先生》,《古史辨》第一册,第225—227页。
③　顾颉刚:《讨论古史答刘胡二先生》,《古史辨》第一册,第120—121页。
④　顾颉刚:《九州之戎与戎禹》,《古史辨》第七册(下),第138页。
⑤　顾颉刚:《答刘胡两先生书》,《古史辨》第一册,第100页。

能胡乱承认。"①此时,顾颉刚显然还不了解考古学与体质人类学,但他已经意识到这一学科在确定中国上古民族起源中的重要作用,所以他把"地质学及人类学"的新发现作为未来判定民族是否起源一元的标准,并认为如果根据当前文献,一元论也是不成立的。

实际上,考古学对顾颉刚"层累说"中的"打破古代为黄金世界的观念"影响最大。顾颉刚在论述这一论点时,并没有直接引用考古学的成果,从这里看不出考古学对顾颉刚的影响,但这并不代表没有。因为当时顾颉刚对考古学了解并不多,更为关键的是,当时的中国考古学还处于萌芽状态,有关上古史的考古发现实在少得可怜。顾颉刚只是在和胡适的通信中,对当时的上古考古情况略有了解。顾颉刚在《答刘胡两先生书》中曾引用1923年5月30日胡适给他的一封信的内容,信中胡适谈到对古史的大旨,其中有一表,将商周时代用石器时代和铜器时代进行了划分,并说:"发见渑池石器时代文化的安特森(J. G. Anderson)近疑商代犹是石器时代的晚期(新石器时代)。我想他的假定颇近是。"②可见,顾颉刚通过和胡适的交流,对当时商周时代在考古学上所处的位置,是有所了解的。在他提出"打破古代为黄金世界的观念"时,商周考古学所取得的初步成果在一定程度上支持了他的判断。1923年6月1日,顾颉刚给胡适的回信中说:"我觉得周代始进入铜器时代的假设颇可成立,因为发见的鼎彝多半是封国后或嗣位后铸的宗器,可见当时看铸金是很珍贵的。又看春秋时铸兵器皆用铜,铁器始见于《左传》昭公二十九年晋赵鞅以铁铸刑鼎,继见于《孟子》'以铁耕乎',可见用途不广。又看古代金铜不分,银锡二物到汉代还分不清楚,可见冶金的工艺是进得很迟的。"③当然,以今天考古学的成果来看顾颉刚此种有关商周考古的认识,是颇有出入的,但应该考虑到当时考古学的发展水平,正是这初步的考古学认识,在实物方面支持了顾颉刚"古代非黄金世界"的某些构想。

1923年8月,顾颉刚在北京出席中华教育改进社年会,31日,参观地质调查所陈列室,始见石器时代遗物,从而知道古代玉器铜器原由石器演化而成。当时河南仰韶新石器遗物发现不久,都在此陈列,促使他对东周

---

① 顾颉刚:《答刘胡两先生书》,《古史辨》第一册,第99页。
② 顾颉刚:《答刘胡两先生书》,《古史辨》第一册,第99页。
③ 顾颉刚:《论〈今文尚书〉著作时代书》,《古史辨》第一册,第201页。

以前的文物及文化特点产生了一些想法。他说："始见石器时代的遗物，使我知道古代的玉器和铜器原是由石器时代的东西演化而成的：圭和璋就是石刀的变相，璧和瑗就是石环的变相，铜鼎和铜鬲也就是陶鼎和陶鬲的变相。那时河南仰韶村新石器时代的遗物发见不久，灿然陈列，更使我对于周代以前的中国文化作了许多冥想。"①1923 年 12 月，顾颉刚受江苏省教育厅长蒋维乔的嘱托，到河南新郑视察出土文物，31 日，在开封见到出土古物的全部，对于考古学所透露出的信息大为吃惊，他说："器物的丰富，雕镂的精工，使我看了十分惊诧，心想掘到一个古墓就有这许多，若能再发见若干，从器物的铭文里漏出古代的事迹，从器物的图画里漏出古人的想像，在古史的研究上真不知道可以获得多少的裨益。"②顾颉刚对这些出土古物十分重视，不仅将古物照相保存③，还根据新郑出土物的古物报告，在读书笔记中对彝器的用处和古物之花纹进行分类和记载④。顾颉刚通过这些考古参观和调查，特别感到文献中所记黄帝以来灿然大备的文化，与这些原始状态的文物相比，显见得文献记载之不可靠，这也使他领悟到可由考古文物方面推考古代真相。所以，他后来在《三皇考》序中谈到康有为、夏曾佑受西方学术思想影响提出中国古史茫昧可疑之说，但不曾在社会上起到影响，除当时的政局原因之外，还由于当时没有考古学的辅助，因而力量不足。自从殷墟甲骨研究的开展，大家认识了商代的文化，了解到它的生产和社会等等还是比较简单的，过去从《商书》、《商颂》、《史记·殷本纪》及《竹书纪年》等古文献里所得到的商代历史知识，想象中是一个天朝的样子，到此自然动摇了。甲骨文中所记载的商代生产、文化和地域都表明商代的社会较为简单；仰韶文物中出了不少彩陶，却没有一个文字，也没有铜器。于是才知道商代是青铜时代，仰韶是石器时代，这些考古发现就把人们从过去的儒家传统的历史观念里拖出来，知道书本的记载确是大有问题，岂但"传疑"，直是作伪，因而更坚定了自己辨伪疑古的决心⑤。

---

① 顾颉刚：《古史辨》第一册自序，第 57 页。
② 顾颉刚：《古史辨》第一册自序，第 57 页。
③ 丁文江给他的一封信中，就曾向他索要这些相片，丁文江说："听见适之说，你在开封照了许多相（为研究新郑铜器用）。很希望代我印一份，不知先生能否见惠。"参见丁文江：《论禹治水说不可信书》(1924 年 2 月 11 日)，《古史辨》第一册，第 209 页。
④ 顾颉刚：《淞上读书记》(1923.3—1924.2)，《顾颉刚读书笔记》(二)，第 711—716 页。
⑤ 顾颉刚：《三皇考》序，《古史辨》第七册(中)，第 44—45 页。

　　顾颉刚"层累说"的学术思想来源较为复杂,他对前人辨伪疑古学和今古文经学的研究与继承,在"层累说"的形成过程中起着决定性作用。但并不是将这种主要因素与前述几种思想来源简单叠加与汇集,加以批判继承,就会诞生"层累说"。这并不是一个知识添加和增长的过程,而是全新的转换。顾颉刚就曾自言:"清人的这种研究工作,一方面在做经书的整理工作,一方面又在做逐步打破的工作。这实是一种自然趋势,在他们是本无意识、无联系的。而我们今后的上达工作,则应该是有意识、有目标的。"①

---

① 顾颉刚:《中国古代史研究序论》,《文史》2000 年第 4 辑(总第 53 辑)。

第二章　顾颉刚"层累说"概述

顾颉刚通过"层累说"的提出,对中国传统经史学进行了一次重新估定,推翻了延续二千多年的古史研究的潜规则,在古史学领域掀起了一次史学革命。"层累说"引发的史学革命,使古史研究摆脱传统经学的束缚,成功地解决了在以经学为中心的古史研究模式下不可能解决的问题。但也要看到,随着古史学研究领域和方法的延展,"层累说"也遗留了些许无法解决的难题,特别是在当时顾颉刚为造成革命性效果,往往在有些方面矫枉过正。

第一节　"层累说"形成的学术背景与主客观因素

顾颉刚的"层累说"能够在古史研究领域内应时而生,并造成巨大影响,与他当时所处的思想环境、学术背景和自身所具备的主客观因素有着绝大关系。

一、民国初年"经史易位"背景下顾颉刚的学术转型

顾颉刚"层累说"诞生在五四运动前后,这一时期中国社会急剧变革,第一次世界大战的爆发、中国民族资本主义的抬头、西方进化论等科学思想的涌入,以及中国戊戌以来文化水准的提高等有着重大历史意义的事件,加速了中国社会的转型①。而此时中国学术思想界也正面临着巨大的变革。

1917 年,著名教育家蔡元培出任北大校长,采取"思想自由,兼容并包"的办学方针,聘请陈独秀、李大钊、胡适、鲁迅等先后到北大任教,北京大学一时成为新派学者荟集之地。陈独秀把《新青年》杂志迁到北京,和李大钊、鲁迅、胡适等人以《新青年》为基地,发动了一场轰轰烈烈的新文化运

---

① 　周予同:《五十年来中国之新史学》,《周予同经学史论著选集》,第 542 页。

动。这场运动把顾颉刚、傅斯年等人从故纸堆中唤醒,发起成立《新潮》杂志社,与《新青年》相呼应,倡导批评的精神、科学的主义、革新的文词,向传统势力发起猛烈的攻击。新文化运动的兴起和《新潮》的创立,对顾颉刚以后在史学领域打破旧条框向传统经史之学发起挑战,无疑起到了解放思想的重要作用。这一时期,经史学上许多创新性的解释,大多是在过去传统文化笼罩下的学者所不能察觉,甚至是所不敢触及的,旧礼教纲常之观念限制了历史解释的可能性。在新思潮冲击之下,学者们碰触到了许多前人忽略的面相,并揭露了一些先前不敢或不能揭露的内容①。顾颉刚在《古史辨》第一册自序中就曾自言:"蔡孑民先生任了北京大学校长,努力破除学校中的陈腐空气。陈独秀先生办的《新青年》杂志以思想革命为主旨,也渐渐地得到国民的注意。又有黄远庸先生在《东方杂志》上发表《国人之公毒》一文,指斥中国思想界学术界的病根非常痛切。我的一向隐藏着的傲慢的见解屡屡得到了不期而遇的同调,使我胆壮了不少。以前我虽敢作批评,但不胜传统思想的压迫,心想前人的话或者没有我所见的简单,或者我的观察也确有误谬。……到这时,大家提倡思想革新,我始有打破旧思想的明了的意识,知道清代学者正因束缚于信古尊闻的旧思想之下,所以他们的学问虽比郑玄好了千百倍,但终究不敢打破他的偶像,以致为他的偶像所牵绊而妨碍了自己的求真的工作。于是我更敢作大胆的批评了。"②

　　传统学问界内,"经"与"史"的地位也正在发生着剧烈的转变,经学之衰退与史学之高涨几乎同时发生,特别是辛亥革命和新文化运动都对原居于中心位置的经学及经学家的地位产生强烈冲击,而史学则从边缘走向中心。

　　在清代,经学和史学在传统国学中的地位不可同日而语。陈寅恪就在谈及清代之经学与史学时,说到:"往昔经学盛时,为其学者,可不读唐以后书,以求速效。声誉既易致,而利禄亦随之。于是一世才智之士,能为考据之学者,群舍史学而趋于经学之一途。……虽有研治史学之人,大抵于宦

　　① 王汎森:《民国的新史学及其批评者》,载罗志田主编:《20世纪的中国:学术与社会·史学卷》(上),济南:山东人民出版社,2001年,第66页。有关"五四"前后,反传统思潮的兴起,具体参见林毓生:《五四式反传统思想与中国意识的危机》《思想与人物》,台北:联经出版公司,1983年;王汎森:《从传统到反传统——两个思想脉络的分析》,《中国近代思想与学术的系谱》,第91—116页。

　　② 顾颉刚:《古史辨》第一册自序,第35—36页。

成以后,休退之时,始以余力肆及,殆始视为文儒老病销愁送日之具,当时史学地位之卑下若此,由今思之,诚可哀矣。此清代经学发展过甚,所以转致史学之不振也。"[1]吕思勉也有相同的看法,他说:"清朝是考据之学盛行的时代。考据之学,中心在于经学,所以这一时代的学者,其学术,往往是以此为中心,而延及于别一方面的。"[2]沈兼士亦认为,有清一代学术是"拿经来统制一切学问,是利,也就是弊",所以"这就是一切学问不能独立自由发展的一个重要原因",甚至认为"清代学术是以朴学始,以朴学终。终清之世,其学不出乎两部经解"[3]。但他也注意到民国初期经学衰弱的趋势,他说:"到了民国时代,就大不相同了。欧西文化随着政治的力量而加速东渐,科举既废,经学也式微了。"[4]顾颉刚在其《法华读书记》中亦观察到:"清代后期竟以《史记》解经,诸子解经,而经之权威为之失坠。"[5]另据他本人回忆,崔适原在北大讲授《春秋复始》,一切依《公羊传》及董仲舒《繁露》、何休《解诂》为依归,但"自蔡元培主校政,以'公羊学'不足列入哲学系课,将此课取消;而又悯崔氏之年老无归,乃改'五经释要'一课,列为随意选修,听课者益寥寥。数年后,崔氏病逝,校中遂无经学课目矣"[6]。由此,经学之衰微可见一斑。

经学衰弱的另一个较为隐蔽的表现,就是在以往传统经史研究口存在着的一些相互矛盾的反常现象,日趋暴露了出来。钱玄同曾观察到:"有人一面引阎百诗、惠定宇之说,说孔安国底《书传》是伪书,而一面又把《伪孔书序》大引特引;又有人谓《大禹谟》等虽伪,而其中颇多善言,必不可废。"而且即便在对古书古史进行辨伪的研究中,钱玄同认为也是同样存在着反常现象,他说:"崔东壁、康长素、崔觯甫师诸人考订'伪书'之识见不为不精,只因被'伪事'所蔽,尽有他们据以驳'伪书'之材料比'伪书'还要荒唐难信的。试举三例:(1)康长素《孔子改制考》中攻击刘歆所说孔子作六经之旨,而自己乃引'纬书'来说孔子作六经之旨。(2)夏穗卿《中国历史教科

① 陈寅恪:《陈垣〈元西域人华化考〉序》,《金明馆丛稿二编》,上海:上海古籍出版社,1982年,第238—239页。

② 吕思勉:《从章太炎说到康长素梁任公》,《吕思勉论学丛稿》,第400页。

③④ 沈兼士:《近三十年来中国史学之趋势》(1941年6月),《沈兼士学术论文集》,北京:中华书局,1986年,第372页。

⑤ 顾颉刚:《法华读书记》(1951.1—1955.5),《顾颉刚读书笔记》(五),第3830页。

⑥ 顾颉刚:《枫林村杂记》(1966.1—1996.6),《顾颉刚读书笔记》(九),第7298—729〔页。

书》第二册中明明说秦汉儒生糅合方士之言为非孔学之真,而反以桓谭、张衡之辟图谶为非。(3)崔觯甫师《春秋复始》斥《左氏》、《穀梁》二传后出,其事实不足信,顾反尊信比《左》《穀》更后出之何休之说,何休《公羊解诂》中臆测之史事,崔师皆信之。"①周予同亦看到当时的学术界,尤其是国学方面,一片"乌烟瘴气","谈古史的,还固执《周礼》以为是周公治平之绩;谈哲学的,还援引伪《大禹谟》'道心人心'的话,以为理欲二元论起源于舜;谈文字学的,还推尊仓颉为中国文字的创始者,而以许君《说文》为不祧之祖:你有什么话说呢! 他们连经史不分,汉宋学不分,今古文不分,他们只觉得一个完全无缺的所谓国粹也者在面前发毫光"②。这表明,在顾颉刚提出"层累说"之前的传统经史研究中,已经出现了原有研究范式所无法调和的矛盾与问题。这主要是由于这些学说仍未脱离经学的羁绊,经学在其间总是自觉不自觉地居于主导地位,经学意识深刻地影响到学者的选题、诠释、价值判断,而学者们也想在史学研究中寻求经学式的恒常道理,所以往往造成这种不可调和的矛盾。顾颉刚就曾自陈:"从前人观一书,恒喜掩饰一书中之矛盾,而使其表面统一化。从前人读群经,恒喜谓群经大义相通,其实不能通者,亦必设法使之相通。因此问题本甚简单者乃日趋于纠纷而不可理。"③

　　民国初年的学者们,为摆脱这种由于经学桎梏而在学术研究中存在自相矛盾的反常现象,纷纷群起脱离经学,并有意识地展开对今古文经学的批判,虽途径各有不同,但大有殊途同归之势。无论其经学上倾向于今文学家或是古文学家,在废除"经学"之名这点上还是达成了一定共识,形成了默契。现以倾向于古文经学的朱希祖和倾向于今文经学的吕思勉为例,通过比较他们此时的经学观念,来考察经学在民初学术界的衰落,以及学者们的应对。

　　1919 年 3 月,朱希祖在《北京大学月刊》第 1 卷第 3 号发表《整理中国最古书籍之方法论》一文,认为在整理今古文有争议的先秦典籍时,要立一个"立敌共许"的原则。即:讲古书必须有证据为前提,不可妄下无证据的判断。(1)所举证据,不可以后证前;古书中无明文,今文家古文家的传说,

---

①　钱玄同:《论近人辨伪见解书》,《古史辨》第一册,第 24 页。

②　周予同:《顾著〈古史辨〉的读后感》,《古史辨》第二册,第 323—324 页。

③　顾颉刚:《虹江市隐杂记》(1951.1—1952.10),《顾颉刚读书笔记》(四),第 2660 页。

一概捐除。（2）所举证据，须在今文家古文家共信的书中。（3）所举证据，须求普遍的；在今文家古文家共信的书中，全然一致，无自相矛盾之误。据此"立敌共许"的原则，"则用今文家无证据的传说，强古文家相信，古文家必不许；反之，亦然。现在要讲明这几部最古的书，必举今古文家所共信的书来做根据"。根据此原则，只有《易》十二篇、《书》二十九篇、《诗》三百五篇、《礼》十七篇、《春秋》、《论语》、《孝经》这七部书，今古文家皆以为真。所以"欲讲明古事古义，必举此七书以为证，乃可信以为真。七书无明文，姑从阙疑，不可臆说"。在对这七部书进行分析、比较、综合之后，"就各项学术分治"，但最为重要的是，"经学之名，亦须捐除"，原因是"我们治古书，却不当作教主的经典看待"①。通过对整理中国最古书籍的方法论分析，朱希祖最终摆明其经学观，认为经学之名必须捐除，并对今古文家在治学方法上的利弊都有所分析，对此二者是持批判态度，主张用科学方法来治古代典籍，在经学材料的取舍上采取了"立敌共许"的原则，试图取得今古文家的共信，调和今古文之争，但主要矛头仍是对准今文经学家。朱希祖此说一出，立刻引起有今文经学倾向的吕思勉的回应。1921 年，吕思勉在《沈阳周刊》上发表了早些时候所写的《答程鹭于书》②，就今古文经学的问题谈了自己的看法，对朱希祖之说亦有所反驳。

　　吕思勉首先对朱希祖的"立敌共许"原则有所质疑。他说："仆所最不解者，为北京大学朱君希祖之说"，"谓欲判别今古文之是非，必取立敌共许之法"，"古书中无明文，今古文家之传说，一概捐除"，"所举证举，须在今文家古文家共信的书中"。立"七书，以为判决今古文家是非之标准"，"果如所言，则必（一）保证今古文家之传说不可靠，而此七部'惟字义有通假大致是相同的'经，则极可靠，然经在传授源流上，较传为可靠之说，孰为之保证乎？""（二）朱君必曰：今古文家所传之经，'惟字义有通假'，此外则'大致相同'，此即其可靠之证据也。盖古文家之学为伪造而非出于孔门，固朱君所不承认也。然试问此七书者，朱君果能解释乎？抑解释之时，仍有取于前人之传注乎？若云自能解释，则宋以后凭臆说经之手段也，度朱君必不取，若有待于后人之传注，则于今古文家言，必一有所取矣。凭'任取其一以为

　　①　朱希祖：《整理中国最古书籍之方法论》，《北京大学月刊》第 1 卷第 3 号，1919 年 3 月。又载蒋大椿主编：《史学探渊——中国近代史学理论论文编》，第 677—680 页。
　　②　吕思勉：《答程鹭于书》，《吕思勉论学丛稿》，第 661—682 页。

解释之经文',以判别两造之是非,不亦远乎?"吕思勉认为,今古文经的文本区别并不大,主要是各家的解释有异,所以朱希祖对待古代典籍和今古文经学的方法过于"简单明了"。最不能让吕思勉接受的并不是朱希祖所持方法"似精密而实粗疏",而是其"攻击今文家之语"。但吕思勉也承认朱希祖所谓古书当"就各项学术分治;经学之名,亦须捐除",自为名论。他补充说:"窃谓以经学为一种学问,自此以后,必当就衰,且或并此学之名目,而亦可不立,然经为最古之书,求学问之材料于书籍上,其书自仍不能废,则治经一事,仍为今后学者所不能免,特其治之之目的,与前人不同耳。清儒治经之方法,较诸古人,既最精密;则今后之治经,亦仍不能无取于是,特当更益之以今日之科学方法耳。夫以经学为一种学科而治之,在今日诚为无谓,若如朱君之说,捐除经学之名,就各项学术分治,则此中正饶有开拓之地也。故居今日而言分别今古文,亦只以为治学之一种手段,与问者斤斤争其孰为孔门真传者,主意又自不同。"①吕思勉之所以同意将古书"就各项学术分治,经学之名,亦须捐除",是由于此时无论是今文经学家亦或是古文经学家,对经学的态度以及学术的未来走向大致相合,即用科学之态度、史学之方法以治经学。

　　1921年,吕思勉在沈阳高师丽泽会做讲演,再次重申上述观点,他认为,近人研究旧籍观念与手段都不相同,今古文经学有不同之功用,研究孔子之学问为目的,则今文经学之价值最大,古代之信史则多存于古文经学中。今人欲治经,必分别明了家派,乃不至发生错误。又云:"凡一史实,无论如何纷然淆乱,苟于今古文之派别知之甚真,殆无不可整理之使成为两组者。故用此法对于复杂之问题,在研究上恒较易得条理系统。研究古史必由经学中裁取材料,而材料之整理甚难,以上所述,在鄙人实自信为一种良好之工具也。"②1922年,吕思勉在沈阳高师达成会讲演中明确表示,经学是史学的重要材料来源,主张将经书纳于古史研究的范畴。他说:"经学,我自始不承认他可以独立成一种科学,而经学的全部,却是治古史最紧要的材料,即治后世的历史,也不是和经学没有关系。就事实论,把全部的

---

① 吕思勉:《答程鹭于书》,《吕思勉论学丛稿》,第681—682页。
② 吕思勉:《整理旧籍之方法》,1921年4月16日沈阳高师丽泽会讲演稿,《吕思勉论学丛稿》,第485页。

经学书籍都看作治史学应用的书,亦不为过。"①

从上述朱希祖、吕思勉的学术"对话"中可以看出,当时学者们对经学的衰弱是有共识的,都主张去除"经学"之名,虽然在所用手段上,有的主张用科学的方法,有的主张用史学的方法,在对经学材料的处理上,有的主张"立敌共许"原则,有的主张"分别整理"原则,但这些都基于对传统经学"明其家法"的前提之上,各方对今古文经学的利弊都有着充分的认识。也要看到,此时无论是朱希祖抑或是吕思勉在破除"家派意识"方面都还有不彻底性,表现出强烈的尊古或是尊今的倾向,这也是学术范式转换期所特有的现象。

在"重新估定一切价值"的时代里,经学的权威已经不复存在,而史学的作用和价值则又被重新发现。罗志田认为,从中国学术发展演化的长时段内在理路看,到民国初年,经学从学术中心落向边缘这个现象是显著的,而过去长期处于边缘的史学在此变动期更呈现出明显的地位上升,并一度居于主流,几乎形成笼罩一切传统学问之势②。正如其所言,自晚清以来,古老的中国受到来自西方各个方面的冲击,传统学术界内出现了强烈的反应,开始以学问能否经世作为高下之判,今文家"经世致用"的思想促使廖平、康有为等人利用经学来寻求治世之道,客观上却加速了经学的衰弱,为史学的发展扫清了道路③。这就越发使人们意识到经学不足以经世,而史学可以担负经世的功能,经学正统渐渐沦为史学之附庸。由此,有今文家倾向的学者们便表现出强烈的史学意识,如吕思勉、蒙文通④就先后完成由经学向史学的转型。

清末民初,经学与史学的话语权互为消长的学术背景,正是顾颉刚所处

---

①　吕思勉:《乙部举要》(一),1922 年沈阳高师达成会讲演稿,《吕思勉论学丛稿》,第 495 页。

②　罗志田认为"经史易位"现象的出现,除经学的衰落这一负面因素之外,还有多方面的直接间接原因。如史学在近代的道德提升,以及外在时代语境的影响:西学东渐并在士人心目中逐渐树立起优越感;晚清经世风气的兴起也很容易导向史学一途;另外,学术机构的兴起也为史学的独立确定了体制基础等原因。详见罗志田:《清季民初经学的边缘化与史学的走向中心》,《权势转移:近代中国的思想、社会与学术》,武汉:湖北人民出版社,1999 年,第 302—341 页。

③　周予同观察到康有为在由经学向史学的转化过程中客观上所起的作用。他说:"康氏著作的目的在于假借经学以谈政治,但康氏著作的结果,却给予史学以转变的动力,破坏儒教的王统与道统,夷孔子与先秦诸子并列,使史学继文字学之后逐渐脱离经学羁绊而独立,而且在史学独立的过程中,逼使康氏走上时代落伍者的宿命的路。"参见周予同:《五十年来中国之新史学》,《周予同经学史论著选集》,第 523 页。

④　王汎森认为,此时期,蒙文通也已开始由经学向史学转变,并将这一转变过程具体划分为五个环节。详见王汎森:《从经学向史学的过渡——廖平与蒙文通的例子》,《历史研究》2005 年第 2 期。

的学术大环境,他对学术问题的思考也很难超越这一藩篱。此时,顾颉刚通过深入解读康有为《孔子改制考》,在史学观点上大受启发,不仅对古帝系产生怀疑,还酝酿出古帝"人化"的观点①。更为重要的是,顾颉刚敏锐地观察到康有为等人党争的目的和今文经学家的成见,所以他提出要超越经学"家派的节制"②。

顾颉刚曾分别受到过以章太炎为代表的古文经学派和以康有为为代表的今文经学派的影响,早在北大读书时他便在崔适处借得《新学伪经考》,归后与廖平《今古学考》并观,已"略识汉代今古文经学发生先后及其矛盾与统一之史迹"③,可谓已"明其家法"。但顾颉刚并未只局限于此,正是对前代学者辨伪成绩的总体考察,使其敏感地察觉到前代学者对古史系统和载有上古史料的著作,大体上不是全然相信的,颇有微辞者实为不少,但大都被经学束缚住手脚。顾颉刚早年就对经学家们"家派意识"的弊端有所了解,他在《学览》的序意中就曾指出:"旧时士夫之学,动称经史词章。此其所谓统系乃经籍之统系,非科学之统系也。惟其不明于科学之统系,故鄙视比较会合之事,以为浅人之见,各守其家学之壁垒而不肯察事物之会通。"④1921 年 1 月 29 日,他在给钱玄同的信中说:"先生说康有为一辈人考订伪书的识见不为不精,然而反信了谶纬,尤其荒唐难信。我想,谶纬之为伪造,康、夏等亦未尝不'心知其意',但有了一个'今文学家'的成见横梗胸中,不能不硬摆架子罢了。这种的辨伪,根本先错了。"⑤所以顾颉刚意识到在辨伪之前必须摆脱"家派意识"束缚,他说:"我们辨伪比从前人有一个好处:从前人必要拿自己放在一个家派里才敢说话,我们则可以把自己的意思尽量发出,别人的长处择善而从,不受家派的节制。"⑥

顾颉刚超越经学家派之争,扫清经学障碍,是其提出"层累说"的前提条件。此时,钱玄同在今古文经学方面的看法,则坚定了顾颉刚打破经学

---

① 顾颉刚:《论伪史及〈辨伪丛刊〉书》,《古史辨》第一册,第 20 页。
② 顾颉刚此时对经学的态度与蒙文通较为相近。蒙文通完成"由经入史"后,也已不再局限于今古文经学的范围,而要求"批判其学说",其云:"言汉学,必先明其家法,然后乃能明其学说,又必跳出家法,然后乃能批判其学说。"参见蒙文通:《治学杂语》,载蒙默编:《蒙文通学记》,北京:生活·读书·新知三联书店,2006 年,第 6 页。
③ 顾颉刚:《枫林村杂记》(1966.1—1966.6),《顾颉刚读书笔记》(九),第 7298 页。
④ 参见顾颉刚:《古史辨》第一册自序,第 31—32 页。
⑤⑥ 顾颉刚:《论辨伪工作书》,《古史辨》第一册,第 26 页。

家法的认识①。1921 年 3 月 23 日,钱玄同在给顾颉刚的信中谈到自己的经学观,大致可以分为几个阶段:1909 年前师太炎宗古文;1909 年至 1911 年始背师宗今文但未排斥古文;1911 年至 1917 年专宗今文;1917 年至 1921 年则认为"古文是假造的,今文是口说流行,失其真相的,两者都难凭信,不过比较起来,还是今文较可信些"②。1923 年 2 月 9 日,在钱玄同给顾颉刚的一封信中,更是表示要接续今文学家对经学的破坏,要求顾颉刚与他一同肩负"离经叛道"的责任,他说:"康有为之《新学伪经考》,至今痛诋之者,还是很多,因为推倒'群经',他们总认为宜正两观之诛也。然正惟其如此,咱们所肩'离经叛道'之责任乃愈重。"③

　　钱玄同不仅支持顾颉刚跳出经学的羁绊,而且还为其指明跳出经学的途径。正是由于钱玄同接受过今古文经学两方面的训练,所以他对丙方面家法的弊端都有着深刻了解。早在 1920 年钱玄同就曾对顾颉刚说:"兼通今古文而又对古今文都不满意",他还不止一次地说:"今文家攻击古文经伪造,这话对;古文家攻击今文家不得孔子的真意,这话也对。我们今天,该用古文家的话来批评今文家,又该用今文家的话来批评古文家,把他们

---

　　① 顾颉刚曾回忆说:"惟今古文问题,则旷观宇内尚无视予为更适宜于作结算之工作者。经学纠纷至复杂,非一般人所能分析,而予则差幸略有修养,一也。清代后期,研究此问题者不少,材料已备,能集合之则易于得结论,二也。近人尊视古物,亦以其事径捷,无多牵缠,而惊经学为繁琐,相率以不谈今古文问题为高超,而予则既受业于崔觯甫先生,复问学于钱玄同先生,深知此为不能不解决之症结,有工作之勇气,三也。"顾颉刚:《纯熙堂笔记》(1946.6—1947.10),《顾颉刚读书笔记》(四),第 2301 页。

　　② 钱玄同:《论今古文经学及〈辨伪丛书〉书》,《古史辨》第一册,第 30—31 页。钱玄同在《古史辨》第一册出版前,1925 年 9 月 14 日,又对这段认识进行了补充,他说:"至于解经,则古文与今文皆无是处。"显然,经过顾颉刚 1923 年所提出的"层累说"冲击之后,钱玄同的经学思想又为之一变,彻底斩断和先前传统经学的藕断丝连,最终放弃了经学。1925 年 10 月 14 日,钱玄同在《论获麟后〈续经〉及〈春秋〉例书》一文中说:"我现在对于今文家解经全不相信,我且认为'经'这样的东西,压根儿就是没有的,经既没有,则所谓'微言大义'也者,自然'皮之不存,毛将附焉'了。"(钱玄同:《论获麟后〈续经〉及〈春秋〉例书》,《古史辨》第一册,第 280 页)这一现象,并不是单独发生在钱玄同的身上,经过这场"史学革命"的洗礼,许多学者都开始放弃以往的研究经验,并开始探索新的研究方式,诸如蒙文通的古史研究、周予同的"经学史"研究的主张,都代表了那个时期传统学术研究的转向。

　　③ 钱玄同:《论〈诗〉说及群经辨伪书》,《古史辨》第一册,第 52 页。1965 年,顾颉刚还曾回忆说:"钱玄同搞的是汉学,即汉朝对于古代经书之研究。由于发生了古文与今文两派,把经学弄乱了。到底何者是正确的? 清人研究了二百年,钱玄同又接着干。他见到我以后,想以我来代替他完成这一研究,于是把许多汉学的大问题,同我谈说。"参见顾颉刚著、何启君整理:《中国史学入门》,北京:北京出版社,2006 年,第 130—131 页。

的假面目一齐撕破,方好显露出他们的真相。"①顾颉刚听后"觉得这是一个极锐利、极彻底的批评",在"眼前仿佛已经打开了一座门,让我们进去对这个二千余年来学术史上的一件大公案作最后的判断了"②。后来,顾颉刚为其总结道:"他以为今文家与古文家的说话,都是一半对,一半不对。不对的是他们自己的创造,对的是他们对于敌方的攻击。"③这使顾颉刚认识到,只有将"今古文互搏",才能"把今古文的黑幕一起揭破"④。

钱玄同的这些对今古文经学的认识,及超越今古文经学的方法,在顾颉刚史学思想形成的初期影响不可谓不巨,特别是钱玄同"打破家法"和有今文家倾向的表述,深刻地影响到顾颉刚以后的史学研究。而恰逢此时,顾颉刚正为如何超越今古文的家法而感到困惑,钱玄同无疑为其指出一条明路,为"层累说"提供了超越今古文之争摆脱经学束缚的方法论指导。"由经入史"不是简单停留在跳出今古文经学这一阶段上,实质是如何用历史思维来处理那些危机重重的经学问题。只有传统经学中的古史观念发生根本性的转变,改变以往所确立的、为研究者们所熟悉的古史认识,新的古史观才能确立,才会被后续的研究者们所接受。1945年,顾颉刚在回顾这场由"层累说"所引发的史学革命时,认为当时"古史传说的怀疑,各种史实的新解释,都是史观革命的表演"⑤。

顾颉刚史学志业源于1920至1923年间他和胡适、钱玄同有关辨伪的讨论。也正是在这长达三年的颇有些"自说自话"的切磋讨论中,顾颉刚最终完成由辨伪到疑古的转向,走出一条"青出于蓝而青于蓝"的新史学之路。1926年7月,胡适在介绍《古史辨》第一册的诞生过程时就说,顾颉刚"天天和宋元明三代的辨伪学者相接触,于是我们有'辨伪丛刊'的计画。先是辨'伪书',后转到辨'伪事'。颉刚从此走上了辨'伪史'的路"⑥。这

---

①② 顾颉刚:《秦汉的方士与儒生》序,上海:上海古籍出版社,1978年,第6—7页。

③ 顾颉刚:《中国上古史研究讲义》自序二,第14页。

④ 顾颉刚:《我的研究古史的计划》,《古史辨》第一册,第213页。

⑤ 顾颉刚:《当代中国史学》引论,第3页。

⑥ 胡适:《介绍几部新出的史学书》,《古史辨》第二册,第336页。胡适在这里显然回避了顾颉刚对清代诸儒辨伪诸古学的整理和吸收,因为根据顾颉刚本人在《古史辨》第一册自序中回忆说,他是奉胡适之命标点整理清儒姚际恒《古今伪书考》,并以此书为基点对前代学者的辨伪学说进行了较为系统的梳理,为将这些成绩算一个总账,才有了编辑《辨伪丛刊》的计划。参见顾颉刚:《古史辨》第一册自序,第41—42页。

固然有时势冲击、学术环境影响以及胡适等人因势利导等因素,更有顾颉刚本人对于深厚的中国传统学术资源的独特理解和巧妙运用。顾颉刚将这种摆脱经学"家派意识"束缚的观点与此时所读崔述《考信录》相结合,自然催生出辨伪古史的具体认识。在顾颉刚看来,不仅崔述所辨传记中的古史不可信,即是经中的古史也不可尽信,而且伪造的古史中,可以总结出许多造伪的"例",他还准备将这些"例"编撰入《伪史考》①。至此,顾颉刚由辨伪书而入辨伪事再入考古史,已经初步形成较为系统的考辨古史的观点与构想。

　　顾颉刚完成对今古文经学的超越后,已准备"由经入史",在其内心深处适时地发生着学术角色的转换。顾颉刚在跳出今古文经学之前,原有志于研究经学,经此转变,即转向研究史学,将作为一名史学工作者看成其一生的学术归宿。他在《西北考察日记》的序中,曾回忆说:"余年十五六,得《国粹学报》而好之,甚欲步太炎、申叔诸先生之后尘,以整理古文籍自期。是时肄业苏州公立中学,一日,胡师介生询予:'他年欲为何种人?'不虑而答:'愿为经学家。'"②顾颉刚这种选择经学为志业,与其所处的外部环境有着直接的关系,如他说:"予生吴中,为惠定宇、余仲林、江艮庭之故乡,亦钱竹汀、段茂堂、俞曲园等讲学著书之地,每散学游于市肆,甚易接触经学书,力所能及则购而归,其不及者亦就肆览焉。虽不甚了了,而心喜其方法之密,证据之富,与其提出问题之新颖,以为吾人治学必当若斯乃为真学问。加以《学报》之鼓吹,其持志乃愈坚。"③但随着成年后其所处社会大环境的流易变迁,顾颉刚治学的注意力已有所转移,他说:"自大学毕业,与诸师友放论古史,一时有风行草偃之慨;予既得于讲习之外阖户深研,乃决心以理董故书为我生之专业。"④此中所说"理董故书"已非原其所说之"经学",而已向"史学"转化。顾颉刚曾在《缓斋杂记》的开篇序语中自云:"忆予自大学毕业以来,多读线装书,心目不能开展,恒局促于清人考据之业。其所自树之目标,则变经学为史学已耳。"⑤1921年6月9日,顾颉刚在致好友王伯祥的信中,更是将半年来积郁胸中有关考辨古史的想法和计划和

----

　　① 顾颉刚:《论伪史例书》,《古史辨》第一册,第27—28页。
　　②③④ 顾颉刚:《西北考察日记》自序,《西北史地》,1983年第4期。又载《宝树园文存》(卷四),第406—407页。
　　⑤ 顾颉刚:《缓斋杂记》(1955.8—1956.11),《顾颉刚读书笔记》(六),第4486页。

盘托出,并特别强调自我身份的转化与认同。他谈到编辑《辨伪丛刊》的工作,着眼点仍在史学方面,目的想使读者"兴起进化的历史观念",并以此来把"中国的史重新整理一下"。"辨伪事"固是直接整理历史,"辨伪书"也是间接的整理,但最终的目标还是以此来推翻用伪书为基础的伪史。为在中国历史界内起一大革命,根据"东周以上无史"的古史观,他想做三种书:(1)伪史源,(2)伪史例,(3)伪史对鞫。为重编国史,他准备把二十二史读一遍,将研究领域由学术史扩展到社会史。总之,他今后所要进行的工作,主要是运用辨伪的手段来审定旧史书和记录新史料的史学研究。所以,针对自我身份认同,他说:"我自知于哲学文学都是不近情的,我也不想做社会改造运动家,我只愿一生读书,做一个科学的史学者。"①顾颉刚已将自己视为一名纯粹的史学工作者,这就标志着他已真正走上了考辨古史之路。

此时,顾颉刚已较经学家多出一种现代的历史观念和平等的史料观,开始用一种全新的历史眼光来看待旧有的观念和材料。顾颉刚通过对前代辨伪学者,特别是对崔述、康有为等人所进行的系统研究,强烈感觉到他们胸中横亘着圣人观念。有无圣人观念,虽然只是观念上的差异,但会造成古史研究者对于材料地位与价值的完全不同的理解。他说:"推原从前人对于古史专主载记的弊病,只为他们用了圣道王功的见解去看古人,用了信古尊闻的态度去制伏自己的理性,所以结果完全受了谬误的主观的支配,造成许多愈说愈乱的古史。"②针对前人旧有观念造成这样的弊端,顾颉刚主张应该打破成见,他说:"可见我们今日所以能够彻底的辨论古史,完全是没有崇拜圣人观念之故。这崇拜圣人的观念须到今日伦理观念改变时才可打消,故彻底的辨论古史的事业必须到今日才可作。"③顾颉刚在以后的学术研究和教学过程中,也是十分注意运用和宣扬国人在当时较为缺乏的历史观念。如顾颉刚在给学生授课时,亦每每强调要有历史的观念,1927年1月3日,他在《尚书讲义第一编序目》中总结道:"希望诸君在这一册讲义里得到一个历史观念,知道一件事实是不会无端而来的,就是伪书也有它的所以作伪的原因,就是伪书的流传也有它的所以流传的理

①　顾颉刚:《自述整理中国历史意见书》,《古史辨》第一册,第36页。
②　顾颉刚:《答李玄伯先生》,《古史辨》第一册,第271页。
③　顾颉刚:《泣吁循轨室笔记》(1924.2—1925.7),《顾颉刚读书笔记》(二),第770页。

由。……我们更须知道一件事实是不会无端而去的,在学术上一定要进化到哪一个阶级,始足以打破哪一种偶像。伪古文的作伪是很显著的,但为什么唐代人疑之而不敢言? 为什么宋代人言之而不敢决? 为什么到了明末清初,始敢作决绝的判断,始搜出真确的赃证? 为什么到了清代中叶以后,始有完满的解答? 我们能够有了这一种观念,便可明白我们自己所处的时代,便可明白我们所负的时代的使命。"①

顾颉刚认为应该用客观和历史的眼光对待古书,剥去经学典籍神圣的面纱,使其成为研究的材料,而不是成为研究的指导。他说:"我们要用了时代的眼光去看古书,才可不受古书的欺骗。若把古书作我们治学的标准,不去研究而去服从,希望在服从之下再去疑古,这正和'援木求鱼'一样地无望。"②他还以"十三经"为例说:"十三经没有什么神秘,也没有什么神圣,……这十三种书性质既不同,称经的先后不同。我们去研究它,只因它是中国学术的发源地,并不是为它是圣贤的法则。"③顾颉刚不仅视"十三经"这样的经典为史料,甚至把一向不被传统士大夫们注意的小说与诗歌也看作史料,他说:"中国之史,专注重于朝廷而脱略于社会者,苟不有诗与小说,更无从见当时气运。……是以官史不如私史。"④这些都反映了顾颉刚"平等"的史料观⑤。他还主张对待史料要有"以周还周,以汉还汉"的历史方法,他说:"清代段玉裁曾说过:'以周还周,以汉还汉。'这两句话,极富有历史观念;……我们应该把这些史料,用以周还周、以汉还汉的方法,将它详细的分析出来,放入各个适合的时代,才可在研究历史时不致发生谬误;并且各种材料,我们都能用这个方法将它好好的利用了。"⑥运用这种历史方法,才可以"使古书及古史料均得为史家腕下之材料,不屈不滥,适

---

① 顾颉刚:《〈尚书〉讲义第一编序目》,《顾颉刚古史论文集》(卷八),第30页。

② 顾颉刚:《答柳翼谋先生》,《古史辨》第一册,第228页。

③ 顾颉刚:《与履安信》(1924年7月5日),《顾颉刚年谱》,第96—97页。

④ 顾颉刚:《待养录》(1921.6—1921.9),《顾颉刚读书笔记》(一),第248页。

⑤ 顾颉刚还曾对章学诚的"六经皆史说"大加赞赏,他说:"以所有文字书籍都看作史料,这便是章实斋绝顶聪明处。"参见顾颉刚:《琼东杂记》(1920.10—1921.6),《顾颉刚读书笔记》(一),第62页。

⑥ 顾颉刚:《中国古代史料概述》,《文史》2002年第4辑(总第61辑)。顾颉刚认为,段玉裁《与诸同志书论校书之难》中所说的"故校经之法,必以贾还贾,以孔还孔,以陆还陆,以杜还杜,以郑还郑,各得其底本而判断其义理之是非,而后经之底本可定,而后经之义理可以徐定",即是历史方法。参见顾颉刚:《愚修录》(1962.12—1966.1),《顾颉刚读书笔记》(九),第6646页。

如其分见于史书"①。

　　顾颉刚在完成这种由经学向史学的转变后,便已开始用历史的眼光来考察具体的学术问题,如孔子与六经的关系、战国时期的造伪、尧舜禹、《诗经》的经历与真相、《老子》与道家等。1921 年 11 月 5 日,顾颉刚在致钱玄同的信中,认为舜在《论语》中是"无为而治"的古帝,在孔子之后的《尧典》中则成了孝子,到孟子时更造了许多孝迹②。这便是"层累说"中"时代愈后,传说中的中心人物愈放愈大"的立论根据。三日后,也是在致钱玄同的信中,他说:"我狠想把古史分析开来,每一个事列一表,每表分若干格,格上纪事以著书时代为次,看他如何渐渐的转变,如何渐渐的放大。"③顾颉刚用这种特有的"层累式"眼光来审视经典中所记载的古史,从而也得出与前人完全不同的看法,如他所说:"我固然说不上有什么学问,但我敢说我有了新方法了。在这新方法支配之下的材料,陡然呈露了一种新样子,使得我又欣快,又惊诧,终至放大了胆子而叫喊出来。"④

　　顾颉刚虽然积极推动经学向史学的转化,但他对已经终结的经学及经史关系有着清醒的认识,认为古史研究不能舍经学而不顾。1939 年 12 月 25 日,他在给杨向奎的信中就说:"现在治文字学与历史学者甚多,而治经学者殆无其人。经学到将来固不成其为一学,但在其性质尚不十分明了时,则必须有人专攻,加以分析,如廖平、皮锡瑞然。"⑤所以,有必要开始着手筹划清理经学的工作。他说:"现代学者,无论治考古学、古文字学、社会史、民族学,皆欲跳过经学的一重关,直接从经中整理出古史来,此实存舍难趋易之心,以经学纠纷太多,不易了解,更不易处理也。然此不可能。盖如不从辨别经学家派入手,结果仍必陷于家派的迷妄。必从家派中求出其条理,乃可各还其本来面目。还了他们的本来面目,始可以见古史之真相。所以,这番工夫虽苦,却不是劳而无功的。惟有做了经学的工作,方知真正古史存在的稀少,同时也知道现有的古史中经学家学说的丰富。"⑥"必将

---

① 顾颉刚:《沪楼日劄》(1949.1—1951.1),《顾颉刚读书笔记》(四),第 2408 页。
② 顾颉刚:《论孔子删述〈六经〉说及战国著作伪书书》,《古史辨》第一册,第 42 页。
③ 顾颉刚:《论尧舜伯夷书》,《古史辨》第一册,第 44 页。
④ 顾颉刚:《古史辨》第一册自序,第 78—79 页。
⑤ 顾颉刚:《浪口村随笔》(1939.1—1939.12),《顾颉刚读书笔记》(四),第 2131 页。
⑥ 顾颉刚:《沪楼日劄》(1949.1—1951.1),《顾颉刚读书笔记》(四),第 2406 页。

经典弄清,中国文化史方能写作,否则识其外层而不能解其核心,于事仍无益也。"①进而指出,未来的工作任务则是"化经典为古史料耳",即把经书看成历史学家的素材,他说:"以前视经为伦理性的,故每人读书必读经。今日视经为历史性的,故只要专家读经,一般人不必读,犹之中古以下史亦惟专家乃治之也。"②1951 年 9 月 5 日,他在给王伯祥的信中再次谈到:"为开创经学,我辈生于今日,其任务则为结束经学。故至我辈之后,经学自变而为史学。惟如何必使经学消灭,如何必使经学之材料转变为史学之材料,则其中必有一段工作,在此工作中我辈之责任实重。"并且认为他们那代学者对经学最主要的功绩,是"清之经学渐走向科学化的途径,脱离家派之纠缠,则经学遂成古史学,而经学之结束期至矣。特彼辈之转经学为史学是下意识的,我辈则以意识之力为之,更明朗化耳"③。

清末民初,盘踞在中国学术思想界长达两千年之久,一直处于统治地位的"经学"已经走向末路。在面对传统经学危机时,顾颉刚继承康有为、崔述等经学家的疑古成果,吸收西方进化论,彻底冲出经学的束缚,完成由经入史。

二、顾颉刚自身所具备的主观因素

民国初年,学术中心自觉不自觉地经历着由经学向史学的转化,学者们也纷纷采取不同的应对策略。而顾颉刚之所以能够完成学术角色转换,成功转型,提出"层累说",在 20 世纪初中国学术界内引起巨大的震动,使学者们"或仰之如日星悬中天,或畏之如洪水猛兽之泛滥纵横于四野"④,是因为顾颉刚自身拥有着一些特定条件,如他所具备的特有的学术素养及地缘优势等。

无论是在一个研究领域内产生的新问题,还是理论方法,都只会首先浮现在一个或少数几个人的头脑中,他们会以与以往不同的眼光去重新审视这个新世界,并率先完成与以往绝然不同的思维观念的转换。这种转换能力,则得益于他们在各自领域内所获得的常人不具备的条件。而从顾颉

---

① 顾颉刚:《沪楼日劄》(1949.1—1951.1),《顾颉刚读书笔记》(四),第 2411 页。
② 顾颉刚:《沪楼日劄》(1949.1—1951.1),《顾颉刚读书笔记》(四),第 2413 页。
③ 顾颉刚:《法华读书记》(1951.1—1955.5),《顾颉刚读书笔记》(五),第 2788 页。
④ 钱穆:《崔东壁遗书》序,顾颉刚编:《崔东壁遗书》,第 1046 页。

刚自身的实际情况来看,他已经具备这种提出"层累说"的主观条件。

顾颉刚提出"层累说"时还比较年轻,可以说是刚刚踏入这个深受危机困扰的传统学术研究领域,所以比起大部分同时代的学者而言,他所遵奉的各种学术规则相对较少,对那些旧有的研究习惯和学术传统信奉得并不深。这就致使他可以敏锐地感受到那些传统规则和研究范式已不再适用,并很快地寻找到新的研究方法和理念加以替代。他在研究实践中巧妙地摆脱传统经学的束缚,将全部注意力集中在那些暴露重重危机的古史学问题上。

顾颉刚在《愚修录》中谈及任大椿之疑古时说:"任大椿年二十二,治三《礼》之学,由疑孔、贾两《疏》,进而疑郑《注》,又进而疑《仪礼》及《传》为莽、歆所附会,其勇锐可知。戴震乃向之泼冷水,斥之为'思而不学',又詈之为'贼经害道',以极大压力加之,遂使此一具有疑古能力之人不敢再走此道,而少年时代之写作亦遂湮没无传矣。以是知辨伪思想,无代蔑有,特为不适宜之时代环境所压折,乃若有时有、有时无耳。予若不处五四运动时代,决不敢辨古史;即敢辨矣,亦决无人信,生不出影响也。适宜之环境,与少年之勇气,如此其可宝贵也。"①可见,在顾颉刚看来,要完成古史学革命,除要具备适宜之环境,还要有"少年之勇气"。顾颉刚在《古史辨》第一册自序中有一段话,可以看作是对"少年之勇气"之最好诠释,他说:"我是一个初进学问界的人。初进学问界的人固然免不了浅陋,但也自有他的骄傲。第一,他能在别人不注意的地方注意,在别人不审量的地方审量。好像一个旅行的人,刚到一处地方,满目是新境界,就容易随处激起兴味,生出问题来。至于那地的土著,他们对于一切的东西都接触惯了,彷彿见闻所及尽是天造地设的一般,什么也引不起他的思索力了。第二,他敢于用直觉作判断而不受传统学说的命令。他因为对于所见的东西感到兴味,所以要随处讨一个了断;不像学术湛深的人,他知道了种种难处,不敢为了立一异议,害得自己成了众矢之的。初生之犊为什么不畏虎?正因它初生,还没有养成畏虎的观念之故。"②

恰如其所自言,顾颉刚在提出"层累说"时,只不过是一个三十岁出头、

①　顾颉刚:《愚修录》(1962.12—1966.1),《顾颉刚读书笔记》(九),第 6617 页。

②　顾颉刚:《古史辨》第一册自序,第 80—81 页。

初出茅庐、刚刚踏进学术界的毛头小伙。从其成长的经历来看,他所接受的中国传统学术训练并不深刻,还不足以限制其思维,所以才能在"别人不注意的地方注意,在别人不审量的地方审量",才能"敢于用直觉作判断而不受传统学说的命令",成为当时宿儒林立的学术界中"初生之犊"。顾颉刚童年时,也曾进过私塾,但他印象最为深刻的不是"四书五经",而是私塾先生的戒尺。他认为那时"在私塾中最可纪念的,是有两年没有正式的教师"[1]。由此可见,顾颉刚不曾系统地接受过中国传统私塾的刻板灌输式教育。1906年,地方上开办第一班高等小学,顾颉刚从此开始了正规的新式教育[2]。顾颉刚十六岁那年,其祖父对他说:"五经是总该读全的。你因进了新法学堂,只读得《诗经》、《左传》和半部《礼记》。我现在自己来教你罢。"[3]但不久其祖父便逝世了,顾颉刚回忆说:"经学方面既少了一个诱导的人,文学方面的吸引力又很大,我不自觉的对于经书渐渐地疏远了下去。"[4]顾颉刚自己也承认:"那时既只随着欣赏的趣味而活动,并没有研究的自觉心,就是见到了可以研究的题目,也没有实作研究的忍耐心,所以不曾留下什么成绩。"[5]但也恰恰是这种随意漫览,才没有使其受限于传统经史学的樊篱。顾颉刚说其少年时代并未做过什么专题研究,也较为确实。1912年顾颉刚进入北京大学,当时学校里有几个很有学问的老师,在他们的指导下,他才开始走向专门的研究工作[6]。1916年,顾颉刚完成第一部著作《清代著述考》,开始真正意义上进入"国学"研究的领域,但此书实质也是属于目录学范畴之内,而非纯正的经史方面专门性的考据学著作[7]。

　　另外,顾颉刚的"层累说"诞生之后,之所以能够迅速席卷整个学术界,这和承载这一学说面世的载体,以及顾颉刚"白话式"的行文风格,也有着不可忽视的关系。顾颉刚在20年代初期曾致信钱玄同说:"我很希望先生把辨伪的见解多多在《努力》上发表。《努力》销路很好,可以造成风气。我们说起了辨伪已有三年了,却没有什么成绩出来,这大原故由于没有什么

①　顾颉刚:《古史辨》第一册自序,第11页。
②　顾颉刚:《古史辨》第一册自序,第12页。
③　顾颉刚:《古史辨》第一册自序,第13页。
④　顾颉刚:《古史辨》第一册自序,第14页。
⑤　顾颉刚:《古史辨》第一册自序,第16页。
⑥　顾颉刚:《我是怎样编写〈古史辨〉的?》,《古史辨》第一册,第9页。
⑦　顾颉刚:《我是怎样编写〈古史辨〉的?》,《古史辨》第一册,第2—3页。

发表,可以引起外界的辩论,和自己的勉励。如能由我这一封信做一个开头,继续的讨论下去,引起读者的注意,则以后的三年比过去的三年成绩好了。"①这表明,顾颉刚对这种 20 世纪新兴的文化载体——学术期刊,在信息传播方面的作用,有着极为深刻的认识。学术期刊作为一种印刷媒介,在信息量和时效性等方面介于书籍和报纸之间,其内容比书籍短小新鲜,可读性强,比报纸精专、深入、全面,而在专业性方面,尤其是在特定领域,其权威性却高于报纸以及 20 世纪 20、30 年代新兴的媒介——广播,又由于一本期刊往往有多种栏目、多篇文章或图片,比一本书更具综合性。期刊杂志的这些特点使其在文化解释、引导和传播方面的作用更佳②。张荫麟就曾观察到,这一传媒形式对于青年的影响之大,他说:"惟以其影响于一般仅从报章杂志中求智识之青年对于古史心理甚巨且深。"③

　　顾颉刚在为提出"层累说"而发表的诸多文章中,充分发挥了白话文语体通俗易懂的优势,而且从其行文来看,简洁明了,不过多地使用只有专业人士才能通晓的生僻字和繁琐考据,这无疑扩大了文章的受众面,为"层累说"的迅速推广,创造了良好条件。吕思勉就说:"近数年来,新文学之说既倡,著书多用语体而学校生徒之能读书者大增,书报之销行益广,此其中固亦有他种原因,然文字艰深之隔阂既除,而学术之研究遂易,则事实昭然,不可掩矣。"④

三、顾颉刚的地缘优势

　　顾颉刚的学术生涯主要在北京度过,自从投身学术事业以来,他一生大部分时间都在北京。期间,由于奉军入京和抗日战争爆发,顾颉刚大约有二十年光景被迫辗转各地,新中国成立不久,便又重新返回北京⑤。并且,使顾颉刚暴得大名的"层累说",这一古史领域的革命性理论,也是在北京提出的。这绝非偶然,从地缘环境来看,这与北京作为 20 世纪中国学术版图的地缘中心,有着必然联系。

---

① 顾潮:《顾颉刚年谱》,第 82 页。
② 李春雷:《史学期刊与中国史学研究中的民族主义倾向——以 20 世纪二三十年代为例》,《河北大学学报》2004 年第 6 期。
③ 张荫麟:《评近人对于中国古史之讨论》,《古史辨》第二册,第 279 页。
④ 吕思勉:《三十年来之出版社界(1894—1923)》,《吕思勉论学丛稿》,第 289 页。
⑤ 顾潮、顾洪:《顾颉刚学术行年简表》,《顾颉刚评传》,第 159—173 页。

傅斯年在筹办中央研究院历史语言研究所时,也曾深刻体察到北京是当时中国的学术地缘中心,要有所发展必在于斯。傅斯年在《国立中央研究院历史语言研究所十七年度报告》的第四章《迁徙》中,陈述为何将研究所迁至北平时说:"本所之设于广州,其意义已如上章所述;自史料组工作必在北平之后,约聘诸君,多在北平,分所分量,竟有超过本所之势。于是迁移之议起,结果全体主迁北平,其理由如下:一、历史语言研究所之发达,须比较的接近材料。在语言学上,广州北平各有其优势;在历史学上,则以北平为最便。二、历史语言研究所之发达,须有图书馆资助。此时本所无力自办一适宜之图书馆;欲就北平图书馆参考,亦以移北平为便。研究所之业,必在学者聚集环境闲适之所。就此一点,亦以设于北平为便。"[①]北京对学术发展的重要性,由傅斯年此项叙述中可见一斑。即便顾颉刚本人也自称:"我所以一定要到北京的缘故,只因北京的学问空气较为浓厚,旧书和古物荟萃于此,要研究中国历史上的问题这确是最适宜的居住地;并且各方面的专家惟有在北京还能找到,要质疑请益也是方便。"[②]

顾颉刚不仅是在北京度过其学术训练期和成熟期,更是在北京大学这一当时的高等教育中心和学术文化重镇完成"层累说"的[③]。1912 年 5 月,原京师大学堂改称北京大学,成为当时的最高学府。顾颉刚于 1913 年便考入北京大学预科,而正在这年,太炎一派的学者们便已入主北大文科,使北大文科学风为之一变,"他们注重考据训诂,以治学严谨见称。这种学风以后逐渐成为北大文史科教学与科研中的主流"[④]。顾颉刚还回忆说:"这一年,是我有生以来正式用功的第一年。"[⑤]1916 年,顾颉刚入北大文科哲学门,听陈汉章的中国哲学史课、崔适的春秋公羊学课、陈大齐的西洋哲学

---

① 国立中央研究院文书处编:《国立中央研究院十七年度总报告》,国立中央研究院总办事处发行,1929 年,第 220—221 页。

② 顾颉刚:《古史辨》第一册自序,第 56 页。

③ 有关这一时期北京大学在学术文化教育方面的重要性,参见萧超然等编:《北京大学校史》,北京:北京大学出版社,1988 年;梁柱:《蔡元培与北京大学》,北京:北京大学出版社,1996 年;陈平原:《老北大的故事》,南京:江苏文艺出版社,1998 年;萧超然:《北京大学与近现代中国》,北京:中国社会科学出版社,2005 年。

④ 萧超然等编:《北京大学校史》,北京:北京大学出版社,1988 年,第 48 页。

⑤ 顾颉刚:《古史辨》第一册自序,第 27 页。也正在此年,顾颉刚始立《寒假读书笔记》,成为其读书笔记之首,开始学术积累,为后来的学术发展打下坚实基础。

史课、马叙伦的中国哲学课①。特别是,顾颉刚在这一年开始结识胡适,胡适"丢开唐、虞、夏、商,径从周宣王之后讲起"的中国哲学史课,也给他以较大的震动②。经过在北大几年的求学生涯,顾颉刚的思想已经得到充分的历练,经过反传统思潮的熏陶,对古代文献有了更为开放的认识,为其后来"层累说"的提出,做好了思想准备。他在 1919 年 7 月 28 日给殷履安的信中写道:"对古书要'自己放出眼光来,敢想,敢疑','不要上古人的当'。"③1924 年,顾颉刚在北大国学门除承担编辑《国学季刊》、《歌谣》周刊的工作之外,还具体承担了北大国学门编辑室的三项工作:(一)编辑指示国学系统和内容的门径书的分类编目;(二)编辑一个反映中国一千年来文化演进与学术风尚升降异同之迹的年表;(三)诸子所用哲学名词索引④。这些无疑对顾颉刚在系统掌握传统文献材料方面,提供了便利条件,对其学术积累起到极大的促进作用。

　　顾颉刚在北京大学这样的学术重镇里求学和从事学术研究,单不说在学术方面受到影响,就是在师友关系和人际脉络上,也是获益颇丰。顾颉刚自言:"要是不遇见子水和太炎先生,我就是好学,也不会发生自觉的治学的意志。要是不遇见孟真和适之先生,不逢到《新青年》的思想革命的鼓吹,我的胸中积着的许多打破传统的学说的见解也不敢大胆宣布。……要是我不亲从适之先生受学,了解他的研究的方法,我也不会认识自己最近情的学问乃是史学。要是适之、玄同两先生不提起我的编集辨伪材料的兴趣,奖励我的大胆的假设,我对于研究古史的进行也不会这般的快速。……总括一句,若是我不到北京大学来,或是子民先生等不为学术界开风气,我的脑髓中虽已播下了辨论古史的种子,但这册书是决不会有的。"⑤顾颉刚提出"层累说"后,受到社会中的各方责难,颇感压力与窘迫时,胡适还及时地站出来为他说话。胡适还先后发表《古史讨论的读后感》、《介绍几部新出的史学书》等文,支持顾颉刚的有关"层累说"的论辩。他在《古史讨论的读后感》中说:"这几个月来,北京很有几位老先生深怪顾

---

① 顾潮:《顾颉刚年谱》,第 41 页。
② 顾潮:《顾颉刚年谱》,第 43 页。
③ 顾潮:《顾颉刚年谱》,第 51 页。
④ 沈兼士:《筹划北京大学研究所国学门经费建议书》(1922 年 9 月),《沈兼士学术论文集》,第 365—367 页。又见顾潮:《顾颉刚年谱》,第 96 页。
⑤ 顾颉刚:《古史辨》第一册自序,第 79—80 页。

先生'忍心害理',所以我不能不替他申辩一句。这回的论争是一个真伪问题;去伪存真,决不会有害于人心。"①他在《介绍几部新出的史学书》一书中不仅将顾颉刚与当时名震学术界的陈垣并列,还提出"故在中国古史学上,崔述是第一次革命,顾颉刚是第二次革命,这是不须辨护的事实"②。无论是在古史大论战还是在受到政治打击时,胡适都给予顾颉刚强有力的支持。1929 年,有国民党人对顾颉刚用疑古史观为商务印书馆编撰《中学用本国史教科书》不满,以"非圣无法"的理由向政府弹劾,使顾颉刚和商务印书馆在政治上承受了很大的压力。为此,胡适在当年发表的《新文化运动与国民党》一文中,明确指出顾氏的书是"一部很好的历史教科书"③,为其开脱。

第二节　"层累说"的酝酿、形成和发展

顾颉刚在正式提出"层累说"前,通过与胡适、钱玄同一段时间的交流与讨论,在搜集整理辨伪学著作的过程中,已经萌生辨伪事之意,并逐渐形成一整套由辨伪到疑古的系统观点与主张。

一、酝酿阶段

自 1920 年 11 月至 1923 年 2 月约三年的时间里,顾颉刚与胡适、钱玄同以通信的形式,围绕着辨伪学,进行往复讨论与交流④。可以说,顾颉刚一生的志业,便以这三年间的学术讨论为基础,"层累说"也在这学术讨论中酝酿成熟。通过对这些学术讨论的分析,可以窥见两种十分有趣的现象,即"青取之于蓝而青于蓝"和"自说自话"。

所谓"青取之于蓝而青于蓝",是指在讨论初期顾颉刚对"伪书"和应该如何辨伪是持较为谨慎和保守的态度,但经过胡适"宁可疑而过"的教导后,解放了思想,步子迈得更大,甚至超出胡适辨伪书的预期,走向辨伪事疑古史。这一现象体现在顾颉刚、胡适对姚际恒《古今伪书考》的评价

---

① 胡适:《古史讨论的读后感》,《古史辨》第一册,第 191 页。
② 胡适:《介绍几部新出的史学书》,《古史辨》第二册,第 338 页。
③ 胡适:《新文化运动与国民党》,《新月》第 2 卷第 6、7 号合刊,1929 年 9 月。
④ 详见顾颉刚:《古史辨》第一册,第 1—58 页。

方面。

　　1920 年 11 月初,胡适写信向顾颉刚询问清儒姚际恒的著述,顾颉刚回信做了简要回答,并认为姚际恒是辨伪书的"集大成者"①,随即开始仔细翻阅姚际恒的论著。1920 年 11 月 23 日,顾颉刚看到《好古堂书画记》书前的姚际恒的两段识语后,认为"姚君对于经传非全持怀疑态度的","他所辨的伪,只是著作人的伪,不是著作内容的伪——征事的确实与否"②。就此,顾颉刚对姚际恒辨伪的彻底性产生怀疑,并萌发辨伪事的想法。1920 年 11 月 24 日,胡适又来信要求顾颉刚点读姚际恒的《古今伪书考》③,顾颉刚在当日的回信中谈到他对"伪书"的看法,在他看来"许多书只是存疑并非是作伪",即便是伪书"出于汉魏间者当与唐宋而下异其等差";又将自己早年所写的《〈古今伪书考〉跋》附上,其中大谈姚际恒此书的不足,说其"文笔疏散"、"多采成说"和"论辩舛驳",不及章学诚的辨伪④。此举摆明是否定自己先前所提"姚际恒是辨伪书的集大成者"的看法,并认为辨伪书应慎重对待。而胡适对他这些"保守"的观点,则回应说:"我主张,宁可疑而过,不可信而过。实斋《公言》之说虽有一部分真理,然不可全信。"⑤经过胡适此番"开导",才使顾颉刚恍然大悟,更为深切地领会了胡适"宁可疑而过,不可信而过"的怀疑精神,改变了内心对姚际恒的看法,决定以《古今伪书考》为核心编辑《辨伪丛刊》。直至 1926 年 7 月 27 日,顾颉刚在明儒宋濂《诸子辨》的序中还诚服地说:"宋代辨伪之风非常盛行,……这一条微小而不息的川流流到了清代,就成了姚际恒的《古今伪书考》,公然用了一个'伪书'的类名来判定古今的书籍,激起学者的注意了。"⑥1929 年 8 月,他还在《忍小斋笔记》中谈及《古今伪书考》的长处:"一、干脆。二、敢疑经。三、书名好。"⑦

　　所谓"自说自话",是指在讨论期间顾颉刚、胡适、钱玄同三人虽都围绕

---

　　① 顾颉刚:《答书》附记,《古史辨》第一册,第 4 页。
　　② 顾颉刚:《答书》,《古史辨》第一册,第 3 页。
　　③ 胡适:《嘱点读〈伪书考〉书》,《古史辨》第一册,第 5 页。
　　④ 顾颉刚:《答书》附《〈古今伪书考〉跋》,《古史辨》第一册,第 7—12 页。
　　⑤ 胡适:《〈古今伪书考〉跋》评语,《古史辨》第一册,第 12 页。
　　⑥ 顾颉刚:《诸子辨》序,北平:朴社,1928 年 7 月,第 3 版。宋濂《诸子辨》的书名在"疑辨"这个含义上,有可能影响到顾颉刚对《古史辨》一书的命名。
　　⑦ 顾颉刚:《忍小斋笔记》(1929.8),《顾颉刚读书笔记》(三),第 1173 页。

"辨伪学"这一主题,但都有着各自不同的目的、手段和侧重点。顾颉刚初侧重于辨伪书,后渐转至辨伪事,再至疑古学,原欲编《辨伪三种》后有作《古史考》的念头①,最终目的就是"要把中国的史重新整理一下",在"中国历史界起一大革命"②。胡适却侧重对伪书的考辨③,计划编辑《国故丛书》,试图以"订疑"的精神来扫荡中国思想界的"旧污"④。钱玄同则侧重于群经辨伪,点读《新学伪经考》,主张编撰《伪经辨证集说》,从传统经学中剥离价值判断,去除宗教意味⑤,以"离经叛道"、"非圣无法"精神打倒孔教,还原经学⑥。三者的这种"自说自话"的状态,充分表现在对《辨伪丛刊》编纂体例的讨论上。

　　1920 年 11 月 24 日,胡适提议编辑《国故丛书》,即用新式标点翻刻旧书,如《经传释词》、《古书疑义举例》、《国故论衡》等等⑦。当年 12 月 15 日,顾颉刚回应说,可以将《诸子辨》、《四部正伪》、《古今伪书考》等书整理后合编为《辨伪三种》,以此算作《国故丛书》的一部分,认为这样可以使人对于伪书的印象更为深刻⑧。不久,钱玄同主张将从王充以来的辨伪文字一起辑出,但顾颉刚并不大同意这种"杂拌"式的编辑方法,他主张将《辨伪三种》继续扩充为《辨伪丛刊》,分为辨伪事的甲种和辨伪书的乙种⑨,并认为"辨伪事"比"辨伪书"更重要⑩。由此,顾颉刚经过和胡适、钱玄同两个月的讨论后,已经不把辨伪的范围局限在"伪书"之内,而是开始重点考虑"辨伪事"的问题了,而此时的钱玄同和胡适显然还在"辨伪书"的范围内兜圈子。

　　由于顾颉刚已产生了一种系统考察"根据伪书所造成的历史事实"的愿望⑪,随即他开始翻读《绎史》、《通鉴外纪》、《路史》⑫,准备了解这些著作

---

　　① 顾颉刚:《告拟作〈伪书考〉跋文书》,《古史辨》第一册,第 13 页。
　　② 顾颉刚:《自述整理中国历史意见书》,《古史辨》第一册,第 35—36 页。
　　③ 在胡适的构想里,伪书范围并不局限在儒家经典,甚至《道藏》、《释藏》也包括在内。详见胡适:《告拟作〈伪书考〉长序书》,《古史辨》第一册,第 15 页。
　　④ 胡适:《嘱点读〈伪书考〉书》,《古史辨》第一册,第 6 页。
　　⑤ 钱玄同:《论近人辨伪见解书》,《古史辨》第一册,第 24 页。
　　⑥ 钱玄同:《论〈诗〉说及群经辨伪书》,《古史辨》第一册,第 50 页。
　　⑦ 胡适:《嘱点读〈伪书考〉书》,《古史辨》第一册,第 6 页。
　　⑧ 顾颉刚:《告拟作〈伪书考〉跋文书》,《古史辨》第一册,第 13 页。
　　⑨ 顾颉刚:《论伪史及〈辨伪丛刊〉书》,《古史辨》第一册,第 20 页。
　　⑩ 顾颉刚:《论〈辨伪丛刊〉分编分集书》,《古史辨》第一册,第 23 页。
　　⑪ 顾颉刚:《告拟作〈伪书考〉跋文书》,《古史辨》第一册,第 13 页。
　　⑫ 顾颉刚:《答书》(1920 年 12 月 21 日),《古史辨》第一册,第 16 页。

中所描述的旧古史系统。他还将"辨伪事"重于"辨伪书"的想法,分别向胡适和钱玄同做了表达,顾颉刚在致钱玄同的信中,更为明确地表示出自己辨伪史的倾向,并将"辨伪"视为其治史学的手段。他说:"我的性情还是近于史学;因为想做史学,所以极要搜集史料,审定史料。为搜集史料,所以要做'目录学';为审定史料,所以要'辨伪'。"①1921 年 3 月 23 日,钱玄同在给顾颉刚的信中,仍然强调先前他所提出的"杂拌"式编辑方式,他说:"可将各家文集或笔记里关于辨伪底著作'裁篇别出',编成一种《辨伪丛著》,也作为《辨伪丛书》中之一种。"②1921 年 7 月 1 日,胡适在给顾颉刚的信中,他为了使《辨伪丛刊》能够在"辨伪书"上发挥更大的效力,主张在体例上以"伪书"为纲,而以各家的辨伪议论为目,以每一部"伪书"为一集③。顾颉刚面对胡适的这种提议,也只好同意,并按照这种体例开始着手编辑《伪书辨证集说》,但提出《考信录》、《古今伪书考》等还是以保存原书式编入《辨伪丛刊》④。1921 年 11 月 5 日,钱玄同听说顾颉刚在编辑《伪书辨证集说》,特意写信给顾颉刚,强调辨伪"群经"也应该用胡适提出的那种体例⑤。这都说明,顾颉刚前番屡屡提及的"辨伪事"的看法,并没有实质性地触动胡适和钱玄同,二人关注的焦点依然放在"辨伪书"和"疑辨群经"上⑥。由此看来,顾颉刚、胡适和钱玄同围绕"辨伪学"所进行的讨论,真可谓是"自说自话"。

　　顾颉刚此时想系统地梳理中国古史,并认为以往学者所公认的古史系统大致存于《绎史》、《通鉴外纪》和《路史》等书中。顾颉刚的这些判断无疑

---

　　①　顾颉刚:《论辨伪工作书》,《古史辨》第一册,第 26 页。

　　②　钱玄同:《论今古文经学及〈辨伪丛书〉书》,《古史辨》第一册,第 31 页。钱玄同在通信中一直将顾颉刚的《辨伪丛刊》误写为《辨伪丛书》。

　　③　胡适:《论〈辨伪丛刊〉体例书》,《古史辨》第一册,第 38—39 页。胡适关于这一体例的想法是受顾颉刚的启发,三日前顾颉刚在给他的信《论〈通考〉对辨伪之功绩书》中,谈到"《通考》虽不标明辨伪,但他聚了许多宋人的评论,每一部古书必有一二人说他是伪的,使人逐条看了自然生出一个伪书的观念"。说者无心,听者有意。胡适立即在回信中要求改变《辨伪丛刊》的编撰体例,这也反观出二人辨伪侧重点上的不同。

　　④　顾颉刚:《答书》,《古史辨》第一册,第 40 页。

　　⑤　钱玄同:《论编撰经部辨伪文字书》,《古史辨》第一册,第 40—41 页。

　　⑥　此间,胡适和钱玄同虽然在给顾颉刚的信中也有谈及"伪事"或"疑古",但多是应承顾颉刚的提问所作,如 1921 年 1 月 28 日,胡适在《自述古史观书》中所谈的古史观点,就是应顾颉刚 1920 年 12 月 21 日在信中请其将"疑夏商书的话,请便中也写一点给我作材料"的要求所写。钱玄同在同顾颉刚谈论"辨伪事"时,多掺杂有关"今古文经学"的问题,在方法上给顾颉刚"由经入史"以很大启发。

是正确的,在这些著作中都详尽地描述有前代学者所公认的中国上古史系统,并都为后来的学者们暗暗规定了在上古史研究领域里的基本问题和常规研究方法。而且这些著作拥有着一批坚定的追随者,如顾颉刚原以为清代嘉道年间学者林春溥的《竹柏山房丛书》应是辨伪之作,但翻览过后令他大失所望,他说:"我没看见这书时,揣测他一定是辨伪的,因为他生于嘉道间,应当如此。那里晓得还同马骕《绎史》一样!"①之所以林春溥和马骕对上古史的看法有着一致性,就是由于清代学者们无论身处乾嘉抑或嘉道年间,所受的基本教育都是以经学为基础的,都共同遵循着相同的规则和标准,都受到道统观的熏陶,所以对于蕴育在经学中的上古史的看法,只能是大同小异。但在清末,这些学术上的"和谐"已经出现了较大的反常现象,并成为不可能在原有的学术基础上"和平"解决的矛盾。为此顾颉刚已经开始在材料、观点和方法上寻求突破,顾颉刚在 1920 年底给胡适的信中,就曾索求崔述的《东壁遗书》②。第二年,胡适便替他寻找到该书,胡适在 1 月 24 日的信中说:"近日得崔述的《东壁遗书》,……今先送上《提要》一册。此为全书最精彩之部分,你看了便知他的书正合你的'伪史考'之用。但他太信经,仍不彻底。我们还须进一步着力。"③顾颉刚在阅读崔述的《考信录》后,就对胡适所说的崔述辨伪的不彻底性有所了解,他在给胡适的回信中说:《考信录》已读两册,大快。他虽但疑史传杂说而仍信经,令人不满意。"但顾颉刚认为也应该借鉴崔述的方法和成果,他说:"经到底少,史传杂说则很多,他把难的地方已经做过一番功夫,教我们知道各种传说的所由始了,由此加功,正是不难。"④

顾颉刚并非贸然提出"层累说",正如前文所述,是在他与胡适、钱玄同的学术交流与讨论的过程中,有目的有计划地逐渐形成的。如早在 1921 年初他给胡适的一封信中就曾表示,他在寻找伪史的"例"⑤。而应亥说,后来顾颉刚所发明的"层累说",就是这个"例"中最为成熟最有体系的一个。直到 1921 年 6 月 9 日,顾颉刚在给王伯祥的信中才把"层累说"最初

---

① 顾颉刚:《论〈竹柏山房丛书〉及〈庄子·内篇〉书》,《古史辨》第一册,第 17 页。
② 顾颉刚:《告拟作〈伪书考〉跋文书》,《古史辨》第一册,第 14 页。
③ 胡适:《告得〈东壁遗书〉书》,《古史辨》第一册,第 19 页。
④ 顾颉刚:《论伪史例书》,《古史辨》第一册,第 28 页。
⑤ 顾颉刚:《论伪史例书》,《古史辨》第一册,第 28—29 页。

的雏形提出来，并认为此说一出，必将在史学界引起一次大革命。他说："《辨伪丛刊》只是集前人的文字，将来我自己想做三种书：(1) 伪史源，(2) 伪史例，(3) 伪史对鞫。所谓源者，其始不过一人倡之，要在这时辨来，自是很易；不幸十人和之，辗转应用，不知其所自始，甚至愈放愈胖，说来更像，遂至信为真史。现在要考哪一个人是第一个说的，哪许多人是学舌的，看他渐渐的递变之迹。所谓例者，做伪史的总有一色的心理，记一事必写到怎样的程度，遂至言过其实，不可遮掩。现在要拿这般的心理归纳起来，教人晓得伪史总是喜欢向哪方面走的，也可处处防范。所谓对鞫者，大家说假话，不能无抵牾，我们要把他们抵牾的话集录下来，比较看看，教他们不能作遁辞。这三种书自是终身之业，现在只是收集材料。"[①]在这段话中，顾颉刚所谓"伪史源"正是 1923 年 2 月间顾颉刚在《与钱玄同先生论古史书》的前言中所提出的"层累说"三点要义的雏形。所谓"伪史例"，也与 1923 年 6 月《答刘胡两先生书》一文为从古史观念中区分出信史与非信史，而提出的推翻非信史方面必须打破的四个传统观念，极为相似，只是尚未具体化。所谓"伪史对鞫"，不过是由 1923 年《讨论古史答刘胡二先生》这篇长文将此设想付之于实践，并为说明观点提出六个具体史实问题，逐一进行考释。顾颉刚此后的研究方法大多循此原则。

　　1922 年春，顾颉刚在为商务印书馆编撰《本国史教科书》时，便将这种研究古史的方法予以应用，他据此提出一个理论假设："古史是层累地造成的，发生的次序和排列的系统恰是一个反背。"[②]所以说，顾颉刚至迟在1922 年便为提出"层累说"做好了各项准备，观点已经大致酝酿成熟，至1923 年 5 月"层累说"便已正式面世。只是顾颉刚本人没有料到，引起古史学革命的"层累说"，并不是由他自己所说的那几篇文字引起的，而是后来在学术通信和学术争论中逐渐形成的。

二、形成过程

　　1923 年 5 月 6 日，顾颉刚在《读书杂志》上发表《与钱玄同先生论古史书》，学者们围绕"层累说"展开探讨与论辩[③]。1923 年底，顾颉刚通过在

---

① 顾颉刚：《自述整理中国历史意见书》，《古史辨》第一册，第 36 页。
② 顾颉刚：《古史辨》第一册自序，第 52 页。
③ 详见张越：《五四时期中国史坛的学术论辩》，第 118—226 页。

《读书杂志》第 12 至 16 期连载的《讨论古史答刘胡二先生》一文,对此间这段论辩时期所涉及的具体史事进行了一次系统的阐述,标志着"层累说"无论是在理论上,还是在具体史事的考证上,都已经初具规模,并已经成为一个框架完整、理论成熟和经过实证检验的古史学方法论体系。"层累说"从开始提出到初具规模,大致经历了三个阶段。

第一阶段,1922 年春,顾颉刚在家为商务印书馆编撰《本国史教科书》,将《诗》、《书》和《论语》中的上古史材料按其发生的次序加以排比性研究,发现"禹是西周时就有的,尧舜是到春秋的末年才起来的,越是起得后,越是排在前面。等到有了伏羲、神农之后,尧舜又成了晚辈,更不必说禹了"。于是,据此提出一个理论假设:"古史是层累地造成的,发生的次序和排列的系统恰是一个反背。"[①]1923 年 2 月间,顾颉刚在给钱玄同的信中,将其这段时间古史研究的看法写出。5 月,又将这封信冠名为《与钱玄同先生论古史书》发表在《读书杂志》上,在前言中将其"层累说"三点要义和盘托出:

一、"时代愈后,传说的古史期愈长"。如"周代人心目中最古的人是禹,到孔子时有尧、舜,到战国时有黄帝、神农,到秦有三皇,到汉以后有盘古等"。

二、"时代愈后,传说中的中心人物愈放愈大"。"如舜,在孔子时只是一个'无为而治'的圣君,到《尧典》就成了一个'家齐而后国治'的圣人,到孟子时就成了一个孝子的模范了。"

三、"我们在这上,即不能知道某一件事的真确的状况,但可以知道某一件事在传说中的最早的状况。我们即不能知道东周时的东周史,也至少能知道战国时的东周史;我们即不能知道夏商时的夏商史,也至少能知道东周时的夏商史"[②]。

《与钱玄同先生论古史书》一文提出的这三点理论,标志着顾颉刚心目中的"层累说"基本理论内核已经形成,也成为"层累说"的理论核心。顾颉刚讨论这些问题时,所表现出来的历史观念与研究方法,以及对古史的具体的观点与看法,如其中举出有关禹、尧、舜、后稷、黄帝、神农、庖牺氏、盘古等具体历史观念形成的假设与推测,都成为其古史学研究的基本内容与

---

① 顾颉刚:《古史辨》第一册自序,第 52 页。

② 顾颉刚:《与钱玄同先生论古史书》,《古史辨》第一册,第 60 页。

理论框架。这是顾颉刚古史学的根本之处,成为其日后古史学研究的基本理论与指导方法,并为其一生所遵循。

第二阶段,1923 年 6 月,顾颉刚在《读书杂志》第 11 期上发表《答刘胡两先生书》,表示准备与刘掞藜、胡堇人讨论有关禹、后稷和尧舜禹的具体史事问题,并从混淆无章的古史观念中区分出信史与非信史。顾颉刚提出在推翻非信史方面必须打破的四个传统观念:

一、打破民族出于一元的观念。春秋以前并无民族出于一元的观念,而是各有各的始祖,春秋以后,"大国攻灭小国多了,疆界日益大,民族日益合并,种族观念渐淡而一统观念渐强,于是许多民族的始祖的传说亦渐渐归到一条线上,有了先后君臣的关系……中国民族的出于一元,俟将来的地质学及人类学上有确实的发见后,我们自可承认它;但现在所有的牵合混缠的传说我们决不能胡乱承认。我们对于古史应当依了民族的分合为分合,寻出他们的系统的异同状况"。

二、打破地域向来一统的观念。"《禹贡》的九州、《尧典》的四罪、《史记》的黄帝四至乃是战国时七国的疆域,而《尧典》的羲和四宅以交趾入版图更是秦、汉的疆域。中国的统一始于秦,中国人民的希望统一始于战国;若战国以前则只有种族观念,并无一统观念。……所以我们对于古史,应当以各时代的地域为地域,不能以战国的七国和秦四十郡算做古代早就定局的地域。"

三、打破古史人化的观念。"古人对于神和人原没有界限,所谓历史差不多完全是神话。……自春秋末期以后,诸子奋兴,人性发达,于是把神话中的古神古人都'人化'了。……所以我们对于古史,应当依了那时人的想象和祭祀的史为史,考出一部那时的宗教史,而不要希望考出那时以前的政治史,因为宗教是本有的事实,是真的,政治是后出的附会,是假的。"

四、打破古代为黄金世界的观念。"古代的神话中人物'人化'之极,于是古代成了黄金世界。其实古代很快乐的观念为春秋以前的人所没有;所谓'王',只有贵的意思,并无好的意思。自从战国时一班政治家出来,要依托了古王去压服今王,极力把'王功'与'圣道'合在一起,于是大家看古王的道德功业真是高到极顶,好到极处。……我们要懂得五帝三王的黄金世界原是战国后的学者造出来给君王看样的,庶可不受他们的欺骗。"①

---

① 顾颉刚:《答刘胡两先生书》,《古史辨》第一册,99—102 页。

上述四个打破非信史的"标准",是顾颉刚"层累说"基本理论核心的外延性研究,是从理论方面对其核心理论的完善、发展和构建。这四个"标准"在理论上进一步支持和论证了"层累说"。但也要看到,这四个打破非信史的标准,重点反映的是古史观念中的非信史,主要辨别人们思想意识中的错误历史观念,目的是以此来推翻非信史,而不是探讨何为信史。

第三阶段,1923 年 6 月至 11 月间,顾颉刚紧接着《答刘胡两先生书》一文,又在《读书杂志》第 12—16 期上连载《讨论古史答刘胡二先生》这篇长文,对"(1)禹是否有天神性?""(2)禹与夏有没有关系?""(3)禹的来源在何处?""(4)尧、舜、禹的关系是如何来的?""(5)后稷的实在怎样?""(6)文王是纣臣吗?"等六个具体史实问题进行详细的阐述①,以此回答刘、胡二人辩论以来所提出的具体问题,并从实证的角度对"层累说"进行检验。

一、禹是否有天神性?"西周中期,禹为山川之神;后来有了社祭,又为社神(后土)。其神职全在土地上,故其神迹从全体上说,为铺地、陈列山川、治洪水;从农事上说,为治沟洫、事耕稼。耕稼与后稷的事业混淆,而在事实上必先有了土地然后可兴农事,易引起禹的耕稼先于稷的观念,故《閟宫》有后稷缵禹之绪的话。又因当时神人的界限不甚分清,禹又与周族的祖先并称,故禹的传说渐渐倾向于'人王'方面,而与神话脱离。"②

二、禹与夏有没有关系?"禹与夏没有关系,是我敢断定的","禹与夏何以发生关系",大致有以下三个推想:一为"为称说'三代圣王'便利计,有补足的需要"。二为"春秋以后种族观念日微,'诸夏'的境界日事扩张,与理想中的禹迹相当,遂使'夏'与'禹'合而为一"。三为"我寻求禹和夏、尧和唐、舜和虞所以发生关系之故,以为这是战国的伪史家维持信用的长技"③。

三、禹的来源在何处?"我现在对于这个假定(禹为动物,出于九鼎——引者注)的前半还以为不误,对于后半便承认有修正的必要了"④,"我对于禹的来历很愿意再下一个假定'禹是南方民族的神话中的人物'"⑤。

①　顾颉刚:《讨论古史答刘胡二先生》,《古史辨》第一册,第 105—150 页。
②　顾颉刚:《讨论古史答刘胡二先生》,《古史辨》第一册,第 114 页。
③　顾颉刚:《讨论古史答刘胡二先生》,《古史辨》第一册,第 117—118 页。
④　顾颉刚:《讨论古史答刘胡二先生》,《古史辨》第一册,第 120 页。
⑤　顾颉刚:《讨论古史答刘胡二先生》,《古史辨》第一册,第 127 页。

四、尧、舜、禹的关系是如何来的？"我们既知尧、舜、禹的关系起于战国，要寻出这个关系的来源，应当先看战国时的背景。"①"禹是西周中期起来的，尧舜是春秋后期起来的，他们本来没有关系。他们的关系是起于禅让之说上；禅让之说乃是战国学者受了时势的刺激，在想象中的乌托邦。"②

五、后稷的实在怎样？"后稷只是后稷，他没有做帝喾的儿子，没有做禹的辅佐，没有做舜的臣子，也没有做契的同官。"③"后稷之名，很可以看出是周人耕稼为生，崇德报功，因事立出的，与庖牺、燧人……有同等的性质。"④"故我们可以怀疑后稷本是周民族所奉的耕稼之神，拉做他们的始祖，而未必真是创始耕稼的古王，也未必真是周民族的始祖。"⑤

六、文王是纣臣吗？"我们可以知道称王自太王已经称了，翦商自太王已经翦了。我们又可以知道，文王只有受命而'割殷'，没有受命而称王；只有'昭事上帝'，没有服事殷纣；只有'缵太王之绪'而翦商，更没有缵太王之绪而事商！"⑥"推原所以有文王为纣臣之说的缘故，实由于春秋后期以至战国初期的时局的导引。"⑦

《讨论古史答刘胡二先生》一文通过对具体历史问题的分析，将"层累说"的理论假设初试于具体实例中，使第一阶段的理论假设得以初步印证。如在论证禹并非是耕稼的国王时，运用"层累"的方法，认为："在西周时，古王任农事的惟有后稷；在东周的鲁国，后稷之前又有禹；到战国时，烈山氏之子柱先做后稷了，舜也'发于畎亩之中'了，倡始耕稼的尊号又给神农夺去了。"⑧《讨论古史答刘胡二先生》一文的六个小专题，又可大致分为三个层次，分别印证第二阶段所提出的四个打破标准：首先，论述禹及其与后稷的关系，印证的是打破非信史标准中的"人化观念"。其次，讨论尧舜禹的关系如何，讨论的是打破四个标准中的"民族出于一元的观念"。最后，文

---

① 顾颉刚：《讨论古史答刘胡二先生》，《古史辨》第一册，第 129 页。
② 顾颉刚：《讨论古史答刘胡二先生》，《古史辨》第一册，第 133 页。
③ 顾颉刚：《讨论古史答刘胡二先生》，《古史辨》第一册，第 136 页。
④ 顾颉刚：《讨论古史答刘胡二先生》，《古史辨》第一册，第 140 页。
⑤ 顾颉刚：《讨论古史答刘胡二先生》，《古史辨》第一册，第 141—142 页。
⑥ 顾颉刚：《讨论古史答刘胡二先生》，《古史辨》第一册，第 144 页。
⑦ 顾颉刚：《讨论古史答刘胡二先生》，《古史辨》第一册，第 149 页。
⑧ 顾颉刚：《讨论古史答刘胡二先生》，《古史辨》第一册，第 108 页。

王非纣臣,讨论是打破四个标准中的"地域向来一统的观念"。而从整体上来看,这些问题最终会打破存在于人们心中二千余年的古代帝王传承系统,彻底击碎人们心目中"黄金世界"的观念。这六个问题中,以"禹"的问题、文王非纣臣论两个观点最为关键,顾颉刚是以此两点作为拆散旧古史系统的突破口。

总之,可将第一阶段《与钱玄同先生论古史书》一文归结为"三点要义",涵盖"层累法"和"社会背景法"。可将第二阶段《答刘胡两先生书》一文归结为划分信史与非信史的"四个打破标准"。可将第三阶段《讨论古史答刘胡二先生》一文归结为"六个问题",这六个问题只是对前两个阶段理论假设的实证性回应,而且顾颉刚以后的许多古史研究工作也都是这六个问题的延续,如《战国秦汉间人的造伪与辨伪》、《禅让传说起于墨家考》等文①。这三个阶段是不可分割的统一整体,单独拿出任何一部分,都不可称之为"层累说"。

就具体的古史研究而言,顾颉刚的学术独创性也主要体现在"层累说"上,这既是一种历史观,又是一种历史研究方法②,可以说,这是在"层累地造成古史"观支配下的方法论体系,是其古史学说的核心与灵魂。有学者认为:"顾颉刚提出的'层累地造成中国古史'这一命题,仅仅是他对中国古史的一种看法,更准确地说,是他对中国古书和传说中的中国古史的一种看法,而不是他的史学方法论;也就是说,这一命题,是在他对中国古史进行了种种研究之后所产生的一种观念,是对以往的史书或史学的总观察,而不是进行具体的史学研究的史学方法论。二者不能混淆。"③此种说法有失偏颇,如果深入到顾颉刚具体的史学研究中,就会发现,无论他运用何种具体的史学方法,实际上都是从"层累说"演化而来,或者说其每一种具体的方法都是"层累说"方法论体系中的一个组成部分,都为其"层累地造成古史"的史学观服务。

---

① 顾颉刚对"层累说"持守之坚,至死不渝。他后来的许多重要学术论文,都是循此而成,其晚年及去世后所发表的一系列文章,也都是如此,足证"层累说"在其一生史学研究历程中的重要性。

② 杨荣国:《从疑古到证古——科学旗帜下的不同追求》,载洛阳大学东方文化研究院编:《疑古思潮回顾与前瞻》,第 134 页。

③ 张书学:《顾颉刚与傅斯年治史异同论》,《东岳论丛》1994 年第 1 期。

三、发展和完善

柳存仁在《古史辨》第七册《纪念钱玄同先生》一文中观察到："自从钱（玄同）先生和其他的辨伪的学者们的努力提倡研究古史以来，十余年间古史的研究，因着参加者的进行方法和实际工作的不同，已经转变过好几次了，转变的途径是自然的，就是，我们最初都是疑古的，由疑古进而释古，又由释古进而考古。"[①]虽然未必像他所说的那样，"古史辨派"在十余年间已经转变了好几次，但顾颉刚在此期间也是积极寻求对"层累说"的发展和完善，《中国上古史研究讲义》的编写就是一个很好的说明。另外，"古史辨派"内的学者们也曾对"层累说"做出材料的补充和方法的改良。

顾颉刚在初步提出"层累说"之后，又接续做了些工作，进一步构建这个学说体系。1923 年，顾颉刚就想把传说中的古史一部书一部书地弄清楚，但这个想法一直没能实现。1929 年 9 月，顾颉刚应燕京大学之聘，任国学研究所研究员兼历史学系教授，开设"中国上古史研究"课，此课程讲了两个学期，《中国上古史研究讲义》就是这一时期所编的讲稿。这部《中国上古史研究讲义》实际上就是在"层累说"指导下编写的一部中国上古史，是"层累说"的延续。顾颉刚在这份《讲义》的序中曾自言："七年前，我和刘掞藜、胡堇人两位先生讨论古史的时候，曾说：我想把胸中所有的意见详细写出，算做答文，与两位先生讨论下列诸项问题：(1)禹是否有天神性？(2)禹与夏有没有关系？(3)禹的来历在何处？(4)禹贡是什么时候做的？(5)后稷的实在如何？(6)尧、舜、禹的关系如何？(7)《尧典》、《皋陶谟》是什么时候做的？(8)现在公认的古史系统是如何组织而成的？——以上的题目当在一二月内做毕，登入《读书杂志》。不幸这八个题目我只做了(1)、(2)、(3)、(5)、(6)五题，我自己又因感到这剩下的三题（《禹贡》一题，《尧典》、《皋陶谟》一题，古史系统一题）内容太复杂……自来本校，在国学研究所中提出'《尧典》、《皋陶谟》、《禹贡》之著作时代'一题，得蒙通过，快慰无量。又在史学系中担任此课，所编讲义即是说明'现在公认的古史系统是如何组织而成的'一个问题。到本学年之末，这个问题当可得到一个粗略的结论了。再过多少时候，《尚书》中首三篇的著作时代又可研究出些结果来了。"[②]

---

① 柳存仁：《纪念钱玄同先生》，吕思勉、童书业编著：《古史辨》第七册（上），第 3 页。
② 顾颉刚：《中国上古史研究讲义》自序一，第 5 页。

1930 年 8 月,顾颉刚在《古史辨》第二册自序中说道:"现在我很想在《古史辨》之外更作两部书,一是《古史材料集》,一是《古史考》。《材料集》是把所有的材料搜集来,分类分时编辑,见出各类和各时代中包孕的问题;《古史考》则提出若干较大的问题,作为系统的研究。这是足以使得古史的材料及辩论都系统化的;不过这两部书的完工很不容易,恐怕要迁延到我的垂老之年吧!"①顾颉刚提出编著《古史考》的计划,就已经表明他准备将古史研究的重心由"破坏"转向"建设"。1933 年,顾颉刚在《古史辨》第四册序中谈到《古史考》时,则具体说要编写《帝系》、《王制》、《道统》、《经学》四个考的计划②,这个计划则是在编写《中国上古史研究讲义》时想出来的。顾颉刚这部《讲义》,最初拟分作三编:甲编——旧系统的古史;乙编——新旧史料的评沦;丙编——新系统的古史。后来看到陆懋德的《中国上古史讲义》,类于他拟编的丙编,于是拟专讲旧系统,去掉丙编,以乙编中评论旧史料的话合于甲编,另以三代制度史作为乙编,总共分为二编:甲编——"三皇"、"五帝"的来源,简名为《帝系考》;乙编——三代制度的来源,简名为《王制考》。可是,在编写这部《讲义》的过程中,他对古史传说的认识不断深化,从而对考辨旧系统的古史的想法也更为全面而严密,于是又增加了《道统》、《经学》两考,并把这四考合称为《古史考》。他在《古史辨》第四册序中还说道:"可是不幸得很,编了一年,甲编尚未编完,更说不到乙、丙两编。所以然者何?只因旧系统方面,我想编四个考:一、辨古代帝王系统及年历、事迹,称之为《帝系考》。二、辨三代的文物制度的由来与其异同,称之为《王制考》。三、辨帝王的心传及圣贤的学派,称之为《道统考》。四、辨经书的构成及经学的演变,称之为《经学考》。这四种,我深信为旧系统下的伪史的中心;倘能作好,我们所要破坏的伪史已再不能支持其寿命。我很想作成之后合为《古史考》,与载零碎文字的《古史辨》相辅而行。可是一件事情,计划容易,实做甚难。《帝系》、《道统》两考比较还简单,而《王制》和《经学》的内涵则复杂万状,非隐居十载简直无从下手。因此,在燕大所编的《上古史讲义》只成了《帝系考》的一部分;《五德终始说下的政治和历史》(《清华学报》六卷一期)即是这一部分中的一部分。此后为了预备作《王制考》,改开了《尚书研究》一课,一篇篇地教读,借它作中心而去吸

---

① 顾颉刚:《古史辨》第二册自序,第 4 页。
② 顾颉刚:《古史辨》第四册顾序,第 4 页。

收别方面的材料。"①所以,王煦华认为:"这个庞大的《古史考》系列,也就是顾颉刚先生心目中全面的'层累地造成的中国古史',因此这部《讲义》又只成了其中的一个组成部分。他的《古史考》虽然未能做成,但他提出的《帝系》、《王制》、《道统》和《经学》四考,确是抓住了考辨古史传说的中心。"②

杨宽和童书业后来对顾颉刚"层累说"也做过修正和补充。杨宽在《中国上古史导论》一文中,一方面反对自康有为以来的"托古改制说"和"新学伪经说";一面又赞成顾颉刚的"层累说"。但杨宽对顾颉刚的"战国诸子托古改制说"是不尽同意的,他说:"诸子托古改制之说,吾人颇首肯之,但必非诸子之向壁虚造,无中生有也。"③所以,杨宽提出"上古神话演变说",来进一步完善"层累说"。杨宽认为:"古史传说之先后发生,自有其层累,亦自有其演变发展之规律,非出向壁虚造。庙号与神祇称号之混淆,实为神话转变为古史之主要动力,此多出自然之演变,智识阶级之润色与增饰,特其次要者耳,古史传说之产生与演变,由于无意自然者多,出于有意杜撰者少,出于时代潮流之渐变者多,出于超时代之突变者少,视大众意识而转变者多,出于一二人之改变者少。持托古改制之说者,竟谓少数诸子之力足以徧伪古史,此未免夸大其辞矣。"④他认为,古史传说多是古代东西两系民族原有神话的自然演变和融合,并竭力主张"神话分化演变说",认为一个神话会分化演变成几个神话,这便是古史内容日趋复杂的主要原因⑤。杨宽在晚年仍然坚持"神话演变说",坚持认为"层累说"的实质就是"神话的演变"。他说:"顾颉刚的层累地造成古史传说的观点,并不是完全依靠默证来建立的,不是仅仅由于某个时期不见某帝或某王,到某个时期新出现某帝或某王。古史传说的层累地造成,主要从神话的层累地发生演变而形成。神话演变的现象才是他的主要论据。"⑥童书业也在《古史辨》第七

---

① 顾颉刚:《古史辨》第四册顾序,第 4 页。
② 顾颉刚:《中国上古史研究讲义》前言,第 2—3 页。
③ 杨宽:《中国上古史导论》,《古史辨》第七册(上),第 82 页。
④ 杨宽:《中国上古史导论》,《古史辨》第七册(上),第 148 页。
⑤ 杨宽:《中国上古史导论》,《古史辨》第七册(上),第 393—400 页。
⑥ 杨宽:《历史激流中的动荡和曲折》,台北:时报文化出版企业有限公司,1993 年,第 71 页。王汎森亦观察到杨宽的"上古神话演变说"并未超出顾颉刚的"层累说",他说:"顾、杨两套解释系统的最深层结构是完全相似的:那就是顾颉刚不相信层累的古史有一个真的源头,杨宽也不相信神话分化的古史有一个真的历史源头在。"参见王汎森:《古史辨运动的兴起——一个思想史的分析》,第 282 页。

册自序中提出："所谓累层地造成的古史观,乃是一种积渐造伪的古史观,我们知道:古史传说固然一大部分不可相信,但是有意造作古史的人究竟不多,那末古史传说怎样会'累层'起来的呢? 我以为这得用分化演变说去补充它。因为古史传说愈分化愈多,愈演变愈繁,这繁的多的哪里去安插呢? 于是就'累层'起来了。所以有了分化说,累层地造成的古史观的真实性便越发显著:分化说是累层说的因,累层说则是分化说的果。"①

　　总括杨宽和童书业的补充之说,可以概见他们对顾颉刚所提出的"层累说"是如何形成的起因并不完全同意,他们认为古史传说的"层累"并非只有后人造伪一种成因,也可能是古史传说的自然演变和分化,即所谓的"分化演变说"。童书业这期间还遍搜先秦文献材料,分别著成《"帝尧陶唐氏"名号溯源》、《鲧禹的传说》、《夏史考》等文,从史料的角度,对"层累说"中稍显证据不足的具体论证,进行完善和补充,在顾颉刚具体史学观点的基础上,又提出一些有建设性的看法。

　　顾颉刚并不介意杨宽、童书业对"层累说"的修正,在其 1947 年成书的《当代中国史学》一书中,还引用这两位后学的具体说法②。可见顾颉刚为人的气度宽宏,同时也说明他已经意识到一种学说不可能十全十美,一定有其瑕疵,如果这一学说想发展,想进步,不被学术潮流所吞没,那它就必须及时修正,有所发展。只有通过不断充实完善自己的理论构架,不断修正发展自己的学术观点,它才能立于学术发展的最前沿。刘起釪就观察到:"顾先生在这时候继续搜得的材料,颇有发现前论文中需要修正之处,也有的足为前文增加证据。"③

第三节　"层累说"的意义及影响

　　"层累说"是顾颉刚古史学说中最为核心也最为重要的方法论体系,一经提出,便在学术界和社会上引起极大震动。1926 年 11 月 9 日,顾颉刚在致叶圣陶的信中不无得意地说:"斩除荆棘不必全走在政治的路上,研究学问只要目的在于求真,也是斩除思想上的荆棘。……我自己知道,我是对

---

① 　童书业:《古史辨》第七册自序,第 5—6 页。
② 　顾颉刚:《当代中国史学》,第 132—133 页。
③ 　刘起釪:《顾颉刚先生学述》,第 128 页。

于二三千年来中国人的荒谬思想与学术的一个有力的革命者。"①由此言观之,顾颉刚的古史学说主要针对中国传统的思想和学术两个方面着力,"层累说"的作用与意义也自然在这两个方面表现得最为突出。顾颉刚"层累说"破除中国传统意识形态的道统观和学统观,改造道德观和历史观,成为中国古史研究的新范式,引发中国古史学领域内的史学革命,中国学术界和思想界都为之震动。

一、中国传统意识形态的破除与改造

1931 年,日本军国主义者攫取我国东北三省,全国人心愤慨,学校纷纷停课,组织救国团体,从事抗日宣传,而顾颉刚所编《古史辨》第三册适于此时出版,有人疑其不合时宜。顾颉刚在 1931 年 12 月 27 日日记中抄录有一段话:"在今日之时势中出《古史辨》,势必为人所笑。但我以为如不能改变旧思想,即不能改变旧生活,亦即无以建设新国家。我编此书之宗旨,欲使古书仅为古书而不为现代知识,欲使古史仅为古史而不为现代政治与伦理,欲使古人仅为古人而不为现代思想的权威者。"②此语充分表达了顾颉刚学术研究的目标与宗旨,在于破除中国传统主流意识形态中的道统观和学统观,去其政治化,重塑道德观和历史观。

中国传统学术思想界有一个共识,即是学术思想与社会政治之间息息相关,主流意识形态有其历史渊源。孔子以前,"道统"与"王统"合而为一;孔子以后,道统与王统分离。韩愈的《原道》曾简括地阐述这种道统观,认为尧、舜、禹、汤、文、武、周公、孔子之道"一以贯之"。此为中国士大夫们所深信不疑,并一直支配着后来的学者们。而这个"道统"观,在清末遭到了今文家的破坏。康有为以为孔子以前的史实都是茫昧无稽,古代史实都是孔子为救世改制的目的而假托的宣传作品。中国历史,从秦、汉以来,才可考信;秦以前,甚至一般经学家、史学家所深信的《尚书》,如《尧典》、《皋陶谟》、《益稷》、《禹贡》、《洪范》等篇都是孔子所作;就是殷《盘》、周《诰》,也都是孔子根据旧文加以点窜而成;而且举出四证,证明《尧典》一篇确是孔子手撰③。康有为既不承认多年相传的儒家道统说,又不承认儒家宣传的

---

① 顾潮:《顾颉刚年谱》,第 132 页。
② 顾颉刚:《高春琐语》(1966.7—1974.6),《顾颉刚读书笔记》(九),第 7495 页。
③ 周予同:《五十年来中国之新史学》,《周予同经学史论著选集》,第 524 页。

尧、舜、禹、汤"至盛之治"。这样,儒家经典本身的真伪都要考虑,圣经贤传的地位也大非昔比。康有为自己并没有料到,本意是借孔子之名尊儒,客观上则起到了推翻"道统"的作用。

顾颉刚则利用康有为的这一客观结果,对中国传统"圣人观"和"道统观"展开批判,彻底打破学问界长期以来信奉圣贤的"道统",拆除主流意识形态的历史依据,否定其合法性,改变以经典所载的圣贤之言行作为学术研究准则的局面。顾颉刚在《景西杂记》中说:"我近日常思索的问题,便是(1)《六经》与周、孔无关,(2)孔子与老子无关,(3)老子与庄子不同,道家之名系汉立,(4)尧、舜、禹、汤、文、武、周公、孔子无道统可言,这都是打破古来传统思想的大问题。"①顾颉刚认为,这些由圣人们所组成的"道统"自周公以前孔子以后都为妄说,他说:"道统自伏羲直贯至宋儒。其实周公至孔子一段乃确有其统,周公之道见于《尚书》,孔子之道见于《论语》,孔子思想直接承自周公,又甚欲复周初之古,故时代相隔虽久而变化极少。至于周公以前,孔子以后,则各有其时代背景,各有其特异见解,欲以一个统系贯串之,于事必不可能。"②他还说:"从前人治学的最大希望是为承接道统,古文家所以造伪经者为此,清代的今文家所以排斥伪经者也为此。但时至今日,孔子的势力已远不如前,他们可以打破这种求正统的观念而易以'求真实'的观念。"③

顾颉刚不但怀疑儒经,对"孔子删述六经"也不信奉,他说:"六经自是周代通行的几部书,《论语》上见不到一句删述的话,到孟子,才说他作《春秋》,到《史记》才说他赞《易》、序《书》,删《诗》;到《尚书纬》,才说他删《书》;到清代的今文家,才说他作《易经》、作《仪礼》。总之,他们看着不全的指为孔子所删,看到全指为孔子所作。……'六经皆周之公之旧典'一句话,已经给今文家推翻;'六经皆孔子之作品'一个观念,现在也可驳倒了。"④还说:"我以为孔子只与《诗经》有关系,但也只是劝人学《诗》,并没有自己删《诗》;至于《易》、《书》、《礼》、《春秋》,可以说是与他没有关系,即使说有关

---

① 顾颉刚:《景西杂记》(1921.9—1922.4),《顾颉刚读书笔记》(一),第 270 页。
② 顾颉刚:《虬江市隐杂记》(1951.1—1952.10),《顾颉刚读书笔记》(四),第 2531 页。
③ 顾颉刚:《中国上古史研究课第二学期讲义序目》,《古史辨》第五册,第 259 页。
④ 顾颉刚:《论孔子删述〈六经〉说及战国著作伪书书》,《古史辨》第一册,第 42 页。

系,也在'用'上,不在'作'上。"①这样,顾颉刚不仅将怀疑的目光投向"道统",还延及"学统",通过怀疑经书,蔑视权威,使得"法定"的儒家经籍和孔子偶像地位都大为动摇,促成学术思想界挣脱传统经学的羁绊,为未来古史学的发展奠定思想基础。

　　儒家经典中存有作为中国传统社会主流意识形态的道统观和学统观②,所以顾颉刚素来主张去除经典著作中政治化和德化的意味。1922年,顾颉刚利用在商务印书馆工作的闲余时间,重点研究《尚书》,把里面相关内容摘出比较,由此知道西周人的古史观念实在只是神道观念,这种神道观念和后出的《尧典》等篇的人治观念迥不相同。又知道那时所说的"帝"都指上帝,《吕刑》中的"皇帝"即是"上帝"的互文;《尧典》等篇以"帝"为活人的阶位之称,是一个最显明的漏洞。于是顾颉刚得出这样的结论:"这种变迁,很可以看出古人的政治观念:在做《吕刑》的时候,他们决想不到有这样精微的德化;在做《大禹谟》的时候,他们也忘却了那个威灵显赫的上帝了。这种政治观念的变迁,就是政治现象从神权移到人治的进步。拿了这个变迁的例来看古史的结构的层次,便可以得到一个亲切的理解。我们可以感到一班圣君贤相竟会好到这般地步? 只为现在承认的古史,在它凝结的时候恰是德化观念最有力的当儿。我们若把这凝结的一层打破时,下面的样子就决不是如此的了。"③顾颉刚在日后的治学中也十分注意批判先秦典籍中的德化思想,如他在《东山笔乘》中指出《尚书》的《高宗肜日》和《无逸》两篇中有将年寿与道德相结合的观念④;在《蕲间室杂记》中指出《论语·颜渊》篇两段有关季康子和孔子的问对,此即为后来德化主义之张本⑤;还指出德化之说极盛于战国,尤以《中庸》末章形容得淋漓尽致⑥。在《泣吁循轨室笔记》中指出,秦汉以后的典籍中德化主义则更为夸

---

① 顾颉刚:《说〈诗经〉经历及〈老子〉与道家书》,《古史辨》第一册,第 56 页。

② 1973 年 7 月 12 日,顾颉刚在给顾潮的信中说:"〈六艺〉这些书当然是祖国的文化遗产,应当保存和研究的,但和汉代的政治实际和人民生活原不该发生任何影响,这时都因皇帝的提倡和儒者的捧场,成为整个社会的规律,于是中国经历了二千余年的封建社会一般人误认为'天不变,道亦不变'了。"参见顾颉刚:《枫林村杂记》(1966.1—1966.6),《顾颉刚读书笔记》(九),第 7282 页。

③ 顾颉刚:《古史辨》第一册自序,第 53—54 页。

④ 顾颉刚:《东山笔乘》(1927.10—1929.8),《顾颉刚读书笔记》(二),第 1086 页。

⑤ 顾颉刚:《蕲间室杂记》(1925.7—1927.10),《顾颉刚读书笔记》(二),第 993 页。

⑥ 顾颉刚:《蕲间室杂记》(1925.7—1927.10),《顾颉刚读书笔记》(二),第 995—996 页。

张,《吕氏春秋》中有舜"行德三年而三苗服"的记载,"但这里还说三年;到了《大禹谟》,就说'舞干羽于两阶,七旬,有苗格'了。德化如此,无怪乎在河上读《孝经》可以退黄巾了"①。顾颉刚正是基于去除经典著作中政治化和德化毒素,才得以恢复古史研究作为历史科学中一门学科分支的本来面目,最终摆脱中国传统社会政治和意识形态的干扰。

顾颉刚在集中国传统疑古思想之大成的"层累说"中,认为传统的古史系统是不断叠加和层累构成的,他并没有把三皇五帝作为信仰的对象,而是作为研究的对象,这就使帝系失掉了在历史上的地位②,从而将根植于人们头脑中几千年的"盘古开天地"、"三皇五帝"等旧古史系统连根拔起,完全摧毁人们思想观念中的一系列传统历史认识和观念。

顾颉刚全面梳理古代典籍中所存的古史系统,特别是古代帝王组成和结构,如从《与钱玄同先生论古史书》中认为"时代越后,传说的古史期越长"③,到《答刘胡两先生书》中"对于古史,应当依了那时人的想像和祭祀的史为史,考出一部那时的宗教史,而不要希望考出那时以前的政治史"④,再到《讨论古史答刘胡二先生》中以禹为中心,认为禹与夏无关,尧、舜、禹发生关系已经晚至战国时期,是由于当时社会政治形势的激荡,战国伪史家创造出"禅让说"里的传说人物。从而不仅置尧、舜、禹为子虚,他们之间的禅让也为乌有,而且契非舜臣,后稷非舜臣,汤非桀臣,王季文王亦非纣臣,彻底摧毁了夏商周之间君臣相继的"革命说"。

当顾颉刚"层累说"初步形成时,也是旧古史系统轰然倒地之时。顾颉刚运用"层累说"彻底地摧毁了古史系统中的尧、舜、禹、汤、文、武之间相互维系的"禅让说"和"革命说",从根本上拆散了古帝系统的结构,使之成为不相维系的传说碎片,破除了延续两千多年的圣道王功。杨宽即认为:"顾先生考辨古史传说的首要武器,就是他早年提出的'层累地造成的古史观'……黄帝尧舜是原始神话传说中的人物,在今天我们史学界已经成为常识,谁也不会陷入这个'迷宫'。"⑤白寿彝认为:"顾颉刚先生的基本观点

---

① 顾颉刚:《泣吁循轨室笔记》(1924.2—1925.7),《顾颉刚读书笔记》(二),第814页。
② 顾颉刚:《古史杂记》(1973),《顾颉刚读书笔记》(十),第7739页。
③ 顾颉刚:《与钱玄同先生论古史书》,《古史辨》第一册,第60页。
④ 顾颉刚:《答刘胡两先生书》,《古史辨》第一册,第101页。
⑤ 杨宽:《顾颉刚先生和〈古史辨〉》,《光明日报》1982年7月19日。

对有关故事的荒谬传说起了廓清之功,而历代相传的三皇五帝的神圣地位一下子也就失去了依据。这对于当时的学术界是一个很大的震动,对于古史研究的发展是起了作用的。"①所以,王汎森就指出,顾颉刚"层累说"对古史学发展的最大意义,是使得过去凝固了的上古史系统从接榫处解散开来,使得上古史事之间不可变的关系松脱,也使得传统史学的视野、方法及目标发生全景式的转换,资料与资料之间有全新的关系。故即使不完全相信他所留下的结论,但至少在传统古史系谱中,已经没有任何人或事可以安稳地被视为当然,而都有遭遇到怀疑或改写的可能。使得古史家们获得了用自由的眼光去看待上古史的机会②。

总之,顾颉刚通过运用"层累说"拆毁旧古史系统,剥去附在先秦典籍上的"圣道王功",将整个传统社会的道德学说、价值观念与历史观置于被怀疑之境地,对旧有意识形态、道德体系和思维模式起到摧枯拉朽的作用。

二、史学革命及其影响

顾颉刚"层累说"在学术方面的主观目的,就是要在中国古史学界内掀起一场"史学革命"。1921 年 6 月 9 日,顾颉刚在给王伯祥的信中才把"层累说"的最初雏形提出来,并认为此说一出,必将在中国史学界引起一次大革命③,而"层累说"也确实给中国古史学界带来了一场革命性震荡。余英时就认为:"在'史料学'或'历史文献学'的范围之内,顾先生的'累层构成说'的确建立了库恩(Thomas S. Kuhn)所谓的新'典范'(Paradigm),也开启了无数'解决难题'(Puzzle-Solving)的新法门,因此才引发了一场影响深远的史学革命。"④

将顾颉刚提出"层累说"视为 20 世纪中国古史学领域内的一场史学革命,是因为科学研究的新范式的产生,远不是一个累积过程,即不是一个可以经由对旧范式的修补或扩充就能达到的过程。以 20 世纪的这场古史学革命为例,古史学者们往往不可避免地从客观结果上忽视惠及他们的这一

---

① 　白寿彝:《谈谈近代中国的史学》,《史学史研究》1983 年第 3 期。
② 　王汎森:《古史辨运动的兴起——一个思想史的分析》,第 295—296 页。
③ 　顾颉刚:《自述整理中国历史意见书》,《古史辨》第一册,第 36 页。
④ 　余英时:《顾颉刚、洪业与中国现代史学》,《文史传统与文化重建》,北京:生活·读书·新知三联书店,2004 年,第 410 页。

次史学革命的存在,并将其认为是史学发展中自然积累的结果。但应该说,它是一个在由经入史的基础上,重建古史研究理念的过程,这种重建改变了以往经史研究领域中某些最基本的理论和预设,也改变了该领域中许多方法和应用。"层累说"与旧有经史研究范式如今文经学之间有一定重合相近之处,但已从本质上有所区别。当转变完成时,专业的视野、方法和目标都将改变,即使处理与以前一样的同一堆经学材料,但通过给其新的历史演化的结构,使其处于新的相互关系的系统中。也就是说,当在上古史学领域内发生革命后,古史学者们开始采用新的治史观念和工具,开始注意以前所未涉及的领域,发现新问题。

这场史学革命确实已经使古史学者们对他们的研究的看法,发生了前所未有的变化,使他们看到了一个完全不同的"新世界"。顾颉刚在《古史辨》第一册自序中说:"从前人对于学问,眼光太短,道路太窄,只以为信守高文典册便是惟一的学问方法。现在知道学问的基础是要建筑于事实上的了,治学的方法是不要信守而要研究的了,骤然把眼光放开,只觉得新材料的繁多乱目,向来不成为问题的一时都起了问题了。好像久因于高墙狭弄中的犯人,到处撞头碰鼻,心境本是很静谧的,忽然一旦墙垣倒塌,枷锁也解除,站起一望,只见万户千门的游览不尽,奇花异兽的赏玩无穷,翻要不知道自己的生活该怎样办才好,新境界的喜悦与手足无措的烦闷一时俱来到了。"[①]所以,正如余英时所说:"顾先生除了辨伪之外还有求真的一面,而且辨伪正是为了求真。他辨伪尽管有辨之太过者,立说也尽有不尽可信者,但今天回顾他一生的业绩,我们不能不承认顾先生是中国史学现代化的最先奠基人之一。"[②]

经过一场史学革命后,许多旧有的对传统文献的解释和历史分析,都已经和现有的研究成为不相干,而被新的解释和分析所替代。但要将所有的上古史问题都用顾颉刚的"层累说"来解释,显然也是不现实的,如王汎森所说:"我们恐怕不能天真地认为经过一场史学革命后,所有上古史问题都解决了。"[③]顾颉刚在利用"层累说"这一理论框架来重新诠释上古史时,也会出现其难以逾越的研究瓶颈或是精确度的偏离。顾颉刚便曾自云:

---

① 顾颉刚:《古史辨》第一册自序,第 84 页。
② 余英时:《顾颉刚、洪业与中国现代史学》,《文史传统与文化重建》,第 413 页。
③ 王汎森:《古史辨运动的兴起——一个思想史的分析》,第 297 页。

"中国古史问题，予能发难而不能竟事，盖学力与材料俱受限制也。"①无疑，这场史学革命也不可能由顾颉刚一个人、一种理论或是一个学派来独立完成，是由诸如以顾颉刚为代表的"古史辨派"、以傅斯年和李济为代表的考古学派、以王国维为代表的有"新证"倾向的学者们通过半个多世纪的努力，共同创建完成的，"层累说"只不过是为这场史学革命拉开了序幕而已。顾颉刚在谈论民国初年古史研究兴起的背景时，认为有四种趋势是："(一)史学上寻源心理的发达；(二)西洋的科学治学方法和新史观的输入；(三)清代中叶以来疑古学的渐次兴起；(四)考古学的抬头。"②他所陈述的这一背景下的四种趋势，大致可以分为两个层次：第一种和第二种可以为一个层次，是说古史研究兴起的原因，即史学寻源心理和西方新史学的输入；第三种和第四种可以作为另外一个层次，是说古史研究兴起的表现，即疑古学的兴起和考古学的抬头。由此可见，顾颉刚已经意识到"疑古史学"并非民初古史学界内的一枝独秀，而是与考古学并存。并且他还说："同时古金文和甲骨文的研究，在清末已发其端，到了民国时代，王国维先生首先利用这类考古学上的材料参酌了文献来研究商周史的真相，及门诸子和近世诸学者多能继续他的精神不断探求，于是古史的研究又开一新纪元，真古史的骨干也已渐渐竖立起来了。"③这也表明，顾颉刚此时已认识到新史料的发现与运用，以及考古学的兴起，都代表着中国古史学未来的主要发展趋势和研究方向。

"层累说"所引发的这场"史学革命"，对中国古史学影响巨大且效果深远。从影响领域来看，涉及古史学的方方面面；从作用效果来看，无论是该学说的支持者还是反对者，都无不或多或少地受其影响。如徐旭生所言："近三十年(大约自1917年蔡元培长北京大学时起至1949年全国解放时止)，疑古学派几乎笼罩了全中国的历史界"④，此绝非夸诞之语，而且其流风所及的时段还要延长。

首先，从影响领域来看，"层累说"对中国古史研究之影响，表现在史学观念、治史精神与态度、治史方法等诸多层面。

---

①　顾颉刚：《纯熙堂笔记》(1946.6—1947.10)，《顾颉刚读书笔记》(四)，第2301页。
②　顾颉刚：《当代中国史学》，第123页。
③　顾颉刚：《当代中国史学》，第122—123页。
④　徐旭生：《中国古史的传说时代》，桂林：广西师范大学出版社，2003年，第26页。

"层累说"对中国古史学最大的影响,表现在"史观的转变"上。顾颉刚认为中国人向来有个"历史退化观"的谬见,以为愈古的时代愈好,愈到后世便愈不行,这种观念根深蒂固地种在每个国人的脑海中,使大家对于当世的局面常抱悲观,而去幻想着古代的快乐。1923 年 6 月 20 日,顾颉刚在《答刘胡两先生书》一文中提出"打破古代为黄金世界的观念"①。1947 年,在《当代中国史学》一书中,他说:"过去人认为历史是退步的,愈古的愈好,愈到后世愈不行;到了新史观输入以后,人们才知道历史是进化的,后世的文明远过于古代,这整个改变了国人对于历史的观念。"②后来,这一"打破古代为黄金世界"的观念为众多古史学者所接受。如 1936 年,卫聚贤在其《中国考古学史》中就认为:"中国的黄金时代,当不在过去而在将来。但是中国在战国时厌战的倡古代为安乐时代之说,而考古及玩古者,又以古代的艺术多较后世优美,给以古盛今之证实,使人有复古之观念。殊不知一个时代有一个时代的东西,过此时代另有一种物为替代,在两个不同时代物比,似为退化。但以不同的物比,则各有所长。"③

罗尔纲回忆说,在 1923 年至 1924 年间,他通过《读书杂志》开始接触"那些怀疑古史的文章"④,其中分量最重的当属"层累说"。这些学说直接影响到罗尔纲后来的治学理念,此后,他便将"怀疑虚谬,追求真实"作为一生的主导学术思想。罗尔纲自言:"我受了这个学术思想的影响,断不盲从,断不轻信。故为去伪存真要探索、要考证。"⑤诚然,像罗尔纲这样的学者们所受到的"层累说"的影响,恐怕不单纯表现在具体观点或理论上,而主要是在"实事求是,勇于求真,断不盲从,考而后信"的治学理念与精神上。顾颉刚在 20 年代初所写《景西杂记》中便认为,学者为学应该做到不"自欺",即使高言"惊座",被人指为"背逆",也不可"委蛇曲从于流俗"⑥。顾颉刚在"层累说"提出以后,在治学态度上,已完全不同于前辈学者,所以对以往的"国故",他已抱着"求知的态度",将其看成历史研究的材料,而不是"实用的态度","吾辈研究历史者注意证据,重证据者必重然否,其目的

---

① 顾颉刚:《答刘胡两先生书》,《古史辨》第一册,第 101 页。
② 顾颉刚:《当代中国史学》引论,第 3 页。
③ 卫聚贤:《中国考古学史》,上海:上海书店,1984 年,第 3 页。
④ 罗尔纲:《生涯再忆——罗尔纲自述》,太原:山西人民出版社,1997 年,第 51—52 页。
⑤ 罗尔纲:《生涯再忆——罗尔纲自述》,第 52 页。
⑥ 顾颉刚:《景西杂记》(1921.9—1922.4),《顾颉刚读书笔记》(一),第 447 页。

在止于至真"①。

"层累说"的提出还引起古史学者对审查史料工作的重视,使学者们在使用史料之前首先考察其真实性,即便是真实的史料,也应问清作者的时代与用意②。顾颉刚认为,研究历史"第一步工作是审查史料。有了正确的史料做基础,方可希望有正确的历史著作出现。……作严密的审查,不使它僭冒,也不使它冤枉,这便是我们研究历史学的人的任务"③。顾颉刚对古书与古史的关系有着深刻认识,他将严格审查古书的真实性视为史学研究的第一步,他说:"古书是古史材料的一部分,必须把古书的本身问题弄明白,始可把这一部分的材料供古史的采用而无谬误;所以这是研究古史的初步工作。"④由此可见,顾颉刚是将传统文献的考订审查视为古史研究的初步工作。即使顾颉刚晚年,他仍认为自己的功绩在于史料审查上。李平心在与其信中说:"我常同谷城、予同、丹枫诸位先生谈起,先生在古史考证辨伪方面给后人影响非常重大,许多传统的曲说妄解给您突破了,而又证佐充盈,文理并茂。可惜您当时没有运用马克思主义观点,有些论断还欠斟酌,后来理解您的人不很多,主要原因恐在此。但我认为您在二三十年前的考证至今仍非常有用,研究古史的人必须读您当时的论文。一笔抹杀是不公道的,也是有害的。"顾颉刚回信说:"予之目标,实欲分析古籍时代,犹天文学者之定光年、地质学者之定地层然,而今日历史学者又多不从分析史料作研究基础,遂致鄙薄,不复措意,谅他年亦必悔之。"⑤

"层累说"提出后,古史学界更加注意在史料运用前,对史料的真伪问题和时代问题进行考辨和审查。1930 年,罗尔纲曾经把一篇名为《春秋战国民族考》的文章交由胡适审阅,胡适看完后回话给罗尔纲说:"你根据的史料,本身还是有问题的,用有问题的史料来写历史,那是最危险的。"⑥郭沫若在谈到史料问题时也说:"无论作任何研究,材料鉴别是最必要的基础阶段。材料不够固然大成问题,而材料的真伪或时代性如未规定清楚,那比材料缺乏还要更加危险。因为材料缺乏,顶多得不出结论而已,而材料

①　顾潮:《顾颉刚年谱》,第 131 页。
②　齐思和:《近百年来中国史学的发展》,《燕京社会科学》第 2 卷,1949 年 10 月。
③　顾颉刚:《战国秦汉间人的造伪与辨伪》,《古史辨》第七册(上),第 1 页。
④　顾颉刚:《古史辨》第三册自序,第 4 页。
⑤　顾颉刚:《愚修录》(1962.12—1966.1),《顾颉刚读书笔记》(九),第 6734 页。
⑥　罗尔纲:《师门五年记·胡适琐记》,北京:生活·读书·新知三联书店,2006 年,第 152 页。

不正确便会得出不正确的结论。"①

"层累说"对古史学的影响,还表现在研究方法层面。顾颉刚在《旅杭杂记》中抄录了王叔民有关中国古代地理沿革之资料问题的试卷,试卷中王叔民列举分析《禹贡》、《山海经》、《尔雅·释地》、《汉书·地理志》等材料,并说:"吾人欲整理上述诸种材料,必须依时代排列其次序,察其异同,观其演变之迹,然后信实之点可得,虚诞之事亦可以明其原,而后诸种材料俱得以尽其用。"②这和顾颉刚当年研究尧、舜、禹时的方法,就极为相似。1934 年 10 月 10 日,翁独健在给顾颉刚的信中说:"道教中的三皇大部份是抄袭中国古史的传说而加以神化和牵强附会。我们所要注意的也就是这些神化的过程和牵强附会所成功的系统。太一在道教中的问题,我觉得比三皇在道教中的问题复杂得多。太一是道家和道教发生关系中一个很重要的问题。一方面它是道教教理(道教接受道家思想以后的理论)的中心论题之一,一方面它在道教神的系统中占了很重要的地位(道教中神以太一名者很多)。所以我们要明白太一在道教中的地位,就要同时注意到这两方面。我们要了解道教中的哲理的'太一',也要弄清道教中的神道的太一。要弄清神道的太一,须把道教中所有神以太一名者加以分析、归纳的研究,整理出一个系统来,何者是异名同实,何者是异实同名,它们的演变怎样,关系怎样。但这些问题所牵涉到道教的进化史,道教的演变源流,整个道教的神道体系,恐怕不能单独解决。"③从此可以看出,翁独健所要研究的道教中的三皇和太一,也不过是"层累说"研究方法的翻版。

其次,从作用效果来看,学者们无论是否同意顾颉刚的"层累说",都不免受其影响,借用胡适所言,即:"诸家既群起乃交相为影响,虽明相攻击而冥冥之中已受攻击者之薰化。"④这也从另一个角度表明,"层累说"作用效果之深远。

顾颉刚"层累说"对后来史学界内的许多学者都产生过或多或少的影响,有些学者甚至由此引发出对上古史研究的兴趣,从此步入古史研究的

---

① 郭沫若:《古代研究的自我批判》,《中国古代社会研究》(外二种),石家庄:河北教育出版社,2000 年,第 599—600 页。

② 顾颉刚:《旅杭杂记》(1934.10—1937.11),《顾颉刚读书笔记》(三),第 1871—1873 页。

③ 顾颉刚:《旅杭杂记》(1934.10—1937.11),《顾颉刚读书笔记》(三),第 1893 页。

④ 胡适:《诸子不出于王官论》,《古史辨》第四册,第 7 页。

道路。胡道静回忆其少年时代,对于当时十分盛行的"疑古"思潮并不接受,自云:"我从没有考虑过三皇五帝的历史是什么时候定型的? 只是把曾经定型了的说法照搬一通,坚信不渝。"但在通读完《古史辨》第一册后,"就建立了他要使人相信的'古史有个变迁的过程'的概念。他劝读者'不要轻易见信'他的见解,但是现在我这个顽固的信古分子顿时受不住《古史辨》的猛烈冲击,缴械投降,相信'神农、黄帝不过是想象中的人物,《禹贡》和《山海经》都是战国时的著作',……接受了他的'层累地造成的中国古史'的观点"①。李学勤也曾在一次座谈会上回忆说:"从小我就读过《古史辨》,小时候我有一次走到旧书摊上,买到一本《古史辨》第三册的上本,看过之后就着迷了,后来把整个《古史辨》都买来看。"②林沄也曾经回忆说:"高二到高三期间,我看了不少中国历史方面的书。有位同学介绍我看顾颉刚主编的《古史辨》,这书给我一个很强的冲击,使我对汉以前的史籍记载的可靠性产生了很大的怀疑,同时也增加了对解开中国古史谜团的浓厚兴趣。"③

　　1947年,徐炳昶、苏秉琦在《试论传说材料的整理与传说时代的研究》一文中,首先肯定"古史辨派"在史料学的领域内所做出的成绩,他们说:"近二三十年来用科学方法整理古史材料的口号提出以后,贡献最大的,无疑义的是那一班疑古派的先生们。"只是不满于"古史辨派"将中国古史传说时代送进了"神话领域",认为:"他们把事情看得太简单,把真正历史时代限于殷墟时期以后固然不错,可是他们把从前的自炎帝至商中叶的传说时代,一笔抹杀,送它到神话区域里面封锁起来,确是大错特错的。"④徐炳昶、苏秉琦固然反对顾颉刚的"层累说"或是"神话演变说"这些研究中国古史传说时代的新方法,但是不自觉间,已经受到这些学说潜移默化的影响。

　　第一,徐炳昶、苏秉琦说:"不过他们把事情看得太简单,把真正历史时代限于殷墟时期以后固然不错,可是他们把从前的自炎帝至商中叶的传说时代,一笔抹杀……"这句话,表露出他们对于顾颉刚等人将传说时代和历

---

① 胡道静:《〈古史辨〉对于一个顽固青年的冲击》,《书林》1981年第4期。
② 李学勤:《走出疑古时代》(修订版),第9页。
③ 林沄:《我的学术道路》,原载《我的学术思想》,长春:吉林大学出版社,1996年。后作为序言收入《林沄学术文集》,北京:中国大百科全书出版社,1998年,第1页。
④ 徐炳昶、苏秉琦:《试论传说材料的整理与传说时代的研究》,《国立北平研究院史学集刊》第5期。又载杜正胜编:《中国上古史论文选集》,台北:华世出版社,1979年,第95页。

史时代的断限划分在"殷墟时期以后"是同意的①,只是不同意他们对传说时代史料的处置方式,说:"他们因为怕被古人骗,就把流传下来的掺杂神话的或有神话嫌疑的故事完全置之不闻不问",认为故事"那掺杂神话的性质,还足以证明它是真正古代遗留下来的传说,并不是后人伪造的假古董"②。

第二,因为不完全同意顾颉刚等人的古史学方法,徐炳昶、苏秉琦便提出自己的研究方法:

(一)"我民族初入历史的时候,也同其他民族初入历史的时候一样,是多元的,不是一元的。"③这种多元方法论后来在徐炳昶和苏秉琦的治史实践中,一直被奉为不二法门,并取得了极为重要的成绩。如徐炳昶从古史学的角度提出的我国古代"部族三集团说";苏秉琦在20世纪70年代以后,基于考古学的发展所提出的"区系类型说",也都是这种方法的具体运用。虽然这并不能说徐炳昶、苏秉琦受到顾颉刚"层累说"中的"打破民族一元论"或"打破地域一统说"的直接影响,但在"层累说"提出的前后,确实在古史界存在着古史古族"多元化"的语境④。

(二)"传说时代的史料可分为两类:一为散见古书中的零金碎玉;一为专谈古史的鸿篇巨制。"后一类的史料主要指《尚书》之《尧典》、《皋陶谟》、《禹贡》,《大戴礼记》之《五帝德》、《帝系》,《史记》之《五帝本纪》、《夏本纪》、《殷本纪》。徐炳昶、苏秉琦认为前一类的"零金碎玉的传说"史料"全是由西周、春秋及战国时遗留下来,并且还没有经过综合工作,没有经过系统化,所以失真的地方较少,比较地可靠"。而后一类史料"他们离古已远,对

---

①　徐旭生本人后来在《中国古史的传说时代》一书中,将传说时代和历史时代的断限划分在盘庚迁殷这一历史阶段。详见徐旭生:《中国古史的传说时代》,第23页。

②　徐炳昶、苏秉琦:《试论传说材料的整理与传说时代的研究》,《中国上古史论文选集》,第95—96页。

③　徐炳昶、苏秉琦:《试论传说材料的整理与传说时代的研究》,《中国上古史论文选集》,第96页。

④　不仅顾颉刚、徐炳昶、苏秉琦等人受到这种"多元化"理论的影响,古史学界内的众多学者都纷纷在"多元化"理论指导下,提出具体古史学说,例如王国维"殷周制度论"、傅斯年"夷夏东西说"、蒙文通"三民族说"、徐中舒"三集团说"等。那时的古史学界真可谓是"多元化"理论大行其道,就连徐炳昶和苏秉琦本人也观察到这种现象,他们认为古史古族的"多元化","本来是近一二十年中我国新历史界之所以共同承认的"。参见徐炳昶、苏秉琦:《试论传说材料的整理与传说时代的研究》,《中国上古史论文选集》,第96页。

于古代的认识已经比较模糊,而且并无可资比较的材料,方法的精密方面因之也就成了问题,所以经过他们以后的材料,可靠的程度较没有经过他们工作者为差"①。

　　显然,徐炳昶、苏秉琦的这种根据可信性来分类的标准,是受到了顾颉刚疑伪古书的影响。顾颉刚在"层累说"提出的前后,在《淞上读书记》中,已阐述了对徐、苏文中所谓"第二类史料"的怀疑②,这种认识日后更是在公开著作中屡有阐释。即使是徐炳昶和苏秉琦本身也意识到:"近一二十年来,疑古学派对于这七八篇的专著攻击的很厉害,所以它的权威已经丧失。"③

　　(三)徐炳昶、苏秉琦特别提出:"凡谈批评史料的人全注意史料的原始性(originality),可是研究传说时代的人绝没有这种福气,因为一有原始的史料,那个时期就已经越过传说时代了。"在当时考古学正处于起步阶段,"发掘的工作还少,已发表的材料尤少。研究的工作少,已达到的具体结论更少"④,那么想得到传说时代的原始史料是比较困难的,但又要考察传说时代史料的"原始性",所以徐炳昶、苏秉琦主张将上面所说的两类传说时代的史料,根据史料价值和可信性划分为三等。"以见于金文,《尚书》的今文商周书,《周易》的卦爻辞,《诗经》、《左传》、《国语》、《论语》及其他之先秦著作中者为第一等。上边所述《尚书》中的三篇及《大戴礼记》中的二篇虽属先秦著作,而因其与《史记》之前三篇,全属综合工作,只能降之入第二等。西汉人著作中所保存的古史材料,如果尚未受综合材料的影响,它的价值还相当的高,也可列为第二等。新综合材料如刘歆之世经等为第三等。"⑤并将这种分等次的方法命名为"原始性的等次性"。这种对传说史料的"等次划分法"与顾颉刚对上古史料的对待方法是有区别的,但无论是在划分标准上,还是在具体内容上,大体可以看出顾颉刚史料观的影响。1923 年,顾颉刚在《答适之先生论〈今文尚书〉时代书》一文中,全盘讨论了

---

　　①③　徐炳昶、苏秉琦:《试论传说材料的整理与传说时代的研究》,《中国上古史论文选集》,第 97 页。

　　②　顾颉刚:《淞上读书记》(1923.3—1924.2),《顾颉刚读书笔记》(二),第 597—600 页。

　　④　徐炳昶、苏秉琦:《试论传说材料的整理与传说时代的研究》,《中国上古史论文选集》,第 101 页。

　　⑤　徐炳昶、苏秉琦:《试论传说材料的整理与传说时代的研究》,《中国上古史论文选集》,第 98 页。

《今文尚书》的著作年代,并根据各篇的可信程度,认为这书各篇可分为三组:第一组包括《盘庚》、《大诰》、《康诰》、《酒诰》、《梓材》、《召诰》、《洛诰》、《多士》、《多方》、《吕刑》、《文侯之命》、《费誓》、《秦誓》,这些篇章在思想上文字上都可信为真;第二组包括《甘誓》、《汤誓》、《高宗肜日》、《西伯戡黎》、《微子》、《牧誓》、《洪范》、《金縢》、《无逸》、《君奭》、《立政》、《顾命》,这些篇章文体平顺,或为后世假作,或出史官追记,不过决是东周间的作品;第三组包括《尧典》、《皋陶谟》、《禹贡》,这些篇章决是战国至秦汉间的伪作,与那时诸子学说有相连的关系①。徐、苏文中所说的"第一等"史料,只是比较顾颉刚心中最为可靠的史料,如《今文尚书》(除《尧典》、《皋陶谟》、《禹贡》几篇)、《诗经》、《论语》的一些篇章的范围有所扩大;虽然认为《尚书》中的三篇及《大戴礼记》中的二篇属先秦著作,但由于是"整齐"之作,还是将其划归"第二类"史料;而他们认为经刘歆整理的《世经》就更要等而下之的观点,就更加可以看出受到过今文经学或顾颉刚的"刘歆造伪说"的影响②。

1979 年,杜正胜的《中国上古史研究的一些关联问题》一文对顾颉刚的治史也颇有微辞,他说:"顾颉刚先生不懂传说,也不太能把握历史的重心,以古书之真伪断定历史的真伪,到头来只是整理古书,不是整理古史。疑古派的通病如此。他们整理古书的方法不外校勘、训诂、考据、音韵,其所出于乾嘉范围者,大概是勇于怀疑,果于自信而已。"③但仍可以考察到杜正胜有可能受到顾颉刚古史学说潜移默化的影响。

杜正胜在该文的"氏族传说"一节提出:"神话传说材料之所以难研究,除自然的缺失、演义、增饰外,到周秦时期还经过知识人有意无意地动了手脚。"这一说法与顾颉刚"战国秦汉间人的造伪"的说法极为神似,只是添加了"无意"造伪的这种情况。杜正胜还认为这种"更动",包括历史化和论理化。

历史化,即中国神话传说在周秦时期经历了一个合理化和雅驯化的过程。他解释说:"西周以下中国文化逐渐趋于理性务实,强调人文,也重视

---

① 顾颉刚:《论〈今文尚书〉时代书》,《古史辨》第一册,第 201—202 页。
② 顾颉刚在《五德终始说下的政治与历史》中认为,刘歆为迎合王莽之意,伪造了《世经》,利用《世经》中的古帝王所排列的五德系统,其间又制造了许多的伪史与伪书。参见顾颉刚:《五德终始说下的政治与历史》,《古史辨》第五册,第 595—597 页。
③ 杜正胜:《中国上古史研究的一些关联问题》,《中国上古史论文选集》导论,第 16 页。

自然律。知识人听到不合人情常理的传说,除非说到自己祖宗,鲜有完完本本相信的,总要设法解释得合理些。"①而就这点来说,顾颉刚早在 1923 年 6 月《答刘胡两先生书》一文中就曾:"古人对于神和人原没有界限,所谓历史差不多完全是神话。……自春秋末期以后,诸子奋兴,人性发达,于是把神话中的古神古人都'人化'了。"②

论理化,杜正胜说:"神话传说论理化,可以孟子为代表,尤其是他所讲虞舜的故事。"③关于孟子在"舜"的传说过程中所起的作用,顾颉刚在《与钱玄同先生论古史书》一文中早已有所点明,他认为,舜在孔子时只是一个"无为而治"的圣君,到《尧典》就成了一个"齐家而后治国"的圣人,到孟子时就成了一个孝子的模范了④。

最后,杜正胜加以总结说:"研究古史的人处理神话传说材料,要避过战国时人有意无意间设下的这三道陷阱,先还神话传说的本来面目,再根据这些素材重现古史。"⑤这与顾颉刚的"战国秦汉间人的造伪说",又极为仿佛。

当然,这里并不是指实徐炳昶、苏秉琦或是杜正胜等人一定受到过顾颉刚的影响,因为想要判断一位学者的学术思想中是否有某个学者或是某个学派的痕迹,这样的考察是较难确言的。但通过上述具体实例,还是可以窥见这种潜移默化的影响。无论是支持顾颉刚"层累说"的学者,还是持反对意见的学者,都不可避免地或多或少地受到其古史学说的影响。杨宽就观察到学者们围绕"层累说"所进行的辩论,"终于使伪古史系统瓦解了,大多数人把三皇五帝看作史前史的范围了,甚至当年出来辩护的学者中也有些人清醒过来,例如当年在《学衡》杂志上发表辩护文章的张荫麟,认为顾先生之说'半由于误用默证,半由于穿凿附会'的,后来著作《中国史纲(上古编)》,也不讲三皇五帝了,从有文字记录的商代讲起了。这样,伪古史的'迷宫'就被摧毁了"⑥。

"层累说"带给中国古史学"革命性"的转化,促使其走上新史学之路,

---

① 杜正胜:《中国上古史研究的一些关联问题》,《中国上古史论文选集》导论,第 40—41 页。
② 顾颉刚:《答刘胡两先生书》,《古史辨》第一册,第 100—101 页。
③ 杜正胜:《中国上古史研究的一些关联问题》,《中国上古史论文选集》导论,第 41 页。
④ 顾颉刚:《与钱玄同先生论古史书》,《古史辨》第一册,第 60 页。
⑤ 杜正胜:《中国上古史研究的一些关联问题》,《中国上古史论文选集》导论,第 43 页。
⑥ 杨宽:《顾颉刚先生和〈古史辨〉》,《光明日报》1982 年 7 月 19 日。

对其有着极为广泛深远的积极影响。但也存在着顾颉刚的主观愿望和客观结果之间颇为吊诡的现象,主观愿望是建立真实古史,客观结果则是旧古史系统被推翻,新古史系统并未如愿建立。正如学者所指出,这种客观效果不仅使学者们感到上古史事茫昧无稽,真伪难辨,更多则是留给他们古代典籍多不可信的印象①。

---

①　王汎森:《古史辨运动的兴起———一个思想史的分析》,第 296—297 页。

第三章　关于"层累说"的理论探讨

　　由于时代所限,顾颉刚在治学理论方法上受到康有为等清末今文经学家的影响,特别是当时急于在中国古史学领域内掀起一场"革命",虽然解决了一些在传统经史研究范式下无法解决的问题,开启了一些宝贵的研究取向,但同时也不免忽略了对史书史事的精研细考,最终造成"层累说"中存在着一些不够完善的有待补充或修改的理论方法和学术见解。20 世纪50 年代初,童书业曾在给顾颉刚的信中谈到,由于过去崇信今文家说,以为《周官》及《左传》解《经》语等皆刘歆等所为,近细读《周官》,觉此书颇保存原始史料,必非汉代之书也。所以,"动谓某书某语为伪固不可,然谓古书字字皆原文亦必非事实。吾人只有平心静气研究,方不致诬古及迷信古人"。顾颉刚在其读书笔记中记述了对童书业此论的看法,他说:"丕绳此书,平心论学,自为今后工作正道。清代今文学派集矢刘歆,专从一个角度看古文《经》、《传》,当然不能完全正确,语云'矫枉者必过其正',在当时据西汉之学以反西汉末变古之学态度不得不严厉操切,自非所语于今后也。气候转变之际,每多骤暖骤寒,使人不耐,亦犹是耳。昔日由正以至反,今日由反而至合。至于合,则为平心静气之研究,无须乎狂飚卷地矣。"[①]顾颉刚在此言论中,也道出自己的心声,暗示当年提出"层累说",倡疑古辨伪之风气,是迫于当时的时代环境,难免会"矫枉者必过其正",但现今形势发生转变,古史研究也应当转入"平心静气之研究"。顾洪在分析顾颉刚的"层累说"时,就说:"他所作的开创性工作不可能十全十美,在这一史观发表后,没有再作深入系统的阐述,对层累与分化、演进的关系等论述的也不够完善。由于时代的局限,考古发现不多,有些结论至今需要修订或改正。这些都有待于后来考辨古史的学者继续充实和发展。"[②]

---

　　①　顾颉刚:《法华读书记》(1951.1—1955.5),《顾颉刚读书笔记》(五),第 3658—3659 页。
　　②　顾洪:《学术大师治学录·顾颉刚》,中国社会科学院科研局编:《学术大师治学录》,北京:中国社会科学出版社,1999 年,第 686—687 页。

第一节 "层累说"中的"默证法"

顾颉刚运用"层累说"时,往往把某些古书里没有记载某件史实作为历史上根本没有发生这件史实的主要证据,如果发现某部较为可信的古书里已经开始记载这一史实,也认为这个史实是与这部古书同时出现的。而在此之前的古书中记载有这个史实的反证时,又往往不惜袭用清末今文经学家的办法,武断地将反证说成后人伪造窜改进去的,简言之,即无限制地使用"默证法"[①]。"默证法"的应用限定理论原由法国史学家瑟诺博司(C. Seignobos)提出,后经张荫麟根据英文版《史学原论》翻译并阐发,即所谓:"吾侪于日常生活中,每谓'此事果真,吾侪当已闻之。'默证即根此感觉而生。其中实暗藏一普遍之论据曰,倘若一假定之事实,果真有之,则必当有纪之之文籍存在。欲使此推论不悖于理,必须所有事实均经见闻,均经记录,而所有记录均保完未失而后可。虽然,古事泰半失载,载矣而多湮灭,在大多数情形之下,默证不能有效;必根于其所涵之条件悉具时始可应用之。现存之载籍无某事之称述,此犹未足为证也,更须从来未尝有之。倘若载籍有湮灭,则无结论可得矣。故于载籍湮灭愈多之时代,默证愈当少用。"[②]

张荫麟依据瑟诺博司所总结的应用默证法的限制条件,认为要证明记载中无此观念,则要看该记载是否为当时历史观念之总记录,是否有记载的必要。并结合顾颉刚的具体推论,认为其在论证过程中,往往超出瑟诺博司所说的"默证之应用,限于少数界限"[③]。值得注意的是,瑟诺博司、张荫麟都强调历史史料完整无缺是"默证法"使用的前提条件,也是"默证法"的根本之处;在史料或历史认识缺失的情况下,应少用"默证法"。顾颉刚"层累说"恰恰过于注重史料和古史认识的"层累"式演化,却忽略其受各种因素的制约和影响,而日趋递减以至于消亡的现象。这种古史"剥蚀"现象

---

① 张荫麟曾云:"凡欲证明某时代无某某历史观念,贵能指出其时代中有与此历史观念相反之证据。若因某书或今存某时代之书无某史事之称述,遂断定某时代无此观念,此种方法谓之'默证'。"参见张荫麟:《评近人对于中国古史之讨论》,《古史辨》第二册,第271—272页。

② 张荫麟:《评近人对于中国古史之讨论》,《古史辨》第二册,第272页。

③ 张荫麟:《评近人对于中国古史之讨论》,《古史辨》第二册,第272页。

与"层累"现象客观并存,正是由于顾颉刚对古史"剥蚀"现象的忽略,才会在史料剥蚀残缺的情况下对史实轻易加以断言,进而形成"层累说"一大理论缺陷——"默证法"的无限制运用①。现将结合古史研究中的最新成果,特别是新出土的考古学资料,进一步详论古史"剥蚀"现象。

一、历史认识的表现形式

　　客观的历史事实本身具有一元性,某件历史事件的发生、发展和终结也是唯一的,绝不会产生两种或更多的客观历史事实。而主观历史认识则具有多元性和复杂性,唯一的客观历史事实则可以有不同的历史认识和历史记载,主观历史认识的发展脉络的演化过程,可能是一元的,也可能是多元的,而且可以相互转化。

　　关于一种历史认识可以分化为多种历史认识的范例较多。如顾颉刚在《泣吁循轨室笔记》中就有关于"九州"异说的看法,他说:"《周官》九州,《尔雅》九州,乃《禹贡》九州之又一说。"②在《东山笔乘》中记有殷高宗'三年不言',有三种解说:"(1)《论语》引《书》曰:'高宗谅暗,三年不言',是居丧而不言。(《无佚》亦云'乃或亮阴,三年不言'。)(2)《楚语》云:'武丁能耸其德,至于神明,……于是乎三年默以思道。'是修道而不言。(3)《史记》云:'武丁即位,思复兴殷,而未得其佐,三年不言,政事决于冢宰。'是第三种解释,谓其欲得贤辅佐也。"③又有关于"时日曷丧,予及汝皆亡"之三种解释:"(1)桀说:'吾有天下,如天之有日;日亡,吾乃亡耳。'(《尚书大传》)(2)夏民说:'是日(桀自喻者)何时而亡乎?若亡,则吾宁与之俱亡。'盖苦桀之虐而欲其亡之速。(蔡《传》)孟子云:'民欲与之偕亡。'亦此义。(3)汤说:'是日桀当大丧亡,我与女(夏民)俱往亡之!'(《孟子》赵《注》)'曷'作'害',大也。"④顾颉刚还根据《左传》中的相关记载,认为一种史事还可以进一步分化,如"《左传》,子产两问晋公疾,宋华元、向戌两结弭兵会,皆此类也。一事而传之者多,遂化为二人,而笔录之者遂两据之,此古史中事之

---

　　①　不可否认的是,顾颉刚虽对史料和历史认识缺失现象并非毫无察觉,但说其"忽略",是其终究没有将史料"剥蚀"这一因素考虑进"层累说",从而导致理论缺陷的出现。

　　②　顾颉刚:《泣吁循轨室笔记》(1924.2—1925.7),《顾颉刚读书笔记》(二),第838页。

　　③　顾颉刚:《东山笔乘》(1927.10—1929.8),《顾颉刚读书笔记》(二),第1083页。

　　④　顾颉刚:《东山笔乘》(1927.10—1929.8),《顾颉刚读书笔记》(二),第1084—1085页。

所以纷纷也"①。顾颉刚晚年对这一现象产生的原因,还有所探讨,他说:
"古者各国均有史官,官不止一人,而皆握笔作记,故记事不能无参差。竹
简易朽蠹,后人集得此零断之记载,加之以系统化,则一事即化为数事,一
人即化为数人,矛盾百出,此整理古代史之所以不易也。"②他认为,古之史
官抄写有异,致使传闻衍繁。而近时所出土的战国楚竹书(见《上海博物馆
藏战国楚竹书》③,下文将其简称为"上博简")中的相关记载对此种现象亦
有说明,举出以示。

上博简《容成氏》④中的舜臣中的"乐正"为"质",经过陈伟的考证,认
为这个"质","也许是舜的另一位大臣——契",产生这一现象可能有两种
情况,一种是抄手的误写,另一种是"传闻有异"⑤。陈剑也同意陈伟的传
闻有异说,认为较为可信,他认为"无论是从文字释读还是从人物对应关系
的角度来讲,简文'敫(窃)'都应该就是商契",并进一步依据陈梦家曾主张
的"少暤帝挚与商契实本当为一人",认为:"现在我们看简文,传为任乐正
的'契',因音近而也可以写作'质',但是由于传闻异词,大概后来'契'任司
徒的说法逐渐占了上风成为主流的说法,于是,保存在《吕氏春秋·古乐》
中的乐正'质'最后不但跟'契'已经毫无关系,甚至还被怀疑为是习见的乐
正'夔'之误了。这种情况,是不是对少昊帝'质'跟商'契'本为一人之分化
的说法,多少能够提供一些积极的支持或起到一定的印证作用呢?"⑥

关于多种历史认识转化为一种历史认识的现象,顾颉刚注意得较早,

---

① 顾颉刚:《西庋读书记》(1939.12—1940.1),《顾颉刚读书笔记》(四),第 2184 页。

② 顾颉刚:《读〈左传〉随笔》(1974.7),《顾颉刚读书笔记》(十),第 8081 页。

③ 马承源主编:《上海博物馆藏战国楚竹书》(一)前言,上海:上海古籍出版社,2001 年。

④ 《上海博物馆藏战国楚竹书》(二)中所载《容成氏》,是一篇先秦佚籍,记载着大量上古传
说史料,内容主要讲上古帝王的禅让和传说。全篇共 53 支简,约二千余字,该竹简的拼合、编连与
注释先由李零整理,后陈剑在此基础上又做了部分的调整与排比,虽个别字句的释义和编连顺序
学界尚有争议,但大致已不影响通读。具体参见陈剑:《上博〈容成氏〉的竹简拼合与编连问题小
议》,载上海大学古代文明研究中心、清华大学思想文化研究所编:《上博馆藏战国楚竹书研究续编》,
上海:上海书店出版社,2004 年。该篇简文的最新研究成果,还可参见孙飞燕:《上博简〈容成氏〉文本
整理及研究》,北京:中国社会科学出版社,2014 年。

⑤ 陈伟:《〈上海博物馆藏战国楚竹书(二)〉零释》,《武汉大学学报》(哲学社会科学版),2004
年第 4 期。又载陈伟:《新出楚简研读》,武汉:武汉大学出版社,2010 年,第 144 页。

⑥ 陈剑:《上博楚简〈容成氏〉与古史传说》,台北"中央研究院"历史语言研究所主办"中国南
方文明学术研讨会"会议论文,2003 年 12 月 19 日。又载陈剑:《战国竹书论集》,上海:上海古籍出
版社,2013 年,第 68 页。

也做了较多的工作,"层累说"就是这一演化过程的理论精华。在《顾颉刚读书笔记》中也多有记载,如他认为太王与亶父应为历史上的两人,自孟子以后,太王与公亶父才被合为一人,他说:"《淮南·道应训》及《泰族训》遂称为'大王亶父',《诠言训》则作'泰王亶父'。《庄子·让王》篇亦言'大王亶父'。《穆天子传》亦然,知两人合为一人在战国时已确定。"①

二、古史"剥蚀"与"默证法"

主观历史认识无论其存在状态是一元或是多元,都可以通过分析和复原历史事实发生后所遗留的史料,无限接近客观历史事实。历史事实发生后所遗留的史料和历史认识,除自然和人为的衍化堆积层累等情况外,还可能受到外部条件的限制和影响,进而产生"剥蚀"、渐趋凋零甚至消亡的情况。随着历史事实发生后所遗留的史料和历史认识的"剥蚀"消亡,历史认识的客体即客观历史事实也将随之在认知领域里消亡,可以将这种现象称之为古史"剥蚀"。这种古史"剥蚀",正是顾颉刚在创立"层累说"时未曾顾及到的一种在历史认识中客观存在的现象。

1939 年,钱穆在《国史大纲》中针对顾颉刚"层累说"的此种弊病,便提出"古史层累遗失"之说,认为"从一方面看,古史若经后人层累地造成;惟据另一方面看,则古史实经后人层累地遗失而淘汰。层累造成之伪古史固应破坏,层累遗失的真古史,尤待探索"②。"古史辨派"内部也有学者意识到这一缺陷的存在,如吕思勉就曾指出:"古史之传于今者,探其原,盖有神话焉,有十口相传之辞焉,有方策之遗文焉,有学者所拟议焉,且有寓言无实者焉。其物本樊然淆乱,而由今观之,抑若略有条贯者,皆节经损益润饰而成。其人不必相谋,而其事一若相续,此顾君颉刚所谓古史为层累造成。抑又未尝无逐渐剥蚀,前人所能详,而后人不能举其事者,此其所以益不易董理也。"③杨宽在其《自传》中也提出:"古史传说的层累地造成,和历史事实的逐渐剥蚀是同时出现而存在的,由于层累地造成的古史传说'后来居上',因而中国上古史原有体系中,在层累地造成的古史传说之后,紧接着逐渐剥蚀历史事实的阶段,夏代正是这两个阶段的交接部分,如何划分古

---

① 顾颉刚:《泣吁循轨室笔记》(1924.2—1925.7),《顾颉刚读书笔记》(二),第 904 页。
② 钱穆:《国史大纲》,北京:商务印书馆,1996 年,第 8 页。
③ 吕思勉:《古史辨》第七册自序,第 1 页。

史传说阶段的下限,是需要历史学家和考古学家郑重地认真地处理的。"①
"层累说"提出六十年后,刘起釪亦指出:"我国上古的旧史体系固然是'层累地造成的古史',然另一方面还有'层累地遗失的古史'与之相辅构成古史的实际情况。因此对一些史料毁失过甚、史实面貌不清的问题只应当存疑,不应当疑定。顾先生学说中对这点没有加以注意……但由于忽视了'层累地遗失古史'的一面,以致对一些史料毁失过甚史实面貌不清但不能肯定就是伪史的地方,也作为伪史怀疑。"②

古史产生"剥蚀"的"外部条件",是指在某一史料和历史认识产生和发展过程中,受到当时的社会、政治和思想文化等因素的影响。这些因素影响对史料和历史认识产生"剥蚀"的方式大致可以分为两种:

一种是史料和历史认识逐渐"自然"剥蚀消磨,这种"自然"销蚀主要是指将史料和历史认识自然地非有意识地消散,既包括时空变迁等自然条件变化的影响,又包括人为无意识地篡改和消灭。如《汉书·地理志》称秦置者二十七,后裴骃为三十六郡,《晋书·地理志》从之,益以后置之闽中、南海、桂林、象郡为四十郡。王国维将嬴秦一代所有之郡,定为四十八郡。谭其骧复纠合众说,舍短取长,定为四十六郡③。但正如李学勤所说:"不管哪一说,均未见洞庭郡之名。"④如果不是里耶秦简的发现,有关秦曾设置"洞庭郡"一事可能会永远埋藏于历史记忆的深处。李学勤不无感慨地说道:"里耶简发现后,'洞庭郡'问题曾引起不少讨论和推测。我对此郡名的存在也有过怀疑,及至看到J1⑨1—12简明云'某某戍洞庭郡不智(知)何县署',始觉释然。"⑤再如,据《左传》僖公十九年:"文王闻崇德乱而伐之,军三旬而不降。退修教而复伐之,因垒而降。"这段材料使后人了解到历史记载中,曾有过文王征伐崇的记述。而在新出上博简《容成氏》中则已有:"文王于是乎素端□裳以行九邦,七邦来服,丰、镐不服。文王乃起师以向

① 杨宽:《历史激流中的动荡和曲折》,第73页。
② 刘起釪:《顾颉刚先生学述》,第150页。
③ 王国维:《秦郡考》,《观堂集林》,北京:中华书局,1959年,第534—542页。谭其骧:《秦郡新考》,《长水集》(上),北京:人民出版社,2009年,第1—12页。马非百:《秦集史》,北京:中华书局,1982年,第564—565页;陈恭禄:《论秦疆域》,《斯文》第1卷第9、10期合刊,第2—6页。
④ 李学勤:《初读里耶秦简》,《文物》2003年第1期。又载李学勤:《中国古代文明研究》,上海:华东师范大学出版社,2005年,第299页。
⑤ 李学勤:《初读里耶秦简》,《文物》2003年第1期。

丰、镐,三鼓而进之,三鼓而退之,曰:'吾所知多鹰,一人为无道,百姓其何罪?'丰、镐之民闻之,乃降文王。"①据上博简《容成氏》的记载可见,传说中文王还伐过丰,那么以往所认为的文王伐崇后而建都于丰的认识则需要改变,崇、丰应是两个独立的方国。李零即认为:"《史记·周本纪》正义以为西周丰邑是因灭崇而建,并因而猜测崇国故地在丰、镐之间,现在从简文看,西周丰邑是灭丰所建,与崇无关。……今得简文,可知崇自崇,丰自丰,绝非一地。"②上述之例都说明,随着史料的消失,对应历史事实的历史认识也会随之湮没无闻。

另一种是人为地根据某种需要和目的,而有意识地将史料和历史认识加以掩盖、消灭。如王国维在《〈说文〉今叙篆文合以古籀说》中指出,篆文的演变过程中,由于人为有意识的因素,致使秦时的篆文较之先秦时期亦有所存废。他说:"然篆文者,秦并天下后所制定之文字。秦之政治文化皆自用而不徇人,主今而不师古。其易籀为篆,不独有所省改,抑且有所存废。凡三代之制度名物,其字仅见于六艺而秦时已废者,李斯辈作字书时必所不取也。今《仓颉》三篇虽亡,然足以窥其文字及体例者,犹有《急就》篇在。《急就》一篇,其文字皆《仓颉》中正字,其体例先名姓字,次诸物,次五官,皆日用必需之字,而六艺中字十不得四五。故古籀中字篆文固不能尽有。"③1948年,顾颉刚在兰州大学的讲座中,就指出战国诸子书极多,但到清代时已所剩无几了。他说:"这些书自汉以来,从未好好的整理过,任其自生自灭。到清代,为了研究经典须寻觅比较材料,才开始研究诸子,当然其中已有很多散失了,如《墨子》还是从《道藏》中找出来的,这都是自汉代以来,专崇经学的结果。"④

以上所说的这两种方式,都可以导致史料和历史认识的残缺甚至是销蚀无闻。当然,这两种对史料和历史认识进行"剥蚀"的方式,并不是泾渭

---

① 陈剑:《上博简〈容成氏〉的竹简拼合与编连问题小议》,《上博馆藏战国楚竹书研究续编》,第331页。书内有关上博简《容成氏》的引文,皆依陈剑释文。

② 马承源主编:《上海博物馆藏战国楚竹书》(二),第286—287页;李零:《三代考古的历史断想——从最近发表的上博楚简〈容成氏〉、燹公盨和虞述诸器想到的》,载刘东主编:《中国学术》,2008年第2期,北京:商务印书馆,2003年。又载李零:《待兔轩文存》(读史卷),桂林:广西师范大学出版社,2011年,第85页。

③ 王国维:《〈说文〉今叙篆文合以古籀说》,《观堂集林》,第318页。

④ 顾颉刚:《中国古代史料概述》,《文史》2002年第4辑(总第61辑)。

分明,在对史料和历史认识进行"剥蚀"的过程中,二者往往是相互夹杂而并行不悖。如顾颉刚就观察到民国毁弃史料的问题,他说:"清代掌故在乾隆以前虽不必皆有成书,然所裒集盖已不少;虽纪述未必得法,然总可备参考。至乾隆以后,内忧外患相逼而来,政府当局既无从容编述之间,更无其费用,所结撰者极少,当太平天国与清军拉锯战中,损失尤多。如曾国藩、黄彭年、李庆云等设立书局,纂集案牍,以保存故实相提倡者盖已甚鲜。以此,我等欲于今日知乾隆以后之典志,颇有无从寻觅之苦。然使史料尚在(公文档案等物),则即使现在不便省览,将来当可设法使其复现于世。不幸辛亥革命后,军阀当权,弃者弃,焚者焚,人民既视为废物,官吏亦以其不便于己,方且乐其无稽,盖一入民国而清故之不可考者已过半矣。"①

顾颉刚在提出"层累说"之前后,虽对史料和历史认识的剥蚀还有所观察,但也只是关注后一种人为有意识的方式,而对于前一种"自然"的剥蚀则关注不够,或者可能是有意回避,并且无论哪种"剥蚀"都未引起他的高度关注和具体研究。如顾颉刚在《虬江市隐杂记》中谈到《过秦论》中历史人物失传的现象时说:"贾谊《过秦论》中所举六国之士,如徐尚、杜赫、齐明、召滑、翟景、带佗等谋臣良将,当时必有故事流传,徒以史迁不为表章,遂致泯灭,惜哉!"②当论及邹阳书中史事多失传的现象时,又说:"邹阳狱中上梁王书,其所陈故事,若'荆轲慕燕丹之义,白虹贯日,太子畏之。卫先生为秦画长平之事,太白食昴,昭王疑之','王奢去齐之魏,临城自到,以却齐而存魏','苏秦相燕人恶之于燕王,燕王按剑而怒,食以駃騠;白圭显于中山,人恶之于魏文侯,文侯投以夜光之璧','司马喜膑脚于宋,卒相中山','徐衍负石入海','宋信子冉之计,囚墨翟','齐用越人子臧而强威、宣',此等故事皆已为后人所忘。故知司马迁搜集战国故事虽已丰富,但尚有若干缺漏。使邹阳得成《史记》,又将是一种面目矣。"③显然,顾颉刚将这些历史人物和史事的失传归咎于司马迁不为其表彰的原因,而并未去探求这些历史认识的有无以及为何消失。

顾颉刚由于受"不立一真,惟穷流变"的限制,将注意力更多转向史料和历史认识人为有意识地被衍化堆积层累和篡改消灭方面,而无视史料和

---

①　顾颉刚:《待养录》(1921.6—1921.9),《顾颉刚读书笔记》(一),第 213—214 页。
②　顾颉刚:《虬江市隐杂记》(1951.1—1952.10),《顾颉刚读书笔记》(四),第 2573 页。
③　顾颉刚:《虬江市隐杂记》(1951.1—1952.10),《顾颉刚读书笔记》(四),第 2573—2574 页。

历史认识的自然剥蚀。如他在《法华读书记》中认为伪书是层累出现的,他说:"孔壁所藏书,会层出不穷。孔安国所著书,亦会层出不穷,即此可悟层累之理。"[1]所以,对史料和历史认识的剥蚀现象关注不够,或者说没有意识到古史剥蚀现象的存在对历史解释方面的限制,才会导致顾颉刚"默证法"的无限制运用。下面仅举两例以示:

其一,1923 年,顾颉刚《讨论古史答刘胡二先生》一文对禹的性质和来源加以深入的辨析,再次强调禹的天神性,并指出根据《诗》、《书》的记载,都没有提到禹与夏的关系。只是到了战国中期,禹与夏才联系上,因而有了"夏禹"的记载。禹与夏何以会发生关系?顾颉刚认为有三点原因:一是为称说"三代圣王"便利计,有补足的需要,以尧、舜、禹置于夏商之上,则禹与夏最为近,固有合一的趋势。二是春秋以后种族观念日微,"诸夏"的境界日事扩张,与理想中的禹迹相当,遂使夏与禹合而为一。三是称禹为夏禹,正和称尧为唐尧、舜为虞舜一样无稽[2]。这三点原因中,前两点是讲为什么夏和禹发生联系,最后一点主要谈为何夏与禹不能发生关系。这除了上面所说的《诗》、《书》中没有夏禹连用的现象,就是与夏禹相近的唐尧、虞舜这样的连称也是无稽的。理由是《论语》上只言尧舜而不言唐虞,唐虞之号不知自何来。并根据《左传·哀公元年》:"昔有过浇灭夏后相,后缗方娠,…归于有仍,生少康焉。……浇使椒求之,逃奔有虞,为之庖正。……虞思于是妻之以二姚。"《左传·哀公六年》:"夏书曰,'惟彼陶唐,……有此冀方。今失其行,乱其纪纲,乃灭而亡。'"等两条记载,以此认为唐与尧、虞与舜无关,或可说明的是唐虞只不过是夏时的两国[3]。所以,顾颉刚认为:"禹和夏、尧和唐、舜和虞所以发生关系之故,以为这是战国的伪史家维持信用的长技。他们觉得尧、舜、禹都是冥漠中独立的个人,非各装在一个着实的地方不足以使得他们的地位巩固,于是这些假人经由伪史家的作合,就招赘到几个

---

①   顾颉刚:《法华读书记》(1951.1—1955.5),《顾颉刚读书笔记》(五),第 3831 页。

②   顾颉刚:《讨论古史答刘胡二先生》,《古史辨》第一册,第 106—118 页。

③   顾颉刚:《讨论古史答刘胡二先生》,《古史辨》第一册,第 117—118 页。顾颉刚在《中国上古史研究讲义》中分析《国语》《左传》的相关材料后,再次重申唐虞是两国而不是两代的观点,他说:"又如唐虞,通常都看作很短的两代,是尽于尧、舜二人之身的,但从这上面看,陶唐是到夏时才灭亡的,有虞则从幕到瞽瞍,到舜,到遂,到思,一直传下来,他们的国命不知至何时才终讫。这明明白白是两个国,和夏后氏同存在的两个国,何尝在统一的国家之下互相禅让!"参见顾颉刚:《中国上古史研究讲义》,第 21—22 页。

真国度里做主人了!"①这样,顾颉刚不仅认为禹与夏不存在联系,尧和唐、舜和虞也没有关系,唐虞不过是战国伪史家为了安顿尧舜的"真国度"而已。不久,顾颉刚"古史是层累地造成的,发生的次序和排列的系统恰是一个反背"的理论假设,又促使其对唐、虞连言的出现时间产生疑问,既然后人将禹作为一个时代安置在夏之上是发生在战国时期,那么另外两个被作为时代的唐、虞安排在禹之前,当然是更晚的事情了,所以他认为唐之名起得甚晚,唐虞联称当晚到汉代。于是,他在《泣吁循轨室笔记》中写道:"《檀弓》于夏代之上只有'有虞氏',因此,使我想起唐、虞二字不是同时来的。战国时书只有连称尧、舜,只有单称有虞氏,无连言唐、虞者。唐、虞之连言始于汉代。看《尚书》有《虞夏书》而不言《唐虞书》,可见唐之名起得甚后了。"②这个观点的根据,就是"战国时书只有连称尧、舜,只有单称有虞氏,无连言唐、虞者",对此顾颉刚无疑是使用了"默证法",看《檀弓》中只有"有虞氏",《尚书》有《虞夏书》而不言《唐虞书》,便认为唐之名起得甚晚了,甚至唐、虞连言要晚至汉代。虽然顾颉刚后来在整理笔记时,曾在眉批中写有这样的批语:"《论语》有'唐、虞之际'语。"表明他自己对这一"默证法"的实践也有所疑虑③,但从后来他和童书业论著中的观点来看,他仍坚持"战国时书只有连称尧、舜,只有单称有虞氏,无连言唐、虞者"这种认识。顾颉刚批注所说的《论语》有"唐、虞之际"语,是指《论语·泰伯》篇中的孔子所言"唐、虞之际于斯为盛"句,而关于这几章,顾颉刚和童书业在 1937 年 6 月写定的《鲧禹的传说》一文中,认为:"是禅让传说下的产品,而禅让传说乃是《墨子》以后才盛行的,所以这两章必是墨子以后的文字。据近人的探究,《论语》这书到汉代才被编定,里面有晚出的材料,自是可能。……至于《泰伯篇》末几章称道尧、舜、禹的,近世中外学者也常常加以怀疑,他们的见解也是不错的!"④由此可见,顾颉刚此时已经打消《论语》中有"唐虞"连称的疑虑,他所提到的"据近人的探究",则是指童书业 1935 年 10 月发表的《"帝尧陶唐氏"名号溯源》。

---

① 顾颉刚:《讨论古史答刘胡二先生》,《古史辨》第一册,第 118 页。
② 顾颉刚:《泣吁循轨室笔记》(1924.2—1925.7),《顾颉刚读书笔记》(二),第 776—777 页。
③ 20 年代初,顾颉刚对《泰伯篇》的成书年代还是定在战国早期,他说:"《论语》是战国早期的一部书,当然说话比别的可信。……如《泰伯》篇,说尧、舜怎样的好,却没有造了事实去证明他的赞颂之言,假时那时造了,我们要攻击他,比了汉以下的伪史难得多了。"详见顾颉刚:《景西杂记》(1921.9—1922.4),《顾颉刚读书笔记》(一),第 286—290 页。
④ 顾颉刚、童书业:《鲧禹的传说》,《古史辨》第七册(下),第 181 页。

　　童书业《"帝尧陶唐氏"名号溯源》一文对这种观点推波助澜,列四证以证《论语·泰伯》"唐虞之际"章为后人加入,为晚出①,并因《庄子·缮性》和《管子·法法》中都连称"唐、虞",也一并将这两篇定为"汉初人伪造先秦之书"②。顾颉刚据此"唐虞"连称为汉时晚出的观点,不仅怀疑《论语·泰伯》为晚出,还随之扩大怀疑面。他在 1936 年 4 月发表的《禅让传说起于墨家考》中谈到《孟子·万章》中的"唐、虞禅,夏后、殷、周继,其义一也"这句话时,说:"这段孔子的话恐非《孟子》本文,因为唐、虞连称是很晚的事,非孟子时所有,另有考证。"③

　　这样,顾颉刚和童书业由证尧、舜、禹的关系牵涉到"唐、虞"连称,得出《论语·泰伯》、《孟子·万章》、《庄子·缮性》、《管子·法法》等篇或是晚出或是掺杂有晚出内容等一系列的论定。究其根源,则是他们运用"默证法",认为"战国时书只有连称尧、舜,只有单称有虞氏,无连言唐、虞者",所以"唐、虞之连言始于汉代",而此后发现《论语·泰伯》、《孟子·万章》、《庄子·缮性》、《管子·法法》中有唐、虞连称的现象,则一律定为晚出。但根据新出土的郭店楚简《唐虞之道》④,该简文抄写在战国中期,而且简文中出现了"唐、虞"连称的现象,正如裘锡圭所说:"时代不晚于《孟子》的《唐虞之道》的 1 号简,开头就说'唐、虞之道',可见《孟子》中出现'唐、虞禅'一点也不奇怪,顾氏之疑不能成立。"⑤这说明顾颉刚运用"默证法"而得出的"唐、虞之连言始于汉代"观点是不妥当的,从而也应该重新认识《论语·泰伯》、《孟子·万章》、《庄子·缮性》、《管子·法法》等篇或是汉代晚出或是掺杂有晚出内容的论定。

　　其二,顾颉刚在《讨论古史答刘胡二先生》一文中认为:"禹是西周中期起来的,尧、舜是春秋后期起来的,他们本来没有关系。"⑥裘锡圭则根据新出土的燹公盨铭⑦,认为顾颉刚在论证"禹是中期起来的"时,运用了"默证法",

---

①　童书业:《"帝尧陶唐氏"名号溯源》,《古史辨》第七册(下),第5—6页。
②　童书业:《"帝尧陶唐氏"名号溯源》,《古史辨》第七册(下),第24页。
③　顾颉刚:《禅让传说起于墨家考》,《古史辨》第七册(下),第56页。
④　荆门市博物馆:《郭店楚墓竹简》,北京:文物出版社,1998年。
⑤　裘锡圭:《新出土先秦文献与古史传说》,《中国出土古文献十讲》,第36页。
⑥　顾颉刚:《讨论古史答刘胡二先生》,《古史辨》第一册,第133页。
⑦　此盨由保利艺术博物馆在 2002 年收购,时代属西周中期,器内铸有 98 字的铭文。铭文的格式和内容与一般西周铜器迥异,开篇即说天命禹平治水土,天为民立法立王,导民以德,接着讲民之好德者应如何行事,最后以燹公说民当用德的一句话作结。详见裘锡圭:《燹公盨铭考释》,《中国出土古文献十讲》,第46页。

他说:"虽然鏒公盨恰好是西周中期器,但是这却并不能成为支持顾氏'禹是西周中期起来的'说法的证据。在此盨铸造的时代,禹的传说无疑已经是相当古老的被人们当作历史的一个传说了。不然,器主是决不会把禹的事写进一篇有明显教训意义的铭文,铸在准备传之子孙的铜器上的。顾氏在《讨论古史答刘胡二先生》中说'《周颂》三十一篇没有禹的一字,那时人竟没有禹的伟大功绩的观念。一到穆王末年的《吕刑》,禹就出现了'这应是顾氏认为禹的传说起自西周中期的根据。这是不恰当地使用'默证'。内容不多的《周颂》没有提到禹,怎么能证明当时人就不知道禹呢? 过分使用'默证',是古史辨派的一个重要缺点。"[1]

三、古史"剥蚀"的影响

史料和历史认识的"剥蚀"消磨,对后世产生的影响主要表现在两方面:其一,是将一种历史认识以其他形式融入到另一种历史认识当中去,成为后者层累的素材。顾颉刚围绕"层累说"所作的诸多工作可以证明此点,如关于上古帝王系统的结构方面的研究[2];其二,则是将客观历史事实的真相扭曲变形,改变真实的历史面貌,甚至从认知领域彻底消除,以至后世湮没无闻。如古代传说中的益与启的关系问题,就目前现有的材料来看,以往历史记载中对其认识大致可分为三类:

(一)《孟子》、《史记》中有关记载表明,启是通过和平手段取得天下。《孟子·万章上》:"万章问曰:'人有言:至于禹而德衰,不传于贤而传于子。有诸?'孟子曰:'否,不然也。天与贤,则与贤;天与子,则与子。昔者舜荐禹于天,十有七年,舜崩。三年之丧毕,禹避舜之子于阳城;天下之民从之,若尧崩之后不从尧之子而从舜也。禹荐益于天,七年,禹崩。三年之丧毕,益避禹之子于箕山之阴。朝觐讼狱者,不之益而之启,曰:吾君之子也。讴歌者,不讴歌益而讴歌启,曰:吾君之子也。'"《史记·夏本纪》云:"十年,帝禹东巡狩,至于会稽而崩。以天下授益。三年之丧毕,益让帝禹之子启,而辟居箕山之阳。禹子启贤,天下属意焉。及禹崩,虽授益,益之佐禹日浅,天下未洽。故诸侯皆去益而朝启,曰'吾君帝禹之子也'。于是启遂即天子

---

[1]　裘锡圭:《新出土先秦文献与古史传说》,《中国出土古文献十讲》,第 22 页。
[2]　顾颉刚:《五德终始说下的政治与历史》,《古史辨》第五册,第 404—616 页

之位,是为夏后帝启。"《孟子·万章上》与《史记·夏本纪》之间虽有细微差别,但仍可以看出二者之间关系密切,可能出于一系①。两者都表明,禹授政于益,但由于"益之佐禹日浅,天下未洽"而"禹子启贤,天下属意焉",天命所归,人心所向,最终天下自然归于启,启是以和平方式获得天下的。

(二)上博简《容成氏》、《韩非子》、《战国策》、《楚辞》和《史记·燕召公世家》中的相关记载表明,启通过暴力手段获得天下。上博简《容成氏》的第33、34简,其文云:"禹有子五人,不以其子为后,见皋陶之贤也,而欲以为后。皋陶乃五让以天下之贤者,遂称疾不出而死。禹于是乎让益,启于是乎攻益自取。"②《韩非子·外储说右下》"潘寿言禹情"注:"言禹传位于益,终令启取之。"《战国策·燕策一》:"禹授益,而以启人为吏。及老,而以启为不足任天下,传之益也。启与支党攻益,而夺之天下,是禹名传天下于益,其实令启自取之。"《楚辞·天问》:"启代益作后。"《史记·燕召公世家》:"禹荐益,已而以启人为吏。及老,而以启人为不足任乎天下,传之于益。已而启与交党攻益,夺之。天下谓禹名传天下于益,已而实令启自取之。"这些战国"百家杂语"和《史记》记载表明③,启获得天下的方式是"攻益自取",是以武力夺得的,完全不同于《孟子》和《史记·夏本纪》。

(三)《古本竹书纪年》中也有启是如何处理益的相关记载④。朱右曾、王国维等人从《晋书·束晳传》、《史通·疑古》和《史通·杂说上》中辑出《竹书纪年》这段记载。如《晋书·束晳传》云:"《纪年》十三篇,记夏以来至周幽王为犬戎所灭,以事接之,三家分,仍述魏事至安釐王之二十年。盖魏国之史书,大略与《春秋》皆多相应。其中经传大异,则云夏年多殷;益干启位,启杀之;太甲杀伊尹;文丁杀季历。"《史通·疑古》云:"汲冢书云:'舜放

---

①　李存山认为,这里的差别只是"禹荐益于天"、"任之政"后,《孟子》的记载是"七年,禹崩",《夏本纪》的记载是"十年"禹崩;"三年之丧毕"后,《孟子》的记载是益避居"箕山之阴",《夏本纪》的记载是避居"箕山之阳"。《夏本纪》为此事作的解释:一是"禹子启贤,天下属意焉",其意已在上引孟子的话中;二是"益之佐禹日浅,天下未洽",这也本孟子所说"益之相禹也,历年少,施泽于民未久"。详见李存山:《反思经史关系:从"启攻益"说起》,《中国社会科学》2003年第3期。

②　陈剑:《上博简〈容成氏〉的竹简拼合与编连问题小议》,《上博馆藏战国楚竹书研究续编》,第330页。

③　关于上博简《容成氏》的成篇时代问题,裘锡圭认为"大概早于孟子,最晚也应与孟子同时"。详见裘锡圭:《新出土先秦文献与古史传说》,《中国出土古文献十讲》,第32页。

④　方诗铭、王修龄:《古本竹书纪年辑证》,上海:上海古籍出版社,1981年,第2页。

尧于平阳,益为启所诛.'"①《史通·杂说上》云:"而《竹书纪年》出于晋代,学者始知后启杀益,太甲杀伊尹,文丁杀季历,共伯名和,郑桓公厉王之子。则与经典所载,乖剌甚多."②由此观之,辑本《古本竹书纪年》中所载,主要是说启对益的处理结果,未论及益是否通过"禅让"获得天下、启以何种方式夺得天下,只记载有启在得"位"、得"天下"后,益干其"位",而终为启所诛杀,重点在启对益的结局上③。

上述材料表明,战国秦汉间关于"启与益"之间关系的历史认识颇为多元,现有的历史记载中就大致有三类不同的认识。第一类的历史认识主要由儒家记载和传述,后又进入诸如《史记》这样的正史记载之中,这样就使"启和平取得天下"的历史认识居于主流位置。由于儒家典籍对一些历史事件或古史传说,出于需要,"务存褒贬"、"隐没者多",使得第二类、第三类的历史认识日益边缘化,这样古代传说中益与启关系的历史事实真相则变得更加模糊。主张"启以武力夺天下"的第二类历史认识,则一直处于不被认同的尴尬局面,而上博简《容成氏》的发现,则使第二类认识又重回到人们的视野。"独尊儒家"后,第三类历史认识即《竹书纪年》中"益干启位,启杀之"的记载,更是"在两宋之际古本佚失之后,至明代被今本中的《孟子》之说取代,至清代才又复见于《古本竹书纪年》"④。这第三类历史认识真可谓"时运不济,命途多舛",几经消磨,若不是清儒整理典籍,辑佚《古本竹书纪年》,恐怕真要"后世无闻"了。

四、历史认识的"剥蚀"与再现

通过上述里耶秦简、上博简《容成氏》、《古本竹书纪年》有关诸例可以看出,由于外部史料条件的变化或是偶遇特殊机缘,也可能使这些曾经销蚀的历史认识得以重现或是部分再现,这就为重新认识真实的客观历史事实和主观历史认识的演变过程提供了难得的机会。

---

① 刘知几撰、浦起龙释:《史通通释》,上海:上海古籍出版社,1978年,第386页。

② 刘知几撰、浦起龙释:《史通通释》,第455页。

③ 这些只是据辑本的《竹书纪年》得出的结论,但不知原始全本《竹书纪年》是否记载有益是否通过"禅让"获得天下、启是通过何种方式取得天下的,如果有,由此启处理益的结局上推断,可能与第二类较为接近。

④ 详见李存山:《反思经史关系:从"启攻益"说起》,《中国社会科学》2003年第3期。

　　近年出土的地下史料①,就提供了这样再现的机会。如《诗·秦风·小戎》:"鋈以觼軜。"《说文》:"觼,环之有舌者。""軜,骖马内辔系轼前者。"由传统文献可以考见,觼軜是轼上用于挂辔的附件,而根据秦陵二号铜车马复原情况来看,车轼上确实有个铜饰件,分作前后两部分,前部分由两长两短共四条钮鼻构成,出土时其中两条长钮鼻上系由服马内辔,后部分是固定在轼上的短柄,这一出土的铜马车轼上的铜附件就完全证实了《说文》的解释无误②。总之,"觼軜"的主要功能是用来系辔的,但这也只是说明秦统一前后比较盛行的挂辔方式,在商周时期是不是仍然如此呢? 那就不得而知了。随着考古学的发展成熟和考古资料的增多,原只在殷墟发掘中较为常见的一种器身狭长、两端有对称性曲臂的青铜器③,则从黄河流域以南、北至西伯利亚南部草原的较多地方都有发现④,这就引起考古工作者的注意。一时间众说纷纭,国内马衡、唐兰、于省吾、郭宝钧、石璋如等学者纷纷提出己说,再加上外国学者的观点,据林沄的统计,大致就可划分为五类:1.认为是"铃";2.认为和弓有关;3.认为是车马器;4.认为是装饰品;5.认为是仪式性物品⑤。1980 年,林沄著文也提出了自己的观点,他根据 1975 年新发表的蒙古人民共和国木伦附近"鹿石"上所刻的图像,找到黄河流域和西伯利亚两地青铜弓形器的亲缘关系,并认识到"弓形器是系在腰带正前方的附件","和用马有关",所以他推测这种弓形器"最有可能正是古代的骑马者和驾车者用来绊挂马缰而解放双手的工具",并定名为"挂缰钩"⑥。1988 年,林沄又在《再论挂缰钩》一文中重申此观点,并指出:"使用挂缰钩的御马技术和马车都是从北方地区传入中原地区的。中原地区年代最早的弓形器是属于殷墟文化二期的,到西周早期以后就退出使用了。但在北方地区则仍保存有各种从弓形器演

---

① 地下史料,既包括那些承载着对历史事实有不同历史认识的"古书",如郭店简、上博简之类地下出土文献;也包括上文中所提到的"历史事实发生后所遗留的史料"中"剥蚀"的那部分,如通过田野考古学所发掘的遗迹遗物、甲骨文、金文和简帛等等。

② 袁仲一:《秦兵马俑坑》,北京:文物出版社,2003 年,第 37—38 页。

③ 这种器物在金石学著作中也有所记载,古董商称为"旗铃",考古报告通常称为"弓形器"。

④ 这种"弓形器"的具体出土地和分布区域,详见林沄:《关于弓形器的若干问题》、《再论挂缰钩》,载《林沄学术文集》,北京:中国大百科全书出版社,1998 年。

⑤ 详见林沄:《关于弓形器的若干问题》,《林沄学术文集》,第 256 页。

⑥ 详见林沄:《关于弓形器的若干问题》,《林沄学术文集》,第 251—261 页。

化而成的多种形式的金属挂缰钩。中原地区金属挂缰钩比北方地区早得多就退出使用,很有可能表明中原地区的御马术从西周早期就有了不同于北方地区的独立发展。故而,我们从先秦图像资料上见到的骑士是手持马缰的,先秦文献中描述的'驾车'是'六辔在手',西周早期以前中原地区的御马术中也使用过挂缰钩的历史就湮没无闻了。"①这就说明《诗经》中的"鑣軜",其功能前身应是晚商至西周中期于车马器中较为常见的"弓形器"②。

　　"弓形器"的发展脉络,也正如林沄所说:"中原地区金属挂缰钩比北方地区早得多就退出使用,很有可能表明中原地区的御马术从西周早期就有了不同于北方地区的独立发展。"③这说明,在车马技术由北方传入中原的初期,驭者就是使用这种系于腰部的弓形挂缰钩来拴绊车马缰。从西周早期开始,中原地区就独立发展,趋势可能就是由驭者的腰间向车轼上发展,后来秦居周之故地,自然也受之影响,才最后发展成秦陵二号铜车马复原车轼上的那个铜饰件,用以拴绊车马缰。而由于"弓形器"的功用一直无法解读,所以才会致使"西周早期以前中原地区的御马术中也使用过拦缰钩的历史就湮没无闻了"。而在北方地区使用的"弓形器",正如林沄所指出的,其"历史延续较长,甚至有可能由童恩正所说的'边地半月形文化传播带'传至川藏地区。所以,唐嘉弘在不久前去西藏拉萨、青海、四川阿坝州等藏族地区和凉山彝族地区进行社会历史考察时,还能不止一次地目睹用类似弓形器的金属挂钩佩挂大铜泡等饰物的现象"④。林沄的这个推断有着相当大的可信性,因为顾颉刚曾游青海的蒙、藏诸地区,对当地土著居民的风俗习惯和着衣装饰特别注意,并运用这些民俗学的知识来解释中原地区古时的"被发、左衽",并发表在顾颉刚《史林杂识初编》"被发、左衽"中,此文还附有一张照片,即此书书首的图版十九,该照片拍摄了两名青海蒙古族妇女的穿衣式⑤,其中右侧那名妇女的腰带上赫然地挂着一把"弓形器",与蒙古鹿石上的中央为竖向单杆的"弓形器",以及辽宁凌源五道河子

---

　　①　林沄:《再论挂缰钩》,《林沄学术文集》,第308—309页。
　　②　李刚认为,鑣軜虽为秦代车器,若用于挂辔,其功能则与弓形器有相似之处。参见李刚:《中国北方青铜器的欧亚草原文化因素》,南开大学博士学位论文,2004年。
　　③　林沄:《再论挂缰钩》,《林沄学术文集》,第308页。
　　④　林沄:《再论挂缰钩》,《林沄学术文集》,第309页。
　　⑤　顾颉刚:《史林杂识初编》,北京:中华书局,2005年,图版十九。

1 号战国墓所出的"弓形器"形制上极为相似①。这样通过"挂缰钩"、"觼軜"、"秦陵二号铜车马复原车轼上的那个铜饰件"、"民族服饰"就把"湮没无闻"已久的先秦时期中原地区的系辔方式复原出来,并以此推断出"挂缰钩"分别在中原和北方的较为清晰的发展脉络②。

再如"五德终始"系统化的上古圣王系统,由原来的纷繁复杂一变为整齐有序,俨然中国上古圣王就这么多,就这么排。而顾颉刚提出"五德终始说"后,则揭开了这千古大骗局,迷雾尽散。《上海博物馆藏战国楚竹书》的面世,又为重新认识上古圣王系统提供了千载难逢的机遇③。上博简《容成氏》对上古史传说中的圣王记载较为系统,有"容成氏、[尊]卢氏、赫胥氏、乔结氏、仓颉氏、轩辕氏、神农氏、橰ﻌ氏、垆毕氏"④,这些上古圣王的部分名称可与传统文献的记载相合,《庄子·胠箧》记载有"昔者容成氏、大庭氏、伯皇氏、中央氏、栗陆氏、骊畜氏、轩辕氏、赫胥氏、尊卢氏、祝融氏、伏牺氏、神农氏",《淮南子·本经训》也曾提到"昔容成氏之时",但《容成氏》简文所记载的"乔结氏"、"橰ﻌ氏"、"垆毕氏",这些在现有的传统文献中很难找到相对应的名称⑤。这种现象,即是古史"剥蚀"造成的。当然这并不是说,上古时期就事实存在着"乔结氏"、"橰ﻌ氏"、"垆毕氏"这样三位圣王,顾颉刚就认为:"后人意想中的创始者是一件事,实际上有无是人又是一件事,决不能因为后人意想中有了这一个创始者就说实际上必有此人。"⑥但由上博简《容成氏》的记载来看,在战国早中期的历史认识和文献记载中,曾经存在过这三位圣王的历史认识,后来随着文献记载的散佚和历史记忆的消退,为后世所不闻! 如陈剑所说:"这些在古人看来就属缥缈难稽的上古帝王名,在流传的过程中或湮没不显,有几个没有保存在现有古书里,是

---

① 蒙古鹿石和辽宁凌源的"弓形器"的线图,详见林沄:《再论挂缰钩》,《林沄学术文集》,第306 页图二 3、4、8。

② 有关"挂缰钩"考古类型学的具体演化进程,详见林沄:《青铜挂缰钩补说》,《边疆考古研究》第 6 辑,2007 年。又载《林沄学术文集(二)》,北京:科学出版社,2008 年,第 124—128 页。

③ 利用战国楚竹书等出土文献研究古代传说中的帝系及相关问题,参见郭永秉:《帝系新研:楚地出土战国文献中的传说时代古帝王系统研究》,北京:北京大学出版社,2008 年。

④ 陈剑:《上博简〈容成氏〉的竹简拼合与编连问题小议》,《上博馆藏战国楚竹书研究续编》,第 328 页。

⑤ 陈剑:《上博楚简〈容成氏〉与古史传说》,台北"中央研究院"历史语言研究所主办,"中国南方文明学术研讨会"论文,2003 年 12 月 19 日。又载陈剑:《战国竹书论集》,第 59 页。

⑥ 顾颉刚:《讨论古史答刘胡二先生》,《古史辨》第一册,第 141 页。

实属正常。"①

　　由此可见,正是如同挂缰钩、郭店简《唐虞之道》、上博简《容成氏》、里耶秦简、燹公盨这样的考古学新材料的出土与发现,才使人们重新寻回失去的历史记忆,使我们有机会得到更为原始和全面的历史认识。

第二节　"层累说"中的"社会背景法"

　　顾颉刚"层累说"在研究方法上,十分注意古书的成书年代和古史当时所处的时代背景,注意将古代学术思想的发生发展与当时大的历史背景和社会环境相联系。这种分析层累形成的每一个历史观念所处时代背景中的政治、社会和文化因素,通过对形成过程的全局性把握,寻出这一历史观念产生的背景和原因的方法可以称为"社会背景法"。这种方法对于寻找历史认识的源头,无疑有着十分重大的作用与意义。但由于顾颉刚在批判继承康有为等今文经学家的过程中,受到康有为《孔子改制考》的影响,将康有为的"孔子改制说"扩大成"诸子改制说",这样无意间便扩大了战国秦汉间人为造伪的范围。这种方法的弊病在于没有意识到,古史的层累除了有人为伪造附加上的,还有一种是自然层累形成的情况。当这种意识形成思维定势时,极其容易走向极端,认为某些古书中所有记载的史实皆为后人所伪造,不仅视这些古书为不可信,就连其中有可能存在的真实史实素地也一概忽视。王汎森认为"层累说"的"盲点之一,是把书的真伪与书中所记载史事的真伪完全等同起来,认为伪书中便不可能有真史料。他们之所以不能自觉到这么一个盲点,是因为心中有一套潜在架构,使得他们不能平情的对上古史事进行细心的鉴别"②。

一、"社会背景法"的来源、应用及特点

　　顾颉刚的"社会背景法"应该说在"层累说"诞生之初就已酝酿其中,只是学者们向少注意。顾颉刚就曾回忆说:"始见钱玄同先生。他屡屡提起今、古文问题,……我听了这番话后,眼前一亮,知道倘使不用了信仰的态

---

　　①　陈剑:《上博楚简〈容成氏〉与古史传说》,台北"中央研究院"历史语言研究所主办,"中国南方文明学术研讨会"论文,2003 年 12 月 19 日。又载陈剑:《战国竹书论集》,第 59 页。
　　②　王汎森:《古史辨运动的兴起——一个思想史的分析》,第 296 页。

度去看而用了研究的态度去看,则这种迁谬的和伪造的东西,我们正可利用了它们而认识它们的时代背景。"①对于这里所说的用今古文经学家的经说来看时代背景,他解释说:"西汉人的经学是大义微言,说是孔子的,其实是西汉的。东汉人的经学是典章制度,说是古代的,其实是东汉的。西汉的社会背景,东汉的整理古书,这两问题如果研究得好,那就解决了许多经学问题了。"②

"社会背景法"主要来源于对康有为今文经学说的批判继承。顾颉刚认为孔子和《论语》是较为可信,他说:"《论语》是战国早期的一部书,当然说话比别的可信。虽也经后来人窜乱了,究竟还不多。……'知之为知之,不知为不知',这是孔子的好处,也是《论语》的好处。"③所以,他虽然继承康有为"孔子改制说",但造伪并不由"孔子"来承担,而是扩大为战国秦汉间的普遍造伪。首先从战国诸子中的孟子入手,他说:"盖战国时无史可知,徒以一二名人,随便传说,奇思臆论,无不传会。言者出于滑稽,闻者以为信史。孟子尚如此,况好怪者乎!……战国时无史可知,但大家极愿意借史事把自己主张发挥,所以大家勉力造史事。当时无古可好,犹然如此,况今有古可好耶!"④他认为战国诸子中以孟子的改制倾向最为明显,他说:"孟子'言必称尧、舜',又云'在我者皆古之制也'(《尽心下》),在此种状况之下,古制安得不层出不穷。"⑤他还认为战国游士曾利用孔子为改制作说辞,如他说:"孔子何尝有周游列国之事?周游列国者,战国时之游士耳。从战国人的眼光中,孔子亦应像他们的周游,故孔子遂成为春秋时的游士,所至之国至于七十二之多了。"⑥并且,顾颉刚认为战国诸子在思想上已经具备利用战国时势托古改制的条件,他说:"《曲礼上》曰:'毋剿说,毋雷同,必则古昔,称先王。'此数语写尽战国学者态度。因'毋剿说,毋雷同',故思想自由,开创无数境界,又因'必则古昔,称先王',故造了许多伪史,至今弄不清楚。"⑦加之战国时代,能看到的古代资料已不多,春秋前期的简编已

---

①　顾颉刚:《中国上古史研究讲义》自序二,第 14 页。

②　顾颉刚:《法华读书记》(1951.1—1955.5),《顾颉刚读书笔记》(五),第 2761—2762 页。

③　顾颉刚:《景西杂记》(1921.9—1922.4),《顾颉刚读书笔记》(一),第 286—290 页。

④　顾颉刚:《景西杂记》(1921.9—1922.4),《顾颉刚读书笔记》(一),第 272 页。

⑤　顾颉刚:《浪口村随笔》(1939.1—1939.12),《顾颉刚读书笔记》(四),第 2128 页。

⑥　顾颉刚:《淞上读书记》(1923.3—1924.2),《顾颉刚读书笔记》(二),第 709—710 页。

⑦　顾颉刚:《泣吁循轨室笔记》(1924.2—1925.7),《顾颉刚读书笔记》(二),第 774 页。

化为灰烬，遑论三代，"故儒、墨想像之言，遂为二千余年来的人们信为真古史了"①。

上述这些想法，使得顾颉刚开始关注战国时期的社会背景和时代需要，以便为其"社会背景法"寻找理论根据。他认为战国中有四件大事，都与古史大有关系，不是古史受其影响，便是此种政治受说古史者之影响。此四件事是：(1)权门灭公室。在此时期中，汤、武、桀、纣的故事当造得不少。(2)诸侯僭王。"文王受命称王"的故事，当亦始于此时。(3)燕王禅让。此必先有禅让之说，而后为燕王所采用。(4)东、西帝分立。在此期间，有封禅、巡狩等等的学说②。战国期间，还有统一的要求，《孟子·离娄》："人有恒言，皆曰'天下、国、家'天下之本在国，国之本在家，家之本在身。"此可见至战国时，人民之眼光已打破国界而进入"天下"，作为大一统之先声，始皇统一六国，固有其酝酿若干年之舆论，成此"人有恒言"③。顾颉刚觉得《尚书》中的《尧典》、《禹贡》可能是战国伪史家出于需要而伪造的，并拟为《禹贡作于战国考》④。直至晚年，顾颉刚仍然坚持这一看法，他说："可见统一中国之热烈要求与其明确口号实始于战国之世，而《禹贡》一书则其建国大纲也。"⑤不仅认为《尚书》开首诸篇是战国时所造，他亦认为《周官》是战国改制的作品，他说："战国时各国皆立新法，及立法时讨论取舍之状。当时一方面以破坏旧法而'去籍'，一方面又以创立新法而'改制'。《周官》一书，殆由此而来。"⑥总之，托古改制是战国诸子用当前或自己理想中的制度和思想，来看原始社会中的制度和思想，所以有《尧典》、《皋陶谟》、《禹贡》、《王度记》诸篇以及《周官》的出现。孟子有自己的一套政治思想，然而他"言必称尧舜"，就是从"永远不变地存在下去"的观点出发的，这就是"托古改制"的由来⑦。

顾颉刚对康有为的《新学伪经考》有所承继，但又非全盘接受，这是因为他已经具有"历史的眼光"和"超越今古文"的方法。他说："刘歆所编伪

①　顾颉刚：《高春琐语》(1966.7—1974.6)，《顾颉刚读书笔记》(九)，第 7450 页。
②　顾颉刚：《淞上读书记》(1923.3—1924.2)，《顾颉刚读书笔记》(二)，第 659—661 页。
③　顾颉刚：《耄学丛记》(1972—1975)，《顾颉刚读书笔记》(十)，第 7798 页。
④　顾颉刚：《淞上读书记》(1923.3—1924.2)，《顾颉刚读书笔记》(二)，第 573—574 页。
⑤　顾颉刚：《汤山小记》(1957.4—1961.7)，《顾颉刚读书笔记》(七)，第 5674 页。
⑥　顾颉刚：《壬寅秋日杂钞》(1962.8—1962.11)，《顾颉刚读书笔记》(八)，第 6111—6112 页。
⑦　顾颉刚：《古史杂记》(1973)，《顾颉刚读书笔记》(十)，第 7595 页。

书,实较今文为胜。如《左传》实胜《公羊》,《毛诗》实胜三家,而《尔雅》更为有系统之文字学书,前所未有,《周官》则规模阔大,非有大魄力不办。今文家中无大思想家,故其成就琐屑恒钉。惟其古文家胜于今文家,乃能移转风气,使学术界变其目光与方法,而取得领袖群伦之资格。……故东汉以下,今文日衰,古文日盛,实循此优胜劣败之公例也。惟其作伪,则为不可掩之事实。我辈今日,平亭两家,则真伪是一事,好坏另是一事,尽可有真而坏、伪而好者,我辈只是披露其真相而已,不必有出主入奴之见也。此一态度,为康、崔诸氏所不能有。"①虽然,这里顾颉刚也强调古文优于今文,但终究没有放弃康有为等今文学家的"刘歆伪造说",放弃的只是致用的态度②。进而,他认为康有为的弊病是将一切归狱于刘歆,而忽视了时代的影响,这样不仅刘歆依然难脱伪造的干系,而且大而化之,将那个时代全部笼罩在造伪的阴影之下。

在篡改古代帝王系统方面,顾颉刚认为刘歆也难逃干系,他观察到《史记》、《汉书》一样地说社、稷之祠所由来久远,但《史记·封禅书》言禹、稷,《汉书·郊祀志》则言句龙与柱。所以然者何?他认为,是"刘歆在《左传》中把句龙和柱写了进去,故班固遂录用之。作《史记》时尚无此类话也"③。他还针对《法言》以高阳紧接有熊的现象说:"扬雄作《法言》时,王莽已为安汉公矣,《世经》将出矣,少昊后将封矣,而扬氏犹以高阳紧接有熊,不言有金天氏者在其间,则'少昊金天氏'为莽、歆之徒硬插入帝王系统又何疑!"④对于康有为将一切伪造归狱刘歆,顾颉刚又认为不尽相合,他说:"然书之有窜乱及伪撰则为极明白之事实。战国时有伪撰神农、黄帝书者,西汉时自会有伪撰周公、孔子书者。不必为刘歆,在此大潮流中之作者固多矣。至刘歆则凭借帝王之藏书及其推行之势力,使窜乱伪撰者得其流行之便利己耳。在此大潮流中,刘歆为主脑人物固无疑。若《尧典》、《洪范》、《王制》、《易传》等等,则皆不得其主名者也。补《史记》者甚多,而赵翼归狱于褚少孙,正同此例。褚少孙特其有主名者耳。各时代各有其需要,即各

①　顾颉刚:《纯熙堂笔记》(1946.6—1947.10),《顾颉刚读书笔记》(四),第 2334 页。
②　顾颉刚始终未放弃"刘歆伪造说"。1973 年 8 月 11 日,他致徐仁甫书云:"刘歆表章《左氏》,保存春秋一代史事,固一大功绩,而其附莽以造伪史,淆乱当时史官之记载,则为千古罪人,功罪自当分别论之。"顾颉刚:《枫林村杂记》(1966.1—6),《顾颉刚读书笔记》(九),第 7291 页。
③　顾颉刚:《遂初室笔记》(1929—1930),《顾颉刚读书笔记》(三),第 1218 页。
④　顾颉刚:《缓斋杂记》(1955.8—1956.11),《顾颉刚读书笔记》(六),第 4453 页。

有其托古,本是一长流,不能但指其一节。康氏但斥刘歆,钱宾四等但为刘歆辩护,皆非也。"①所以,他认为刘歆以前有许多假书,刘歆以后又有许多假书,伪经必非"新学"所可限②。刘歆不过承此时代思潮,变本加厉耳③。在此种风潮之下,顾颉刚认为汉代人极善于整齐故事,他说:"'整齐'一事自是汉代学者致力之目标。因为要整齐,故夏、商、周三代事物粲然毕陈,因革损益如指之掌。因为要整齐,所以到讲不通的地方就硬定为某代之制……因为要整齐,所以不审核其事实,惟务排列……五行之说,即汉人整齐事物时所充量使用者。"④所以,"此后工作应加分析,何者为三代制? 何者为秦、汉制? 何者为秦、汉人之托古改制? 必分析清楚,而后各代制度之真面目方显现。所恨者,材料缺乏,涸乱太多,不可能全部解决耳"⑤。

顾颉刚最早提出"社会背景法"的雏形,是在 1922 年 3 月间他为商务印书馆编撰《现代中学本国史教科书》的过程中。此时,他在应李石岑的约稿所写的《中学校本国史教科书编纂法的商榷》中谈到,旧教科书只有名人造时势,且名人的产生是天纵的,而不谈其社会背景,认为只有"先得把大多数人的意志说明,把时势的由来看定,然后名人的事实始有一个着落,名人方始真可以做时势的代表"⑥。而正式提出是在《与钱玄同先生论古史书》中,他将"层累地造成的中国古史"归结为三个意思,其中第三点:"我们在这上,即不能知道某一件事的真确的状况,但可以知道某一件事在传说中的最早的状况。"这就表明,在上古史材料比较集中的战国秦汉时期,必将成为考察古史流传情况的重点时段,如顾颉刚所说:"我们既不能知道东周时的东周史,也至少能知道战国的东周史。"⑦实际上,从后来的发展情况来看,这一看法在顾颉刚的古史学研究中造成两种结果:其一,"不立一真,惟穷流变"指导原则的确立,专注于对历史史观的流变演化;其二,为解释历史上各种观念流变演化的过程,而频频使用"社会背景法"。顾颉刚的

---

① 顾颉刚:《纯熙堂笔记》(1946.6—1947.10),《顾颉刚读书笔记》(四),第 2302 页。
② 顾颉刚:《遂初室笔记》(1929—1930),《顾颉刚读书笔记》(三),第 1264 页。
③ 顾颉刚:《纯熙堂笔记》(1946.6—1947.10),《顾颉刚读书笔记》(四),第 2334 页。
④ 顾颉刚:《泣吁循轨室笔记》(1924.2—1925.7),《顾颉刚读书笔记》(二),第 832—833 页。
⑤ 顾颉刚:《汤山小记》(1957.4—1961.7),《顾颉刚读书笔记》(七),第 5035 页。
⑥ 顾颉刚:《中学校本国史教科书编纂法的商榷》,《教育杂志》第 14 卷第 4 号,1922 年 4 月 20 日。又载《宝树园文存》(卷三),第 23 页。
⑦ 顾颉刚:《与钱玄同先生论古史书》,《古史辨》第一册,第 60 页。

"层累说"一出,即被人指为好做翻案文章,他解释说:"并不是仅仅要做翻案文章,这是我敢作诚信的自白的。我的惟一的宗旨,是要依据了各时代的时势来解释各时代的传说中的古史。"①这"社会背景法"的思想基础,是认为"上古史事是时代意识的直接反映,所以要了解'当时的古史观念'之前先要了解'当时的史事',也就是说要解开那些层累的古史系谱前必先了解伪造出它们的时代环境"②。

顾颉刚利用"社会背景法"解释古史系统观念层累式形成的过程,认为旧古史系统都是战国诸子基于当时现实环境的需要而不断伪造的,秦汉古史家又将这些伪造的古史传说层累成整齐的古史系统。他认为尧、舜、禹之所以能够和唐、虞、夏联系上,并形成三代先后衔接的古史体系,就是战国伪史家的作品。他说:"我寻求禹和夏、尧和唐、舜和虞所以发生关系之故,以为这是战国的伪史家维持信用的长技。他们觉得尧舜禹都是冥漠中独立的个人,非各装在一个着实的地方不足以使得他们的地位巩固,于是这些假人经由伪史家的作合,就招赘到几个真国度里做主人了!这确是很有效力的事。试看蚩尤、共工之类,当时的传说何尝不盛,只是没有经过伪史家的安顿,至今在古史中永远是沉浮不定,随人转移。"③文王与商纣之所以有了君臣的关系,也是春秋战国时那些谋篡君位的大臣为自己开脱而编纂出来的,他说:"推原所以有文王为纣臣之说的缘故,实由于春秋后期以至战国初期的时局的引导。春秋之末,世卿已极专横。到了战国,小国之卿就成了小国之君(如鲁之季氏),大国的卿就成了大国之君。……但他们虽是自己成了国君,对于故主的君臣名分上总不免有些挂绊,对于被欺凌和被推倒的故主身上总不免有些'惭德'。在这惭德之下的自解,惟有以汤武革命为理由。他们以为以臣灭君是古来一例的,他们为故主之臣,正与汤和文武为桀纣之臣一样,故主不振作,该得由大臣来'易位'。汤和文武灭了故主,无损其为圣王。"④这样,顾颉刚通过"社会背景法"便合理地解释了古史传说中的尧舜禹禅让和汤武革命产生的历史原因。

顾颉刚在解释打破"民族一元"、"地域一统"、"古史人化"、"古代为黄

①　顾颉刚:《古史辨》第一册自序,第 65 页。
②　王汎森:《古史辨运动的兴起——一个思想史的分析》,第 240 页。
③　顾颉刚:《讨论古史答刘胡二先生》,《古史辨》第一册,第 118 页。
④　顾颉刚:《讨论古史答刘胡二先生》,《古史辨》第一册,第 149 页。

金世界"等四个标准的形成过程时,仍使用"社会背景法",认为是当时战国诸子和伪史家伪造出层累的结果。这种解释虽然有些过于简单化,但这四个命题的提出,标志着以往古史系统中的"道统"被打破,是旧史学摆脱经学的束缚向新史学迈进的号角,标志着由旧史学静态的一元论向新史学动态的多元论转化。如顾颉刚说:"在孔子以前,中国文化本是多元的,因交通之不便,各作各的发展。自孔子以后,交通既便,文化日在混合中,儒家兴起,欲建立大一统之礼制,于是将多元之文化组织为一元之文化,而此不一致的情形或分配于四时,或分配于五等爵,甚或分配于四代,而礼之问题纷纷起矣。"①

顾颉刚利用"社会背景法"成功地解释了战国时期古史系统形成的过程和方式,而最终将此方法系统成说并发挥到淋漓尽致的境地,则是 1935年写定的《战国秦汉间人的造伪与辨伪》一文。在此文中,他运用"社会背景法"全面细致地分析了战国秦汉间为何会出现普遍的造伪②。

总结顾颉刚所使用的"社会背景法"的特点,有以下两个方面:首先,战国秦汉以前没有过这些上古史传说,只是到了战国秦汉间,这些传说陡然之间出现,这是由人们根据当时的社会、政治需要伪造出来,从而战国秦汉时期就成为了古史传说的放大期。其次,传说与造伪之间并无区别,只看到传说演化的痕迹,就指认这是有意作伪的结果,而不去考察史事的真相。由此可见,顾颉刚运用"社会背景法"的根本之处还在于"层累说",只不过他是在运用此方法来解释古史传说层累式形成的方法和过程。在此种形成过程中,由于顾颉刚受到今文经学家的影响,他更为侧重人为造伪形成的方式,而忽视古史传说和历史认识在流传过程中受到自然的无意识的改变③。顾颉刚对康有为等今文经学家的继承,扬弃今文学家所提出的孔子托古改制、刘歆为政治目的造伪④、古文不如今文的说法和致用的态度,超

---

① 顾颉刚:《融一斋笔记》(1944.7—1946.6),《顾颉刚读书笔记》(四),第 2281 页。

② 顾颉刚:《战国秦汉间人的造伪与辨伪》,《古史辨》第七册(上),第 25—28 页。

③ 王汎森就认为"顾颉刚的'层累造成说'有一个相当突出的特质,这个特质是:他把'层累'看成是有意造伪的结果,而不是自然累积而成的"。什么因素造成这个特质,"主要是康有为的《新学伪经考》与《孔子改制考》所造成的影响"。详见王汎森:《古史辨运动的兴起——一个思想史的分析》,第 293 页。

④ 吕思勉则认为康有为"古事非真相,乃由先秦诸子有意所托,经说今古歧异,乃由刘歆等辈有意造成"的看法,根本无此事实。参见吕思勉:《从章太炎说到康长素梁任公》,《吕思勉论学丛稿》,第 401 页。

越了家法,施以求是的态度,认为诸子托古和刘歆伪造是时代的原因,但也无意中陷入普世造伪的误区,由诸子托古和刘歆伪造扩大成整个时代造伪的风气,客观上扩大了对上古史料和历史认识抹煞的范围。

通观顾颉刚在提出"层累说"前后的公开著作和私下的零散文献,即可发现他的"社会背景法"注重时代背景中人为伪造因素的分析,而忽视自然层累的成因。1923 年 10 月 20 日,刊于《读书杂志》中的"启事三则"中透露了这样一个消息,他说:"中国的古史全是一篇糊涂账。二千余年来随口编造,其中不知有多少罅漏,可以看得出它是假造的。但经过了二千余年的编造,能毂成立一个系统。"①1923 年,顾颉刚的《与钱玄同先生论古史书》认为:"从战国到西汉,伪史充分的创造,在尧舜之前更加上了多少古皇帝。"②他认为尧、舜、禹的关系的伪造,则是由春秋后期的人们根据伪造出的"禅让说"而编排起来的,他在《讨论古史答刘胡二先生》中说:"他们的关系是起于禅让之说上,禅让之说乃是战国学者受了时势的刺激,在想象中构成的乌托邦。"③直至 1930 年,他在写《阮元明堂论》时仍认为"一切制度文化遂悉建立其基础于战国而下之说者之口"④。顾颉刚不仅认为古代帝王系统是由人为伪造构建起来的,即便是宗教、神话中亦存在这种现象。他曾评价岑仲勉《据〈史记〉看出缅、吉蔑(柬埔寨)、昆仑(克仑)、暹罗等族由云南迁去》一文,写道:"此文说明种族历史常因文化传播而有所改变,文化力量常使人于有意或无意中作伪,而抛弃其真实的历史。……此可见民族迁徙与文化传播均可使真正历史受传说之歪曲;其为政治关系,有意作伪者,更无论矣。"⑤他还谈及神话自然发生与计划排比,说:"古代神话皆为自然发生的。至秦、汉后,则为有计划的排比,虽仍有神话之素地,而所改变以就其系统者什八九矣。分析其孰为自然发生,孰为有意排比,这亦是一大工作。《路史》之缪,正由其不分析。"⑥

有关刻意伪造与自然累积之间关键性的不同,钱穆在《评顾颉刚〈五德

---

①　顾颉刚:《启事三则》,《古史辨》第一册,第 187 页。

②　顾颉刚:《与钱玄同先生论古史书》,《古史辨》第一册,第 65 页。

③　顾颉刚:《讨论古史答刘胡二先生》,《古史辨》第一册,第 133 页。

④　顾颉刚:《阮元明堂论》,《国立中山大学语言历史学研究所周刊》第 121 期,1930 年 3 月 5 日。又载《顾颉刚古史论文集》(卷三),第 33—34 页。

⑤　顾颉刚:《汤山小记》(1957.4—1961.7),《顾颉刚读书笔记》(七),第 5427 页。

⑥　顾颉刚:《兰课杂记》(1947.11),《顾颉刚读书笔记》(四),第 2023 页。

终始说下的政治与历史〉》中便指出:"伪造与传说,其间究是两样。传说是演进生长的,而伪造却可以一气呵成,一手创立。传说是社会上共同的有意无意——而无意为多——的一种演进生长,而造伪却专是一人或一派人的特意制造。传说是自然的,而造伪是人为的。传说是连续的,而造伪是改换的。传说渐变,而伪造突异。"①但对钱穆提出的希望《古史辨》再进一层,不迷持于晚清今文家的刘歆伪造群书之旧说的看法,顾颉刚并不以为然,他说:"他们的历史考证,固然有些地方受了家派的束缚,流于牵强武断,但他们揭发西汉末年一段骗案,这是不错的。"②由此可见,顾颉刚对学界这些不同的声音,并未接受,仍然坚持认为层累地形成的古史,是有意伪造而不是自然累积的结果,这也是他始终坚持的治史观念。裘锡圭即认为,顾颉刚在《答刘胡两先生书》中所说的"古人对于神和人原没有界限……自春秋末期以后,诸子奋兴,人性发达,于是把神话中的古神古人都'人化'了","是相当有道理的",但对其不将这"人化"说成是自然的演变过程,却认为是人为层累成的,感到不解。裘锡圭认为,在这种"人化"的过程中,禹受天帝之命平治水土的传说变为受人帝尧、舜之命平治水土的传说,禹由"上帝部属"渐渐变成"尧舜部属",是很自然的事,而顾颉刚所认为的禹和尧、舜的关系是"起于禅让之说"的看法,则"是不妥当的"③。

二、"社会背景法"的无限制运用

顾颉刚在运用"社会背景法"来解释上古史时,往往容易形成一种思维定式,事先预设有伪推定,认为战国秦汉间学者们有意无意的伪造古史相当普遍,以至于使得这一时期的每位学者所言所说或某部古典文献中的所有内容,都蒙上造伪的嫌疑,而忽略去个别分析、具体对待。

早在 20 世纪 30 年代,胡适在《评论近人研究〈老子〉的方法》一文中,已经指出顾颉刚在运用"层累说"时两个论证方法上的缺陷,他以《老子》是否晚出为例来加以说明。首先,胡适承认他并不反对"怀疑的态度"④。其次,胡适指出顾颉刚等人在证明《老子》晚出时,运用的方法之一是"从'思

①　钱穆:《评顾颉刚〈五德终始说下的政治与历史〉》,《古史辨》第五册,第 620 页。
②　顾颉刚:《跋钱穆评〈五德终始说下的政治与历史〉》,《古史辨》第五册,第 631 页。
③　裘锡圭:《新出土先秦文献与古史传说》,《中国出土古文献十讲》,第 22—23 页。
④　胡适:《评论近人考据〈老子〉年代的方法》,《古史辨》第六册,第 387 页。

想系统上'或'思想线索上',证明老子之书不能出于春秋时代,应该移在战国晚期"。实际上,胡适在早年也曾怀疑过《老子》书中不应有"天地相合以降甘露"一类的话,认为这种思想"不合老子的哲学"①。而作为该方法"始作俑者"的胡适,此时也做出了反思。他说:"这个方法是很有危险性的,是不能免除主观的成见的,是一把两面锋的剑可以两边割的。你的成见偏向东,这个方法可以帮助你向东;你的成见偏向西,这个方法可以帮助你向西。如果没有严格的自觉的批评,这个方法的使用决不会有证据的价值。"原因就在于"思想线索是最不容易捉摸的","一个人自身的思想也往往不一致,不能依一定的线索去寻求"。所以,"应该对于这种思想线索的论证稍稍存一点谨慎的态度。寻一个人的思想线索,尚且不容易,何况用思想线索来考证时代的先后呢?"②再次,胡适指出顾颉刚等人是在"用文字、术语、文体等等来证明《老子》是战国晚期的作品"。胡适认为这个方法在一定范围内是有用的,但同时他也指出,这个方法也很有危险性,因为"(1)我们不容易确定某种文体或术语起于何时;(2)一种文体往往经过很长期的历史,而我们也许只知道这历史的某一部分;(3)文体的评判往往不免夹有主观的成见,容易错误"。总而言之,"同一个时代的作者有巧拙的不同,有雅俗的不同,有拘谨与豪放的不同,还有地方环境的不同,决不能由我们单凭个人所见材料,悬想某一个时代的文体是应该怎样的"。所以,"对于这种例证存一点特别戒惧的态度","至于撷拾一二各名词或术语来做考证年代的标准,那种方法更多漏洞,更多危险"③。最后,胡适针对顾颉刚《从〈吕氏春秋〉推测〈老子〉之成书年代》一文"用《吕氏春秋》引书的'例'来证明吕不韦著书时《老子》还不曾成书"的观点,指出顾颉刚是在"替古人的著作做'凡例',那是很危险的事业",并且认为顾颉刚所说《吕氏春秋》"简直把《老子》五千言的三分之二都吸收进去了",这也是骇人听闻的④。而对于顾颉刚文章后半段所用的方法,则"完全是先构成一个'时代意识',然后用这'时代意识'来证明《老子》的晚出"⑤。

① 胡适:《评论近人考据〈老子〉年代的方法》,《古史辨》第六册,第 392 页。
② 胡适:《评论近人考据〈老子〉年代的方法》,《古史辨》第六册,第 390、392—393 页。
③ 胡适:《评论近人考据〈老子〉年代的方法》,《古史辨》第六册,第 393、395、399 页。
④ 胡适:《评论近人考据〈老子〉年代的方法》,《古史辨》第六册,第 401—403 页。
⑤ 胡适:《评论近人考据〈老子〉年代的方法》,《古史辨》第六册,第 409 页。

近年来,由于地下出土文献中的战国、西汉的《老子》简帛古书的纷纷涌现,关于顾颉刚《老子》成书年代在《吕氏春秋》之后的观点,从今天的材料状况来看,已是不辨自明。反观当年胡适在方法论角度所作的批评,已大体道出顾颉刚在运用"层累说"时具体的方法缺陷。顾颉刚在分析具体史料时,无论是从古书的"思想线索"或是用文字、术语、文体或是"凡例"或是"时代意识"等角度所进行的比较,都犯有胸中"预先存了一种主观的谬见",所用来评判的"标准完全是主观的",所以"这种标准是没有多大可靠性的"①。并指出,顾颉刚还预先构建一个"时代意识",用此来证明文献的不合"时宜",多是伪造或是晚出。究其实质,顾颉刚在运用"层累说"时,最大的方法论缺陷,即是将"默证法"和"社会背景法"在史料学领域内不加限制地滥用,为证己说,不惜采取"矫枉过正"的观点。

第三节 "层累说"的指导原则

顾颉刚"层累说"的指导原则,是"不立一真,惟穷流变"。顾颉刚在《答李玄伯先生》中说:"我对于古史的主要观点,不在它的真相而在它的变化。我以为一件故事的真相究竟如何,当世的人也未必能知道真确,何况我们这些晚辈;但是我们要看它的变化的情状,把所有的材料依着时代的次序分了先后,按部就班地看它在第一时期如何,在第二时期如何,……这样的'不立一真,惟穷流变'地做去,即使未能密合,而这件故事的整个的体态,我们总可以粗粗地领略一过。"②余英时认为,顾颉刚把"传说的经历"看得比"史迹的整理"还重要——这是中国传统考证者在历史意识方面从来没有达到的高度③。但也要看到,"惟穷流变"造成顾颉刚只注重对"历史认识"的衍生发展过程进行研究,忽视了对"客观历史事实"这种"真"的追寻和探索,这很容易造成研究对象的错位。

一、"不立一真,惟穷流变"

许冠三认为,顾颉刚古史学的方法论系统是由三大源流构成。"一是

---

① 胡适:《评论近人考据〈老子〉年代的方法》,《古史辨》第六册,第394页。
② 顾颉刚:《答李玄伯先生》,《古史辨》第一册,第273页。
③ 余英时:《顾颉刚、洪业与中国现代史学》,《文史传统与文化重建》,第410页。

得自胡适的历史演进的方法;二是此法的变种——故事的眼光;三是源于康有为但经他发展的伪史移用法。此三者每每错综并用,但始终以演进法为主。"①顾颉刚之所以会始终以"演进法"为主,是因为"惟穷流变"从根本上来说,就是其古史学的根本指导原则。顾颉刚运用"层累说",将研究古史的重心主要放在古史"传说"的经历与演化过程上,特别是对各个时代的历史观念转化的考察。这除了有其思想来源外,他本身最初的古史研究也以此为突破点。他说:"我的辨论古史的主要观点,在于传说的经历。我对于古史的最早怀疑,是由《尧典》中的古史事实与《诗经》中的古史观念相冲突而来。在这个冲突中,中枢的人物是禹,所以使我对于禹在传说中的地位特别注意。从此旁及他种传说,以及西周、东周、战国、秦汉各时代人的历史观念,不期然而然在我的意想中理出了一个古史成立的系统。(这个系统的确实与否自是另一个问题。)我要说明这个系统,当然要依了时代去搜集材料,从各时代的材料中看出各时代人对于古代的中心人物的观念的演变。"②顾颉刚认为以"惟穷流变"的原则去看古史,"能把向来万想不通的地方想通,处处发见出它们的故事性",所以敢大胆打破旧有的古史系统③。

　　另外,从顾颉刚当时的研究条件来看,他本人认为先秦典籍都是处于被怀疑之列,可信的上古史材料少之又少,在当时考古学尚不发达的情况下,很难用这些不可信的材料来探寻中国古史之"真",这也恐怕是顾颉刚的隐衷吧! 当顾颉刚面对考古学者的质疑时,也不得不承认说:"我们生于今日,初懂得用历史演进的眼光去读古书,初懂得用古人的遗作品去印证古书,乍开了一座广大的园门,满目是新境界,在载记中即已有无数工作可做。依我看,我们现在正应该从载记中研究出一个较可信的古代状况,以备将来从遗作品中整理出古史时的参考。"④而"从载记中研究出一个较可信的古代状况",主要是通过考察古事的演变层累轨迹,并非将"求真"作为研究中心。顾颉刚认为只有将在不同时期产生的古史传说按顺序排列起来,寻找演化的规律,才能更加接近古史的真实,从而在其古史研究中确立

① 许冠三:《顾颉刚:始于疑终于信》,《新史学九十年》,长沙:岳麓书社,2003 年,第 203 页。
② 顾颉刚:《答柳翼谋先生》,《古史辨》第一册,第 223 页。
③ 顾颉刚:《答李玄伯先生》,《古史辨》第一册,第 273 页。
④ 顾颉刚:《答李玄伯先生》,《古史辨》第一册,第 271 页。

了"不立一真,惟穷流变"的指导原则。他说:"这样的'不立一真,惟穷流变'地做去,即使未能密合,而这件故事的整个的体态,我们总可以粗粗地领略一过。从前人因为没有这种的眼光,所以一定要在许多传说之中'别黑白而定一尊';或者定最早的一个为真,斥种种后起的为伪;或者定最通行的一个为真,斥种种偶见的为伪;或者定人性最充足的一个为真,斥含有神话意味的为伪。这样做去,徒然弄得左右支吾。结果,这件故事割裂了,而所执定的一个却未必是真。"①这里所说的"不立一真",并不是说顾颉刚不去寻求历史的客观事实,而是其史料考辨工作的原则,即不在纷繁复杂的材料中挑选哪些是真哪些是伪,主要是将史料的整体面貌弄清楚,将其梳理出头绪,分清其源流与演化,这是一种分析考辨史料的基础工作。

1924 年 3 月 26 日,顾颉刚在《我的研究古史的计划》中列出将全面研究古史的详细计划,这个计划分六个阶段,约需二十余年的时间,顾颉刚将其视为一生为之奋斗的事业。其中最后一个学程,他要将"以前十六年中所得的古史材料重新整理,著成专书。这一部专书的组织,应将下列诸问题作为系统的说明:(1)某时代的古史观念如何? (2)这个古史观念是从何时、何地,或因何事来的? 为什么要来? (3)这个古史观念在当时及后来发生了什么影响? 以上三条为当时的古史观念。(4)这时的史事可以考实的有多少? (5)这时的实物留遗至今的有多少? (6)对于这时的民族和文化的大概情形的想像是怎样? 以上三条,为当时的史事"②。可见,顾颉刚计划最终要著成专书的两大部分是有关"古史观念"和"史事"的,这表明他要通过考察古史观念的形成、变化与原因,最终完成对旧史事系统的清理,还历史事实以真面目,恢复当时民族与文化的大致情景。最终的目的仍是求真,但之所以提出"不求一真,惟穷流变",是想将精力和时间集中到对古史观念的研究上去。"不求一真,惟穷流变"这里的"真"是指客观历史的发展过程和史事真相,"流变"是指历史观念和历史认识的流变,后者是更好地认识前者的前提,也是当时顾颉刚古史学研究的重点。顾颉刚在《中国上古史研究讲义》的自序中说:"我编辑这份讲义的宗旨,期于一反前人的成法,不说哪一个是,哪一个非,而只就它们的发生时代的先后寻出它们的承

---

① 顾颉刚:《答李玄伯先生》,《古史辨》第一册,第 273 页。
② 顾颉刚:《我的研究古史的计划》,《古史辨》第一册,第 216 页。

前启后的痕迹来，又就它们的发生时代的背景求出它们的异军突起的原因来。我不想取什么，丢什么，我只想看一看这一方面的史说在这二三千年之中曾起过什么样的变动。……我想，待到它们的来源和变动都给我们知道了之后，于是它们在史实上的地位可以一个一个地推翻，而在传说上的地位可以一个一个地建设了。这是我的研究这门学问的大目的。"①

虽然顾颉刚是较早地将"记载的历史"与"客观的历史"区别开来的学者，并将这一认识具体应用到古史研究中，但是由于他早年只是将注意力更多地投入到"记载的历史"的演变和层累，受于条件的限制，较少关注真正的"客观的历史"本身，所以造成在其古史研究重心存有一定的不平衡性。顾颉刚认为自己只是在"破坏"一途努力，而有关"建设"则不是其工作的重点，"建设"的任务还有赖于日益成熟的考古学。他说："我以为学术界中应当分工，和机械工业有相同的需要。古史的破坏和建设，事情何等多，哪里可由我一手包办。就是这破坏一方面，可做的工作也太多了，竭尽了我个人的力量做上一世，也怕未必做的完，我专做这一方面也尽够忙了。而且中国的考古学已经有了深长的历史，近年从事此项工作的人着实不少，丰富的出土器物又足以鼓起学者们向建设的路上走的勇气，我不参加这个工作决不会使这个工作有所损失。"②正如顾颉刚本人所屡次提到，"古史的问题"是不可能由他"一手包办"的，这需要分工协作，需要诸多的古史学者从不同的领域、不同的角度、不同的侧面，运用不同的方法进行分头研究，在条件允许的情况下，再行"融会贯通"，来建设新古史。他说："我诚然是专研究古书，诚然是只打倒伪史而不建设真史。但是我岂不知古书之外的古史的种类正多着，范围正大着；又岂不知建设真史的事比打倒伪史为重要。我何尝不想研究人类学、社会学、唯物史观等等，走在建设的路上。可是学问之大像一个海，个人之小像一粒粟，我虽具有'长鲸吸百川'的野心，究竟我是一个人，我的寿命未必有异于常人，我决不能把这一科学问内的事项一手包办。我不但自己只能束身在一个小范围里做深入的工作，而且希望许多人也都能束身在一个小范围里做深入的工作。有了许多的专门研究，再有几个人出来承受其结论而会通之，自然可以补偏救弊，把

① 顾颉刚：《中国上古史研究讲义》自序一，第4—5页。
② 顾颉刚：《古史辨》第二册自序，第4页。

后来的人引上一条大道。"①

新中国成立后,顾颉刚古史研究的重心逐渐转入对客观历史的发展过程和历史事件真实面貌的探讨上。他对《尚书》及其相关史事的研究②,表明此时他的研究目的和研究重心发生明显的转移,开始越发地对古史古事的真相表示出关注,有关《大诰》和周公东征史事的研究可以证明这一点,从这一个转变来说,这也是不同于前一个时期的重要特征。

二、"求真乏术"

应予承认的是,顾颉刚在"层累说"提出之初,在古史研究中所确立的"不立一真,惟穷流变"的指导原则,无论是从史料学的角度,还是从历史阐释学的角度来看,确实在客观效果上造成一定负面影响。这也为后来的学者们所指出,如徐炳昶早在 20 世纪 40 年代便已经观察到顾颉刚古史学对客观历史事实的忽视,他说:"康有为、崔适于无意中,顾颉刚等于有意中打倒偶像的功绩,我们固然不能抹杀,但是寻求古代真正的经过,还有待于我们向其他方向的努力。"③胡绳认为:"《古史辨》的编者说:'我对于古史的主要观点,不在它的真相而在它的变化。'如果这是说,古代史的研究不在于研究古代历史的真相,而只是研究关于古代历史的传说的变化,那我们当然是不能同意的。固然这样的研究也是需要的,但是如果排斥了对历史本身的研究,研究史料难道会有什么意义?"④杨宽从神话学角度观察,认为顾颉刚对古史本身研究得还不够,他说:"顾颉刚的层累地造成的古史观,虽然这种观察古史传说的方法是从民俗学和神话学中学习来的,但是目的在于辨伪,是为推翻伪古史系统而涉及神话的探索,又是为了辨伪而追溯古史传说出于神话的演变。所用的考订方法依然停留在辨伪这个目的上,没有把所有古史传说中的神话全部还原过来,更没有正式运用神话

---

① 顾颉刚:《古史辨》第三册自序,第 6 页。

② 有关顾颉刚《尚书》研究的具体情况,可参看刘起釪《顾颉刚先生学述》第六章"对古史要籍《尚书》的研究",该章详细叙述了顾颉刚晚年对《尚书》及相关史事的研究。顾颉刚《尚书》研究的论著,收入《顾颉刚古史论文集》卷八、卷九、卷十。

③ 徐炳昶:《中国古史的传说时代》,中国文化服务社,1943 年,第 19 页。

④ 胡绳:《社会历史的研究怎样成为科学——论现代中国资产阶级唯心主义历史学在这个问题上的混乱概念》,《枣下论丛》,北京:人民出版社,1978 年,第 145 页。

学的方法对古史传说作出全面的、系统的剖析,这是他的不足之处。"①

顾颉刚的古史学研究最初由辨伪开始,所以他比较关注对史料真伪的辨别,而对历史本体的客观事实的关注则相对比较薄弱,当他的辨伪疑古体系形成后,再想针对上古史实进行深入考辨时,则必然受到他的知识结构和学说体系的限制与影响。于是,有些古史史实问题,顾颉刚认为在现有条件下是不可能解决的。1943年,顾颉刚认为传统的古史传说支离破碎,难以令人相信,他在《中国古代史述略》一文中讲道:"任何民族的古代史都不免杂有传说在内,这原不足为怪,因为一个民族的历史也正如一个人的历史一样,一个人年纪大了,若单凭自己的片段的回忆,或零星的用物,去记述他幼年的生活,那自然是难得真确的。我们的古史也像这样,在东周以前,简直渺茫极了,我们只知道有那几个朝代和若干个人名地名,但都是零零碎碎的,联贯不起来。从前固然也很有人提到这些,但不是粘附着许多神话,使我们不敢相信,就是支离矛盾,使我们没法相信。更有些人则是有意的去妄造古史,那就弄得更混乱了。"②直至1948年,顾颉刚还坚持认为:"中国史上有文字记载,是从殷商时代开始的,前此的史事,因为没有文字记载,很多无法考证。"③即使有文字记载的,因是错讹百出的后世文献,非当时真实记载,他认为如果不借助其他学科的帮助,也是不可靠的。如20世纪50年代,三联书店嘱顾颉刚审查岑仲勉的著作《黄河变迁史》,他答复说:"岑先生这部著作……在历史科学方面,可以断定它的科学性是很强的。但对于这一问题的资料所下的判断,必非历史科学一门的知识所可够用,而必须与地理学、地质学、水利工程学等部门相配合。例如第七节中'上古时江、淮的下游相通'、'上古时河、淮的下游相通',在历史文献里固然也有孟子的'禹……决汝、汉,排淮、泗,而注之江'等话可以利用,但这究竟是春秋、战国时水利工程发达后开通江、淮(邗沟)和河、淮(鸿沟)的反映,不能据以决定上古时代的史实。如果没有自然科学方面的证明,还以不谈为妥。"④这种对上古史料"史不足征"的乏力感,也促使顾颉刚缩

　　① 杨宽:《历史激流中的动荡和曲折》,第75页。
　　② 顾颉刚:《中国古代史述略》,《顾颉刚古史论文集》(第二册),北京:中华书局,1988年,第477页。
　　③ 顾颉刚:《中国古代史研究序论》,《文史》2000年第4辑(总第53辑)。
　　④ 顾颉刚:《缓斋杂记》(1955.8—1956.11),《顾颉刚读书笔记》(六),第4224页。

短研究阵线,他在《古史辨》第二册自序中就说:"我也不是一个上古史专家,因为真实的上古史自有别人担任。我的理想中的成就,只是作成一个战国秦汉史家;但我所自任的也不是普通的战国秦汉史,乃是战国秦汉的思想史和学术史,要在这一时期的人们的思想和学术中寻出他们的上古史观念及其所造作的历史来。我希望真能作成一个'中古期的上古史说'的专门家,破坏假的上古史,建设真的中古史。"①顾颉刚晚年虽然研究的重心有所向前延伸,比较注意周初史事的研究,那也是因为周代金文等可信材料的增加,丰富了周代的史料,他说:"这个阶段,为了时间的久远、史料的缺乏,固然不及秦、汉统一事业的彰明昭著,但究竟有一部在《尚书》中的《周书》,以及一部尚待分析的《逸周书》,在诗歌上有一部《诗经》,在器物上有许多彝器铭辞,在传说上有若干先秦诸子,比了夏、商的统一工作的茫昧状态已经够丰富了。只要我们努力搜寻,注意分析,还可以得到一个系统的认识。"②

李扬眉亦认为:"顾颉刚的层累地造成的中国古史观,可以说正是搁置本体这一致知策略选择的逻辑结果。……古史的本来面目、真相之所以必须搁置,就是因为它无法实证、无法拿证据来:缺乏直接的、原始的、可以征信的证据和记录也。……所以,在可信的资料出土之前,与其胶着于他们的本来面目如何,不如退而求其次,探索他们在载籍上文献上的来历与演化。"③但随着研究工具和史料的扩充,在一些古史学者和考古学耆们看来,有些历史本体的客观事实则是可以讨论并部分解决的问题,这就使得后继的古史学者们付出极大的热情和精力,来专注这些看似不能够解决的上古史问题。

第四节 "层累说"的适用范围及理论前提

顾颉刚"层累说"所适用范围和研究领域,大致脱离不开史料学的研究领域。顾颉刚提出"层累说",是基于当时史料学状况,但随着古史史料学的发展,特别是地下新出土材料的大量涌现,使得古史史料范围不断地扩

---

①　顾颉刚:《古史辨》第二册自序,第6页。
②　顾颉刚:《耄学丛谈》(1971—1978),《顾颉刚读书笔记》(十),第7926—7927页。
③　李扬眉:《方法论视野中的"古史辨"派》,山东大学博士学位论文,2005年,第19页。

充,史料的内容不断地丰富,远非顾颉刚那个时代的学者们所能预料。顾
颉刚运用"层累说"所提出的某些具体古史学观点,完全可以依据现今古史
史料加以检验、补充和修正。

顾颉刚本人是将其工作重心落在史料学领域内,他在《古史辨》第四册
顾序中谈到"古史辨"的工作与唯物史观的关系时说:"等到我们把古书和
古史的真伪弄清楚,这一层的根柢又打好了,将来从事唯物史观的人要搜
取材料时就更方便了,不会得错用了。"①顾颉刚对当时他所进行的史料学
考辨工作有着十分清醒的认识,并认为这种史料考辨是考古学和唯物史观
所必备的,是基础性的工作。他说:"我以为各人有各人的道路可走,而我
所走的路是审查书本上的史料,别方面的成绩我也应略略知道,以备研究
时的参考。"②顾颉刚和方诗铭在信中谈到《古史辨》与史料学的关系时,方
诗铭说:"史学该和史料学分开。在建立新史学上,《古史辨》固然负不了这
个任务。但在建立史料学上,《古史辨》仍然有它的需要。"而顾颉刚认为
"这两段话似颇公平"③。顾颉刚晚年更是将主要精力投入到史料的搜集
与考辨方面,他说:"予蓄意搜集唐、宋以来之著作,录出其考辨古籍者,成
《丛刊》十编,使五四时代之宿愿得偿于耄年,亦使后学者治古文籍而不陷
于歧途,以古籍之考定而古史层次宛若地质学家之判分世纪,则亦无负此
时代之使命矣。"④

郭沫若在评价顾颉刚"层累说"时,也认为这一方法主要是应用在史料学
领域内,他说:"研究中国古代,大家所最感受着棘手的是仅有的一些材料却
都是真伪难分,时代混沌,不能作为真正的科学研究的素材。关于文献上的
辨伪工作,自前清的乾、嘉学派以至最近的'古史辨'派,做得虽然相当透彻,
但也不能说已经做到了毫无问题的止境。"⑤还认为,"顾颉刚的'层累地造成
的古史',的确是个卓识。……在现在新的史料尚未充足之前,他的论辨自
然并未能成为定论,不过在旧史料中凡作伪之点大体是被他道破了"⑥。

---

① 顾颉刚:《古史辨》第四册顾序,第 22 页。
② 顾颉刚:《战国秦汉间人的造伪与辨伪》附言,《古史辨》第七册(上),第 64 页。
③ 顾颉刚:《虬江市隐杂记》(1951—1952.10),《顾颉刚读书笔记》(四),第 2610—2611 页。
④ 顾颉刚:《朝阳类聚》(1957—1962.8),《顾颉刚读书笔记》(八),第 5804 页。
⑤ 郭沫若:《十批判书》,《中国古代社会研究》,第 600 页。
⑥ 郭沫若:《夏禹的问题》,《中国古代社会研究》附录,第 291 页。

冯友兰认为,"疑古一派的人,所作的工夫即是审查史料"①。齐思和亦认为,由顾颉刚"层累说"所引起的古史大辩论,"这场辩论最重要的贡献是引起大家对于审查史料工作的重视,即是顾先生所谓'辨伪的工作'"②。1956 年,胡绳也认为顾颉刚"层累说"是应用在"史料学"范围之内的研究方法,但他并不认同"史料即是史学",他说:"所谓'古史辨'的工作是从'辨伪'开始,乃是一种史料考订工作。所谓'层累地造成的古史'只能是史料学范畴内的一个命题,用意在使人不要盲目地信从前人关于古史的各种记载,这个命题对于整理周秦两汉时代的记载古史的文献是有用的。虽然整理文献的结果会有助于了解古代历史,但是当然不能把上述命题当做古代历史本身的规律。"③直至 1993 年,胡绳仍然坚持这一看法,但此时的态度已发生微妙的变化,他在"纪念顾颉刚先生诞生一百周年学术讨论会"上发表讲话时说:"把'层累地造成的古史'观看成是史料学范围内的问题并不是降低了其意义,因为史料学虽不是史学的全部内容,然而却是史学里的一个不可缺少的重要部门。对历史发展的科学论断必须建立在丰富的确实的材料的基础上,在有的情况下,史料学的研究成果甚至对于解决某个历史问题起着决定性的作用。中国远古历史的史料笼罩在重重烟雾里,层累地造成古史的观点却是提供了考辨古史传说的一个有用的钥匙,马克思主义者没有理由不正视它、重视它。"④

余英时认为,洪业、顾颉刚两位先生恰好"代表了'五四'以来中国史学发展的一个主流,即史料的整理工作"⑤。他接着说:"在'史料学'或'历史文献学'的范围之内,……文献是史学的下层基础;基础不固则任何富丽堂皇的上层建构都不过是海市蜃楼而已。顾先生尽管在辨伪与考证各方面都前有所承,然而他的'层累构成说'却是文献学上一个综合性的新创造,其贡献是长远而不可磨灭的……顾先生并不是从事平面的辨伪,如一般人所误解者;他是立体地、一层一层地分析史料的形成时代。然后通过这种

① 冯友兰:《古史辨》第六册序言,第 1 页。

② 齐思和:《近百年来中国史学的发展》,《燕京社会科学》第 2 卷,1949 年 10 月。

③ 胡绳:《社会历史的研究怎样成为科学——论现代中国资产阶级唯心主义历史学在这个问题上的混乱概念》,《枣下论丛》,第 145 页。

④ 胡绳:《纪念顾颉刚先生诞生一百年学术讨论会上的讲话》,《中国社会科学院研究生院学报》1993 年第 5 期。

⑤ 余英时:《顾颉刚、洪业与中国现代史学》,《文史传统与文化重建》,第 402 页。

分析而确定每一层文献的历史涵义。"①也有学者对顾颉刚在这"史料学"范围内所取得的成绩不以为然,如杜正胜就曾批评顾颉刚的古史研究只是把历史学建立在文献资料之上,设想待文字考订完备之后才论历史,"事实证明文字考订清楚之日难期,于是落得只研究史料,不研究历史;即使论述历史,也往往割裂史实,证成假设,一味寻辞摘句,不能通识大体"②。

通过上述对顾颉刚"层累说"主要适用范围和研究领域的评价可以看出,无论是在 20 世纪社会政治环境的跌宕起伏中,还是在其学术价值的争论中,有一点是人们所共同承认的,即"层累说"应该是主要应用在"史料学"范围之内的学说体系。由于顾颉刚在运用"层累说"进行具体古史学研究的过程中,限于"不立一真,惟穷流变"的指导原则,过于注重史料和历史认识的人为造伪,忽略了史料和历史认识的自然剥蚀与叠加,这就给"层累说"的理论前提带来隐患。

"层累说"的理论前提,即是现有先秦两汉的文献资料和史料不发生数量质量变化,以及他已认定的古书的成书年代次序不发生变动。但随着近年来考古学的发展和简帛佚书的不断出土,顾颉刚当时所未见的地下出土文献材料大量涌现,对其理论前提和研究成果给予很大冲击,而且对某些先秦文献的成书年代也需重新认识。这就需要对"层累说"及其所支配下的具体理论和观点进行反思和检视,以便能更好地继承发扬顾颉刚古史学说。

---

① 余英时:《顾颉刚、洪业与中国现代史学》,《文史传统与文化重建》,第 410 页。
② 杜正胜:《周代城邦》,台北:联经出版事业公司,1979 年,第 12 页。

第四章　关于"层累说"的实证研究

　　顾颉刚"层累说"中的某些理论方法和具体观点受时代条件的制约,不免存有瑕疵,不免带有一定的局限性,这是不必讳言的。"层累说"中有些辨伪不免有"矫枉过正"之处,有些疑古结论不够严谨,这都给古史研究带来消极影响。白寿彝就认为:"顾颉刚先生在古史研究上很有成就。他提出了关于古史的基本观点,即'层累地造成的中国古史'的观点。……对于古史研究的发展是起了作用的。但在具体古史问题的处理上,往往有疑古过头的地方。"①刘起釪亦认为,"顾先生的疑古确有过这种'疑而过'的表现"②。

　　20世纪中国考古学飞速发展,从无到有,从幼稚到壮大,日益成为一门成熟的独立学科③。近百年来,考古工作者们经过不懈的努力,发现了大量重要的遗迹遗物,考古学的理论框架、研究方法和研究手段也日益完善,并取得了重大的研究成果和举世瞩目的成绩。特别是近五十年来,地下出土简帛文献的纷纷涌现,先秦简帛古书也随之再现④,简帛学在古史学中的推动作用和前沿位置已为学界广泛认同。正如郑良树所说:"竹简帛书出土所带来的震撼,恐怕与古史辨学派新说的震撼不相伯仲;因为古史辨学派为古籍真伪带来'石破天惊'的新说,而竹简帛书却为这些新说带来'冷酷无情'的否决,尽管这些否决不是全面的。"⑤虽然简帛古书的出土并不能断然否决"古史辨派"和顾颉刚的古史学说,但包括先秦简帛古书在

---

　　①　白寿彝:《谈谈近代中国的史学》,《史学史研究》1983年第3期。
　　②　刘起釪:《顾颉刚先生学述》,第149页。
　　③　这里所说的考古,是指广义的考古学,即是通过古代人类各种活动遗留下来的实物来研究人类古代社会与历史的一门学科。按照研究的年代范围、具体对象、所用的手段和方法的不同,考古学可以划分为史前考古学、历史考古学、田野考古学及各种特殊考古学等分支。作为特殊考古学的分支,古文字学、铭刻学和简帛学也可包括在广义的考古学之中。
　　④　详见胡平生、李天虹:《长江流域出土简牍与研究》,武汉:湖北教育出版社,2004年;骈宇骞、段书安:《二十世纪出土简帛综述》,北京:文物出版社,2006年;李均明、刘国忠、刘光胜、邬文玲:《当代中国简帛学研究(1949—2009)》,北京:中国社会科学出版社,2011年。
　　⑤　郑良树:《诸子著作年代考》,北京:北京图书馆出版社,2001年,第3页。

内的考古学资料的发现,则确确实实强烈冲击了顾颉刚所提出的某些古史学观点,使其学说在史料范围内经受了前所未有的检验。以"层累说"为例,这种检验可以从正反两方面来看:

第一,考古学的研究成果已经证实"层累说"中一些较为合理的观点①。如顾颉刚所提出的"打破民族出于一元的观念"、"打破地域向来一统的观念"、"打破古史人化的观念"、"打破古代为黄金世界的观念"等四条区分信史与非信史的基本观念②,这些观念后来便得到了考古学的验证。

在"打破古代为黄金世界的观念"方面,甲骨文的发现与研究,就给古代为"黄金世界"的旧观念以致命的打击。把人类的黄金时代寄托于远古时代,在过去史学家的心目中,完全靠想象的历史作支持,这类想象的历史已为后来的考古发现所推翻③。而仰韶文化、龙山文化等史前文化的发现④,特别是殷墟的发掘,出土了大量的"人牲",这都给旧史系统中的上古"黄金世界"以沉重的打击,也证明顾颉刚所提出这一打破非信史的标准的无误。

在"打破地域向来一统的观念"方面,也被后来的考古发现所证实。20 世纪 50 年代以来,中国考古学者们在将考古学文化逐个地区进行排比后发现,一个地区的早晚文化之间往往有着某种程度的承袭演变关系,而不同于另外的地区;各个地区间不仅文化演变的序列不同,而且各自的物质文化成就也高低错落,极具不平衡性,这就意味着它们的社会演进方式也具有差异⑤,这就促成考古学界文化多元论的形成。依据各个地区出土地点明确的考古学资料,苏秉琦提出考古学区系类型的理论,以建立各种文化的时空框架。他将全国重要的新石器时代考古遗址分作六大区,即陕豫晋的中原地区、山东为中心的东方地区、环洞庭湖及四川盆地的西南地区、长江下游以太湖为中心的东南地区、鄱阳湖到珠

---

① 林沄:《真该走出疑古时代吗?——对当前中国古典学取向的看法》,《史学集刊》2007 年第 3 期。

② 顾颉刚:《答刘胡两先生书》,《古史辨》第一册,第 99—102 页。

③ 李济:《安阳发掘与中国古史问题》,《"中央研究院"历史语言研究所集刊》第 40 本,1968 年。又载张光直主编:《李济文集》(第四卷),上海:上海人民出版社,2006 年,第 549 页。

④ 许宏:《何以中国:公元前 2000 年的中原图景》,北京:生活·读书·新知三联书店,2014 年。

⑤ 北京大学考古文博学院:《考古学与中国历史的重构》,《文物》2002 年第 7 期。

江三角洲为中轴的南方地区和燕山长城地带的北方地区。每区各有承先启后的文化序列,区域间互有错综复杂的文化关系①。由于考古学区系类型理论的建立,中国古史学便可脱离华夏中心的史观,进而比较全面地了解到历史发展的多样性②。夏商周三代考古成果,也从考古学的角度证明了夏、商、周分别是三种既有联系又有区别的考古文化,各自有自己的发祥地,彼此都有一定的并立期。同时周边地区如四川广汉三星堆、江西新干大洋洲、湖南宁乡等地也都陆续发现了高度文明的青铜文化。这反映出夏商周三代时期文化多元的面貌,表明在中原以外存在着与中原文化并立的地方文明③。

在"打破民族出于一元的观念"方面,林沄有关长城地带游牧文化形成过程的研究,在具体范例上支持了顾颉刚的这一观点。林沄在《中国北方长城地带游牧文化带的形成过程》一文中指出:"司马迁的《匈奴列传》是综合了大量先秦时代有关北方长城地带的文献记载写成的,在整理和保存重要史料方面功不可没。但是,他和当时许多汉族知识分子一样,认为先秦文献中活跃在北方长城地带的戎狄,与秦汉时匈奴、东胡等游牧民族属于同一族群。从而造成了两个相互关联的历史误解:(一)先秦的戎狄就是秦汉时匈奴、东胡的前身;(二)北方长城地带自古以来被游牧民族占据,后来才被中原农业居民向北方的拓展而逐步排挤到更北的地区。"④林沄从积累丰富的北方长城地带田野考古发掘材料出发,结合环境考古学和体质人类学的研究,认为先秦文献中的戎、狄,和战国才活跃在北方长城地带的东胡、匈奴并非同一族群。北方长城地带在新石器时代晚期基本上是农业地带,它之所以变为游牧民族往来驰骋的地带,是文化、生态环境、族群等变动的因素交互作用下形成的一个复杂过程。林沄在此文中运用丰富的考古学、体质人类学的材料,并结合传统文献和考古资料,通过长时段的考察,指出司马迁在《史记》中的误读,可以说纠正了二千年来在长城地带有关族群和文化构成的错误历史认识,

---

① 苏秉琦、殷玮璋:《关于考古学文化的区系类型问题》,《文物》1981 年第 5 期。
② 杜正胜:《考古学与中国古代史研究——一个方法学的探讨》,《考古》1992年第 4 期。
③ 北京大学考古文博学院:《考古学与中国历史的重构》,《文物》2002 年第 7 期。
④ 林沄:《中国北方长城地带游牧文化带的形成过程》,《燕京学报》新 14 期,2003 年 5 月。又载《林沄学术文集(二)》,第 39 页。

回答了曾经困扰顾颉刚多年的长城以北民族族属的问题①，同时也从考古学的角度在实例上印证了"层累说"中"打破民族出于一元的观念"。裴锡圭亦认为，《帝王世纪》、《史记·周本纪》和《史记·商本纪》都有着将禹、鲧或是喾、后稷、契牵合成大一统帝王世系的后起附会之说，而从"《子羔》篇可以看出，在此篇写作的时代，作为大一统帝王世系重要组成部分的契和后稷皆为帝喾之子以及禹为颛顼之孙鲧之子等说法，尚未兴起。在此篇中，孔子完全是从禹、契、后稷都是天帝之子的角度，来叙述他们的降生神话的。从这一点也看不到上举那些说法的影响。子羔提问时，对禹、契、后稷的出身只说了其父为天帝或为'贱不足称'的凡人这两种可能，从中也看不到那些说法的痕迹"②。大一统帝王世系的最后形成，大概不会早于战国晚期，那么顾颉刚关于大一统帝王世系的见解，应该是相当接近事实的。这也证实了"层累说"中"打破民族出于一元的观念"的正确性。

在"打破古史人化的观念"方面，顾颉刚说："古人对于神和人原没有界限，所谓历史差不多完全是神话。……自春秋末期以后，诸子奋兴，人性发达，于是把神话中的古神古人都'人化'了。"③为说明这一"人化"过程，顾颉刚在《古史辨》第一册自序中还以禹为例，他说："禹尽可以是一个历史上的人物，但从春秋上溯到西周，就所见的材料而论，他确是一个神性的人物。更古的材料，我们大家见不到，如何可以断说他的究竟。至于春秋以下的材料，我早已说过，他确是人了。"④裴锡圭依据燹公盨铭文，认为"这段话是相当有道理的"，"在这种'人化'的过程中，禹受天帝之命平治水土的传说变为受人帝尧、舜之命平治水土的传说，禹由'上帝部属'渐渐变成'尧舜部属'"⑤。禹在周代中期以前，是被视为由天派下治水，从而带有了神

---

① 顾颉刚曾在《浪口村随笔》中不无感叹地说："我国边裔之属于某个种族，实出于东、西洋学者之推测，而彼辈实非有确实的依据。如匈奴为突厥则乌孙等为白种，如匈奴为蒙古则乌孙等为突厥，彼辈之定古种族乃如此其自由。然而我国编教科书者袭其绪余，作确定之记载，于是彼辈之想像乃成为古代之事实。"参见顾颉刚：《浪口村随笔》(1939.1—1939.12)，《顾颉刚读书笔记》(四)，第 2122 页。
② 裴锡圭：《新出土先秦文献与古史传说》，《中国出土古文献十讲》，第 29—30 页。
③ 顾颉刚：《答刘胡两先生书》，《古史辨》第一册，第 100—101 页。
④ 顾颉刚：《古史辨》第一册自序，第 65 页。
⑤ 裴锡圭：《新出土先秦文献与古史传说》，《中国出土古文献十讲》，第 23 页。

性,而在战国中期以前,这一神性则又被消除,成为了人王,所以这也在另一个侧面证明了顾颉刚所提出的四个打破非信史标准之一的"打破古史人化的观念",确为卓识。

第二,新出土的考古资料和简帛古书也对顾颉刚的一些具体的古史观点形成较大冲击,暴露出顾颉刚在运用"层累说"时的矫枉过正之处。裘锡圭就指出:"上世纪 20 年代在中国学术界兴起的以顾颉刚为代表的古史辨派,在清末民初的反封建思潮和新传入的西方学术思想的影响下,挣脱传统经学和史学束缚,主张凭自己的理性对古代典籍和古史传说的真伪和时代作全面深入的考辨。这种精神是非常好的。至于他们对具体问题的见解,当然是有得有失的,需要我们批判地加以接受。"①基于此,下文将结合上博简《容成氏》等出土文献材料对"层累说"加以检讨。

第一节　上博简《容成氏》的学派归属问题

上博简《容成氏》的成篇年代大约在战国中期或更早,姜广辉认为《子羔》和《容成氏》的写成时间,跟《唐虞之道》相近,都在燕王哙禅让失败之前②。裘锡圭亦认为上博简"这批竹书中并有两篇跟郭店墓所出竹书相重。看来两批竹书抄写的时间不会相距很远,上博竹书也应是战国中期物。从简文字体看,定为战国中期也是合适的"。而《容成氏》作者的时代"大概早于孟子,最晚也应与孟子同时"③。

上博简《容成氏》的学派归属问题,目前学界的争论还比较大,大致可以分为三种:一为以姜广辉、李存山为代表的"儒家说"④;一为以李学勤为

---

① 裘锡圭:《新出土先秦文献与古史传说》,《中国出土古文献十讲》,第 37—38 页。
② 姜广辉:《上博藏简〈容成氏〉的思想史意义》,《中国社会科学院报》,2003 年 1 月 23 日。
③ 裘锡圭:《新出土先秦文献与古史传说》,《中国出土古文献十讲》,第 19、32 页。
④ 参见姜广辉:《上博藏简〈容成氏〉的思想史意义》,《中国社会科学院报》,2003 年 1 月 23 日。姜光辉认为《容成氏》篇文特别提炼和渲染其中"不授其子而授贤"的意义,则反映了战国时期思想家的一种"问题意识",所以这部书形式上是古史传说,实际应属战国百家言。尧舜禅让和汤武革命是早期儒家的两个基本思想。《容成氏》篇文把它表达得淋漓尽致。从思想倾向来看,《容成氏》应属于儒家作品。李存山也认为《容成氏》的主体思想是"孔孟之间"的儒家之学。详见李存山:《反思经史关系:从"启攻益"说起》,《中国社会科学》,2003 年第 3 期。

代表的"战国纵横家说"①；一为以赵平安、郭永秉、饶宗颐为代表的"墨家说"②。

持"墨家说"者论证较为充分。如赵平安认为《容成氏》整体的思想内容都能体现出墨家的兼爱、尚同、非攻、尚贤和节用的思想。由于文王是以纣臣的身份出现在《容成氏》中，这与以往传统儒家文献的记载大异其趣。而且"由《容成氏》简文的叙事过程看来，确实反映出了明显的墨家思想倾向"。但也指出："《容成氏》虽然反映了墨家思想，但是它和《墨子》各篇的风格还是有所不同。《墨子》各篇有比较集中的主题，论说色彩很浓，举例简明扼要。《容成氏》则以顺序叙述古代帝王的传说来阐明自己的理念，形式更为朴拙，素材更为详备。从这一点上来说，我们认为它如果不是早期墨家的作品，就应该是墨家讲学时讲义一类的东西。"③郭永秉支持这一看法，通过对《容成氏》33 号简文字的考释，认为《容成氏》33 号简对禹的节用、节葬行为进行了详细记载，并予以"圣人"的评价，表明这支简与墨家思想有着密切的关系，有着"法夏宗禹"的思想④。

一、上博简《鬼神之明》的学派归属与楚地墨家

饶宗颐在谈到《容成氏》学派归属问题时认为，《容成氏》第一简的最后总结之语"……氏之有天下也，皆不授其子而授贤。其德酋清，而上爱"，都是墨子兼爱、尚贤的主要思想。并说："上海简尚未公布者，有若干条与墨子思想有关，主旨言'兼'及鬼神之赏善罚恶等等，分明与《明鬼篇》有关；其

---

① 参见李学勤：《简帛书籍的发现及其意义》，《社会科学报》，2003 年 2 月 13 日。又载《中国古代文明研究》，第 307—313 页。李学勤根据《战国策·燕策一》鹿毛寿劝燕王哙让位的言论，认为上博简《容成氏》讲古代的禅让和古史传说，可能与战国时期纵横家们的宣传有关。李存山则认为，在公元前 318 年燕国发生的"让国"内乱中，"纵横家逞其'长短之说'，曲解、利用了'禅让'的思想。他们对燕王哙动之以名利和虚荣，把'禅让'说成是古帝王的虚伪和自相矛盾的行为，这与《唐虞之道》、《子羔》和《容成氏》所体现的一以贯之的道德理想主义有着霄壤之别"。详见李存山：《反思经史关系：从"启攻益"说起》，《中国社会科学》2003 年第 3 期。

② 分别参见赵平安：《楚竹书〈容成氏〉的篇名及其性质》，载饶宗颐主编：《华学》第 6 辑，北京：紫禁城出版社，2003 年；郭永秉：《从〈容成氏〉33 号简看〈容成氏〉的学派归属》，《古文字与古文献论集》，上海：上海古籍出版社，2011 年；饶宗颐：《由尊卢氏谈到上海竹书（二）的〈容成氏〉——兼论其与墨家关系及其它问题》，《九州学林》总 11 辑，上海：复旦大学出版社，2006 年。

③ 赵平安：《楚竹书〈容成氏〉的篇名及其性质》，《华学》第 6 辑，第 75—77 页。

④ 郭永秉：《从〈容成氏〉33 号简看〈容成氏〉的学派归属》，《古文字与古文献论集》，第 144—154 页。

余与墨家思想有关的,还有多条涉及鬼神与帝王之贤与不贤之文的,今不多论,待公布后大家自然明白。"①饶宗颐所说此简,即是后来发表在《上海博物馆藏战国楚竹书》(五)中的《鬼神之明》②,此篇简文的"鬼神之明"、"鬼神之赏善罚暴"的思想内容,今本《墨子》也是经常论及的,如《墨子·公孟》:"子墨子曰:'古圣王,皆以鬼神为神明,而为祸福,执有祥不祥,是以政治而国安也。自桀、纣以下,皆以鬼神为不神明,不能为祸福,执无祥不祥,是以政乱而国危也。'"③《墨子·明鬼下》:"则皆以疑惑鬼神之有与无之别,不明乎鬼神之能赏贤而罚暴也。"④《墨子·明鬼下》:"故古圣王必以鬼神为赏贤而罚暴,是故赏必于祖,而僇必于社。"⑤甚至就连个别的遣词造句上也有雷同之处,如简文"此吕(以)贵为天子,富又(有)天下"与今本《墨子·明鬼下》"故昔夏王桀,贵为天子,富有天下"、"昔者殷王纣,贵为天子,富有天下"⑥就完全相同,只不过简文是在描述"尧舜禹汤",而今本是在描述"夏桀殷纣"罢了。

该篇简文的整理者曹锦炎也认为,本篇"虽不见于今本《墨子》,但有关内容和文字散见于《墨子》的一些篇章,可以互参",所以"从内容分析应是《墨子》佚文"⑦。丁四新则有不同的见解,认为由于"鬼神有所明,有所不明"与墨子的观点根本相左,所以将其判定为"《墨子》佚文"也很难说是可靠的⑧。通观这篇简文,其在强调"鬼神有所明"的同时,更是在强调解释"鬼神有所不明",鬼神有些情况没有发挥"赏善罚暴"的功能,所以"有所不明",至于是什么原因,简文的作者显得也很困惑,并没有给出答案。而这种困惑并不是《鬼神之明》作者所独有,在墨家后学的思想里是较为普遍的,如今本《墨子》中就不乏其例。《墨子·公孟》:"子墨子有疾,跌鼻进而问曰:'先生以鬼神为明,能为祸福,为善者赏之,为不善者罚之。今先生,

①　饶宗颐:《由尊卢氏谈到上海竹书(二)的〈容成氏〉——兼论其与墨家关系及其它问题》,《九州学林》总 11 辑,第 4—5 页。

②　释文详见马承源主编:《上海博物馆藏战国楚竹书》(五),上海:上海古籍出版社,2005 年,第 310—316 页。

③④⑤⑥　毕沅校注:《墨子》,《二十二子》,上海:上海古籍出版社,1986 年,第 267、248、250、250 页。

⑦　马承源主编:《上海博物馆藏战国楚竹书》(五),第 307—308 页。曹锦炎又撰专文重申此观点,详见曹锦炎:《上海博物馆藏楚竹书〈墨子〉佚文》,《文物》2006 年第 7 期,第 49—50 页、第 57 页。

⑧　丁四新同时也承认,该篇可能属于墨学异端完全背离师说的作品。详见丁四新:《仑楚简〈鬼神〉篇的鬼神观及其学派归属》,《先秦哲学探索》,北京:商务印书馆,2015 年,第 378 页。

圣人也,何故有疾? 意者先生之言,有不善乎? 鬼神不明知乎?'子墨子曰:
'虽使我有病,何遽不明? 人之所得于病者多方,有得之寒暑,有得之劳苦。
百门而(闭)一门焉,则盗何遽无从?'"①《墨子·公孟》:"有游于子墨子之
门者,谓子墨子曰:'先生以鬼为神明知,能为祸人哉? 为善者富之,为暴者
祸之。今吾事先生久矣,而福不至。意者先生之言有不善乎? 鬼神不明
乎? 我何故不得福也?'子墨子曰:'虽子不得福,吾言何遽不善? 而鬼神何
遽不明? 子亦闻乎匿徒之刑之有刑乎?'对曰:'未之得闻也。'子墨子曰:
'今有人于此,什子,子能什誉之,而一自誉乎?'对曰:'不能。''有人于此,
百子,子能终身誉亓善,而子无一乎?'对曰:'不能。'子墨子曰:'匿一人者
犹有罪,今子所匿者,若此亓多,将有厚罪者也,何福之求?'"②从上述今本
《墨子》两例中可以看出,墨家后学"跌鼻"、"游于子墨子之门者"也都是由
于鬼神不能显现"赏善罚暴"的功能,向墨子质问为何"鬼神不明",而墨子
并没有从正面予以回答,而是从侧面举例来解释"鬼神"为何有所"不明"。
这也表明,墨子本人不大可能有"鬼神不明"的思想,而后学小子则屡有"鬼
神不明"的疑问。所以,目前即使不能将上博简《鬼神之明》遽定为《墨子》
佚文,也可将其视为反映墨家学派思想倾向的言论和佚文,是墨家没有收
入《墨子》一书而佚失的边缘性文献。

　　在楚国故地出土竹简中发现墨家的文献材料,亦很有可能。虽然墨子
籍贯为何地尚难确定③,但依据先秦两汉文献记载,墨子本人曾屡至楚越
之地④。《墨子·贵义》:"子墨子南游于楚,见楚献惠王,献惠王以老辞,使
穆贺见子墨子。"⑤《墨子·鲁问》:"公输子,自鲁南游楚焉,始为舟战之器,
作为钩强之备,退者钩之,进者强之,量其钩强之长,而制为之兵。楚之兵

---

①②　毕沅校注:《墨子》,《二十二子》,第 268 页。

③　清儒毕沅、武忆认为墨子应为楚地之人,但孙诒让认为非是,应为鲁人(详见孙诒让:《墨
子后语·墨子传略》,《墨子间诂》附录,《诸子集成》本,北京:中华书局,1954 年,第 2 页)。蒙文通
则认为墨学之根据在代、中山(详见蒙文通:《论墨学源流与儒墨汇合》,《古学甄微》,成都:巴蜀书
社,1987 年,第 217—219 页)。

④　钱穆认为墨子在壮年和老年分别两次游楚地,最后终老于楚国。云:"今综述墨子生平,
南至楚,见惠王,在四十前。遂仕宋昭公,见逐,当不出五十。其后殆常居鲁。其至齐,见田和,已
逾七十。重游楚,见鲁阳文君,则八十外老人。墨子殆终于鲁阳也。"详见钱穆:《先秦诸子系年》,
北京:商务印书馆,2001 年,第 208—209 页。

⑤　毕沅校注:《墨子》,《二十二子》,第 265 页。

节,越之兵不节,楚人因此若埶,亟败越人。公输子善其巧,以语子墨子。"①《吕氏春秋·爱类》:"公输般为高云梯,欲以攻宋。墨子闻之,自鲁往,裂裳裹足,日夜不休,十日十夜而至于郢,见荆王。"②《淮南子·修务训》:"昔者楚欲攻宋,墨子闻而悼之,自鲁趋而十日十夜,足重茧而不休息,裂衣裳裹足,至于郢,见楚王。"③《墨子·鲁问》:"子墨子游公尚过于越。公尚过说越王,越王大说,谓公尚过曰:'先生苟能使子墨子于越,而教寡人,请裂故吴之地方五百里,以封子墨子。'公尚过许诺。遂为公尚过束车五十乘,以迎子墨子于鲁。"④《吕氏春秋·高义》:"子墨子游公上过于越。"⑤退一步讲,即使历史上墨子本人没有到过楚地,墨学在战国时期楚越一带也必定十分兴盛。墨子去世后,墨家析为三,《韩非子·显学》:"自墨子之死也,有相里氏之墨,有相夫氏之墨,有邓陵氏之墨。"⑥而其中邓陵氏之墨即是墨家分支中的"南方之墨"一系,《庄子·天下》:"相里勤之弟子,五侯之徒,南方之墨者苦获、已齿、邓陵子之属,俱诵《墨经》,而倍谲不同,相谓别墨;以坚白同异之辩相訾,以觭偶不仵之辞相应;以巨子为圣人,皆愿为之尸,冀得为其后世,至今不决。"⑦墨家南方弟子众多⑧,势力强大,甚至参与当时楚国的政治斗争。《吕氏春秋·上德》记载楚国吴起之乱时,墨家巨子孟胜,以死为阳城君守城,其弟子死难者一百八十五人。所以,就墨家在楚地的兴盛情况来看,必有墨家学说与文献在楚地流传⑨。

由此观之,上博简中很有可能存在着体现墨家学派思想的篇章,而《容成氏》亦当属其中。现将先秦两汉时期的墨、儒、道家等相关传统文献材料与《容成氏》的简文进行一次系统的排比对照,以申《容成氏》近墨说。

二、上博简《容成氏》近墨说

如果将今本《墨子》中和上博简《容成氏》相关内容进行比较,亦可看出

---

① ④ 毕沅校注:《墨子》,《二十二子》,第 270、269 页。
② ⑤ 高诱注、毕沅校:《吕氏春秋》,《二十二子》,第 710、698 页。
③ 高诱注、庄逵吉校:《淮南子》,《二十二子》,第 1296 页。
⑥ 顾广圻识误:《韩非子》,《二十二子》,第 1185 页。
⑦ 郭象注、陆德明音义:《庄子》,《二十二子》,第 85 页。
⑧ 详见孙诒让:《墨子后语·墨子弟子》,《墨子间诂》附录,第 22—37 页。
⑨ 蒙文通曾发挥唐迪风之说,认为有东方之墨事说书、秦之墨事从事、南方之墨事谈辩。《墨子》之《经》、《经说》、《大取》、《小取》诸篇此属南方之墨;《墨子》自《备城门》以下篇,所列攻具十二之类,此属秦之墨;《墨子》之《亲士》、《所染》、《兼爱》、《非攻》、《尚贤》、《尚同》诸篇属东方之墨。详见蒙文通:《论墨学源流与儒墨汇合》,《古学甄微》,第 211—217 页。

两者无论是思想内容,还是遣词造句都有相似之处。

第一,《容成氏》释文:"[尊]卢氏、赫胥氏、乔结氏、仓颉氏、轩辕氏、神农氏、椲?氏、垆毕氏之有天下也,皆不授其子而授贤。其德酋清,而上爱下,而一其志,而寝其兵,而官其材。于是乎暗聋执烛,冒工鼓瑟,跛躄守门,侏儒为矢,长者□宅,偻者坟数,瘿者煮盐,尪匰者渔泽,□弃不□。"①简文论上古帝王"皆不授其子而授贤",这种"尚贤"思想在今本《墨子》中不胜枚举,尽在《墨子·尚贤》篇,如《墨子·尚贤中》:"故古者圣王,唯能审以尚贤使能为政,无异物杂焉,天下皆得其利。"②

第二,《容成氏》释文"其德酋清,而上爱下",这是讲古之帝王其德轻清,能够以上爱下,以上利下。这种"兼爱"的思想在今本《墨子》中也有相应的内容,如《墨子·法仪》:"昔之圣王禹、汤、文、武,兼爱天下之百姓,率以尊天事鬼,其利人多,故天福之,使立为天子,天下诸侯皆宾事之。"③

第三,《容成氏》释文"而寝其兵",则表达了偃武息兵的"非攻"之意。而"非攻"也是战国时期墨家的重要思想。墨家认为"兵"为古之圣人所作,是为御防寇乱盗贼、猛禽狡兽之用,《墨子·节用上》:"其为甲盾五兵何以为? 以圉寇乱盗贼,若有寇乱盗贼,有甲盾五兵者胜,无者不胜,是故圣人作为甲盾五兵。"④《墨子·节用中》:"古者圣人为猛禽狡兽暴人害民,于是教民以兵行。"⑤而用兵以事征伐,则是天下大害,则是不知仁义,欲为仁义,必"非攻"。《墨子·非攻下》:"是故子墨子曰:今且天下之王公大人士君子,中情将欲求兴天下之利,除天下之害,当若繁为攻伐,此实天下之巨害也。"⑥《墨子·非攻下》:"今欲为仁义,求为上士,尚欲中圣王之道,下欲中国家百姓之利,故当若非攻之为说,而将不可不察者此也。"⑦

第四,《容成氏》释文:"而官其材",是说古之圣王各尽所能,任人以材,并进一步举例解释"于是乎暗聋执烛,冒工鼓瑟,跛躄守门,侏儒为矢,长者□宅,偻者坟数,瘿者煮盐,尪匰者渔泽,□弃不□。"表明即使是这些身有残疾之人,古之圣王也能够使他们各得其所,各得所用,各尽其才。今本

---

① 陈剑:《上博简〈容成氏〉的竹简拼合与编连问题小议》,《上博馆藏战国楚竹书研究续编》,第 328 页。

②③④⑤⑥⑦ 毕沅校注:《墨子》,《二十二子》,第 230、226、241、242、241、241 页。

《墨子》中虽没有和这段简文直接对照的内容,但却有从反面批评当时的王公大人所任用、所富贵的人都是其亲属和其所喜爱的人,哪怕是身有残疾者。《墨子·尚贤下》:"王公大人,骨肉之亲,躄、瘖、聋,暴为桀纣,不加失也。是故以赏不当贤,罚不当暴。其所赏者,已无故矣。其所罚者,亦无罪。是以使百姓皆攸心解体,沮以为善。"①

第五,《容成氏》释文:"禹然后始行以俭:衣不鲜美,食不重味,朝不车逆,春不穀米,飨(?)不折骨。"②这完全是墨家"节用"思想的反映,虽今本《墨子·节用》部分已阙,但就现存的文字中仍可以看出。今本《墨子·节用》也分别从衣、食、行、用等各个角度进行阐述"节用"思想,如《墨子·节用中》:"古者圣王制为饮食之法,曰:足以充虚继气,强股肱,耳目聪明,则止。不极五味之调、芬香之和,不致远国珍怪异物。"③《墨子·节用中》:"古者圣王制为衣服之法,曰:冬服绀缎之衣,轻且暖,夏服絺绤之衣,轻且清,则止。"④《墨子·节用中》:"车为服重致远,乘之则安,引之则利,安以不伤人,利以速至,此车之利也。"⑤

第六,《容成氏》释文中关于"舜"、"禹"、"汤"的史事记载也有与今本《墨子》相合之处。《容成氏》记载"舜"的事迹,"昔舜耕于历丘,陶于河滨,渔于雷泽,孝养父母,以善其亲,乃及邦子"⑥今本《墨子·尚贤中》:"古者舜耕历山,陶河濑,渔雷泽。尧得之服泽之阳,举以为天子,与接天下之政,治天下之民。"⑦《墨子·尚贤下》:"是故昔者舜耕于历山,陶于河濒,渔于雷泽,灰于常阳,尧得之服泽之阳,立为天子,使接天下之政,而治天下之民。"⑧

《容成氏》记载"禹"的事迹,有治水之说,有贤臣皋陶以及最终禅位于益的记载。《容成氏》释文:"舜听政三年,山陵不疏,水潦不澭(?),乃立禹以为司工。禹既已受命,乃卉服箁箬,帽芙□□足□☑☑面□□□,不生之毛,□澨湝流,禹亲执畚(?)耜,以陂明都之泽,决九河之阻,于是乎夹州、徐州始可处。禹通淮与沂,东注之海,于是乎竞州、莒州始可处也。禹乃通蔞与易,东注之海,于是乎蓏州始可处也。禹乃通三江五湖,东注之海,于是乎荆州、扬州始可处也。禹乃通伊、洛,并瀍、涧,东注之

---

① ③ ④ ⑤ ⑦ ⑧　毕沅校注:《墨子》,《二十二子》,第 231、242、242、242、230、231 页。
② ⑥　陈剑:《上博简〈容成氏〉的竹简拼合与编连问题小议》,《上博馆藏战国楚竹书研究续编》,第 330、329 页。

河,于是乎豫州始可处也。禹乃通泾与渭,北注之河,于是乎虘州始可处也。"①而今本《墨子·兼爱中》:"古者禹治天下,西为西河渔窦,以泄渠、孙、皇之水。北为防、原、泒,注后之邸、嘑池之窦,洒为底柱,凿为龙门,以利燕代胡貉与西河之民。东方漏之陆,防孟诸之泽,洒为九浍,以楗东土之水,以利冀州之民。南为江、汉、淮、汝,东流之,注五湖之处,以利荆、楚、于、越与南夷之民。此言禹之事,吾今行兼矣。"②此段今文也言及大禹治水,并述及四至和所利四夷之民③,虽不曾言及《容成氏》简文中所论的"九州",但在《墨子·尚贤上》有云:"禹举益于阴方之中,授之政,九州成。"④《庄子·天下》亦云:"墨子称道曰:'昔禹之湮洪水,决江河而通四夷九州也。名山三百,支川三千,小者无数。'"⑤可见当时墨家言及大禹治水,"四夷"与"九州"并称。今本《墨子》只存有"四夷"的具体情况,缺乏"九州"的详细记载,而上博简《容成氏》这段大禹治水通九州的记载正好补足今本《墨子》的阙文。另外,《容成氏》中记载禹运用"疏导"的治水方式,也和今本《墨子》相合。《容成氏》有关禹的继承人问题和今本《墨子》的记载也是不冲突的。《容成氏》释文:"禹有子五人,不以其子为后,见皋陶之贤也,而欲以为后。皋陶乃五让以天下之贤者,遂称疾不出而死。禹于是乎让益,启于是乎攻益自取。"⑥今本《墨子·尚贤下》:"是故昔者,尧有舜,舜有禹,禹有皋陶,汤有小臣,武王有闳夭、泰颠、南宫括、散宜生。"⑦《墨子·尚贤上》:"禹举益于阴方之中,授之政,九州成。"

《容成氏》在描述商汤伐夏桀时,云汤"如是而不可,然后从而攻之,升自戎遂,入自北门,立于中□。桀乃逃之鬲山氏,汤又从而攻之,降自鸣条之遂,以伐高神之门。桀乃逃之南巢氏,汤又从而攻之,遂逃去,之苍梧之野"⑧。汤攻破夏桀的都城,进攻路线是"入自北门",这与今本《墨子》记载的方向也大致相合。《墨子·非攻下》:"汤焉敢奉率其众,是以乡有夏之

---

①⑥⑧　陈剑:《上博简〈容成氏〉的竹简拼合与编连问题小议》,《上博馆藏战国楚竹书研究续编》,第 329、330、331 页。

②④⑦　毕沅校注:《墨子》,《二十二子》,第 236、229、231—232 页。

③　顾颉刚亦曾观察到《兼爱》中言禹治水,他说:"《墨子·兼爱中》……禹治四方之水以利四方之民,此观念已成熟。"参见顾颉刚:《汤山小记》(1957.4—1961.7),《顾颉刚读书笔记》(七),第 4973 页。

⑤　郭象注、陆德明音义:《庄子》,《二十二子》,第 85 页。

境,帝乃使阴暴毁有夏之城。少少有神来告曰:'夏德大乱,往攻之,予必使汝大堪之。予既受命于天,天命融隆火于夏之城间西北之隅。'"① 虽今本《墨子》在汤伐桀一事上披有神话色彩,但汤从夏桀都城北向攻入则与简文一致。

第七,从《容成氏》讲述古帝先王事迹中所涉制度,亦可窥见墨家的痕迹。如《容成氏》释文:"禹然后始为之号旗,以辨其左右,思民毋惑。东方之旗以日,西方之旗以月,南方之旗以蛇,中正之旗以熊,北方之旗以鸟。"② 其中禹使用号旗,很有可能与墨家有关,今本《墨子·旗帜》:"守城之法,木为苍旗,火为赤旗,薪樵为黄旗,石为白旗,水为黑旗,食为菌旗,死士为仓英之旗,竟士为雩旗,多卒为双兔之旗,五尺男子为童旗,女子为梯末之旗,弩为狗旗,戟为莅旗,剑盾为羽旗,车为龙旗,骑为鸟旗。凡所求索旗名不在书者,皆以其形名为旗。城上举旗,备具之官致财物之足,而下旗。"③ 今本《墨子》是在讲述"守城之法"时,论及号旗的使用,表现出墨家对号旗指挥作用的重视,而这种用旗制度,有可能在墨家追述禹指挥民众时投射出史影来。

第八,在某些关键字词的理解上,《容成氏》简文与今本《墨子》亦有相合之处。如《容成氏》在极力赞颂禹的功绩后,云:"☐☐渊所曰圣人,其生赐养也,其死赐葬,去苛慝,是以为名。"④ 将禹尊奉为"圣人"。关于"圣人"的理解,今本《墨子·天志下》云:"三代之圣王,尧、舜、禹、汤、文、武之兼爱之天下也……名之曰圣人。"⑤《庄子·天下》亦云:"墨子称道曰:'昔禹之湮洪水,决江河而通四夷九州也。……禹大圣也……'"⑥ 可见今本《墨子》和简文对"圣人"的理解无相矛盾之处,并都将"禹"尊为"圣人"。再如《容成氏》:"舜听政三年,山陵不疏,水潦不潗(?),乃立禹以为司工。禹既已受命,乃卉服箁箬,帽芺☐☐足☐☑☑面☐☐☐,不生之毛。"⑦ 此段简文有"面☐☐☐,不生之毛"两句,原整理者将其释读为"面旛鮕(?)侄,不生之毛",慎重起见,认为这两句话"含义不详"⑧。在陈剑重新编联后,可以看

---

① ③ ⑤　毕沅校注:《墨子》,《二十二子》,第 240、277、247 页。
② ④ ⑦　陈剑:《上博简〈容成氏〉的竹简拼合与编连问题小议》,《上博馆藏战国楚竹书研究续编》,第 330、330、329 页。
⑥　郭象注、陆德明音义:《庄子》,《二十二子》,第 85 页。
⑧　马承源主编:《上海博物馆藏战国楚竹书》(二),第 268 页。

出这两句都是在描写禹。那么这两句又是如何描写的呢？自然成为诸家讨论的焦点①。孟蓬生认为："𤵎当读为干或奸，鮺当读敐。干敐指面部皮肤干燥粗糙；奸敐指面部皮肤乌黑粗糙。核之传世文献，似以后者更为近之。悾字右旁与巠字略似，疑为胫字之借，而'之'当为衍字。整句当读为'面奸敐，胫不生毛'。"②徐在国认为悾字从"丩"、"巠"声，读为"胫"，当属下读③。沈培亦认为孟、徐二人的读法应该是没有问题的，《容成氏》中的"胫不生之毛"跟古书中的"胫不生毛"相当④。而古书中描写大禹治水条件艰苦，以至于"胫不生毛"的状况，最为相近的莫过于《庄子·天下》所引述墨子的话。《庄子·天下》云："墨子称道曰：'昔禹之湮洪水……禹亲自操橐耜而九杂天下之川；腓无胈，胫无毛，沐甚雨，栉疾风，置万国。'"⑤

　　先秦两汉儒家文献材料与《容成氏》简文相比较，虽有个别字句或是所述史实内容相近，但究其各自主旨，还是有相异之处。两者之所以有相近之处，是由于儒墨学说相近的原因。

　　《容成氏》讲述大禹治水，简文中的"九州"名称与《尚书·禹贡》、《周礼·夏官·职方氏》、《尔雅·释地》等文献所提及的"九州"名称相比较，李零认为《容成氏》"最大不同是没有冀州、梁州和幽州，其相当兖州、青州（或营州）、并州、雍州的四个州，写法也不同，并且多出莒州"。而且从叙事结构上，"它与《禹贡》等书不同，是另一种版本，只讲水，不讲山，它是按水系不同，分六大块讲"⑥。《容成氏》讲述周"文王武王"之史事，云："纣不述其先王之道……不听其邦之政。于是乎九邦叛之，丰、镐、舟、□、于、鹿、耆、

---

① 　相关讨论文章的出处，详见沈培：《说上博简〈容成氏〉中的"胫不生之毛"》，复旦大学出土文献与古文字研究中心编：《出土文献与古文字研究》，上海：复旦大学出版社，2006 年，第 34 页注③。

② 　孟蓬生：《上博竹书（二）字词劄记》，《上海博物馆藏战国楚竹书研究续编》，第 476 页。关于简文中"胫不生之毛"所多出的一个"之"字是衍字的说法，孟蓬生后来又放弃了，他认为这种用法的"之"字在传世文献中好像不曾有过，应该是楚地方言中所特有的一种语法现象。参见孟蓬生：《上博竹书（四）间诂》，《简帛研究》（2004），桂林：广西师范大学出版社，2006 年 10 月。

③ 　徐在国：《上博竹书（二）文字杂考》，《学术界》2003 年第 1 期。

④ 　沈培还根据古汉语语法规律，对简文中"胫不生之毛"所多出的一个"之"字，提出新的解释。具体参见沈培：《说上博简〈容成氏〉中的"胫不生之毛"》，《出土文献与古文字研究》，第 33—44 页。

⑤ 　郭象注、陆德明音义：《庄子》，《二十二子》，第 85 页。

⑥ 　李零：《三代考古的历史断想——从最近发表的上博楚简〈容成氏〉、豳公盨和虞逑诸器想到的》，刘东主编：《中国学术》2003 年第 2 期。又载李零：《待兔轩文存》（读史卷），第 77—78 页。

崇、密须氏。文王闻之，曰：‘虽君无道，臣敢勿事乎？虽父无道，子敢勿事乎？孰天子而可反？’纣闻之，乃出文王于夏台之下而问焉，曰：‘九邦者其可来乎？’文王曰：‘可。’文王于是乎素端□裳以行九邦，七邦来服，丰、镐不服。文王乃起师以向丰、镐，三鼓而进之，三鼓而退之，曰：‘吾所知多廌，一人为无道，百姓其何罪？’丰、镐之民闻之，乃降文王。文王持故时而教民时，高下肥毳之利尽知之，知天之道，知地之利，思民不疾。昔者文王之佐纣也，如是状也。文王崩，武王即位。武王曰：‘成德者，吾敓而代之。其次，吾伐而代之。今纣为无道，昏者百姓，至约诸侯，天将诛焉。吾勘天威之。’武王于是乎作为革车千乘，带甲万人，戊午之日，涉于孟津，至于共、滕之间，三军大犯。武王乃出革车五百乘，带甲三千，以小会诸侯之师于牧之野。纣不知其未有成政，而得失行于民之辰（朕？）也，或亦起师以逆之。”①《诗经》中也有与此相似史事的叙述，同样对文王、武王大加赞扬，如《诗经·大雅·文王有声》、《诗经·鲁颂·閟宫》等篇。《诗经》在颂扬文王、武王的同时，如所述文王“既伐于崇，作邑于丰”、武王会征讨之师于“牧之野”等基本史事与《容成氏》亦有相合之处，但对文王曾服事于商纣一事，却没有记载，这可能是《诗经》有关雅颂等篇，专为颂扬祖先功德所作，讳言此事，所以表述得较为模糊。儒家文献中不仅对文王、武王的史事有所述及，就是如同《容成氏》那样系统地从舜以来的上古帝王体系亦有之，如《大戴礼·少閒》②。而且个别字词有相似的，如《容成氏》：“暗聋执烛，冒工鼓瑟，跛躄守门，侏儒为矢，长者□宅，偻者攻数，瘿者煮盐，疕疕者渔泽，□弃不□。”③今本《礼记·王制》有：“喑、聋、跛、躄、断者、侏儒，百工各以其器食之。”④这些在名称上有不少相同之处。

---

① ③ 陈剑：《上博简〈容成氏〉的竹简拼合与编连问题小议》，《上博馆藏战国楚竹书研究续编》，第 331—332、328 页。

② 王聘珍：《大戴礼记解诂》，北京：中华书局，1983 年，第 216—221 页。前人多认为《少閒》篇是《孔子三朝记》中的一篇，而《孔子三朝记》中多采取墨家的话。陈澧在《东塾读书记》中即认为《大戴礼·千乘》也多用墨家说，云：“此篇所云‘下无用，则国家富；……立有神，则国家敬；兼而爱之，则民无怨心；以为无命，则民不偷’，此则墨氏之说矣。‘下无用’者，贵俭也；‘立有神’者，明鬼也；‘以为无命’者，非命也；‘兼爱’则尤显然也。不知墨氏之说，何以窜入《孔子三朝记》内？”（参见陈澧：《东塾读书记》，北京：生活·读书·新知三联书店，1998 年，第 159 页）《孔子三朝记·诰志》中亦有与《容成氏》相近之处，如：“文王治以俟时，汤治以伐乱，禹治以移众，众服以立天下；尧贵以乐治，时举舜；舜治以德，使力在国。”（参见顾颉刚、童书业：《鲧禹的传说》，《古史辨》第七册（下），第 184 页）

④ 郑玄注：《礼记》，《十三经古注》（五），北京：中华书局，2014 年，第 931 页。

　　上博简《容成氏》中出现与《尚书》、《诗经》、《大戴礼》和《礼记》等儒家文献相同的史事叙述也实属正常，墨家治学长于《诗》、《书》、《春秋》，《墨子》所引《诗》有与今本《诗经》相同者，所引《尚书》亦有与百篇《尚书》相同者①。正如《淮南子·主术训》："孔丘、墨翟，修先圣之术，通六艺之论。"②《淮南子·俶真训》："周室衰而王道废，儒墨乃始列道而议，分徒而讼，于是博学以疑圣，华诬以胁众，弦歌鼓舞，缘饰《诗》、《书》，以买名誉于天下。"③所以，孙诒让曾认为："墨子之学，盖长于《诗》、《书》、《春秋》。"④蒙文通亦说："惟《墨子》书赞仁义、法先王、尚文学，明《诗》、《书》，与儒家同，则以同为东方之术耳。"⑤吕思勉亦云："六经大义，亟称尧舜禅让，又推崇汤武革命；似并不免矛盾之谈，谓其足与墨家旗鼓相当，已足启人疑窦；况崇儒而黜墨乎？然吾谓墨家之学，本出于儒。特以救时之急，别树一帜。"⑥墨家与儒家在某些观点和言论的相似性，甚至一度使顾颉刚认为"天下为公"的大同说是为墨家说⑦。

　　《孟子》与上博简《容成氏》亦有相合之处，如在《孟子·万章上》中孟子

---

　　① 据罗根泽统计，今本《墨子》引《诗》十则，引《书》二十九则。罗根泽认为，今本《墨子》中所引的《诗》、《书》大率与今本《诗》、《书》有出入，不像《孟子》、《荀子》所引《诗》、《书》与今本相合率那么高，主要是由于今本《诗》、《书》儒家色彩过于严重的缘故，他说："今本《孟》、《荀》儒家书所引者，略同今本，墨家所引者，则悬殊太甚；今本举世知为儒家所传，被有浓厚之儒家色彩，则孔子'删《诗》、《书》，定《礼》、《乐》'之说，虽难遽信，而其经过儒家之修饰润色，殊有极深之嫌疑。"罗根泽：《由〈墨子〉引经推测儒墨两家与经书之关系》，《古史辨》第四册，第 280—281 页。
　　②③ 高诱注、庄逵吉校：《淮南子》，《二十二子》，第 1246、1213 页。
　　④ 详见孙诒让：《墨子后语》，《墨子间诂》附录。孙诒让既然承认"墨子之学，盖长于《诗》、《书》、《春秋》"，但由于受时代的限制，认为"六艺"为儒家之学，所以《淮南子》所说的墨家通六艺之论不是事实。其实就今天的观点来看，墨家治六艺中的某些文献是完全有可能的，"《诗》、《书》、《春秋》"在先秦时期并非儒家专有，应是诸子都所共见共用的文献材料。
　　⑤ 蒙文通：《论墨学源流与儒墨汇合》，《古学甄微》，第 215 页。
　　⑥ 吕思勉：《非攻寝兵平议》，《吕思勉论学丛稿》，第 21 页。
　　⑦ 顾颉刚认为"大同"即"尚同"之极致。"天下为公"，即集墨子之尚贤、尚同、兼爱、非攻之主义为一而实现之者。"选贤，与能"，其为尚贤无疑义。"人不独亲其亲，不独子其子"，兼爱也。"谋闭而不与，盗穷乱贼而不作"，非攻也（参见顾颉刚：《西庑读书记》(1939.12—1940.1)，《顾颉刚读书笔记》(四)，第 2156 页）。裘锡圭根据新出土文献，否定了这一看法。他认为《礼记·礼运》所讲的传子的三代之前有一个禅让时代，并肯定它是大同盛世，这跟《唐虞之道》、《子羔》以及《容成氏》相当一致，其写作时代很可能也不晚于战国中期。《禅让考》"结论"节讲墨家对儒家的影响时，把《中庸》和《礼运》列于孟、荀之后，认为《中庸》说"德为圣人，尊为天子，富有四海"，《礼运》讲"大同"，都是取墨家的话，显然把这两篇也看成了战国末期以后才出现的受墨家影响的作品。这是不正确的（参见裘锡圭：《中国出土古文献十讲》，第 33 页）。

否认"舜南面而立,尧帅诸侯北面而朝之"①,认为天无二日,国无二主。这与《容成氏》"尧南面,舜北面"②的记载不矛盾。虽然《孟子》也祖述尧、舜、禹,但其思想主旨显然与《容成氏》不同,如《孟子·万章上》:"丹朱之不肖,舜之子亦不肖。舜之相尧、禹之相舜也,历年多,施泽于民久。启贤,能敬承继禹之道。益之相禹也,历年少,施泽于民未久。舜、禹、益相去久远,其子之贤不肖,皆天也,非人之所能为也。莫之为而为者,天也;莫之致而至者,命也。"③孟子强调天命观,这与《容成氏》中的尧舜禹禅让制相冲突。再如《孟子》强调尧、舜、禹都不是直接禅让,而是根据民心的向背,《孟子》:"昔者舜荐禹于天,十有七年,舜崩,三年之丧毕,禹避舜之子于阳城,天下之民从之,若尧崩之后,不从尧之子而从舜也。……匹夫而有天下者,德必若舜禹,而又有天子荐之者。"④这与《容成氏》的直接禅让有着根本的不同,而且也表明《孟子》中对禅让的态度也不同于《容成氏》。关于启是如何获得天下的认识、尧舜的佐官、舜的家世等诸多文献记载,《孟子》也不同于《容成氏》。

不仅《孟子》中的思想主旨和有关记载不同于《容成氏》,即便是成书时代与《容成氏》相差不多的新出土儒家文献郭店简《唐虞之道》中,有关尧的记载,也与《容成氏》不同。陈剑认为,郭店简《唐虞之道》简14云"古者尧生于天子而有天下",或是就传说中尧为帝喾之子而言的,跟《容成氏》所述不同⑤。而且,如果将两篇出土文献的文意和思想主旨加以比较,也是完全不同的。

《容成氏》中出现与儒家著作相类似的内容,并不足以否定其是有墨家思想倾向的著述,因为儒墨两家在先秦时期所见所用的文献有重合与相类之处,特别是在祖述先王史实方面,但各自所述的中心主旨还是略有差异,墨家从夏、儒家法周的差异是较为明显的。顾颉刚就曾认为墨子学于鲁而反孔,《吕氏春秋·当染》云:"鲁惠公使宰让请郊庙之礼于天子,桓王使史角往;惠公止之。其后在于鲁,墨子学焉。"⑥按《十二诸侯年表》,鲁惠公元

---

① 赵岐注:《孟子》,《十三经古注》(十),第2119页。
② 陈剑:《上博简〈容成氏〉的竹简拼合与编连问题小议》,《上博馆藏战国楚竹书研究续编》,第329页。
③④ 赵岐注:《孟子》,《十三经古注》(十),第2122页。
⑤ 详见陈剑《上博楚简〈容成氏〉与古史传说》,台北"中央研究院"历史语言研究所主办,"中国南方文明学术研讨会"论文,2003年12月19日。又载陈剑:《战国竹书论集》,第62页。
⑥ 高诱注、毕沅校:《吕氏春秋》,《二十二子》,第634页。

年当周平王三年,卒于四十六年当平王四十八年,鲁隐公四年当桓王元年,
则惠公于桓王世不相及。然其谓史角之后在于鲁,为墨子所受学,则其事
或信。《淮南子·要略》云:"墨子学儒者之业,受孔子之术,以为其礼烦扰
而不说,厚葬靡财而贫民,久服伤生而害事,故背周道而用夏政。"①是墨子
虽宋人而学于鲁,一方面学郊庙之礼于史角之后人,故言天志、明鬼;一方
面又学孔子之术于儒者,惟以其礼烦扰、厚葬靡财、久服伤生,激起其反感,
故言节用、节葬、非乐、非儒②。

从先秦两汉的道家文献材料与《容成氏》的比较来看,即便有文字内容
与《容成氏》相似的材料,但也都没如今本《墨子》那样无论是思想主旨,还
是遣词造句更为贴近《容成氏》。

《庄子·胠箧》:"昔者容成氏、大庭氏、伯皇氏、中央氏、栗陆氏、骊畜
氏、轩辕氏、赫胥氏、尊卢氏、祝融氏、伏戏氏、神农氏,当是时也,民结绳而
用之,甘其食,美其服,乐其俗,安其居,邻国相望,鸡狗之音相闻,民至老死
而不相往来。"③此文中虽也提到上古圣王"容成氏、大庭氏、伯皇氏、中央
氏、栗陆氏、骊畜氏、轩辕氏、赫胥氏、尊卢氏、祝融氏、伏戏氏、神农氏",并
和《容成氏》所提到的上古圣王"[尊]卢氏、赫胥氏、乔结氏、仓颉氏、轩辕
氏、神农氏、樟〔氏、垆毕氏"④多有相合之处,但正如饶宗颐所说:"楚简此
文是否可以取《庄子·胠箧篇》加以比附,很成问题。其理由有二:第一,楚
简文多出一氏的'乔结氏',为他书所无;而有轩辕、神农,却无伏羲,与《庄
子》所说不符合。第二,简末备言不授子而授贤,终则言'尚爱',分明是墨
子兼爱尚贤之说。疑是墨家所流传的古史系统,与庄子无关。"⑤

《淮南子》中有祖述上古帝王的内容,虽没有《容成氏》详细,但大致内
容相似,现具引如下:《容成氏》释文:"喑聋执烛,冒工鼓瑟,跛躄守门,侏儒
为矢,长者□宅,偻者坟数,瘿者煮盐,厇亶者渔泽,□弃不□。"⑥今本《淮
南子》中有与之句式相似的内容,即《淮南子·齐俗训》:"修胫者使之跖镵,

① 高诱注、庄逵吉校:《淮南子》,《二十二子》,第 1308 页。
② 顾颉刚:《愚修录》(1962.12—1966.1),《顾颉刚读书笔记》(九),第 6797—6798 页。
③ 郭象注、陆德明音义:《庄子》,《二十二子》,第 37 页。
④⑥ 陈剑:《上博简〈容成氏〉的竹简拼合与编连问题小议》,《上博馆藏战国楚竹书研究续
编》,第 328 页。
⑤ 饶宗颐:《由尊卢氏谈到上海竹书(二)的〈容成氏〉——兼论其与墨家关系及其它问题》,
《九州学林》总 11 辑,第 13—14 页。

强脊者使之负土，眇者使之准，伛者使之涂，各有所宜，而人性齐矣。”[①]再如《淮南子·本经训》所云：“昔容成氏之时，道路雁行列处，托婴儿于巢上，置余粮于畮首，虎豹可尾，虺蛇可蹍，而不知其所由然。逮至尧之时，十日并出，焦禾稼，杀草木，而民无所食。猰貐、凿齿、九婴、大风、封豨、修蛇皆为民害。尧乃使羿诛凿齿于畴华之野，杀九婴于凶水之上，缴大风于青丘之泽，上射十日而下杀猰貐，断修蛇于洞庭，禽封豨于桑林，万民皆喜，置尧以为天子。于是天下广狭、险易、远近，始有道里。舜之时，共工振滔洪水，以薄空桑，龙门未开，吕梁未发，江、淮通流，四海溟涬，民皆上丘陵，赴树木。舜乃使禹疏三江五湖，辟伊阙，导廛涧，平通沟陆，流注东海，鸿水漏，九州干，万民皆宁其性，是以称尧舜以为圣。晚世之时，帝有桀、纣，为琁室、瑶台、象廊、玉床，纣为肉圃、酒池，燎焚天下之财，罢苦万民之力，刳谏者，剔孕妇，攘天下，虐百姓，于是汤乃以革车三百乘，伐桀于南巢，放之夏台，武王甲卒三千，破纣牧野，杀之于宣室，天下宁定，百姓和集。是以称汤、武之贤。”[②]由于此段内容没有《容成氏》中所描述的禅让传说，所要表达的思想主旨是有圣贤之名者必遭逢乱世，显然不同于《容成氏》。这可能是由于《淮南子》为汉初道家作品[③]，如孙诒让所言：“秦汉诸子，若吕不韦、淮南王书，所采摭至博，至其援举墨子之言，亦多本书所已见，绝无异闻。”[④]那么，《淮南子·齐俗训》、《淮南子·本经训》这些文字虽不见于今本《墨子》，却与上博简《容成氏》的有关内容相类似，极有可能上博简《容成氏》这种有墨家思想倾向的著述以及诸如此类的各家边缘性文献，在《淮南子·本经训》成篇时，亦被参考采摭入文中。正如裘锡圭所说：“黄老思想，……西汉时代流行的道家思想，或者说当时的道家思想的主流，不是后人所熟悉的老庄一派的思想（实际上老和庄也有相当大的差异），而是一种以道、法为主，兼包阴阳、儒、墨等家思想的庞杂体系。”[⑤]所以，《淮南子》的这些文章内容极有可能是兼容了儒家墨家的古史系统，在《淮南子》中出现

① 高诱注、庄逵吉校：《淮南子》，《二十二子》，第1256页。

② 高诱注、庄逵吉校：《淮南子》，《二十二子》，第1239页。

③ 顾颉刚认为，《淮南书》作于何年虽不可详，但据《汉书·诸侯王表》，淮南王立于文帝十六年，死于武帝元狩元年，必在此四十二年间。详见顾颉刚：《从〈吕氏春秋〉推测〈老子〉之成书年代》，《古史辨》第四册，第518页。

④ 孙诒让：《墨子后语·墨子绪闻》，《墨子间诂》附录，第38页。

⑤ 裘锡圭：《中国出土古文献十讲》，第331—332页。

与《容成氏》相似的古史叙述并不足为奇。

综上所述，可以看出上博简《容成氏》和墨家文献最为接近，墨家思想中的"尚贤"、"兼爱"、"非攻"、"节用"、"节葬"等思想内容在上博简《容成氏》都有所体现。甚至于在某些史事记载和制度、个别字词的理解等方面，上博简《容成氏》和今本《墨子》亦有相合之处。虽然儒道等家先秦两汉文献材料亦有个别相合之处，但通观上博简《容成氏》全文，还是与墨家最为接近。而且从地域上来说，在楚简中发现墨家文献也极有可能。所以说上博简《容成氏》篇应与墨家有极密切关系，体现着极浓厚的墨家思想。或可以说，上博简《容成氏》是受墨家学说影响的、反映战国中期政治诉求的、有关古史传说的边缘性文献。而上博简《容成氏》这篇有墨家思想倾向的古史"佚文"所述的史事渊源有自，《吕氏春秋·当染》云："鲁惠公使宰让请郊庙之礼于天子。桓王使史角往，惠公止之；其后在于鲁，墨子学焉。"[1]此即《七略》所云"墨家者流盖出于清庙之守"之由来[2]。

第二节　从上博简《容成氏》等出土文献材料看"层累说"

顾颉刚"层累说"创立的最初阶段，曾在《与钱玄同先生论古史书》、《讨论古史答刘胡二先生》等文章中先后提出了一些重要的学术观点，如"禹的神化问题"、"文王非纣臣论"等。这两个观点是"层累说"初创期的核心观点，顾颉刚通过这两个观点的论述，彻底地拆毁了旧古史系统，"禹"的问题破除了尧舜禹的禅让说，"文王非纣臣论"破除了夏商周君臣相继的革命说。1941年，《古史辨》出版至第七册，这一册是"层累说"具体应用到古史研究中的文章结集，是对顾颉刚十余年来古史学研究状况的总结。这些文章将古史传说整理得更加具体化和线索化，是顾颉刚前期古史研究走向成熟的体现，《战国秦汉人的造伪与辨伪》和《禅让传说起于墨家考》就为其中的代表作。

现阶段，结合新出土文献材料与考古资料来重新检视顾颉刚的这些重要观点，对充分地批判继承顾颉刚古史学说，无疑有着重要的意义。同时，

---

① 　高诱注、毕沅校：《吕氏春秋》，《二十二子》，第 634 页。
② 　顾颉刚：《郊居杂记》(1930.11—1934.10)，《顾颉刚读书笔记》(三)，第 1695—1696 页。

将顾颉刚"层累说"的初创期与成熟期两个阶段的古史学研究成果从研究手段、治学态度等方面加以比较,也会发现以往研究中一些易于被忽视的面相。

一、"禹"的问题

顾颉刚有关"禹"的某些认识已得到新出土文献材料的证实。1923年,顾颉刚在《与钱玄同先生论古史书》一文中指出:"周代人心目中最古的人是禹,到孔子时有尧、舜,到战国有黄帝、神农,到秦有三皇,到汉以后有盘古等",还提出,禹在传说中本来"是上帝派下来的神"等看法[1]。同年,顾颉刚在《讨论古史答刘胡二先生》一文中,对禹的天神性作了更为详尽的论证,他将《诗》、《书》中有关禹的材料陈列了九条,归纳出周人对禹的四种观念,并逐条加以分析[2]。

(一)"禹平水土是受上帝命"条中,顾颉刚根据《尚书》的《洪范》和《吕刑》,论证禹平水土实为上帝所命。他认为《洪范》上"天"与"帝"互称,《吕刑》中"上帝"与"皇帝"为一名的互文。《吕刑》中的"皇帝既是上帝,他所命的三后当然含有天神性。合之于《洪范》所言,禹的治洪水平水土,由于上帝的命令,自无可疑"。

(二)"禹的'迹'是很广的"条中,顾颉刚认为有关"禹迹"之广,《立政》上说得稍详,但无从悬揣禹是神是人,因为神迹、人迹、兽迹很难区分。

(三)"禹的功绩是'敷土'、'甸山'、'治水'"条中,顾颉刚对禹的功绩进行了详细的考证。他认为,"敷土"为"铺放土地","甸山"为"陈列山","治水"的"治"字是后人加上去的,后人相信禹治水之故,乃是受了《孟子》、《禹贡》等书的影响。通过这些功绩,可以看出"禹是人而非神"。

(四)"禹是一个耕稼的国王"条中,顾颉刚指出,《论语》和《诗经·閟宫》并未谈及禹的治水,而只说其耕稼,据此他认为:"在西周时,古王任农事的惟有后稷;在东周的鲁国,后稷之前又有禹;到战国时烈山氏之子柱先做后稷了,舜也'发于畎亩之中'了,倡始耕稼的尊号又给神农夺去了。"所以,他认为这种观念应是后起之说。

---

[1] 顾颉刚:《与钱玄同先生论古史书》,《古史辨》第一册,第60—62页。
[2] 顾颉刚:《讨论古史答刘胡二先生》,《古史辨》第一册,第106—107页。

　　最后,顾颉刚依据《吕刑》"禹平水土,主名山川",认为西周中期,禹乃主领名山川,为山川之神,西周后期禹则又演化成社神①。他围绕着禹的天神性,旁涉"禹迹"、禹的功绩、禹的神职等方面。"禹迹"材料较少,语焉不详,而对禹的功绩和神职,顾颉刚则进行系统的论述和考证。总之,禹有天神性,则是他想突出的中心思想。

　　顾颉刚的这些观点,后来也得到近出金文材料的验证与支持。2002年,北京保利艺术博物馆收购到一有铭铜盨②,时代属西周中期,铭文中有云:"天命禹敷土、堕山、浚川;乃畴方、设正、降民、监德……"③裘锡圭用此铭文和顾颉刚所说的第一种观念比对后,认为:"在较早的传说中,禹确是受天,即上帝之命来平治下界的水土的。上引《洪范》、《吕刑》之文,与此盨铭文可以互证,顾颉刚的有关意见完全正确。"④但裘锡圭也指出顾颉刚的三个错误观点,即"禹是西周中期起来的"、尧舜与禹的关系"是起于禅让之说上"、禹的"堙塞"先起"疏导"后起的治水方式。下文将在前辈学者的研究基础上,对顾颉刚提出的"禹的功绩"、"禹的治水方式"和"禹与尧舜的关系"等观点加以再探讨。

　　第一,顾颉刚在《讨论古史答刘胡二先生》一文中对禹的功绩加以详细考证,认为"敷土"为"铺放土地","甸山"为"陈列山","治水"的"治"字是后人加上去的,后人相信禹治水之故,乃是受了《孟子》、《禹贡》等书的影响⑤。顾颉刚对于禹的功绩中前两种的解释,无疑是正确的,可以说澄清了以往对禹功绩的模糊认识,是发覆之论。对于第三种功绩的"治水",顾颉刚认为是后人加上去的,他说:"《诗经》中说'丰水东注,维禹之绩',绩当即是迹。照了上条所说,那时人看得土是禹铺的,山是禹陈的,则水道自然也是禹所排列的了。《洪范》说他治水的话甚不明白,似乎他一得到了上帝的九畴,洪水就自会平复似的。我们所以深信他治水之故,乃是受了《孟

　　①　顾颉刚:《讨论古史答刘胡二先生》,《古史辨》第一册,第 107—114 页。
　　②　裘锡圭暂将其定名为燹公盨,详见裘锡圭:《燹公盨铭文考释》,《中国历史文物》2002 年第 6 期。又载裘锡圭:《中国出土古文献十讲》,第 46 页。
　　③　释文据裘锡圭《燹公盨铭文考释》,不严格按原文隶定,详见裘锡圭:《中国出土古文献十讲》,第 46—77 页。
　　④　裘锡圭:《新出土先秦文献与古史传说》,《中国出土古文献十讲》,第 22 页。
　　⑤　顾颉刚:《讨论古史答刘胡二先生》,《古史辨》第一册,第 110—111 页。

子》、《禹贡》等书的影响。"①《洪范》中带有神话色彩的描述,使顾颉刚认为"治水"应该是晚出的说法,但从上文所述燹公盨铭文来看,西周中期以前已经出现大禹"治水"的说法,而不尽是《孟子》、《禹贡》所造成的影响。再者从成书时代最晚也和《孟子》同时的上博简《容成氏》来看,其中也已存在大禹"治水"的传说。所以,顾颉刚认为禹的功绩中,第三种"治水"是后起,并受到《孟子》、《禹贡》的影响,则有失偏颇。

第二,正因为顾颉刚认为禹功绩中的"治水"之说是后起,所以后来他在与童书业合著的《鲧禹的传说》一文中对禹"治水"的具体方式,又加以详细的阐述。在传统的鲧禹传说中,鲧是用堙的方式治水而招致失败,禹改用疏的方法便获得了成功。顾、童认为这种将鲧禹的治水方法对立起来,并因鲧和禹的治水具体方式的不同,才导致鲧禹成功与否的说法是错误的②。所以他们提出,在较早的鲧禹传说中,禹也曾以"息壤"堙塞洪水,鲧所以失败,是由于他"不待帝命",并非方法不对。并说:"《诗经》和《周书》里提到禹,只说他'甸山'、'敷土'、'平水土',而不曾明白地说出山是怎样的'甸'法,土是怎样的'敷'法,水土又是怎样的'平'法。但我们看《山海经》和《天问》、《淮南子》等书,便知道禹所用的治水的方法和鲧一样满是'堙'和'填'……禹用息土填塞洪水,遂造成了名山,这便是所谓'敷土'、'平水土'和'甸山'。"③裘锡圭指出,这种认为禹也曾用"堙塞"的方式来治水的看法"确是卓识"。因为燹公盨铭提到"敷土"和"堕山",敷土就是以息壤堙塞洪水,堕山据《国语·周语下》"灵王二十二年"条太子晋的话,也是鲧治水时用过的方法,可证其说之确④。但顾颉刚、童书业并没有将"堙塞"的治水方式与"疏导"的治水方式同时并存,却将"堙塞"的治水方式看作先起,而"疏导"的方式后起。他们说:"儒墨两家都称道禹疏水之说,特于无意中留下'湮'之旧迹。察二家之原意,或是以为洪水非'堙'、'抑'不可,但江河又必须'疏'之耳——其实疏江河即堙鸿水传说之演进也。"⑤并进一步认为,禹疏水之说开始盛倡于《墨子》⑥。

---

①　顾颉刚:《讨论古史答刘胡二先生》,《古史辨》第一册,第 111 页。
②　顾颉刚、童书业:《鲧禹的传说》,《古史辨》第七册(下),第 159 页。
③　顾颉刚、童书业:《鲧禹的传说》,《古史辨》第七册(下),第 160—161 页。
④　裘锡圭:《新出土先秦文献与古史传说》,《中国出土古文献十讲》,第 23 页。
⑤　顾颉刚、童书业:《鲧禹的传说》,《古史辨》第七册(下),第 162 页。
⑥　顾颉刚、童书业:《鲧禹的传说》,《古史辨》第七册(下),第 163 页。

顾颉刚等人之所以会产生"堙塞"先起、"疏导"后起的看法,主要是他们想以"社会背景法"来解释古史传说的流变过程,认为传说中的特异现象都为战国时期的学者们根据当时的需要和时势所刻意伪造,而没有考虑到这些特异现象的出现在春秋以前是否有其根源。如他们认为"疏导"治水之说就是顺应战国时势的产物,说:"在战国的时候,交通四辟,水利大兴,人们为防止水患,就盛行了筑堤的办法;为利便交通,振兴农业,又盛行了疏水灌溉的办法。但是筑堤的害处多而利益少,疏水灌溉则是有利而无弊的事,所以防洪水的典故便渐归了上帝所殛的万恶的鲧,而疏洪水的典故就归了天所兴的万能的禹了。……可见战国确也是个'疏川导滞,合通四海'的时代。禹疏水之说即是这个时代潮流的护符啊!"①

裘锡圭则指出顾颉刚、童书业的这个说法的弊病所在,他说:"顾、童二氏可能仍受到了把鲧和禹的治水方法完全对立起来的那种后起说法的一些影响,以致在讨论禹的治水传说时,认为堙塞和疏导两种方法不能同时并存,较早的传说不会说禹用疏导的方法治水,'禹疏水之说开始盛倡于《墨子》'。其实要平治水土就必须治川,治川就必须疏导。盨铭除敷土、堕山外,还说了'浚川',可见'禹疏水'的观念在西周时就已存在,决非战国以后兴起的。"②那么,顾颉刚他们所认为的"鲧禹治水传说的本相是填塞洪水,布放土地,造成山川;后来因战国时势的激荡,变成了筑堤、疏导和随山刊木"的结论③,以目前的史料状况而言,他们只说对了一半。

第三,顾颉刚他们在论述到"禹与尧舜何时发生关系"时,依然坚持《禅让传说起于墨家考》中所认为的"墨家只提出了尧舜的禅让,舜禹禅让的故事乃是后人加添上去",只是《孟子》以后才将舜禹的禅让"层累"上,所以"鲧禹本都是独立的人物,因墨家的尚贤说和禅让说的媒介,才与尧舜等人发生关系"④。他们还讨论了"洪水和治水的传说与尧舜的发生关系"的问题,认为"洪水原是禹为天子后的事,与尧舜无关"。洪水、治水确实在西周早期的传说中与尧舜无关,燹公盨铭文可证。但不能就下结论说,"洪水和

---

① 顾颉刚、童书业:《鲧禹的传说》,《古史辨》第七册(下),第164—165页。

② 裘锡圭:《新出土先秦文献与古史传说》,《中国出土古文献十讲》,第23页。

③ 顾颉刚、童书业:《鲧禹的传说》,《古史辨》第七册(下),第190—191页。

④ 顾颉刚、童书业:《鲧禹的传说》,《古史辨》第七册(下),第191页。顾颉刚认为尧、舜与禹的关系"是起于禅让之说上"的看法,裘锡圭已经指出其偏颇所在,详见裘锡圭:《新出土先秦文献与古史传说》,《中国出土古文献十讲》,第22—23页。

治水的事发生于禹为天子之后",因为上博简《容成氏》明确记载有:"舜听政三年,山陵不疏,水潦不潜(?),乃立禹以为司工。禹既已受命,乃卉服箁箬,帽芙□□足□☑☑面□□□,不生之毛,□㵓湝流,禹亲执畚(?)耜,以陂明都之泽,决九河之阻。"①

由上所论,说明顾颉刚在运用"层累说"提出一些有关禹的古史学观点时,由于无限制运用"默证法"和"社会背景法",虽不免有偏颇之处,但具体史事的考辨仍较为严谨,尚能够忠实反映客观的历史事实。

二、"文王非纣臣论"

顾颉刚在《讨论古史答刘胡二先生》一文中首先提出"文王非纣臣"的观点。他说:"后稷非舜臣,王季文王亦非纣臣。并且可以推到商民族上去说,契亦非舜臣,汤亦非桀臣。"顾颉刚认为应该破除读史之人的一个成见,即将夏商周的关系比拟为后世的君臣关系。正是由于这一成见,造成"文王为纣臣"是天经地义的事,并不自觉地将纣和文王的君臣关系比拟为后世专制制度下的君臣关系。即"中国自黄帝'方制万里,画野分州'以来,永远是一统的;地域的区划,秦以前是封建,秦以后是郡县。因为有了这一个成见,所以觉得唐虞三代的天子威严与秦汉是没有差异的,……因为没有差异,所以君臣之义无所逃于天地之间,商汤不得不做夏桀的臣子,周文王不得不做商纣的臣子"②。

顾颉刚之所以认为纣与文王之间不会存在后世的"君臣"关系,是依据着对商周之际的政治结构所进行的分析,他说:"中国在战国以前是不会统一过,在周代行封建制以前还是满地的立着许多部落的国家。商之所以为商,周之所以为周,自有他们民族成立的历史。商之所以灭夏,周之所以灭商,也本合于他们民族发展的程度……他们强弱之争还来不及,哪有什么君臣之谊呢!"③这段对当时的政治关系的叙述,是符合客观历史事实的。他还进一步分析周代封建之前的国家关系,认为:"异族对于中原,小国对于大国,原只有强弱的区别,并无天泽的定分。小国为保全自己的生存计,

---

① 陈剑:《上博简〈容成氏〉的竹简拼合与编连问题小议》,《上博馆藏战国楚竹书研究续编》,第 329 页。

② 顾颉刚:《讨论古史答刘胡二先生》,《古史辨》第一册,第 142 页。

③ 顾颉刚:《讨论古史答刘胡二先生》,《古史辨》第一册,第 142—143 页。

所以瞻依趋附着强者;最强的国家给它保护及征服的小国就最多。……我很疑心夏商间所谓'王',实即春秋时所谓'霸'。春秋时,一个霸主出来,便有许多服属的小国。如郑、卫、陈、蔡、许、曹诸国,永远依违于几个大国之间。说它服属,确是服属;说服属的是臣,所服属的是君,那就大误。"①据此,顾颉刚认为商周之间之存在着服属关系,但并不存在着后世那样的君臣关系。这些看法无疑十分正确。

　　顾颉刚通过这个成见的破除,首先,证明了"层累说"中"打破地域一统的观念"的正确。其次,通过对商周之际的政治结构的分析,认为文王与商纣之间不存在秦汉一统时期以后的"君臣"关系,先秦之世民族、地域都非一统,从而打破了夏商周之间朝代相继的"革命说"。顾颉刚对这种成见的破除,无疑是必要和正确的,并进一步得到考古学的证实和支持。

　　林沄通过考古学和古文字学的综合研究,已经验证了这种说法的正确性。林沄认为,甲骨卜辞中确实反映出商代有许多方国和商王发生联盟关系,大多数都是军事联盟的关系。武丁后期军事联盟的发展,商本土的周围均有联盟方国为其屏障。当然,商的敌对国之间也存在着同样的联盟关系。这些方国联盟只是短时间之内保持相对稳定的共同体。在中原地区,如郑州商城遗存、黄陂盘龙城遗存、山西夏县东下冯商城遗存等二里岗期考古遗存表明,殷商的早中期已经存在着众多的以颇大的城市为中心的城邦国家。甲骨文中所反映的这些以商本土为核心的方国联盟,实质应是城邦国家联盟②。这些城邦国家各自的领土并不是很大,考古学成果表明,在殷商建立之初,商王朝作为方国联盟的首脑国,迅速将势力扩展到关中东部地区,此时的商文化与当地的土著文化杂然并存,相互之间存在着程度不同的联系与影响,但随着商王朝势力的衰弱,到了商末,以小屯式陶器为代表的晚期商文化的主要分布范围,仅有河南北部和河北南部,即与《史记·吴起传》:"殷周之国,左孟门,右太行,常山在其北,大河经其南"相一致。而周早期领土仅在周原,而后直接统治的地区才逐渐地扩大到整个泾渭地区乃至于丰镐地区③。这种商周之间势力的消长,也证明商王朝的灭亡,主要是由于它和重要联盟方国之间关系的紧张。随之联盟

---

① 顾颉刚:《讨论古史答刘胡二先生》,《古史辨》第一册,第 145 页。
② 林沄:《甲骨文中的商代方国联盟》,《林沄学术文集》,第 83 页。
③ 张天恩:《关中商代文化研究》,北京:文物出版社,2004 年,第 249—252 页。

破裂,商王朝失去屏障,而此时的小邦周趁机建立了强大的军事联盟·逐渐蚕食大邑商在关中的外围势力,剪除伐商东进的障碍,到了商朝的末期,周的势力已经可以达到河南地区。武王伐纣之所以速战速决,是因为打击的只是一个领土有限的商方国,商灭亡后,方国联盟的领导权转入周的手中①。

从甲骨文中也可窥见殷周之间具体的政治关系。1928 年,殷墟第一次发掘中,曾发现编号为 277 的新获卜辞,卜辞有云:"令周侯今月……"②而在其他有关征伐的殷墟卜辞中,偶尔也可以见到商王对联盟方国的首领使用"令"这个词,在不涉及征伐的卜辞中,也有"呼"、"令"③。所以,从这些卜辞中可以了解到商代晚期周对商的从属联盟关系,商王是可以直接命令周侯,而周原甲骨卜辞则更为直接地表现出周王对商王的服事和从属。周原甲骨中涉及商周关系的有 H11:1、8、82、84、112、115、130 等七片,这七片甲骨都涉及商纣册封西伯的史事。如:

H11:1

　　　癸子(巳),彝文武帝

　　　乙,□贞:王其卬(诏)枫

　　　成唐,蠚(?)𤎩

　　　殳(服)士女;其彝

　　　血:牡三,豚三,囟(思)又(有)正。

H11:82

　　　〔□□,彝〕才(在)文武

　　　〔丁,□贞〕:王其卬(诏)帝

　　　〔□〕天,用(?)典曶(册)

　　　周方白(伯)〔□□〕,囟(思)

　　　正亡𠂛(左),〔□□□〕

　　　□,□王受又(有)又(祐)。

H11:84

　　　贞:王求其又(祐)

---

①　林沄:《甲骨文中的商代方国联盟》,《林沄学术文集》,第 84 页。
②　董作宾:《新获卜辞写本后记》,《安阳发掘报告》第 1 期,1929 年,第 203 页。
③　林沄:《甲骨文中的商代方国联盟》,《林沄学术文集》,第 78 页。

　　　大甲,砌(册)周方

　　　白(伯)□。田(思)正

　　　不屮(左),于受又(有)又(祐)。

H11:112

　　　彝文武丁,必

　　　贞:王翌日乙丙,

　　　其求再(称)麊,

　　　〔□〕文武丁豊

　　　〔□□〕□卯

　　　〔□□□〕屮(左)王。

H11:130

　　　〔□□□□〕。田(思)正

　　　〔□□□,□□〕受又(有)又(祐)。①

　　李零认为,这些都是周文王时的卜辞。"文武帝乙",即商王帝乙,"帝乙"是死后的称呼,当时的商王是他的儿子,即纣(或作"受")。卜辞中的"王",从 H11:82 看,确为商王,但被册封者是周族的首领,占卜者当是周人,五条卜辞都是周卜辞。卜辞的主要内容皆是周文王释其囚禁于商,在商占卜商王册封周文王为西伯的记录②。另外还有两条卜辞与册封周方伯有关,如下:

H11:8

　　　□垦(听)事,「

　　　乎(呼)宅商西。

H11:115

　　　□商其舍□③

　　李零认为,"听事",听命行事,指臣事于商。"呼宅商西",是说召命其定居于商的西土。所以,H11:8 此片也可能与商王册命周方伯有关。商周册命不一定都是初命新遣,有些只是对既定权力的确认和批准。而 H11:115 可

---

① 李零:《读〈周原甲骨文〉》,载北京大学中国考古学研究中心、北京大学震旦古代文明研究中心编:《古代文明》(第 3 卷),北京:文物出版社,2004 年,第 221、234、235、238、240 页。
② 李零:《读〈周原甲骨文〉》,《古代文明》(第 3 卷),第 221—222 页。
③ 李零:《读〈周原甲骨文〉》,《古代文明》(第 3 卷),第 224、239 页。

能与 H11:8 片有关①。

从上述周原甲骨文中可以看出,商纣王确实曾经册封过文王为"西伯",如《史记》中所说"纣赐之弓矢斧钺,使西伯得征伐"。文王即成为商朝在西部地区的方国联盟的地方性首领,一方面,仍然对殷纣保持着作为地方联盟属国的义务,如向商进贡、允许商王以田猎的名义进境巡守等。《吕氏春秋·顺民》:"文王处岐事纣,冤侮雅逊,朝夕必时,上贡必适,祭祀必敬。"另一方面,周方国成为商在关中地区的权力代表,获得了商朝这个总盟主赋予的巡守(或以狩猎的名义)、征伐和平抑各个小方国之间争端的政治权力。

如在田猎方面,有:

H11:3

　　王唯田,

　　衣(卒)王田,

　　至于帛。

H11:113

　　辛未,王

　　其逐虘(虎)兕,

　　〔田(思)〕亡告。

FQ1

　　王以我枚单

　　兕勿卜。②

在征伐方面,有:

H11:68

　　……伐蜀。/

　　……兹。

H11:232

　　其于伐「

　　馘(胡)侯③

上文所引这些有关田猎和征伐活动的卜辞,并非全然发生在商王册封周

---

① 李零:《读〈周原甲骨文〉》,《古代文明》(第 3 卷),第 225、239 页。

② 李零:《读〈周原甲骨文〉》,《古代文明》(第 3 卷),第 223、239、253 页。

③ 李零:《读〈周原甲骨文〉》,《古代文明》(第 3 卷),第 232、248 页。

方伯之前后,但在田猎活动中一定有着借以田猎的名义对联盟中其他方国进行巡视的政治行为。文王对周边方国的征伐,文献中也有明确记载。如《周书·序》即云:"文王立,西距昆夷,北备猃狁,谋武以昭威怀,作《武称》。"《周书·武称》:"大国不失其威,小国不失其卑,敌国不失其权。岠嶮伐夷,并小夺乱,□强攻弱,而袭不正,武之经也。伐乱、伐疾、伐疫,武之顺也。"①册封完后,周人名义上得到商王的支持和承认,这些田猎和征伐行为都有可能得到加强。周王作为西部方国联盟的首领还具有调节裁断小方国之间争端的权力。如《诗经·大雅·緜》:"虞芮质厥成,文王蹶厥生。予曰有疏附,予曰有先后。予曰有奔奏,予曰有御侮!"②《史记·周本纪》:"西伯阴行善,诸侯皆来决平。于是虞、芮之人有狱不能决,乃如周。"③《史记·齐太公世家》:"周西伯政平,及断虞芮之讼,而诗人称西伯受命曰文王。"④

　　"唯器与名,不可假人",为何商王要将统辖西部方国的权力和名分交与周人呢?这是由当时的政治形势所促成,不得已而为之的下下策。从今天的考古发现来看,殷商后期商王朝的整体实力下降,通过这一时期的殷墟卜辞可以看出,商对西土方国的关注度降低,说明对其的控制能力正在逐渐衰弱。在武丁前后的一、二期卜辞中记有大量的关于西土的卜问,记载了与羌方、周方等方国之间的战争、田猎等活动,但到二期以后则为少见。考古学文化上,也呈现出这一趋势,早商时期,从商初的二里冈下层早段开始,商文化几乎就已完全占据泾河下游至西安以东的整个关中东部地区,并以此为根据地把势力推进到关中西部地区,创建出"京当型"商文化,盛极一时。《诗经·商颂·殷武》:"昔有成汤,自彼氐羌,莫敢不来享,莫敢不来王。"⑤但从殷墟二、三期以后,关中西部的"京当型"商文化日趋走向衰弱和消亡,在殷墟四期时,关中东部的"北村型"和"老牛坡型"的商文化,被先周文化挤压而先后覆灭⑥。由于商这个方国联盟首脑实力下降,使得西部的一些小的方国开始脱离殷商的控制,甚至出现反叛。商王朝为加强对西土的控制,不得已只好选派周国这个已经在西部地区有着强大势力的

---

　　①　黄怀信、张懋镕、田旭东:《逸周书汇校集注》(修订本),上海:上海古籍出版社,2007 年,第 1120、85 页。

　　②⑤　毛亨传、郑玄笺:《毛诗》,《十三经古注》(二),第 286、333 页。

　　③④　司马迁:《史记》(点校本二十四史修订本),北京:中华书局,2014 年,第 152、1791 页。

　　⑥　张天恩:《关中商代文化研究》,第 168—169 页。

方国,作为自己在西部的代言人,假周国之力对西土加以监控。在殷高宗之时,商王朝就曾借助周人之力来征伐鬼方,《周易·未济》:"震用伐鬼方,三年有赏于大国。"[①]《诗经·大雅·荡》:"内奰于中国,覃及鬼方。"[②]所以,上举周原甲骨卜辞所记商纣册封周文王之事,也并不为奇,这只不过是纣希望文王代商在西土行使方国联盟首脑的权力。上博简《容成氏》:"纣不述其先王之道,……不听其邦之政。于是乎九邦叛之,丰、镐、舟、□、于、鹿、耆、崇、密须氏。文王闻之,曰:'虽君无道,臣敢勿事乎? 虽父无道,子敢勿事乎? 孰天子而可反?'纣闻之,乃出文王于夏台之下而问焉,曰:'九邦者其可来乎?'文王曰:'可。'文王于是乎素端□裳以行九邦,七邦来服,丰、镐不服。文王乃起师以向丰、镐,三鼓而进之,三鼓而退之,曰:'吾所知多鹰,一人为无道,百姓其何罪?'丰、镐之民闻之,乃降文王。"[③]而上博简《容成氏》中这段记载,正与《左传》中"文王帅殷之叛国以事纣"的说法相吻合。

此时的周国已经是西土最为强大的方国,并积极地扩张势力,着力组建新的方国联盟,在此过程中利用各种手段,甚至是使用武力。如上举周原甲骨卜辞中记有对"蜀"的征伐,这个小方国极有可能就是《尚书·牧誓》所记载的协助武王伐纣的"蜀"。顾颉刚认为,庸、濮在周之东南;蜀、髳、微在周之西南;羌在周之西;卢、彭在西北[④]。杨宽认为"蜀"的北境应该能达到汉中[⑤]。从考古资料来看,殷商的晚期,关中的先周文化与陕南汉中盆地东部的城固、洋县一带的"宝山文化"发生直接的联系。"宝山文化"的部分因素出现在先周文化中,如岐山贺家 73M1、北吕 M14 等就曾出土"宝山

---

①　王弼注:《周易》,《十三经古注》(一),第 48 页。高亨以为,震疑为人名,盖周臣也。大国盖指殷国也。既济九三云:"高宗伐鬼方,三年克之。"与此所记为一事。盖殷高宗伐鬼方之时,丑鬼方为西北狄国,与周接壤,亦周之强敌,故周君命震率师伐之,即所以助殷亦所以自为也。其所以出兵,或由于高宗之征命,或由于殷周之合谋,或由于周君之自愿,则不可知;然总为高宗所嘉许之事也。故三年之后,既克鬼方,高宗嘉震之功而赏之(高亨:《周易古经今注》,上海:上海书店,1991 年,第 222 页)。徐中舒则认为,震当为震惊震恐之意,此虽不著何人伐鬼方,但下文云有赏于大国,大国则指殷人言。此谓周伐鬼方而殷人赏之,以小邦而伐大国之敌,故有震惊震恐之意(徐中舒:《殷周之际史迹之检讨》,《中央研究院历史语言研究所集刊》第 7 本,1939 年)。杨宽则认为,所谓"震用伐鬼方",是说用雷霆的威势来征伐鬼方(杨宽:《西周史》,上海:上海人民出版社,1999 年,第 66 页)。无论诸家对"震"如何解释,但对这是殷商因周对鬼方的胜利,而有所赏赐,则为共识。

②　毛亨传、郑玄笺:《毛诗》,《十三经古注》(二),第 303 页。

③　陈剑:《上博简〈容成氏〉的竹简拼合与编连问题小议》,《上博馆藏战国楚竹书研究续编》,第 331 页。

④　有关牧誓八国的地望考证,详见顾颉刚:《史林杂识初编》,第 26—33 页。

⑤　杨宽:《西周史》,第 92 页。

文化"的铜兽面壳、三角援戈等。在城固吕村出土过先周晚期非常流行的乳钉形纹盆形簋,在宝山遗址的更晚阶段,还发现先周文化晚期的联裆鬲①。由此可见,周文王前后周人已经和周边的国家发生密切的联系,这在周原甲骨卜辞中也可以窥见一斑,如:

H11:31

　　于宓(密)。

　　周。

H11:110

　　征巢。

H11:136

　　今□,王田(思)

　　往宓(密)。②

如上所述,在文王时期,周已经得到今陕西宝鸡地区以南和以西,还有今四川地区的广大方国的支持与加盟,这就为周伐商取得了一个稳固的后方,并极有可能周已经建立起以其为中心的强大的方国联盟,正伺机东进,准备消灭以商为中心的方国联盟,夺取商天下共主的地位。如《诗经·大雅·大明》:"维此文王,小心翼翼。昭事上帝,聿怀多福。厥德不回,以受方国。"③恰在此时,文王又取得商纣的册封和信任,于是打着"西伯"除叛的旗号,开始合法东进,把他们的势力扩展到商的腹心之地,并乘机扫清商周之间的方国屏障。上博简《容成氏》为强调文王之师是仁义之师,所以"七邦"来服,"丰、镐"之役也是不战而屈人之兵,实际情况则可能与此大相径庭。如《诗经·大雅·皇矣》:"帝谓文王:无然畔援,无然歆羡,诞先登于岸。密人不恭,敢距大邦,侵阮徂共。王赫斯怒,爰整其旅,以按徂旅。以笃于周祜,以对于天下。"④又云:"帝谓文王:予怀明德,不大声以色,不长夏以革。不识不知,顺帝之则。帝谓文王:询尔仇方,同尔兄弟。以尔钩援,与尔临冲,以伐崇墉。"⑤《诗经·大雅·文王有声》:"文王有声,遹骏有

---

① 张天恩:《关中商代文化研究》,第 266—267 页。此处只是通过考古学文化之间的交流,来看殷末周初之际先周文化和其他周边文化之间的交流。所述事实比较宏观,并非要指实宝山文化就是"蜀",但也表明周文王时期周对西南地区方国的经略。

② 李零:《读〈周原甲骨文〉》,《古代文明》(第 3 卷),第 227、238、241 页。

③④⑤ 毛亨传、郑玄笺:《毛诗》,《十三经古注》(二),第 284、288、123 页。

声。通求厥宁,通观厥成。文王烝哉! 文王受命,有此武功。既伐于崇,作邑于丰。文王烝哉!"①由《诗经》的记载可以看出,文王对这些东进道路上的障碍——殷纣的联盟方国,基本都采用"武力"方式来清除,《诗经·大雅·文王有声》中才会称颂文王"武功"②。关于此点,也得到考古学的支持,如 1993 年,山西曲沃北赵晋公室墓地 M31 出土的"文王玉环"③。该玉环有铭文云:"玟(文)王卜曰:我唒唐人弘戈(战)卥人。"李学勤认为,"文王"乃是身后的谥法,"环上文字虽非文王时刻,看其字体仍当在西周初年"。关于玉环的性质,他还援引侯马盟书"卜筮类"来说明,认为侯马盟书玉器上所记都是卜筮之事。想见在盟誓之前举行卜筮,预占吉凶,其辞可以记在所埋的玉上,所以"文王玉环也是这样"④。陈剑通过对甲骨金文有关"𠭯"字及其简体"亝"等诸字的系统梳理,认为甲骨金文"𠭯"字系"琼"的表意初文;其简体"亝"添加意符"玉",即成金文"琁"字,"琁"即"琼"之古字。"𠭯"及其简体"亝"在殷墟甲骨文、殷代金文和周初文王玉环中用为地名、人名和国族名,即古书中的"崇"。还根据有"𠭯"字及其简体"亝"的卜辞同版关系推断出"亝"大致的地望,应距今河南洛阳不远。他还进一步提出,卜辞常说"𠭯(崇)侯",其著名者有殷末的崇侯虎,进谗于殷纣而使西伯被拘于牖里。文王玉环所记文王和唐人一起大战崇人,就是《诗经》、《左传》、《史记·周本纪》等书所盛称的文王受命之后"伐崇"、"伐崇侯虎"之事⑤。关于"崇"的地望,他将《容成氏》中"崇"、"丰"分立的看法结合陈奂、俞樾、顾颉刚、刘起釪所提出的"崇"应为今河南嵩县的观点⑥,认为"崇"位于嵩山一

---

①　毛亨传、郑玄笺:《毛诗》,《十三经古注》(二),第 290 页。

②　杨宽亦有相同看法,他认为,文王是用强大的武力,把崇城攻破,打杀许多敌人,活捉不少俘虏,最后招降全部崇人。因为后来贵族把文王看作圣人,就有文王使崇不战而降的传说。如《左传·襄公三十一年》记卫国北宫文子说:"文王伐崇,再驾而降为臣,蛮夷帅服,可谓畏之"《左传·僖公十九年》记宋国子鱼说:"文王闻崇德乱而伐之,军三旬而召降,退修教而复伐之,因垒而降。"《吕氏春秋·用民》:"密须之民自缚其主和与文王",这些都不是事实。详见杨宽:《西周史》,第 79 页。

③　山西省考古研究所、北京大学考古学系:《天马——曲村遗址北赵晋侯墓地第三次发掘》,《文物》1994 年第 8 期,第 22—33 页转 68 页。

④　李学勤:《文王玉环考》,饶宗颐主编:《华学》第 1 辑,广州:中山大学出版社,1995 年,第 69—71 页。

⑤　陈剑:《释"琼"及相关诸字》,武汉大学简帛研究中心主办,"中国简帛学国际论坛 2006"会议论文,2006 年 11 月 8 日。又载陈剑:《甲骨金文考释论集》,北京:线装书局,2007 年,第 300—306 页。

⑥　杨宽亦认为,殷周之际的崇国应即在今嵩县附近。详见杨宽:《西周史》,第 77 页。

带、今河南嵩县附近,跟前文所论"㞥"地距离洛阳不甚远正相合。周初的唐,其地位于晋南,则伐崇之役文王联合唐人也属正常。基于以上的考证,他最终认为:"文王玉环为现所见记文王伐崇的最早古文字证据,又多出此役文王还联合了唐人的记载,对于补证这件重要古史事,无疑是很有意义的。"①

上博简《容成氏》和"文王玉环"的记载,不仅表明文王对"崇"是使用武力征服的手段,而且也进一步补充和修正以下文献记载:《史记·周本纪》:"诸侯闻之,曰:'西伯盖受命之君。'明年,伐犬戎。明年,伐密须。明年,败耆国。……明年,伐邗。明年,伐崇侯虎,而作丰邑,自岐下而徙都丰。明年,西伯崩。"②《左传·襄公三十一年》正义引《尚书大传》:"文王一年质虞、芮,二年伐邗,三年伐密须,四年伐畎夷,纣乃囚之。四友献宝,乃得免于虎口,出而伐耆。"③虽然目前对文王征伐这些方国的次序还难以断定④,但有一点是确定的,即文王的晚年,周的军事势力已经延伸至河南,特别是伐崇一役,更将触角伸入殷商的腹心地带,为周方国联盟的东进铺平了道路,从而使周方国联盟与商方国联盟之间的政治格局发生转变,即《论语》"三分天下有其二以服事殷"。顾颉刚、刘起釪就曾评价这次战役说:"(周文王)在征服了今山西省东南地面的黎和紧邻的今河南省黄河北岸地区的邗以后,接着在其明年又征灭了黄河南岸的崇,这一役,事实上应是周文王很大的一次武功。……自这次胜利以后,就以压倒的优势耽耽虎视着殷都了。而且由于开拓了以崇国为中心的今河南省中部和西部广大地区,就使这里以南和其西及西南的庸、属、髳、卢、彭、濮等族都有了可能纳入周王的势力范围之内,以后便能征集他们一道进攻殷王都了(见《牧誓》)。"⑤

基于顾颉刚所认为的纣与文王并非是后世君臣关系的历史观念,结合考古学的最新研究成果,以及殷墟和周原甲骨文、上博简《容成氏》、

①　陈剑:《释"琮"及相关诸字》,武汉大学简帛研究中心主办,"中国简帛学国际论坛2006"会议论文,2006年11月8日。又载陈剑:《甲骨金文考释论集》,第307页。

②　司马迁:《史记》(点校本二十四史修订本),第153页。

③　阮元校刻:《十三经注疏》,北京:中华书局,1980年,第1069页。

④　杨宽推测说,从地理形势来看,当以《史记》之说为是。犬戎、密须都在西边,而耆、邗、崇都在中原,先伐西边为了解除后顾之忧,然后进军中原,为了扩大自己在中原的力量,准备克商(杨宽:《西周史》,第72页)。此观点可备一说,虽符合逻辑,但历史的发展却并不一定符合常理。文王的扩张可以是单线进行,也可能几方面同时进行。

⑤　顾颉刚、刘起釪:《〈尚书·西伯戡黎〉校释译论》,载中国历史文献研究会编:《中国历史文献研究集刊》(第1集),长沙:湖南人民出版社,1980年,第56页。

"文王玉环"等新出土考古学材料,通过对文王史迹加以系统梳理,表明武王伐纣之前,商周之间交往密切,周对商存在服属关系,商王纣还曾册封过周文王。上博简《容成氏》中所记载的文王史迹,在目前的史料条件下,可以最大程度地帮助复原战国时期有关文王与商纣之间关系的历史认识。但也要看到,顾颉刚在具体观点的陈述上,仍有可补充修正之处。下面分论之:

第一,顾颉刚在"文王非纣臣论"这个观点上,主要继承崔述的看法①,他去除崔述胸中理学家的"君臣伦理之秩序"的观念,认为商周之间是邦国附属的关系,文王并不曾服事过纣,不具有后世的君臣关系。虽然顾颉刚破除纣和文王之间是后世的"君臣"关系的观念,是较为合理和有说服力的,但根据新的考古发现所复原的商周关系来看,他的结论表述仍有可商榷之处。顾颉刚认为:"文王只有受命而'割殷',没有受命而称王;只有'昭示上帝',没有服事殷纣;只有'缵太王之绪'而翦商,更没有缵太王之绪而事商!"总结这一看法,是说文王只是"割殷"、"翦商",而没有服事殷纣。实际上,顾颉刚在这一表述上已经陷入了一种自我矛盾,既然商周之间存在服属关系,那么周人对商就要尽义务,以表明这种服属关系,如向商王贡纳、允许商王入境狩猎和接受商王的仲裁处罚等。但顾颉刚为强调文王与纣之间没有后世的君臣关系,宁可弱化商周之间的服属关系,认为文王并未服事过商纣,而只是翦商。这一过激的提法,往往使学者们忽视顾颉刚最想说的殷商无后世的"君臣"关系,只关注文王是否服事殷纣的问题。如从1928年起,安阳殷墟的发掘越发地使傅斯年认为顾颉刚过疑,故此后文章中常驳斥顾颉刚的观点。在《"新获卜辞写本后记"跋》中,便因"命周侯"一段甲骨卜辞而怀疑顾颉刚所提的商周不相臣属之说②。这片卜辞对顾颉刚本人也有所影响,如他在《融一斋笔记》中写道:"卜辞有'令周侯',又有'寇周',《诗》有'挚仲氏任'嫁王季,殷、周两国接触之频繁可知也。"③但这并没有改变顾颉刚认为文王并未服事商纣的看法,如他读到《太平御览》卷八十三引《纪年》云:"帝乙二年,周人伐商"后,还说:"然则文王之世已向

---

① 崔述:《丰镐考信录》,《崔东壁遗书》,第177页。
② 傅斯年:《"新获卜辞写本后记"跋》,《傅斯年全集》第三册,台湾:联经出版事业公司,1980年,第959—1005页。
③ 顾颉刚:《融一斋笔记》(1944.7—1946.6),《顾颉刚读书笔记》(四),第2274页。

商作战矣,云何'服事'乎!"①直至顾颉刚的晚年,这一看法才有所改变,他在《古史杂记》中写道:"《鲁颂·閟宫》:'后稷之孙,实维大王,居岐之阳,实始翦商。至于文、武,缵大王之绪致天之届,于牧之野。……敦商之旅,克咸厥功。'观其辞,似文王为实伐商者,非终事纣也。"②

　　第二,顾颉刚根据《大雅》和《周颂》、《鲁颂》保存的史料,对周民族发展加以系统叙述。认为文王时期的史迹有"文王是有大干才的人,又有许多的好辅佐。他事上帝很谨慎;四方之国归附他的很多。他驱了混夷(串夷),平夷岐山的道路,判断了虞、芮的质成,伐灭了密、崇二国,东作邑于丰,自谓受了上帝的命而伐商"。根据《诗经》中这些文王的事迹,顾颉刚对诸如《论语》"三分天下有其二以服事殷"、《孟子》"文王以百里"、《左传》"文王帅殷之叛国以事纣"、《史记》"纣赐之弓矢斧钺,使西伯得征伐"这类传记中的文王史迹,表示怀疑③。从上面对殷周之际史事的梳理情况来看,顾颉刚的这些怀疑中除"文王以百里"的说法外,其他则与史实或历史认识不符。

　　第三,顾颉刚推原所以有文王为纣臣之说的缘故,一方面,实由于春秋后期以后至战国初期的时局的引导。这一时期的世卿以汤武革命为由,为自己说解,所以"可以断说汤和文、武的故事一定造出了许多有意的谎话和说出了无数误会的谎话"。另一个方面,战国游士为取证务以耸视听,"故不管古代事实如何,定要说成与现代同一的状况,使得所说的在古可征,在今可用,而后足以尽其能事,所以又发生了许多有意的谎话"④。这两方面的因素,在给商纣和文王之间披上后世的"君臣"关系起到了层累的作用。春秋战国的局势对后世理解文王和纣的关系,确实起到一定的干扰作用,但不能以此为根据,说"造出了许多有意的谎话和说出了无数误会的谎话"。

三、《战国秦汉间人的造伪与辨伪》

　　1935 年 9 月,顾颉刚在燕京大学《史学年报》上发表《战国秦汉间人的

①　顾颉刚:《古柯庭琐记》(1955.5—1955.8),《顾颉刚读书笔记》(六),第 4087 页。
②　顾颉刚:《古史杂记》(1973),《顾颉刚读书笔记》(十),第 7648 页。
③　顾颉刚:《讨论古史答刘胡二先生》,《古史辨》第一册,第 148—149 页。
④　顾颉刚:《讨论古史答刘胡二先生》,《古史辨》第一册,第 149—150 页。

造伪与辨伪》一文,该文是其辨伪疑古方面最为重要的文章,是运用"层累说"的代表作。1945 年,顾颉刚在《当代中国史学》中认为《战国秦汉人的造伪与辨伪》是一篇通论式的文章,可以代表他个人近年来的见解。他说:"我觉得过去造伪的人往往兼任着辨伪的工作,辨伪的人也往往兼任着造伪的工作。例如儒家感觉古代神话的不可信,用人事去解释它,这一方面便是辨伪,一方面就是造伪。刘歆、王肃一辈人的伪造古书古史,也是因为当时流传的古书古史不尽可信,所以想用自己认为可信的'古书'、'古史'去辨正它,这一方面是造伪,一方面也便是辨伪。这个见解,我现在还认为是正确的!"[1]许冠三认为顾颉刚《战国秦汉间人的造伪与辨伪》一文是其抗战前较为重要的一篇文章,大致类似于中国古代批判史学提纲。《战国秦汉间人的造伪与辨伪》文中指出:"伪古史的由来有三:一是诸子的'托古济时';二是经师的'贯通群经';三是史家的'整齐故事'。以托古言,最著名的例子,如尧、舜禅让的美谈,原出于墨子的尚贤主义,尧、舜与文、武周公的仁政,则是孟子王道主义的产儿。……神农之世的居居于于,正是道家清净无为思想的投射。由于儒墨二家先起,故而所造的古史系统短;道家后出,所造系统便不能不长;致汉代以后的史家只好'于前段采用道家说,于后段采用儒墨说'。"总之,许冠三认为,"他对战国秦汉间批判传统的介绍与批评,迄今仍是中文述作中最佳的一篇"[2]。许冠三还指出,顾颉刚在这篇文章中大量运用"伪史移用法"即"以伪史作遗迹,据其演变线索以求其背景并了解其社会",即所谓"社会背景法"。认为顾颉刚在《五德终始说下的政治和历史》和《战国秦汉间人的造伪与辨伪》等长篇专论中,他曾放手运用此法,但由于"他过信'托古改制'的假说,在许多推想与解释上不免失之粗疏,甚至流于武断"[3]。

　　顾颉刚在《战国秦汉间人的造伪与辨伪》文中的某些观点经得起检验,如他认为:"华夏族以外的各部族无公认的始祖,各有其历史文化。""本来越是纯粹南方部族,和诸夏没有丝毫关系的,到这时也是禹的子孙了。本来匈奴在极北,越在极南,无论如何联不起来的,到这时都成了夏禹的后裔了。禹是被称为颛顼之孙的,那么越和匈奴也就同祖了颛顼了。"并认为,

---

①　顾颉刚:《当代中国史学》,第 133 页。
②　许冠三:《顾颉刚:始于疑终于信》,《新史学九十年》,第 210—211 页。
③　许冠三:《顾颉刚:始于疑终于信》,《新史学九十年》,第 205—206 页。

春秋战国时期由于民族合并而产生大一统的观念,就是在这融合的过程中,造伪者利用了同种的话来打破各方面的种族观念①。这种划分信史与非信史的标准,后来被考古学所验证,但也有些观点确实不够严谨,下面结合上博简《容成氏》等新出土文献材料谈谈对《战国秦汉间人的造伪与辨伪》这篇文章的认识。

顾颉刚《战国秦汉间人的造伪与辨伪》首先强调"社会背景"对成伪的决定性影响,以及上古史料中普遍存在着不可信性,他说:"所谓伪,固有有意的作伪,但也有无意的成伪。我们知道作伪和成伪都有他们的环境的诱惑和压迫,所以只须认清他们的环境,辨伪的工作便已做了一半。"②他认为"中国的史料不可信的甚多,尤其是古史"③,这主要是"因为古人太没有历史观念了,所以中国号称有五千年的历史,但只剩下微乎其微的史料",所以"凡是没有史料做基础的历史,当然只得收容许多传说"④。

顾颉刚认为战国以前的古史性质是宗教的,主要的论题是奇迹说⑤。而战国以后,由于社会形式的转变和社会组织的变动,对思想学术有强烈的影响,于是"古史传说遂更换了一种面目"⑥,这种更换的面目就是"诸子托古改制",他分别叙述了墨家、儒家和道家的托古改制。

首先,当时最先起来顺应时势的是墨子。他认为是先有墨家的"尚贤说"、"尚同说",然后创造了"禅让说",最后才流入儒家,而由于儒家与墨家的宗旨不同,但又不得不勉强接受。他说:"一定要先有了墨子的尚贤主义,然后会发生尧舜的禅让故事。这些故事也都从墨家中流传到儒家……禅让的故事,儒家虽因时势的鼓荡而不得不受,但总想改变其意义。这一个苦衷,我们若小心读《孟子》就可明白。"⑦他是从《孟子·万章上》和《荀子·正论》中孟子与荀子对"禅让说"的态度,体察到战国时期儒家对"禅让说"的勉强接受。而孟、荀之所以抱有这样的态度,是因为他们"都不愿意听禅让之说,然而想不到从根本上解决,所以他们的反对不能成功。倘使

①　顾颉刚:《战国秦汉间人的造伪与辨伪》,《古史辨》第七册(上),第 17—23 页。
②　顾颉刚:《战国秦汉间人的造伪与辨伪》,《古史辨》第七册(上),第 1 页。
③　顾颉刚:《战国秦汉间人的造伪与辨伪》,《古史辨》第七册(上),第 2 页。
④　顾颉刚:《战国秦汉间人的造伪与辨伪》,《古史辨》第七册(上),第 4 页。
⑤　顾颉刚:《战国秦汉间人的造伪与辨伪》,《古史辨》第七册(上),第 10 页。
⑥　顾颉刚:《战国秦汉间人的造伪与辨伪》,《古史辨》第七册(上),第 11 页。
⑦　顾颉刚:《战国秦汉间人的造伪与辨伪》,《古史辨》第七册(上),第 12 页。

他们能找出这传说的源头,说'这是墨家为了宣传主义而造出来的,我们儒家不该盲从',岂不就连根划去了? 推求他们所以不说这话的理由,就因为他们没有历史观念,自身又被包围于这样的空气之中,所以虽觉得这些话不对,而竟找不出辨伪的方法来"①。这里,顾颉刚提出儒家的"禅让说"是由墨家传入,解释了孟、荀反对"禅让说"但又不能也不敢推翻的态度。显然这两种观点和后来所发现的地下出土文献材料所反映出来的状况难以吻合。

其一,认为儒家的"禅让说"是由墨家传入的观点。顾颉刚主要根据《孟子》、《荀子》这些战国中晚期的儒家著作来确定战国儒家反对"禅让说"的态度。但根据郭店简《唐虞之道》、上博简《子羔》这些战国早中期的儒家著作来看②,《唐虞之道》通篇讲尧舜禅让之道,认为天子年老时禅天下于贤者,是最好的治道,对禅让的推崇到了无以复加的地步③。《子羔》篇的写作采用子羔与孔子问答体的形式,借孔子之口叙述了禹、契、后稷"三王"降生的神异传说,说明他们都是"天子"(指天帝之子而言,与一般指帝王的"天子"有别);又叙述了从事稼穑的"人子"(凡人之子)舜有贤德,尧发现后让位给他的禅让传说,最后以"舜其可谓受命之民矣。舜,人子也,而三天子事之"之语作结。此篇主旨在于说明一个人是否有资格君天下,应决定于他是否有贤德,而不应决定于出身是否高贵;跟《唐虞之道》一样,也是竭力鼓吹尚贤和禅让的④。裘锡圭还分析了顾颉刚之所以会有"禅让说"最先产生于墨家的想法,是因为"他把孟、荀对禅让说的消极和反对的态度,当成了整个儒家对禅让说的态度"⑤。然后,裘锡圭系统地论述了《容成氏》、《子羔》、《唐虞之道》三篇的相关内容,他说:"《唐虞之道》、《子羔》和《容成氏》都是竭力推崇禅让的。它们的作者还都认为,在夏代之前曾经相

---

① 顾颉刚:《战国秦汉间人的造伪与辨伪》,《古史辨》第七册(上),第15页。

② 《唐虞之道》详见荆门市博物馆编:《郭店楚墓竹简》,第157—160页。《子羔》详见马承源主编:《上海博物馆藏战国楚竹书(二)》,第183—199页。裘锡圭认为《唐虞之道》这篇竹书抄写年代应在战国中期。对《子羔》这篇竹书的成书年代,则认为"当属早期或中期"。对于这两篇的学派归属,裘锡圭认为,"《子羔》记子羔与孔子的问答,显然是儒家作品。《唐虞之道》经多位学者论证,也已确定为儒家作品"。参见裘锡圭:《新出土先秦文献与古史传说》,《中国出土古文献十讲》,第18、30、32页。

③ 裘锡圭:《新出土先秦文献与古史传说》,《中国出土古文献十讲》,第18页。

④ 裘锡圭:《新出土先秦文献与古史传说》,《中国出土古文献十讲》,第19页。

⑤ 裘锡圭:《新出土先秦文献与古史传说》,《中国出土古文献十讲》,第34页。

当普遍地实行过禅让制。《容成氏》开头就说：'[尊]卢氏、赫胥氏、乔结氏、仓颉氏、轩辕氏、神农氏、椲〴氏、垆毕氏之有天下也，皆不授其子而授贤。'后面又讲了尧让舜、舜让禹、禹让皋陶和益等事。《子羔》记子羔问孔子，舜'何故以得为帝'，孔子回答说：'昔者而弗世也（'世'指父子世代相继），善与善相授也，故能治天下……'《唐虞之道》说：'……孝，仁之冕（?）也。禅，义之至也。六帝兴于古，皆由此也。''六帝'当指夏代之前的六个圣王，但难以落实究竟是哪些人，简文的意思是说，这六位古帝王都是靠仁孝和禅让而兴起的。"①据此他指出，在早于孟子或与孟子同时的战国儒家中，有些人是非常推崇禅让制的，他们重视尚贤和禅让的程度并不逊于墨家。《孟子·万章上》所记的孟子回答万章关于禅让的问题的话，以孔子曰："唐、虞禅，夏后、殷、周继，其义一也"作结，这句话是否真的出自孔子，难以肯定，但"这句话的确很好地表达了孟子想缓和甚至取消禅让跟传子的对立的意图。他对禅让的态度以及荀子斥禅让为'虚言'的态度，跟《子羔》和《唐虞之道》的作者对禅让的态度截然不同。顾颉刚以为孟子、荀子对禅让的态度可以代表战国时代整个儒家的态度，并且认为儒家著作中完全肯定禅让的内容，都只能出自荀子之后受墨家影响的儒家之手。《唐虞之道》和《子羔》的出土，证明这种看法是错误的"②。那么，"禅让说"究竟应该是现有战国诸子中哪一家最先提出的呢？裴锡圭认为对这个问题的处理不应该简单化，他说："既然在'战国中前期'的特殊环境下，禅让说风行一时，儒、墨等家都大讲禅让说，似乎就不必再去追究谁最先讲了。"③

由此可见，顾颉刚认为"禅让说"是由墨家传入儒家的观点，从目前的材料状况来看，显然是很难断定的，儒家的"禅让说"应该也有自己的传授系统，并且在儒家系统内也可能是多种说法并存的局面。关于顾颉刚所说"禅让说"最先起于墨家的观点，则有待进一步研究。

其二，顾颉刚对孟、荀既反对"禅让说"但又不能推翻的态度的解释。他认为是孟、荀没有历史观念，自身又被包围在这样的空气之中，找不出这传说的源头是来自墨家，所以虽觉得这些话不对，而竟找不出辨伪的方法来。顾颉刚的这个解释只说对了一半，孟、荀当时是有可能被包围在这个

---

① 裴锡圭：《新出土先秦文献与古史传说》，《中国出土古文献十讲》，第 29—30 页。
② 裴锡圭：《新出土先秦文献与古史传说》，《中国出土古文献十讲》，第 32—33 页。
③ 裴锡圭：《新出土先秦文献与古史传说》，《中国出土古文献十讲》，第 35 页。

"禅让说"日趋衰弱的大环境下,因为"在战国中前期出现了一个较为普遍、较为宽松的讲'禅让'之说的大环境"①,而到孟、荀之时已经走向衰弱。但决不是他们找不到"源头说是来自墨家",而是他们所接受的源头有可能根本就不在墨家,而是自有传授系统。另外,关于"禅让",各家也都有着各自的发展脉络,如儒家一系,先是战国中前期对"禅让说"的极度推崇,到《孟子》的左右摇摆,再到《荀子》的反对,这是一条十分清晰的思想发展脉络。

其次,顾颉刚认为战国诸子中续墨家而起的是儒家。他认为:"战国是一个尽想升级的时代,平民要求高升做官,诸侯也要求高升做王。到宇内有了八九个王时,王位又不尊了,就再进一步称帝了。在这种情形之下,旧制度已崩坏,新制度又急待创造,这是很费经营筹划的一件事。"②而儒家则利用了这个时机,"他们对于未来的憧憬是借了过去的事实来表示的,所以他们口里的古史就是他们对于政治的具体主张……"③于是儒家开始大倡礼乐制度,"他们把各地不同的器具礼法,依了他们的想象,再加上一点杜造,分配到虞夏商周去,算作四代的不同的制度。这样做去,固然也很随心,但终须费一番搜集材料的工夫;在这大规模的创立制度的时代,那些'为王者师'的野心勃勃的人物还耐不住这麻烦。于是有一种学说顺应这需要而起,使得改制的人只须懂得了这种方式,便可不必操心而自然千变万化。这就是阴阳五行说!"④

最后,顾颉刚说:"以上纷纷扰扰的,都是墨家和儒家的主张;现在还留下一个——道家。道家和儒墨一样的提倡复古,复他们理想中的古。墨家以为从古尚贤,儒家以为从古就有一定的制度,道家则以为从古就是无为的。"⑤《老子》有云:"小国寡民,使有什佰之器而不用,使民重死而不远徙。虽有舟舆,无所乘之;虽有甲兵,无所陈之;使人复结绳而用之。甘其食,美其服,安其居,乐其俗,邻国相望,鸡犬之声相闻,民至老死不相往来。"顾颉刚认为《老子》此语是在暗示"古代人过的日子是这样的快乐","因为有了这一个暗示,所以从来的道家就一味造出具体的事实来证明这个理论"⑥。

---

① 李存山:《反思经史关系:从"启攻益"说起》,《中国社会科学》2003年第3期。
② 顾颉刚:《战国秦汉间人的造伪与辨伪》,《古史辨》第七册(上),第24页。
③ 顾颉刚:《战国秦汉间人的造伪与辨伪》,《古史辨》第七册(上),第25页。
④ 顾颉刚:《战国秦汉间人的造伪与辨伪》,《古史辨》第七册(上),第30页。
⑤ 顾颉刚:《战国秦汉间人的造伪与辨伪》,《古史辨》第七册(上),第36页。
⑥ 顾颉刚:《战国秦汉间人的造伪与辨伪》,《古史辨》第七册(上),第36页。

他还引《庄子·缮性》篇,认为作者通过举出燧人、伏羲、神农、黄帝、唐、虞等古代圣王的"德又下衰",表明"古人本来是最快乐"的道理,来申说道家的思想。到了汉代,《淮南子·本经训》有:"昔容成氏之时,道路雁行列处,托婴儿于巢上,置余粮于畮首,虎豹可尾,虺蛇可蹍,而不知其所由然。"顾颉刚认为这是汉代道家为说明"社会进化就是痛苦增加"这一个意义,举出了容成氏来加以说明。他总结说,战国秦汉的道家为了表明自己的政治立场,先后举出容成氏、燧人、伏羲、神农、黄帝、唐、虞等古代圣王来作说辞,以此来同儒墨诸家争胜。"他们因为提倡一种'返性于初而游心于虚'之学,所以要说出许多古初的事情作为修养的目标。他们因为要证明'世之所以丧性命,有衰渐以然,所由来者久矣'这一个见解,所以一定要说成一代不如一代,从至德之世到伏羲神农时道德如何的低落,从伏羲神农到尧舜时道德又低落了多少。其实他们何尝真知道古初,也何尝定要戏侮黄帝尧舜,他们只想向'博学以疑圣,华诬以胁众'的儒墨之徒作一个致命的攻击。"①

顾颉刚认为,正是战国诸子的"托古改制"才创造出一系列的古代圣王,这些古代圣王又被战国秦汉间的史家所利用,用来构建古史系统和古史观。他说:"以前的史家只会兼容并包,说头上几个帝王是无思无为的,后来就变成勤政爱民了。这没有别的原因,只为儒墨的古史系统短(当儒墨起来时,古史系统只有这一点),道家的古史系统长(道家起来时,古史系统已放长了),逼得古史家于前段采用道家说,于后段采用儒墨说。二千年来,一班士流一想到皇古,谁没有一个《庄子》和《淮南》所写的幻影立在目前,于是羲皇时人的生活就成了他们追求的目标,今苦而古乐的观念也就成了正统的古史观。到现在,我们才清切地知道,他们和儒墨的主张都是受的时代的影响,都是当时救弊的方术,但他们所说的古人古事则与儒墨同样的不可信。"②

至此,顾颉刚《战国秦汉间人的造伪与辨伪》一文立意已十分明确,他为表明中国古代的伪古史系统和伪古史观是如何构建完成的,运用"社会背景法",认为战国诸子在大时代背景的影响下,先后提出自己的政治主张

---

① 顾颉刚:《战国秦汉间人的造伪与辨伪》,《古史辨》第七册(上),第38页。
② 顾颉刚:《战国秦汉间人的造伪与辨伪》,《古史辨》第七册(上),第39页。

和改制措施,为了达到相互竞争最终取胜的目的,诸子们在缺乏历史观念的情况下,纷纷托古伪造古史。先出的儒、墨两家的上古系统较短,只有尧、舜、禹,而后起的道家,则将上古系统编造得更长,造出诸如"容成氏"这样的上古帝王系统。现存的包含有众多的上古圣王的古史系统,是由战国秦汉时期的古史家在前段采用了较长的道家说,后段采用了较短的儒墨家说,层累地形成古史。但是在上博简《容成氏》中,清楚地记载有众多上古圣王的古史系统。由此可见,对于顾颉刚在《战国秦汉间人的造伪与辨伪》一文中的几个观点,应该加以讨论。

第一,顾颉刚认为墨家的古史系统较短的观点,应该得到重新认识,这主要是他运用"默证法"造成的。不仅在这篇文章中顾颉刚认为墨家的古史系统较短,他在《郊居杂记》中也提到墨子以夏为最古,他写道:"《公孟》篇云:公孟子曰:'君子必古言服,然后仁。'子墨子曰:'……且子法周而未法夏也,子之古非古也。'即此可见墨子称道之夏,在他以为是最古,故以公孟子之未法夏为不古。若如后世之历史观念,则必斥墨子曰:'子法夏而未法羲、农,子之古非古也。'"[1]而通过上博简《容成氏》这种近墨的文献记载可以看出,墨家的古史系统未必如顾颉刚所想象的那样短,近墨的《容成氏》古史系统的悠长就丝毫不让于儒、道两家。

第二,顾颉刚认为古史系统是"战国时期的古史家在前段采用了较长的道家说,而后段则是采用了较短的儒墨家说,综合形成的",这种"层累"的认识也难以成立。从现有的地下、传世的文献材料来看,儒、墨、道三家的古史系统都十分悠长,如上博简《容成氏》中就记述了多位古代圣王。所以,战国时期的古史家在构架古史系统时,究竟采自哪一家,亦或是自有系统,还是杂糅众说,这是不能遽断的。顾颉刚之所以会有这样的认识,主要是他想证成伪古史系统是"层累地造成的",来证明他在《与钱玄同先生论古史书》中所提出的"层累说"理论核心中的第一个观点,即"时代愈后,传说的古史期愈长"[2]。所以才会运用"社会背景法",夸大战国诸子的造伪能力。

第三,顾颉刚在文中引用《庄子·缮性》篇来说明道家的政治理念时,

---

① 顾颉刚:《郊居杂记》(1930.11—1934.10),《顾颉刚读书笔记》(三),第1316—1317页。

② 顾颉刚:《与钱玄同先生论古史书》,《古史辨》第一册,第60页。

见其有"唐虞"的连称以及诸多古圣王,便在注中特别加以说明,他说:"这是一部从战国到汉的道家的丛书,里面也许有几篇庄周的亲笔,但非庄周作的一定比它多得多"①,暗指《庄子·缮性》篇有晚出的可能性。但根据郭店简《唐虞之道》中的"唐虞"连称,《庄子·缮性》篇的成书年代也并非如顾颉刚所暗示的那样。

第四,顾颉刚所主张的"战国秦汉间人的造伪",深受今文经学家影响,他在《答柳翼谋先生》一文中说:"到了东汉,不但汉以前的伪史全都成立,连王莽时的伪史也成立了。"②在《忍小斋笔记》中认为战国时创造古史为适应环境,他写道:"战国时,是有意的努力毁坏真古史,也是有意的另行创造伪古史的时期。所以然者,全为适应当时环境,例如尚贤之故事适应于士的阶级的需要,五德之故事、分州之故事、封禅之故事、皇帝之故事,皆适应于帝王阶级的需要。"③甚至1932年,他在《古史辨》第四册顾序中仍认为:"现存的古书莫不经汉人的排比,而汉人是一个'通经致用'的时代,为谋他们应用的方便,常常不惜牺牲古书古事来迁就他们自己,所以汉学是搅乱史迹的大本营。"④直至1961年,顾颉刚在《史林杂识初编》的小引中,仍说:"然通观五十年来积稿,虽所得有浅深,所论有然否,而有一主题思想坚持而不变者,曰对于战国、秦汉时代学说之批判。战国之世,百家争鸣,皆欲以己说易天下,为欲起人信念,必求证于古人,然彼时社会已与古代截然异致,势不得不强古人以就我,而古史于是多歧。"⑤由此可见,今文家的史观对顾颉刚影响之深刻,也难免给他的古史研究带来负面影响。

第五,顾颉刚通过《战国秦汉间人的造伪与辨伪》的写作,对战国时代的社会思想状况以及战国时期的造伪得出这样的结论,他说:"战国是一个大时代,什么都须创新,然而'创新'的事业却掩护在'复古'的口号之下,所以那时无论什么制度和思想都会反映到古代去,好像水上楼台的倒影,于是战国的灿烂成为古代的灿烂,战国的矛盾冲突成为古代的矛盾冲突。"⑥所以"我们站在历史的立场上,看出这些说话虽是最不真实的上古史,然而

---

① 顾颉刚:《战国秦汉间人的造伪与辨伪》,《古史辨》第七册(上),第36—37页。
② 顾颉刚:《答柳翼谋先生》,《古史辨》第一册,第224页。
③ 顾颉刚:《忍小斋笔记》(1929.8),《顾颉刚读书笔记》(三),第1157页。
④ 顾颉刚:《古史辨》第四册顾序,第21页。
⑤ 顾颉刚:《史林杂识初编》,第1页。
⑥ 顾颉刚:《战国秦汉间人的造伪与辨伪》,《古史辨》第七册(上),第62页。

确是最真实的战国秦汉史,我们正可以利用了这些材料来捉住战国秦汉人的真思想和真要求,就此在战国秦汉史上提出几个中心问题"①。可以说,顾颉刚对战国时期的社会思想状况的把握十分准确和到位,认为可以利用战国秦汉时期的传说材料来研究战国秦汉时期的思想状况,并得出几个中心问题。但他说:"战国大都是有意的作伪,而汉代则多半是无意的成伪。"②认为战国时期都是在有意地作伪,这样的结论显然有些不够严谨,战国诸子为救世而宣传自己的政治主张和学术思想,不免要寻求历史根据,夸张其说,但说其是在有意作伪,不免厚诬古人。

"禅让说"本身应该有些史实的素地,虽然是盛行在战国时代的传说,但其所反映的则是中国古代由氏族社会向国家过渡的"部族联合体"阶段的原始氏族社会残余。吕文郁即认为,在中国古代社会"部族联合体"阶段已经脱离了血缘组织的形式,成为了具有广大地域的地缘组织,已经初具国家的各种管理职能,可以说"部族联合体"已是国家的早期阶段③。但正如其所说:"尧舜禹时代的部族联合体只是原始社会向国家过渡的一个中间环节,在很多方面还带有氏族社会的残余。如……尧舜晚年部族联合体的最高职位禅让给各部族首领都认可的接班人"④,所以说战国时代流传的各种传说如"禅让说"等,都有可能在上古社会留有史影。裘锡圭也认为,战国时代普遍流传的禅让传说,似乎不可能毫无一点历史的影子。说禅让传说反映了古代王位世袭制建立前以"不授其子而授贤"为特点的君长推举制度,应该是可以的。周初辅佐文王、武王灭商的吕望,在一些古书中被说成屠夫、小贩、佣徒、赘婿,这当然也出于战国人的编造,可是吕望辅佐文、武却是历史事实。我们不能因为战国人编造了舜由平民升为天子的情节,就否定古代有类似禅让的制度存在。关于吕望,有确凿的史料传了下来。夏代之前的"禅让"时代,连文字都没有,因此只有传说而没有确凿史料传下来,这是很自然的事。从《容成氏》、《子羔》、《唐虞之道》和《礼运》都认为在传子制建立前普遍实行过禅让制来看,广泛流传的禅让传说很可

---

① 顾颉刚:《战国秦汉间人的造伪与辨伪》,《古史辨》第七册(上),第39—40页。
② 顾颉刚:《战国秦汉间人的造伪与辨伪》,《古史辨》第七册(上),第62页。
③ 吕文郁:《论尧舜禹时代的部族联合体》,《社会科学战线》1999年第5期。
④ 金景芳、吕文郁:《论尧舜禹时代是由原始社会向国家过渡的中间环节》,《学习与探索》1999年第3期。还可参见谢维扬:《中国早期国家》,杭州:浙江人民出版社,1995年;葛志毅:《论尧舜时代与国家》,《管子学刊》2000年第4期。

能的确保留了远古时代曾经实行过的君长推举制的史影①。

四、《禅让传说起于墨家考》

1936 年 4 月,顾颉刚在国立北平研究院《史学集刊》上发表《禅让传说起于墨家考》一文②,该文进一步阐述其在《战国秦汉间人的造伪与辨伪》③文中所提出的墨家最先创造"禅让说"后流入儒家的观点,在材料上有所充实,在观点上有所申说。虽然上文依凭前辈学者的研究,梳理分析了《战国秦汉间人的造伪与辨伪》中的主要观点,揭示了"禅让说起于墨家"观点的问题所在,但觉得针对顾颉刚在《禅让传说起于墨家考》一文中所延伸出来的问题,如"墨家只提出了尧舜的禅让,舜禹禅让的故事乃是后人加添上去"等观点,仍有进一步讨论的必要。所以,下面结合上博简《容成氏》等新出土文献材料详论之。

《禅让传说起于墨家考》首先开宗明义地提出"禅让说"不是儒家的思想,认为这样的传说儒家创造不出来,是墨家的创造。云:"尧舜禹的禅让,在从前是人人都认为至真至实的古代史的;自从康长素先生提出了孔子托古改制的一个问题以后,这些历史上的大偶像的尊严就渐渐有些动摇起来了。然而人们即使能怀疑到禅让说的虚伪,还总以为这是孔子所造,是儒家思想的结晶品。哪里知道这件故事不到战国时候是决不会出现的,并且这件故事的创造也决非儒家所能为的。现在作这一篇文字,就是要把这件向来认为古代或儒家名下的遗产重画归它的正主——墨家——名下去。我们一定要揭去了尧舜禹的伪史实,才可以表显出墨家的真精神!"④在这篇文章中,顾颉刚仍然坚持《战国秦汉间人的造伪与辨伪》中所提出的"禅让说"是从墨家"尚贤"思想中来的看法,认为儒家孟、荀并不赞成"禅让说",只是迫不得已才承认的。由于顾颉刚本人也承认自己对商代以前的真实情况并不了解,所以只能依着战国时代的社会背景来观察"禅让说"在战国时的流传,"只该定它为战国时的传说了"。接着,顾颉刚提出这篇文章中的两大核心主张:(一)禅让说是墨家为了宣传他们的主义而造出来

---

①　裘锡圭:《新出土先秦文献与古史传说》,《中国出土古文献十讲》,第 37 页。
②　顾颉刚:《禅让传说起于墨家考》,《古史辨》第七册(下),第 30—107 页。
③　顾颉刚:《战国秦汉间人的造伪与辨伪》,《古史辨》第七册(上),第 1—63 页。
④　顾颉刚:《禅让传说起于墨家考》,《古史辨》第七册(下),第 30—31 页。

的;(二)墨家只提出了尧舜的禅让,舜禹禅让的故事乃是后人加添上去的①。

　　顾颉刚围绕这两个核心观点,认为春秋以前的社会中所实行的是"世官制度",但在世官中已经出现举贤的意识,所举的"贤"局限在世家贵族社会中。春秋以来,由于"列国互相兼并,大国至地方数千里,政事浸益纷繁,事变之来不是几个世家旧臣所能处理,所以明贤的观念日渐发展。又因列国间久有盟会朝聘的往来,交通也日臻便利,小农国家的规模一天天的破坏,工商业便应运而起,使庶民得到了独立的地位。春秋晚年,各国的内政方面,阶级制更趋于崩溃,于是大夫有代国君的职权的了,家臣有代大夫的职权的了,庶民翻身的时机一天天的接近了"②。身处这样时代的孔子,虽然也曾提出过"举贤才"之类的话,但顾颉刚认为"孔子决不是澈底主张尚贤主义的一个人"③。他认为,只有到了战国,那时的天下已归并成几个大国,各大国的国君互相竞争,都想"辟土地,莅中国而抚四夷",这样一来,古代的"亲亲"、"贵贵"的主义便真的渐渐地打破了。墨子是起来顺应这一局势的第一人,主张"尚贤"、"尚同",为了宣扬这些思想,墨子想出了一种君主选举制并认为上古时代已经实行。所以,顾颉刚说:"君主选举制在古代(指部落时代以后)本来是没有先例的,但是墨子偏要替它寻出先例来。"④而《墨子·尚贤中》所云"古者舜耕历山,淘河濒,渔雷泽,尧得之服泽之阳,举以为天子,与接天下之政,治天下之民",便是确证。墨家为实践这一主张,在组织内部还推行"巨子制"。

　　由此可见,顾颉刚根据春秋战国之际的社会政治局势,认为墨家为宣传主张提出"禅让说",儒家并不存在这样的说法。根据上文所论,这种观点有失偏颇,认为是墨家首先创造的"禅让说",从现有的材料来看,也不够严谨。

　　顾颉刚在这些认识的基础上,又延伸出一个重要结论,即:"尧舜禅让的故事,我们敢说是墨家创作的。但墨家还不曾想到舜禹禅让的故事。"⑤

---

① 顾颉刚:《禅让传说起于墨家考》,《古史辨》第七册(下),第31—33页。
② 顾颉刚:《禅让传说起于墨家考》,《古史辨》第七册(下),第45页。
③ 顾颉刚:《禅让传说起于墨家考》,《古史辨》第七册(下),第47页。
④ 顾颉刚:《禅让传说起于墨家考》,《古史辨》第七册(下),第49页。
⑤ 顾颉刚:《禅让传说起于墨家考》,《古史辨》第七册(下),第52页。

理由主要有以下三方面：

第一，《墨子·尚贤上》篇以"尧举舜于服泽之阳"与"禹举益于阴方之中"对举，并没有说到舜举禹①。《墨子·尚贤上》中虽没有直接说到"舜举禹"，但并不能否认墨家其他文献或是佚文中也不存在着这样的记载。今本《墨子》即是残本，再如近墨的上博简《容成氏》有云："舜乃老，视不明，听不聪。舜有子七人，不以其子为后，见禹之贤也，而欲以为后。禹乃五让以天下之贤者，不得已，然后敢受之。"

第二，顾颉刚认为禹得天下也同汤和武王一样，是"由于征诛而不是由于禅让的"。因为在《墨子》书里，禹的出身乃是一个百里诸侯（《鲁问》篇），可见禹同汤文武一样，是由诸侯升而为天子的。《非攻下》篇说："昔者禹征有苗，汤伐桀，武王伐纣，此皆立为圣王。"据此，他说："依我们的猜想，墨子时的传说，大约是说舜崩后，有苗强大作乱，禹把他征灭，便自己做了天子。"②这里姑且不去强辩禹到底是通过"禅让"还是"征伐"获得的天下，或者这两种说法都存在。单看顾颉刚所举《墨子·非攻下》这段话，便有断章取义、曲解原文的嫌疑。现将此篇全文具引如下："夫好攻伐之君，又饰其说以非子墨子曰：'以攻伐之为不义，非利物与？昔者禹征有苗，汤伐桀，武王伐纣，此皆立为圣王，是何故也？'子墨子曰：'子未察吾言之类，未明其故者也。彼非所谓攻，谓诛也。'"③由此段全文可以看出，《墨子》的这段话并非是在讲禹、汤、武王通过何种手段获得天下，而是说攻伐的正面意义。"好攻伐之君"以禹征伐有苗来非难墨子，为自己找历史根据，认为禹这样的圣王也有征伐行为。而在墨子看来禹是站在正义立场上的征伐，是诛不是伐。再者，顾颉刚根据《墨子·非攻下》引文的下半段，认为"《墨子》里的高阳就是天帝，可见禹的征有苗就是受命于天，与汤的伐桀、武王的伐纣一样"④。实际上，顾颉刚所认为的"一样"，只是《墨子》中认为这些征伐都"受有天命"，是站在正义一方。所以不能用"禹伐有苗"和"汤伐桀，武王伐纣"在如何取得天下方面作类比，汤、武王征伐的是被视为天下共主有着强大势力的桀纣，禹讨伐的是作乱的"有苗"，在《墨子》文中之所以将其列在

---

① 顾颉刚：《禅让传说起于墨家考》，《古史辨》第七册（下），第52页。
② 顾颉刚：《禅让传说起于墨家考》，《古史辨》第七册（下），第53页。
③ 毕沅校注：《墨子》，《二十二子》，第240页。
④ 顾颉刚：《禅让传说起于墨家考》，《古史辨》第七册（下），第54页。

一起,无非是想说明这类战争"受天命"的正义性质。顾颉刚在这里显然是将《墨子·非攻下》中讲述战争性质的话,看成取得天下的方式,所以才会有"汤武王伐了桀纣之后就做了天子,禹伐了有苗之后也作了天子,三代开国的情形又是一样"的认识[①]。

第三,顾颉刚看到《墨子·尚贤下》有云"昔者尧有舜,舜有禹,禹有皋陶。汤有小臣,武王有闳夭、泰颠、南宫括、散宜生"的记载,便认为:"但这只能证明舜与禹曾有过君臣的关系,并不能证明他们定有禅让的关系,正如禹并不会禅让给皋陶,汤并不曾禅让给伊尹,武王并不曾禅让给闳夭等一样。"[③]在这里,顾颉刚又一次曲解原文。《墨子·尚贤下》中只是说明尧、舜、禹、汤、武拥有贤臣,而顾颉刚却用这一材料来说明他们之间有无"禅让"关系。

《墨子·尚贤下》"舜有禹"这句话,对顾颉刚所认为"舜禹禅让"在墨家文献中是不存在的观点威胁很大。为了彻底回避这段材料,他断然将《墨子·尚贤下》定为晚出,他说:"《尚贤下》篇本较晚出,即'禹有皋陶'一语可证。"这是因为顾颉刚看到《论语》、《孟子》"都把皋陶和舜发生关系",《墨子》、《孟子》"又都把益和禹发生关系",只有《墨子·尚贤下》这篇,"以皋陶与禹相当,和《所染》篇同。《所染》篇是抄袭《吕氏春秋》的文字,昔人已明其伪。而且此篇下文又说:'日月之所照,舟车之所及,粒食之所养,得此莫不劝誉',这等文字直同秦始皇琅邪刻石、《大戴礼记·五帝德》、《小戴礼记·中庸》等篇语句一律,定出秦后了"[④]。这样,顾颉刚就将《墨子·尚贤下》中的"舜有禹"转嫁到"禹有皋陶",再由"禹有皋陶"转嫁到《所染》篇,因为《所染》篇为伪,那么,《墨子·尚贤下》也自然是晚出的文献,甚至冷成篇年代定到秦后。裘锡圭就指出,《容成氏》说:"禹有子五人,不以其子为后,见皋陶之贤也,而欲以为后。"这不就是"禹有皋陶"吗?可见至晚在战国中期就有这种说法了,《尚贤下》决非"定出秦后"[⑤]。

不仅《墨子·尚贤下》不出秦后,而且成书在战国中期以前近墨的上博

　　①　顾颉刚:《禅让传说起于墨家考》,《古史辨》第七册(下),第54页。
　　②　毕沅校注:《墨子》,《二十二子》,第231—232页。
　　③　顾颉刚:《禅让传说起于墨家考》,《古史辨》第七册(下),第55页。
　　④　顾颉刚:《禅让传说起于墨家考》,《古史辨》第七册(下),第55—56页。
　　⑤　裘锡圭:《新出土先秦文献与古史传说》,《中国出土古文献十讲》,第36页。

简《容成氏》已将舜、禹、皋陶的关系讲得很清楚了,《容成氏》中云:"舜听政三年,山陵不疏,水潦不潜(?),乃立禹以为司工。……天下之民居奠,乃□食,乃立后稷以为緒。……民有余食,无求不得,民乃赛,骄态始作,乃立皋陶以为李。……舜乃欲会天地之气而听用之,乃立质以为乐正。……昔者天地之佐舜而佑善,如是状也。舜乃老,视不明,听不聪。舜有子七人,不以其子为后,见禹之贤也,而欲以为后。禹乃五让以天下之贤者,不得已,然后敢受之。……禹有子五人,不以其子为后,见皋陶之贤也,而欲以为后。皋陶乃五让以天下之贤者,遂称疾不出而死。禹于是乎让益,启于是乎攻益自取。"①由此简文可知,在诸如墨家的传说中,禹与皋陶同为舜臣,舜禅让禹之后,禹成为共主,及禹老欲禅让于皋陶,皋陶不受,禹才禅让给益。

　　通过以上对顾颉刚三点证据的分析,有必要重新考虑他据之得出的一系列结论:

　　第一,顾颉刚所说"墨家只提出了尧舜的禅让,舜禹禅让的故事乃是后人加添上去"的观点②,上博简《容成氏》中记载的古帝王系统表明此说并不可靠。此观点他在先前的《战国秦汉间人的造伪与辨伪》一文中没有明确表示,为何在《禅让传说起于墨家考》中又认为墨家并没有提出全套的尧、舜、禹的禅让传说,而"只提出了尧舜的禅让"呢?顾颉刚随即道出其原因所在,他说:"舜禹禅让说大约是儒家添出来的。"③原来他是想构成墨家先起,提出尧舜禅让,儒家续起,再叠加上舜禹禅让,以表明"禅让说"是以层累方式形成。他最终想达到的效果,即是"《墨子》中的禅让故事乃是费了许多心思而创造的,《孟子》中的禅让故事是墨家学说流入了儒家而改造的,《论语》中的禅让故事则更是后人采用了邹衍的学说而重制的"④。为证成此说,顾颉刚不仅使用"默证法",认为《墨子·尚贤下》晚出,还不惜抹煞反面证据。

　　第二,顾颉刚认为"孟子叙禹的为天子同舜一样,再看万章所问的话,

---

① 陈剑:《上博简〈容成氏〉的竹简拼合与编连问题小议》,《上博馆藏战国楚竹书研究续编》,第 329—330 页。
② 顾颉刚:《禅让传说起于墨家考》,《古史辨》第七册(下),第 32—33 页。
③ 顾颉刚:《禅让传说起于墨家考》,《古史辨》第七册(下),第 56 页。
④ 顾颉刚:《禅让传说起于墨家考》,《古史辨》第七册(下),第 62—63 页。

可见那时舜禹禅让说已风行了",此言无疑是正确的,因为从比孟子早或最晚也是同时的儒家文献《唐虞之道》、《子羔》等出土文献材料来看,在孟子以前"禅让说"已经风行,但顾颉刚接下来说:"从此以后,《墨子》里的百里诸侯出身,征有苗而有天下的禹,也就变成了匹夫出身,为天子所荐而有天下的禹了。"①这无疑是顾颉刚心中已有墨家无"舜禹禅让"的先入为主观念在作怪,所以才会得出舜禹的禅让传说是由孟子以后才添加上去的结论。

第三,《论语·颜渊》子夏曰:"富哉,言乎! 舜有天下,选于众,举皋陶,不仁者远矣。汤有天下,选于众,举伊尹,不仁者远矣。"而顾颉刚看到此句中有"舜有天下,选于众,举皋陶"之句,不利于自己的观点,所以就说:"《论语》这章与《墨子·尚贤中》篇合看,也受墨家的影响,又在篇末,已是晚出的文字"②,这种认为《论语·颜渊》章晚出的观点,显然也没有确凿证据。

第四,战国儒墨在宣传自己的言论思想,特别是在讲到尧、舜、禹传说时,并非如顾颉刚所说的"舜和皋陶相当,禹和益相当,一个圣君,一个贤相,分配得很好,这本是儒墨杜撰的印版古史的公例"③。而把上博简《容成氏》所反映的古史中的帝王系统与今本《论语》、《墨子》、《孟子》所提到的古帝王比较来看,这些著作中并没有分配整齐的"公例"。诸子们只是根据不同的语境和要表达的思想,采取不同的古史素材,随意性相当大,所以,也就无法寻找到顾颉刚所说的诸子在刻意伪造古史时的"公例"。

第五,顾颉刚认为"禅让说"最后写定于汉代的《尧典》。他认为《尧典》中有关"禅让说"的内容,有两个最为重要的来源:其一,"最重要的一个源泉要算《淮南子·泰族训》";其二,"在《尧典》的话中,足知其所涵墨家的成分甚重"④。对于"禅让说"来源于《淮南子·泰族训》,顾颉刚所根据的是《泰族训》中这样的一段话:"尧治天下,政教平,德润洽,在位七十载,乃求所属天下之统,令四岳扬侧陋。四岳举舜而荐之尧,尧乃妻以二女,以观其内;任以百官,以观其外。既入大麓,烈风雷雨而不迷。乃属以九子,赠以昭华之玉而传天下焉,以为虽有法度而练弗能统也。"他认为《尧典》中的

①　顾颉刚:《禅让传说起于墨家考》,《古史辨》第七册(下),第 56—57 页。
②　顾颉刚:《禅让传说起于墨家考》,《古史辨》第七册(下),第 55 页。
③　顾颉刚:《禅让传说起于墨家考》,《古史辨》第七册(下),第 55 页。
④　顾颉刚:《禅让传说起于墨家考》,《古史辨》第七册(下),第 97 页。

"禅让说"是取自《泰族训》中的这一段话，原因就是"尧使九男事舜，二女嫁舜，乃是一个较早的传说，《孟子》中两次提到（《万章上、下》），《吕氏春秋》中则两次提到十子二女（《去私》、《求人》），这里把九子与二女连叙，自是战国旧习。把《尧典》勒成定典的人，生在君权较重的时代，觉得九男事舜之说有些犯上之嫌，所以把它去掉。如《泰族》之文取自《尧典》，也将跟着他一样了"①。

顾颉刚认为《泰族训》要先于《尧典》，只根据了前者有"九子二女"，这符合战国秦汉的其他文献记载，而《尧典》则没有这些，所以只能是《尧典》取自《泰族训》。这种说法无疑被后来的《唐虞之道》、《子羔》、《容成氏》等出土文献材料所改变，在这些战国中期以前的儒墨家文献中，在讲述尧舜禅让的传说中，也不曾见及一例"九子二女"或是"十子二女"，足以说明"九子二女"或是"十子二女"并不是每一部谈及尧舜禅让的先秦典籍所必备，所以顾颉刚认为《尧典》必出《淮南子·泰族训》的说法，缺乏可靠证据。

顾颉刚还以为在《尧典》中所涵墨家的成分甚重，他举例说，《墨子》云："尧得舜于服泽之阳，举以为天子，"这是说尧直接传位于舜；《尧典》云："格汝舜……汝陟帝位……正月上日，受终于文祖"，也是尧直接传位于舜。《孟子》则云："舜相尧，二十有八载……尧崩，三年之丧毕，舜避尧之子于南河之南，天下诸侯朝觐者不之尧之子而之舜……夫然后之中国践天子位焉"，这是说舜为天子由臣民拥戴起来，与尧无干②。据此他认为，"可见《孟子》所说的是儒家的尧舜，而《尧典》所记的竟是墨家的尧舜"③。但上博简《容成氏》却记有："尧有子九人，不以其子为后，见舜之贤也，而欲以为后。[舜乃五让以天下之贤者，不得已，然后敢受之。]"④由此可见，顾颉刚所说《尧典》曾受到墨家的影响是有可能的，但认为"今本《尧典》不载舜禹的禅让，也是受墨家影响的显著的一点"的看法⑤，则很难成立。因为近墨的上博简《容成氏》中记载有舜禹禅让，所以这种观点的前提颇值得商榷。

顾颉刚还根据《孟子》中记载舜不是从尧的手中直接得到的天下，便认

---

①　顾颉刚：《禅让传说起于墨家考》，《古史辨》第七册（下），第97页。

②　顾颉刚：《禅让传说起于墨家考》，《古史辨》第七册（下），第97—98页。

③　顾颉刚：《禅让传说起于墨家考》，《古史辨》第七册（下），第98页。

④　此处方括号内简文据陈剑说补，其说详见陈剑：《上博简〈容成氏〉的竹简拼合与编连问题小议》注释⑩，《上博馆藏战国楚竹书研究续编》，第333—334页。

⑤　顾颉刚：《禅让传说起于墨家考》，《古史辨》第七册（下），第98页。

为儒家对《尧典》不具影响,这个看法则有失偏颇。因为《孟子》或是《荀子》并不能代表整个战国时期的儒家,以《唐虞之道》为例,其中有:"古者尧之与舜也……尧禅天下而授之,南面而王天下,而甚君。故尧之禅乎舜已,如此也。"①可以看出《唐虞之道》也记载尧直接禅让给舜。所以,顾颉刚不应根据孤证便遽定《尧典》的"禅让说"是从何家而来、受哪家影响最大。从目前的文献材料状况来看,战国中期以前的"禅让说"流传状况十分复杂,很难判断《尧典》中的"禅让说"受哪家的影响最多。而且,认为今本《尧典》受诸子影响,也只能是一种推测,今本《尧典》与诸子中的"禅让说"的渊源关系具体情况如何,目前尚难断定。

以上分别对顾颉刚"层累说"初创期的两个主要观点"禹的神化问题"、"文王非纣臣论",以及成熟期的两篇代表性文章《战国秦汉间人的造伪与辨伪》、《禅让传说起于墨家考》等四个方面加以实证性考察。通过前后两期的对比表明,在"层累说"的初创期,顾颉刚在治史过程中,能够依照现代史学的基本规范,严格审查史料,按照史料中所含的史学信息客观研究古史,以今天的后见之明看来,这一时期他所提出的具体史学观点与客观史实相去不远。但在20世纪30年代以后,"层累说"日趋走向成熟,他在一些代表性的文章中所表现出来的治学态度却与初创期有所变化,为维护先前辨伪疑古研究中所得来的"古史的层累地造成"的基本认识,以及"层累说"这一方法论体系的精准度,他无限制地使用"默证法"和"社会背景法",不加区别地将以"层累"方式形成的古史扩大化,在一些具体史学观点上出现了不应该有的偏差,给"层累说"的正确运用蒙上了一层阴影。这也给后来的古史研究带来一定的负面影响,使部分古史学者认为中国上古史史料有着普遍的不可信性,更有极端者无视其中含有真实的史实素地,一概将其抛弃抹杀。

---

① 李零:《郭店楚简校读记》,北京:北京大学出版社,2002年,第95页。

第五章　20世纪前半期中国古史学研究取向及其相互关系

　　顾颉刚的"层累说"为20世纪中国古史研究拉开"史学革命"的序幕，成为古史研究领域里的争论焦点，取得了史学上的中心地位。顾颉刚提出的"层累说"，为传统经学的何去何从指明方向，成为中国古史学研究的新范式，带领当时的古史学界进入了一个完全不同的新世界。当然，这并不是说顾颉刚的"层累说"一经提出，就可以成功地解决将来在古史研究中所遇到的所有问题，或是某类问题。"层累说"只是在这种学术转折期最大程度上提供了一种可供选择的学术预期，而通过后来学术实践的逐渐深入，"层累说"暴露出一些不可避免的局限性。古史研究领域中的其他学术分支，如现代考古学等，也正是接受"层累说"所揭示出来的有启发性的事实，扩展古史研究的范围和领域，完善古史研究的方法和理论，增强古史研究的精准度，解决顾颉刚古史学说中某些较为含糊的问题，或是已经注意到但又无力回答的问题，最终与顾颉刚"层累说"一道共同完成这场爆发在20世纪前半期中国古史研究领域里的"史学革命"。正如罗志田所说："这一代学者给中国学统带来的新眼光、新取向和新方法极大地突破了传统学术的视野和研究方式，至今仍影响甚至可以说制约着我们的学术研究。"[1]

第一节　古史学研究取向之间的紧张与竞争

　　20世纪前半期，自"层累说"诞生以后的很长一段时间里，中国古史学界几乎全被卷入了有关这一学说的旷日持久的学术论争[2]。这一时期，通常是对古史研究过程中的合理方法、问题范围和解决标准进行深入而激烈的论辩，尽管参与争论双方由于各自学术背景、出发点、价值观和现实关怀

---

　　①　罗志田：《〈山海经〉与近代中国史学》，《中国社会科学》2000年第1期。又载罗志田：《近代中国史学十论》，第53页。

　　②　相关学术论争，详见张越：《五四时期中国史坛的学术论辩》，第118—325页。

的重合度极为有限,但在完善和发展中国古史学这一大前提下是可以进行对话的。在这些争论中,对未来中国古史学最具深远意义的莫过于"古史辨派"与有"新证"倾向的学者们、考古学派之间的论战。周予同就曾观察到在古史学领域之内"考古派"对顾颉刚的回应,他说:"对于疑古派的研究方法提出修正意见的是'考古派',这派的代表者,在初期有王国维,在后期有李济。这派的起源并不后于疑古派,但他们能卓然自成一派,以与疑古派平分中国现代史学界,却在疑古派形成之后。"①王汎森在回顾民国新史学时也说:"当时中国史学界的两件大事,一是古史辨运动进行几年后,于民国十五年结集第一册书问世,二是新史料的发现与研究。古史辨运动表现为激烈破坏上古史,而各种文物的发现与整理,则对建立古史有相当的帮助。一破坏,一建立,两股势力虽不一定在每一个论题上都有针锋相对的情形,但总体而言,是一种竞争或紧张的状态。"②冯胜君也认为,"自觉的古史新证研究正是在疑古思潮的刺激和挑战下孕育诞生的"③。

一、王国维与顾颉刚等人的学术分歧

王国维对顾颉刚的疑古学说总体持批评态度,虽然并不激烈,特别是在"层累说"提出之前,也只是在友人之间私下对清末以来的"疑古"风潮表示不满。如1923年12月6日,王国维所著《观堂集林》由蒋汝藻以聚珍版印毕行世,罗振玉为该书作序说:"君(王国维)尝谓:今之学者于古人之制度、文物、学说无不疑,独不肯自疑其立说之根据。"④但自"层累说"风行后,无疑将这种"疑古"风气推向高潮,王国维有感于学风骤变,1925年秋,在其清华国学院的讲义《古史新证》中,针对顾颉刚"层累说"的观点,特别是其将史实概视为传说和故事的史观,指出要慎重对待史料,以免处理史实时产生偏颇,并提出切实可行的解决办法,即"二重证据法"。他说:"研究中国古史为最纠纷之问题。上古之事,传说与史实混而不分:史实之中固不免有所缘饰,与传说无异,而传说之中亦往往有史实为之素地,二者不

①　周予同:《五十年来中国之新史学》,《周予同经学史论著选集》,第548页。
②　王汎森:《民国的新史学及其批评者》,《20世纪的中国:学术与社会·史学卷》(上),第62页。
③　冯胜君:《二十世纪古文献新证研究》,第42页。
④　罗振玉:《观堂集林》罗序,载谢维扬、房鑫亮主编:《王国维全集》(第八卷),杭州:浙江教育出版社,2010年,第4页。

易区别。……至于近世,乃知孔安国本《尚书》之伪,《纪年》之不可信。而疑古之过,乃并尧、舜、禹之人物而亦疑之。其于怀疑之态度及批评之精神不无可取;然惜于古史材料未尝为充分之处理也。吾辈生于今日,幸于纸上之材料外更得地下之新材料。由此种材料,我辈固得据以补正纸上之材料,亦得证明古书之某部分全为实录,即百家不雅驯之言亦不无表示一面之事实。此二重证据法惟在今日始得为之。虽古书之未得证明者不能加以否定,而其已得证明者不能不加以肯定,可断言也。"①并结合秦公敦和齐侯镈钟的铭文,举"禹"的实例,暗示顾颉刚有关"禹"的考证有矫枉过正之处,他说:"自《尧典》、《皋陶谟》、《禹贡》皆记禹事,下至《周书》、《吕刑》亦以禹为三后之一,《诗》言禹者尤不可胜数,固不待藉他证据,然近人乃复疑之,故举此二器知春秋之世,东西二大国无不信禹为古之帝王,且先汤而有天下也。"②此时利用新出土材料考证商周古史已经取得相当大成绩的王国维,在其具体古史研究实践中,已经发现并明确指出"载记"中亦含有可信据的成分。针对"疑古"者乐于抹煞传统文献材料的弊端,他说:"《史记》所述商一代世系,以卜辞证之,虽不免小有舛驳而大致不误。可知《史记》所据之《世本》全是实录。而由殷商世系之确实,因之推想夏后氏世系之确实,却又当然之事也。又虽谬悠缘饰之书如《山海经》、《楚辞·天问》,成于后世之书如《晏子春秋》、《墨子》、《吕氏春秋》,晚出之书如《竹书纪年》,其所言古事亦有一部分之确实性。然则经典所记上古之事,今日虽有未得二重证明者,固未可以完全抹杀也。"③

顾颉刚面对这位自己早年便十分崇敬的学者,没有采取针锋相对的论辩,而是运用迂回的方式。他巧妙地利用王国维所举证据中的秦公敦和齐侯镈钟的铭文来支持自己的观点,而对王国维所指出的"疑古之过"和"古史材料未尝为充分之处理",则避而不答。他在王国维《古史新证》第一二章的附跋中说:"读此,知道春秋时秦齐二国的器铭中都说到禹,而所说的正与宋鲁二国的颂诗中所举的词意相同。他们都看禹为最古的人,都看自己所在的地方是禹的地方,都看古代的名人(成汤与后稷)是承接着禹的。他们都不言尧舜,仿佛不知道有尧舜似的。可见春秋时人对于禹的观念,

---

① 王国维:《古史新证》,《王国维全集》(第十一册),第 241—242 页。
② 王国维:《古史新证》,《王国维全集》(第十一册),第 244—245 页。
③ 王国维:《古史新证》,《王国维全集》(第十一册),第 278 页。

对于古史的观念,东自齐,西至秦,中经鲁宋,大部分很是一致。我前在《与钱玄同先生论古史书》中说:'那时(春秋)并没有黄帝尧舜,那时最古的人王只有禹。'从王静安先生的著作里得到了两个有力的证据!"①这样,顾颉刚就将这次有可能发生的直接学术争论化解于无形。从此,王国维和顾颉刚就再没有发生过正面论争,但从二人的学术通信中还是可以看出王国维对顾颉刚治学方法的不以为然,并向他委婉地表达了在治学上应采取"多闻阙疑"的态度。顾颉刚晚年在《古史杂记》中记录了这封信,他说:"四十年前予曾与王静安先生商讨《顾命》篇义,先后得其两函,久欲索之而不得。顷静秋理予信札付焚,乃始见之,喜而记之于此。……其二云:奉书商略《顾命》'须材'二字,如尊说则上下文义贯通。然宗器系古物,车轮亦成器,不可谓之'材'。照字面说,似谓椁与明器之材。《士丧礼》,筮宅之后有井椁、献材、献素、献成诸事;皆系预备葬具。然《顾命》于丧、葬诸节皆不书,何以独书'须材'事,诚不可解,自当以阙疑为是。弟意,读古书,于不可通者,阙疑自是一法,与释古文字无异,兄谓何如?"②由上可见,顾颉刚与王国维在"禹"的问题上的探讨颇有些自说自话。究其根本,主要是两人在治史侧重点有所不同造成的。顾颉刚多将载记上之古史视为传说和故事,侧重对其流变与演化的研究。王国维则侧重运用新史料从古史传说中寻找真实素地。也正是治史侧重点的不同,异致两人在治学态度和研究方法上的大异其趣。

1925 年 12 月 13 日,钱玄同在《论〈说文〉及壁中古文经书》一文中,针对柳诒徵说顾颉刚不懂《说文》宜例的看法提出反驳,附带将罗振玉、王国维的文字学观点也加以批评,这样又将王国维卷入这场论争之中。钱玄同首先肯定王国维等人在古文字学上的成就,他说:"甲骨跟钟鼎上面的文字,现在还未经整理,但据王筠、吴大澂、孙诒让、罗振玉、王国维、容庚诸人所释,足以订正许书之违失的已经不少",然后他认为《说文》掺杂有"古文"这样由后人伪造的假文字,他说:"许老爹既没有历史的眼光,又没有辨伪的识力,竟把不全的《史籀篇》中的大篆,《仓颉篇》等中的小篆,跟刘歆他们'向壁虚造'的伪经中的古文羼在一处,做成一味'杂拌',于是今字跟古字,

①　顾颉刚:《〈古史新证〉第一二章》附跋,《古史辨》第一册,第 267 页。
②　顾颉刚:《古史杂记》(1973),《顾颉刚读书笔记》(十),第 7627—7628 页。

真字跟假字,混淆杂糅,不可理析,不但不可以道古,就是小篆也给他捣乱了。"①这就涉及《说文》所录"古文"真伪的问题,这也是钱玄同批评王国维的核心问题。

钱玄同认为王国维对《说文》序中的"今叙篆文,合以古籀"的解释最合理,他说:"王氏说《说文》中之古文无出壁中书及《春秋左氏传》以外者,我从各方面研究,知道这话极对。"但同时他也提出:"要问这种古文是否真古文,要问壁中书等是否真物。"通过此番论述,钱玄同就将"古文"真伪的文字学问题转移成为今古文经学所争论的"古文经"真伪的问题。他接着说:"壁中书一案,经康崔两君之发覆,伪证昭昭,无可抵赖,所谓'汉古文经'者,此后应与晋古文《尚书》、《家语》、《列子》等书同等看待,归入一切伪书之中。"②这样一来,"古文"所存身的载体"古文经"亦是不可靠的。而从"古文"的文字学本身来说,钱玄同认为:"我尝稍稍涉猎吴、孙、罗、王、容诸家之书,觉得《说文》中的小篆近于钟鼎,钟鼎近于甲骨;而《说文》中的古文则与钟鼎甲骨均极相远,而且有些字显然是依傍小篆而改变者。"③以此,他认为"商代的甲骨文能合于秦汉的小篆跟隶书,反不能合于《说文》所录出于壁中书之古文,则壁中古文之为后人伪造,非真古字,即此已足证明"④。这表明,钱玄同不仅认为"古文经"是伪造的,连"古文经"中的"古文"字亦是伪造,所以他反对罗、王之说,他说:"罗氏……乃曲为之说,认壁中书的古文是'晚周文字',是'列国诡更正文之文字'。此说不但无征,且用旧说而与旧说又不合。……这话我觉得很难相信。"⑤针对王国维的"战国时秦用籀文,六国用古文"之说,钱玄同认为:"六国的文字究竟比秦文差了多少,这个我们固然不能臆断,但就现存的钟鼎看来(连秦国的),则可以说这样几句笼统话:要说异,似乎各国文字彼此都有些小异,要说同,也可以说是彼此大体都相同;ㄍㄨㄟㄌㄧㄠㄠㄕㄨㄟㄧ一句话,大同小异而已。若区为'东土''西土'两种文字,则进退失据之论也。而况今所存齐、鲁、邾诸国的钟鼎文字跟壁中古文距离之远,正与秦文跟壁中古文距离之远一样

---

① 钱玄同:《论〈说文〉及壁中古文经书》,《古史辨》第一册,第 236 页。
② 钱玄同:《论〈说文〉及壁中古文经书》,《古史辨》第一册,第 237 页。
③ 钱玄同:《论〈说文〉及壁中古文经书》,《古史辨》第一册,第 238 页。
④ 钱玄同:《论〈说文〉及壁中古文经书》,《古史辨》第一册,第 239 页。
⑤ 钱玄同:《论〈说文〉及壁中古文经书》,《古史辨》第一册,第 239 页。

呢！还有，王氏说'秦书八体中有大篆，无古文'，这是因为秦时还没有所谓'孔子书《六经》以古文'之说。儒者之传授《六经》，其初仅凭口耳，渐乃著于竹帛，著竹帛之时通用什么样的文字，他们就写什么样的文字，传经之儒对于文字的形式是绝不注重的，所以彼此所传，异文假借非常之多。讲到《史记》中的'秦拨去古文'一语，那是刘歆们窜入的。凡《史记》中'古文'二字都是刘歆们窜入的，这个意思，康氏的《伪经考》已启其端，先师的《史记探源》乃尽发其覆。"①最后，钱玄同总结说："总而言之罗王两氏都是精研甲骨钟鼎文字的，他们看到《说文》中的古文与甲骨钟鼎文字差得太远，知道它不古，这是他们的卓识；但总因为不敢怀疑于壁中书之为伪物，于是如此这般的曲为解释，或目它为'列国诡更正文之文字'，或目它为'晚周文字'，或目它为'东土文字'，其实皆无稽之谈也。"②这里钱玄同批评王国维"不敢怀疑于壁中书之为伪物"，于是才有如此这般的曲为解释。以今天的后见之明来看，难免有些厚诬王国维，并非他不敢疑，而是他依据当时少量的战国古文字材料，经过系统的考证推论出观点，他胸中并未存有着强烈的今古文家派意识，也非为《说文》曲护，倒是反观钱玄同在立论的基础上有着康有为、崔适的影子。王国维立足于古文字学基础之上而得出"战国时秦用籀文，六国用古文"的看法，在当时不仅诸如钱玄同这样的学者不曾理解，即便是古文字学者也并不认同，容庚和王国维之间的争论就是有代表性的一例。于是王国维借与容庚的书信，回答了钱玄同和容庚的诘问。

容庚在《王国维先生考古学上之贡献》一文中提到："汉代古文考一卷……所考皆翔实，惟秦用籀文，六国用古文之说有可商者。余去年编文字学讲义颇献所疑，以示先生。先生复余书。"王国维在回复容庚的信中，针对钱、容二人的疑问再次重申"战国时秦用籀文，六国用古文"，他首先阐明这个观点的立意，他说："此段议论，前见《古史辨》中钱君玄同致顾颉刚书实如此说。然鄙意谓秦用籀文，六国用古文，乃指战国时说。钱君据春秋时东方诸国文字以驳鄙说，似未合论旨。兄所奉田陈诸器（唯陈逆二器在春秋末）诚为战国时器。然最后之陈侯午敦陈侯因𰯼敦，亦作于秦并天下前百二三十年。且此二器系宗庙重器，其制作及文字自格外郑重。此外

---

① 钱玄同：《论〈说文〉及壁中古文经书》，《古史辨》第一册，第241—242页。
② 钱玄同：《论〈说文〉及壁中古文经书》，《古史辨》第一册，第242页。

加燕齐之陶器、各国兵器、货币、鉨印不下数千百品。其文字并讹变草率，不合殷周古文，且难以六书求之。今日传世古文中，最难识者，即此一类文字也。许书古文，正与此类文字为一家眷属。今若以六国兵器与大良造鞅戟吕不韦戈校，子禾子釜与重泉量校，齐国诸节与新郪虎符校，可知东方诸国文字与秦文决非大同。鄙人当日发此议论，实以此种事实为根据，决非欲辨护许书古文如钱君及兄所云云也。"然后，王国维否定钱玄同所提出的古文造伪说，他说："许书古文出壁中书，乃六国末文字，自不能与殷周古文合。其误谬无理，亦如后世隶楷，乃自然演变之结果。而正误与真伪，自系两事"，认为《说文》中的古文，只涉及演变成误的问题，而没有真伪的问题。王国维对钱、容的治学态度有所批评，他说："今人勇于疑古，与昔人之勇于信古，其不合论理正复相同。此弟所不敢赞同者也。"对二人具体观点的弊病根源亦有指出，他说："钱君及兄所言，似未注意于战国时代多量之事实；且于演变之迹，亦未当注意也。"①容庚后又写有辩文，但没有寄给王国维，只是王国维去世后，才刊登在《燕京学报》上，文中，容庚列出三点：（一）战国时东西土文字之异同、文字之变迁，渐而非顿。（二）此时所出战国器物尚少，不能为深切之证明。（三）壁中古文，不得而见；而《说文》及《石经》古文，卫恒所谓"因科斗之名，遂效其形"者，之非姬周之旧，固可质言也②。究容庚所论，实不出钱玄同之范围。

　　王国维针对钱玄同、容庚等人的质疑，又在《桐乡徐氏印谱序》中对"战国时秦用籀文，六国用古文"一义，结合当时所能见到的六国古文字材料加以申辩。他说："世人见六国文字，上与殷周古文、中与秦文、下与小篆不合，遂疑近世所出兵器、陶器、玺印、货币诸文字并自为一体，与六国通行文字不同；又疑魏石经、说文所出之壁中古文为汉人伪作。此则惑之甚者也。夫兵器、陶器、玺印、货币，当时通行之器也；壁中书者，当时儒家通行之书也。通行之器与通行之书，固当以通行文字书之，且同时所作大梁上官诸鼎字体亦复如是，而此外更不见有他体。舍是数者而别求六国之通行文字，多见其纷纷也。"③通过将六国出土文字与古文的一系列对比后，他说：

---

　　①　容庚：《王国维先生考古学上之贡献》，《燕京学报》第2期，上海：上海书店，1983年影印，第336—338页。
　　②　容庚：《王国维先生考古学上之贡献》，《燕京学报》第2期，第338—340页。
　　③　王国维：《桐乡徐氏印谱序》，《观堂集林》，第300页。

"以上所举诸例,类不合于殷周古文及小篆,而与六国遗器文字则血脉相通;汉人传写之文,与今日出土之器,斠若剖符之复合。谓非当日通行比种文字,其谁信之?"同时王国维也道出六国出土文字与古文不尽相合的原因,他说:"虽陶器、玺印、货币文字止纪人地名,兵器文字亦有一定之文例,故不能以尽证壁中之书;而壁中简策,当时亦不无磨灭断折,今之所存,亦不无汉人臆造之字,故不能尽合。然其合者固已如斯矣。"①

1926年9月9日,王国维致马衡的信中说:"希白前以其所撰文字学见示,甚有条贯。弟有数处意见稍异,求其所归,则希白以六国时之陶器、玺印、货币、兵器文字为另一体文字,不与当时通行文字相同,罗先生前亦有此意见。弟意则以此为即当时之通行文字,壁中古文亦其一类,后世如北朝盛行伪体,战国末东方文字亦有此现象,故对六国用古文,秦用籀文之假说仍不能放弃。此事于文字学关系甚大,不知公之意见何如?"②不久,王国维有讲稿数篇,寄给马衡并致函云:"……有讲稿数篇(内《印谱》一篇),鄙见如此,然此文尚未能圆满。此问题甚重要,弟意石经古文或靠不住,而印玺、兵器等并为当时通行文字,此说当可成立,愿与同人共讨论之。"③

王国维对钱玄同等人所怀疑的"六国用古文,秦用籀文"之假说,通过各种途径反复申说,不肯罢手,素来与世无争的他,对学界的反对之声表现得如此强烈,原因就如他自己所言,"此事于文字学关系甚大"。这表明王国维已经意识到,这一假说可能开启古文字学一个新的研究领域。而且,他在此假说基础上所写的《汉代古文考》等一系列文章,究其实质,是利用文字学来超越今古文经学家派意识的关键之作。王国维此说一出,标志着他摆脱传统经学纷扰和纠缠,并开辟了以古文字和古器物材料来参验经史之学的新途径。所以,王国维对此假说十分看重,在其为清华国学研究院所编的讲义中,亦可观察到。1927年,王国维编撰《清华学校研究院讲义》(油印本),目录为:古史新证、中国历代之尺度、莽量释文、散氏盘考释、孟鼎铭考释、克鼎铭考释、毛公鼎铭考释、蜀石经残拓本跋、释乐次、小孟鼎释文、弓甲盘释文、虢季子白盘释文、不娶敦释文、师袭敦释文、宗周钟释文、

---

① 王国维:《桐乡徐氏印谱序》,《观堂集林》,第303页。
② 袁英光、刘寅生编:《王国维年谱长编(1877—1927)》,天津:天津人民出版社,1996年,第481页。
③ 袁英光、刘寅生编:《王国维年谱长编(1877—1927)》,第496页。

噩矦馭方鼎释文、白屖父卣释文、录卣释文、齐镈释文、王孙遗诸钟释文、沇儿钟释文、邾公轻钟释文、虢叔旅钟释文、克钟释文、说文今叙篆文合以古籀说、史籀篇疏证序、战国时秦用籀文六国用古文说、西吴徐氏印谱序①。这部讲义中,除《古史新证》这一篇综论性宣言文章及具体铭文考释的文章之外,余下的部分即是围绕"战国时秦用籀文,六国用古文说"的系列专题研究。

直至 20 世纪后半期,随着战国地下出土文献材料的大批涌现,此项争论才真正意义上得到解决。如张富海所说:"近几十年来,由于战国文字资料的大量出土,能与古文相印证的六国文字越来越多,王国维古文是六国文字说被学者们普遍接受,极少有人质疑了。"②

二、考古学派与顾颉刚的治学取向之争

20 世纪初,中国现代考古学的知识基本通过"地质学"引进史学一科,在相当一段时间里,一部分迅速接受西方科学概念的学者有意无意间也多将其视为"地质学",即使是在今日意义的"考古学"称谓已确立之后也如此③。另一部分受传统文化影响比较深的学者,则将考古学仍视为"古董"之学、"国粹"之学,国人对于科学考古学的概念更是不甚了了④。而此时,中国现代考古学在实践方面还处于"酝酿期",仍然没有自己组织的正规田野发掘,只是约略看到了外国考古学的成绩和外国学者在中国所进行的田野调查和发掘,所以只能说是处在"临渊羡鱼"的阶段。20 年代后,随着中国现代考古学的发展,中国学者对科学考古学的概念、范畴和理念日益清晰和明确,已经产生在中国发展本土考古学的要求,并着手自己组织田野发掘,取得了初步的成绩,考古学开始在中国扎根⑤。特别是顾颉刚"层累说"提出后,在古史学界引发了一场范式革命,如何重新看待已经被拆散的

① 孙敦恒:《王国维年谱新编》,北京:中国文史出版社,1991 年,第 167 页。
② 张富海:《汉人所谓古文研究》,北京大学博士学位论文,2005 年 4 月,第 4 页。还可参见林素清:《〈说文〉古籀文重探——兼论王国维〈战国时秦用籀文六国用古文说〉》,《"中央研究院"历史语言研究所集刊》第 58 本,1987 年。
③ 查晓英:《从地质学到史学的现代中国考古学》,第 16 页。
④ 详见黄海烈:《古董与国粹:民国初年国人的考古学观念》,葛志毅主编:《中国古代社会与思想文化研究论集》(第二辑),哈尔滨:黑龙江人民出版社,2007 年。
⑤ 详见徐坚:《暗流:1949 年之前安阳之外的中国考古学传统》,北京:科学出版社,2012 年。

传统中国古史,成为当时的焦点问题。在古史研究方面,究竟应该采取何种方法,走什么样的道路,一时间在古史学界众说纷纭,莫衷一是。

1924年,李玄伯在《现代评论》第一卷第三期上发表《古史问题的唯一解决办法》一文,认为既然文献史料不可靠,只有发掘出土的实物史料才是解决古史问题的唯一方法。他说:"载记既不能与'我们'一个圆满的回答,我们只好去问第二种材料,'古人直遗的作品'。……设以科学的方法严密的去发掘,所得的结果必能与古史上甚重大的材料。这种是聚讼多久也不能得到的。所以要想解决古史,唯一的方法就是考古学。我们若想解决这些问题,还要努力向发掘方面走。"①顾颉刚则在第九期上发表《答李玄伯先生》一文,同意李玄伯的意见,承认是正当的方法,但也指出李玄伯过于尊信考古学而轻视文献记载。他说:"现在古史问题在载记的研究上刚开头,面前原有许多路径可走,……若必等到材料完备而后去做研究工作,恐怕永远没有工作的日子吧。所以我们在研究工作上,对于新材料的要求加增,对于旧材料的细心整理,有同等的重要。"②顾颉刚具体谈到考古学和传统文献学之间的关系,认为两者都不可偏废,"载记"是古史研究的基础材料,可以作为研究"遗作品"的基础阶段。他说:"我觉得我们若是多信一点遗作品,少信一点载记,这是很应当的;若是惟有遗作品可信而载记可以不理,便未免偏心了。……依我看,我们现在正应该从载记中研究出一个较可信的古史状况,以备将来从遗作品中整理出古史的参考。若我们轻易跳出这个阶级,那就失去了研究的基础了。"③这些反映出顾颉刚对新发现史料的态度和明确的史料观。

顾颉刚的这些看法,当时也曾得到一些学者的支持,如傅斯年就站在他的立场上,支持其言论。傅斯年在《谈两件〈努力周报〉上的物事》一文中认为:"前见晨报上有李玄伯兄一文,谓古史之定夺要待后来之掘地。诚然掘地是最重要事,但这不是和你的古史论一个问题。掘地自然可以掘出些史前的物事、商周的物事,但这只是中国初期文化史。若关于文籍的发觉,恐怕不能很多。(殷墟是商社,故有如许文书的发现,这等事例岂是可以常希望的。)……你这古史论无待于后来的掘地,而后来的掘地,却有待于你

---

① 李玄伯:《古史问题的唯一解决方法》,《古史辨》第一册,第269—270页。
② 顾颉刚:《答李玄伯先生》,《古史辨》第一册,第277页。
③ 顾颉刚:《答李玄伯先生》,《古史辨》第一册,第270—271页。

这古史论。现存的文书如不清白,后来的工作如何把他取用。偶然的发现不可期,系统的发掘须待文籍整理后方可使人知其地望。"①他还说:"你自然先以文书中选择的材料证成这个'累层地',但这个累层地的观念大体成后,可以转去分析各个经传子家的成籍。……你这个古史论,是使我们对于周汉的物事一切改观的,是使汉学的问题件件在他支配之下的,我们可以到处找到他的施作的地域来。"②总之,傅斯年认为顾颉刚的"层累地造成的中国古史"是史学的中央题目③。再如1927年3月,清华国学研究院的毕业生姚名达在致顾颉刚的信中说:"敝院教授李济之先生在山西夏县西阴村发掘石器时代的石器数千种,早已运回,正在研。现所已得的观念,不过知道石器时代在中国很普通而已。对于洪水问题,却没有什么贡献。王静安先生批评先生,谓疑古史的精神很可佩服,然与其力辨古史之虚伪,不如从事发掘,研究地质或考古,去寻求古史的真相。换句话说,与其打倒什么,不如建立什么。名达则以为先生的辨古史,只是要叫人别上伪史的当,并不是要马上就解决这个问题。这个问题原是要种种学者帮助才可解决的,但先生从研究故事和神话的方法去研究,总不失为求真的一条路;况且这条路还可以有重大的发现哩。"④虽然有学者表示支持,但更多的还是批评的声音,纷纷指责顾颉刚只注意对传世文献材料的辨伪疑古,而忽视对考古学方法和材料的运用。

周予同在评价顾颉刚"层累说"时说:"我的私意,觉得他在这方面所用的方法并不见得十分的成功。但是这不能疵议颉刚的,因为这完全是受中国考古学过于幼稚的障碍"⑤,所以,"如果他今后仍抱有考证古史真相的野心,我希望他努力于实物考证法,而对于解释字义的方法加以限制的采用"⑥。1931年7月10日,顾颉刚在致周予同的信中说:"承嘱《古史辨》第三本尚须多找确证,弟以为兄太性急。我觉得现在只能提出问题而不能解决问题,确证或须将来才有,或永远不能有;且须时局安定,有一班真做学问的人,分工合作乃谈得到。今日则只能各人把所见写出,聊备参考,且略

①　傅斯年:《谈两件〈努力周报〉上的物事》,《古史辨》第二册,第297—300页。
②　傅斯年:《谈两件〈努力周报〉上的物事》,《古史辨》第二册,第300页。
③　傅斯年:《谈两件〈努力周报〉上的物事》,《古史辨》第二册,第297页。
④　《学术通讯》,《国立中山大学语言历史研究所周刊》第2集第22期,1928年3月27日。
⑤　周予同:《顾著〈古史辨〉的读后感》,《古史辨》第二册,第323页。
⑥　周予同:《顾著〈古史辨〉的读后感》,《古史辨》第二册,第326页。

事鼓吹而已。"①

　　陆懋德在《清华学报》第三卷第二期(1926 年 12 月)撰《评顾颉刚〈古史辨〉》一文中认为:"北京大学顾君颉刚著有《古史辨》,……其书富于怀疑的精神,大抵谓古史多不可信,并言尧舜禹并无其人。夫所谓尧舜禹者,实皆西人所谓'历史前的'(Pre-historic)人物。此当属考古学(Archaeology)之范围,并须发掘地下之证据以定真伪,非仅凭书本文字所能解决者也。及余披阅顾君之书一过,甚服其读书之细心及其疑古之勇气,然亦惜其惟知作故纸堆中之推求,而未能举出考古学上之证据,故辩论数十万言而未得结果也。"②而"未得结果"的原因,他说:"在西国,凡研究上古史事,纯为考古学家之责任。历史学家不必皆是考古学家,故作上古史者必须借用考古学家所得之证据。今顾君仅作文字上之推求,故难得圆满之结果",所以"顾君所标之治史方法虽极精确,然如尧舜禹等均为历史前(Pre-historic)的人物,终当待地下之发掘以定真伪,实不能仅凭书本字面之推求而定其有无者也。余甚愿顾君能用其方法以治周以后之史事,则其廓清之功有益于学界者必大于此矣"③。1930 年前后,那时的中国考古学还处于刚刚起步阶段,这种希望顾颉刚能更多地注意考古学的看法,似乎有些勉为其难。所以,顾颉刚回应说,学术本有分工不同,近年从事考古工作的人已不少,"我不参加这个工作决不会使这个工作所损失"。而且"再有一个理由:有许多古史是考古学上无法证明的,例如三皇五帝,我敢豫言到将来考古学十分发达的时候也寻不出这种人的痕迹来。大家既无法在考古学上得到承认的根据,也无法在考古学上得到否认的根据,那么,希望在考古学上证明古史的人将怎么办呢? 难道可以永远'存而不论'吗? 但是在书本上,我们若加意一考,则其来踪去迹甚为明白固不烦考古学的反证而已足推翻了"④。

　　从这场争论双方的立论证据来看,似乎谁也拿不出坚实有力的证据来说服对方。虽然此时关于中国古史问题,只是停留在是应先破还是先立的口头争论方面,但稚嫩的中国现代考古学已经进入辩论双方的言说中。如

　　①　顾颉刚:《郊居杂记》(1930.11—1934.10),《顾颉刚读书笔记》(三),第 1348 页。
　　②　陆懋德:《评顾颉刚〈古史辨〉》,《古史辨》第二册,第 369 页。
　　③　陆懋德:《评顾颉刚〈古史辨〉》,《古史辨》第二册,第 383—384 页。
　　④　顾颉刚:《古史辨》第二册自序,《古史辨》第二册,第 4—5 页。

查晓英就认为："参与古史辩论的人仍然大多注意其言古史为'伪'的一端，无论支持或反驳他的，都拿考古学作武器，要求破坏之外应有建设。"①而傅斯年的再次归来，则彻底改变了这种"坐而论道"的局面。

　　早年曾受到顾颉刚影响的傅斯年，回国后史观上逐渐发生转变②。1926 年，在傅斯年给胡适的一封信中，傅斯年对前些时的看法已有些改变，觉得顾颉刚不仅应"破"，更应"立"，更应注意对客观历史事实的考辨。他说："近来见到他的《古史辨》一，匆匆一翻，没有细看下去。觉得他不应该就此辨下去，应该一条一条的把他辨出来的问题料理去。"③1926 年 11 月，傅斯年在给顾颉刚的一封信中，直接指出顾颉刚在古史研究中的缺点，认为"我们现在切不可从这不充足的材料中抽结论"④。傅斯年的史料观，在与顾颉刚的思辨过程中，日益发展成熟，在史语所筹建前后，傅斯年便已认为："历代官修史书不甚足凭，而私人所记，每取传闻，又多失实，后来史学，只应是史料整理学而已。故史料保存宜早。"⑤

　　1928 年殷墟的发掘，彻底改变了以往口头争论的局面。至晚在 1929 年，傅斯年已经观察到，由于顾颉刚所提出的"层累说"所造成的古史研究领域的真空状态，他说："我们大概都可以知道，古代历史多不可靠，就是中国古史时期，多相信《尚书》、《左传》等书，但后来对于《尚书》、《左传》，亦发生怀疑，不可相信处很多很多。"⑥面临这一局面，古史研究又该何去何从呢？傅斯年首先跳出"是疑古还是信古"的圈子，他主张："我们研究古史，完全怀疑，固然是不对的；完全相信，也是不对的。我们只要怀疑的有理，怀疑的有据，仅可以怀疑。相信的有理有据，也尽可以相信的。"这样古史研究的重点，就落在历史证据和史料的考察上，而要想获得较为可靠的史料"就不得不借重考古了"⑦。傅斯年这种借重考古学以治史的史料观和古史观，也逐步树立起来。

---

　　① 查晓英：《从地质学到史学的现代中国考古学》，第 94 页。

　　② 有关傅斯年史观的转变，详见杜正胜：《从疑古到重建——傅斯年的史学革命及其与胡适、顾颉刚的关系》，《中国文化》第 12 期。

　　③ 傅斯年：《傅斯年致胡适》1926 年 8 月 17、18 日，《胡适论学往来书信选》下册，石家庄：河北人民出版社，1998 年，第 1269 页。

　　④ 傅斯年：《答书一》，《古史辨》第二册，第 159—160 页。

　　⑤ 国立中央研究院文书处编：《国立中央研究院十七年度总报告》，第 218 页。

　　⑥ 傅斯年：《考古学的新方法》，《傅斯年全集》第四册，第 1338 页。

　　⑦ 傅斯年：《考古学的新方法》，《傅斯年全集》第四册，第 1340 页。

　　王国维对傅斯年也有着一定的影响[1]，但随着殷墟的发掘，傅斯年在史观上则在王国维的基础上又进了一步。直至1930年左右，傅斯年的史料观和古史观可谓大致清楚明确了，如他在《"新获卜辞写本后记"跋》中说道："民国十八年一月间，董彦堂先生以他手写上石的《新获卜辞写本后记》寄来广州本所。所中同人看了大高兴，以为彦堂这次发掘虽然依旧是继续十七年夏之调查，不居于发掘的本身，然而若干考古学的基本问题，已在这试验的发掘中列出。例如，河道与殷墟的问题，甲骨之地下情形由于冲势，商代历法之设想，卜辞工具之举例，一个字体之'发生式'的演化等。"[2]从这段记述中可以看出，傅斯年对董作宾的工作比较满意，认为他已经能够注意到考古"发掘的本身"。傅斯年这种满意的夸奖事出有因，董作宾曾在1928年抱着发现甲骨文的想法赴安阳调查，见所发现有字甲骨甚少，对殷墟的挖掘前景便感到十分悲观，并去信给傅斯年，要求撤销挖掘殷墟的计划。傅斯年收信阅读之后，反不以为忧，当即回信劝说董作宾，说道："连得两书一电，快愉无极，我们研究所弄到现在，只有我兄此一成绩。……但即如兄第二信所言，得一骨骼，得一骨场，此实宝贝若所得仅一径尺有字大龟，乃未必是新知识也。此兄已可自解矣。我等此次工作目的，求文字其次，求得地下知识其上也。盖文字固极可贵，然文字未必包新知识。"[3]可见，当时傅斯年已经超出寻找"有字甲骨"的局限，而是将眼光放得更远，不仅"求文字"，更要"求得地下知识为上"，已经从观念上将中国现代考古学纳入到正轨，可以说此时傅斯年的考古学思想颇为现代化。

　　傅斯年在《〈新获卜辞写本后记〉跋》中不仅对董作宾的考古学观念的转变感到高兴，更让他感到兴奋的是董作宾新获卜辞中第三五八号"伐𦎫"及第二七七号"令周侯"的两片甲骨，如他所说："彦堂找到殷商与荆楚之宗国芈有关系之一片，恰恰补到古代流传下来的材料之最缺乏处。这是何等畅快的事！"[4]也恰恰是这两片甲骨，使傅斯年此时史料观和古史观所发生的根本性转变，充分表现出来。新获卜辞中第三五八号"戊戌卜又伐𦎫"董

　　①　王国维对傅斯年的影响，详见王汎森：《一个新学术观点的形成——从王国维的〈殷周制度论〉到傅斯年的〈夷夏东西说〉》，《中国近代思想与学术的系谱》，第263—282页。

　　②　傅斯年：《〈新获卜辞写本后记〉跋》，《傅斯年全集》第三册，第959页。

　　③　傅斯年：《历史语言研究所报告书》（第一期），《国立中央研究院历史语言研究所公文档案》（元字第198卷中）。

　　④　傅斯年：《〈新获卜辞写本后记〉跋》，《傅斯年全集》第三册，第985页。

作宾考释说:"芈作🜨,当为殷时国名。《史记·楚世家》:'陆终生子六人,……其长一曰昆吾,二曰参胡,三曰彭祖,四曰会人,五曰曹姓,六曰季连。芈姓,楚其后也。'又称:'昆吾氏,夏之时尝为侯伯。''彭祖氏,殷之时尝为侯伯。''季连生附沮,附沮生穴熊。其后中微,或在中国,或在蛮夷,弗能纪其世。'按昆吾,彭祖之后,尝为夏殷之侯伯,则芈之为姓,当在夏世之前,殷代有芈姓之国,固无足异。惟史传失载,莫可考证耳。"[①]董作宾的这段考证,使傅斯年感到震惊,他说:"此一残片,一经彦堂释定,他是芈字,则古史中若干材料凭借他点活者不少。"[②]这也使傅斯年受到启发,从而使其原有"疑古"倾向的史料观发生改变。他回忆在 1924 年间,"我正在柏林住着,见到顾颉刚先生在《努力》上的疑夏禹诸文,发生许多胡思乱想。曾和陈寅恪先生每一礼拜谈论几回,后来也曾略写下些来,回国途上只抄了一半给颉刚"。后来这半封信经由顾颉刚发表在《国立中山大学语言历史研究所周刊》第二卷第十四期,其中有谈到荆楚的内容,"荆楚一带,本另是些民族。荆或者自商以来即是大国,亦或者始受殷封号,后遂自立。……总之,文献不足,无以征之"[③]。可见,当时傅斯年有关古代史实颇多推测之语,主要就是由于直接史料的缺乏和对文献史料的不信任造成的,但是经由殷墟发掘和董作宾对于新获卜辞的考释,使得傅斯年的史料观为之一变,从而提出史料"点活"的观念,他说:"大凡新获的直接记载,每不能很多的,而遗传的记载,虽杂乱无章,数量却不少。每每旧的材料本是死的,而一加直接所得可信材料之若干点,则登时变成活的。"所以,原来以为的"文献不足,无以征之"就变成了"现在想来,楚之前因后果,还有好些可征的"[④]。傅斯年此时已与顾颉刚在史学研究上的分歧日益明显,他主张"整体的历史观念",认为考古材料是活的材料,可以"点活"传统文献材料,这样就可不再简单地拘泥于这些传统文献材料的真伪判断上,而将它们与考

---

① 傅斯年:《〈新获卜辞写本后记〉跋》,《傅斯年全集》第三册,第 960 页。
② 傅斯年:《〈新获卜辞写本后记〉跋》,《傅斯年全集》第三册,第 961 页。
③ 傅斯年:《〈新获卜辞写本后记〉跋》,《傅斯年全集》第三册,第 961—962 页。
④ 傅斯年:《〈新获卜辞写本后记〉跋》,《傅斯年全集》第三册,第 961 页。这种点活的理论,强调用考古学所获得的历史信息以治文史之学,实质上,就是王国维"二重证据法"在考古学中的新变种。傅斯年还将这一想法向胡适有所透露,如在《胡适日记》(手稿本)1931 年 2 月 18 日条中就曾记载:"下午孟真来谈古史事,尔纲也参加。孟真原文中说'每每旧的材料本是死的,而一加直接所得可信材料之若干点,则登时变成活的',此意最重要。"

古材料相结合,用于中国上古史的研究之中。

董作宾新获卜辞中第三五八号这片甲骨,引导傅斯年利用传统文献中的《国语》、《左传》等材料对楚之先世加以系统的考察,从而对《国语》、《左传》、《世本》等传统文献史料有了新的认识。他认为《国语》、《左传》这些文献中"若其中记载古代族姓国家的分合,至多也不过很少的一部分是汉时羼入的。现在若把《左传》、《国语》中这些材料抄出,则显然可以看出有两类,大多的一类是记载族姓国别的,……甚少的几段记古帝之亲属关系,……上一类是记载民族国姓之分别,乃是些绝好的古史材料,下一类当是已经受大一统观念影响,强为一切古姓古帝造一个亲属关系。……我们如果略去这些,则《国语》、《左传》中记载古代民族的说话,实是些最好的材料了"①。而对于《世本》,他说:"《世本》大体可靠与否,虽不能全部证明,然可借其一部分证其全书非由妄作。"②傅斯年还利用董作宾新获卜辞中第二七七号"令周侯"的这片甲骨,对顾颉刚"层累说"中重要观点"文王非纣臣说"提出异议③。

傅斯年此时已具有相当成熟的现代化考古学理念,这在1929年11月19日所发布的题为《考古学的新方法》的讲演稿中,也有着充分的体现。在考古学方法性质认定上,他认为考古学与地质学有着密不可分的关系,这就决定了考古学是历史学中的一个"独异的部分"。而方法无所谓新旧,一时代有一时代的变迁,一时代有一时代的进步,在转换的时候,当有新观念新方法产生。这个新方法只要用来可得到新的知识,就是好方法。在考古学研究观念上,傅斯年强调"整体的概念"。通过中国旧有的金石学和近代西方考古学的比较,傅斯年提出古代史的着意点,不是单靠零碎的物件,一件一件的去研究,必须要有全部的概念方可。用一件一件的东西去研究,固然有相当的结果,所得究竟有限,况且实物的本身,间有可怀疑之处:所以应当注意"整体的概念",也就是说治史的过程中,要有发展观和全局观,要了解史料与史料之间的复杂关系。在具体的研究对象上,他认为发掘的陶器居多,时代易分,型制变化快,所以陶器是研究古史的唯一好史料。他还认为考古学和人类学有关,所以于古器之外,应特别注意人骨的

① 傅斯年:《〈新获卜辞写本后记〉跋》,《傅斯年全集》第三册,第977—978页。
② 傅斯年:《〈新获卜辞写本后记〉跋》,《傅斯年全集》第三册,第978页。
③ 傅斯年:《〈新获卜辞写本后记〉跋》,《傅斯年全集》第三册,第985—986页。

测量,再根据比较法来推测当时人类之形状与其变化。在具体实例上,傅斯年还以殷墟为例,描述了殷墟的发掘品,注意到地层在确定相对年代上的作用,并提出以殷墟为考古学标尺,以便比较其他考古学遗址的设想①。这篇讲话稿表明,傅斯年的考古学观念已经完全脱离传统金石学研究的范畴,现代考古学理论已初步建立。

第二节　古史学研究取向之间"异中有同"的面相

20 世纪 20、30 年代以来,中国古史学界内各学派并起,相互竞争,同时各种研究取向之间相互影响、相互熏习,充斥着"异中有同"的复杂面相。但也正是这种局面的形成,才使 20 世纪中国古史学展现出多元化的发展趋势,为古史研究提供了诸多途径,为中国古史学的现代化转型创造了绝佳的学术环境。中国古史学最终在各学派共同努力下,成功地完成了这场意义深远的史学革命。

一、王国维、"二重证据法"与顾颉刚

王国维是 20 世纪中国古史学的奠基人之一,他的学术成长经历与顾颉刚有着较大的相似性。在青少年时代都未曾深涉经学,这就决定其学术成熟期具有着自由的学术思想和独立的研究意识,从而开创了不同于传统经史之学的研究路径。王国维少年时代并非浸淫在传统经史学中,其曾自述:"家有书五六篋,除《十三经注疏》为儿时所不喜外,其余晚自塾归,每泛览焉。十六岁,见友人读《汉书》而悦之,乃以幼时所储蓄之岁朝钱万,购《前四史》于杭州,是为平生读书之始。"②青年时代的工读生涯里又初步接受西方式的现代教育,王国维在东文学社,一边努力工作,一边如饥亿渴地攻读英文和数理化各课。这一时期,王国维接触到西方哲学、美学和心理学著作,并对之发生浓厚兴趣,这也为他日后的学问,开阔了视野,训练了方法,注定其可以不再局限于传统学问中,而是跳出去开拓一番新事业。其自云:"始读翻尔彭之《社会学》,及文之《名学》、海甫定《心理学》之半。

---

① 傅斯年:《考古学的新方法》,《傅斯年全集》第四册,第 1337—1343 页。
② 王国维:《自序》,《王国维全集》(第十四卷),第 118 页。

而所购哲学之书亦至,于是暂辍心理学而读巴尔善之《哲学概论》、文特尔彭之《哲学史》,当时之读此等书,固与前日之读英文读本之道无异。幸而已得读日文,则与日文之此类书参照而观之,遂得通其大略。"①1908年10月,王国维的译著《辨学》一书问世,由益森印刷局印行;同年还出版另一本同名译著,由京师五道庙售书处发行,两书皆为逻辑学专著②。王国维在以后的史学研究中所表现出的逻辑严密的论证、动态的历史演化观念和多元史观,和此时所研习的西方哲学和逻辑学不无关系。

通过对西方学术的深入研究,王国维越发认识到中国传统学术的不足,其中之一,即是学术作为政治的附庸,无独立之地位。王国维说:"披我中国之哲学史,凡哲学家无不欲兼为政治家者,斯可异已!孔子大政治家也,墨子大政治家也,孟、荀二子皆抱政治上之大志者也。汉之贾、董,宋之张、程、朱、陆,明之罗、王无不然。岂独哲学家而已,诗人亦然……呜呼!美术之无独立之价值也久矣。"③所以,1906年2月王国维在《教育世界》杂志发表《奏定经学科大学文学科大学章程书后》一文,提出:"异日发明光大我国之学术者,必在兼通世界学术之人,而不在一孔之陋儒,固可决也。"④可见,在王国维进入传统经史之学以前,他已经完全和传统治学思维观念划清界限,不可以用专究"朴学"之儒的眼光视之。王国维此时对未来学术发展的走向有着明确清晰的认识,即援西学以治中学。1911年2月,罗振玉创办《国学丛刊》,王国维为之作《序》,他说:"余谓中西二学,盛则俱盛,衰则俱衰,风气既开,互相推助。……治《毛诗》、《尔雅》者,不能不通天文、博物诸学;而治博物学者,苟质以诗骚草木之名状而不知焉,则于此学固未为善。"⑤

王国维随罗振玉东渡后,始弃前所治诸学,而专习经史小学。日有常课,学力乃骎骎日进⑥。罗振玉回忆王国维治学路径时说:"初公治古文辞,自以所学根柢未深,读江子屏《国朝汉学师承记》,欲于此求修学途径。予谓江氏说多偏驳,国朝学术,实导源于顾亭林处士。厥后作者辈出,而造

---

① 王国维:《自序》,《王国维全集》(第十四卷),第120页。
② 孙敦恒:《王国维年谱新编》,第27页。
③ 王国维:《论哲学家与美术家之天职》,《王国维全集》(第一卷),第132页。
④ 王国维:《奏定经学科大学文学科大学章程书后》,《王国维全集》(第十四卷),第35页。
⑤ 王国维:《〈国学丛刊〉序》,《王国维全集》(第十四卷),第131页。
⑥ 孙敦恒:《王国维年谱新编》,第37—38页。

诣最精者,为戴氏震、程氏易畴、钱氏大昕、汪氏中、段氏玉裁及高邮二王,因以诸家之书赠之。公虽加浏览,然方治东西洋学术,未遑专力于此……公既居海东,乃尽弃所学,而寝馈往岁予所赠诸家之书。"①1911 年 12 月,王国维在罗振玉的启示下转为专攻经史小学,日读注疏数卷,旁及古文字声韵之学,学问日进据。1913 年 11 月,致书缪荃孙说:"今年发温经之兴,将《三礼注疏》圈点一过。"②

王国维学问能够如此精进,除为学勤勉外,还得意于他当时所处的国内外学术环境及学术交游,不仅与罗振玉过从甚密,而且此时复与海内外学者移书论学,"国内,则沈乙庵、柯蓼园学士;欧洲,则沙畹及伯希和博士;海东,则内藤湖南、狩野子温、藤田剑峰诸博士,及东西两京大学诸教授"③。

梁启超为《国学论丛》第 1 卷第 3 号(王静安先生纪念专号)作序所说:"其少年喜谭哲学,尤酷嗜德意志人康德、叔本华、尼采之书,晚虽弃置不甚治,然于学术之整个不可分的理想,印刻甚深,故虽好从事个别问题,为窄而深的研究,而常能从一个问题与他的问题之关系上,见出最适当之理解,绝无支离破碎专已守残之蔽。"④郭沫若在《鲁迅与王国维》一文中也说:"他是很科学头脑的人,做学问是实事求是,丝毫不为成见所囿,并且异常胆大,能发前人所未能发,言腐儒所不敢言。"⑤

王国维在古史学研究领域的主要成就,表现在古文字学、古器物学和先秦礼制等方面。在这些方面,不仅可以窥见他的古史学思想对中国古史学的巨大影响,还可进一步了解到他的学说与顾颉刚"层累说"之间的某些相似性,这些相似性更多体现在古史学说的形成过程,以及在学术转型期中所起的作用。

第一,古文字学、古器物学方面。王国维以古文字之学超越今古文家学的局限和束缚,标志性的工作即是以写作《〈史籀篇〉疏证》为始,终以《汉代古文考》。1916 年 2 月 23 日,王国维在致罗振玉的信中说:"《史籀篇》已写出,得二百六十字。其他文字之同于古文篆文者皆不释,只释此二百六

　　①　罗振玉:《海宁王忠悫公传》,罗继祖主编:《罗振玉学术论著集》(第十集上),上海:上海古籍出版社,2010 年,第 251—252 页。
　　②　王国维:《致缪荃孙》(1913 年 11 月),《王国维全集》(第十五卷),第 53 页。
　　③　罗振玉:《海宁王忠悫公传》,《罗振玉学术论著集》(第十集上),第 252 页。
　　④　引自孙敦恒:《王国维年谱新编》,第 177 页。
　　⑤　引自孙敦恒:《王国维年谱新编》,第 188—189 页。

十字,此其异于古文(壁中书)篆文者也。拟先作序论一篇,道述籀篇源流;次论籀篇乃字书,非书之一体之名;次论其字数;次论其书之体裁。"①此后,王国维在《〈史籀篇〉证序》中便提出"二疑三断",一疑史籀为人名之疑问,二疑《史籀篇》时代之疑问也。一断籀文非书体之名,二断《史籀篇》之字数,三断《史籀篇》之文体。在第二疑有关《史籀篇》时代之疑问中,王国维提出:"李斯以前,秦之文字,谓之用篆文可也,谓之用籀文亦可也,则史籀篇文字,秦之文字,即周秦间西土之文字也,至许书所出古文,即孔子壁中书,其体与籀文篆文颇不相近,六国遗器亦然,壁中古文者,周秦间东土之文字也"②,此论成为"战国时秦用籀文,六国用古文"的雏形。正是这一最初想法,使王国维发现"古文"亦可用战国时通行的文字来解释,这样就找到了《说文》"古文"的根源,如王国维所说:"故古文籀文者,乃战国时东西二土文字之异名,其源皆出于殷周古文,而秦居宗周故地,其文字犹有丰镐之遗,故籀文与自籀文出之篆文,其去殷周古文反较东方文字(即汉世所谓古文)为近。"③而在经学方面,不免要涉及到孔壁书及汉代家派的"今古文"之争。

　　1916 年 7 月 7 日,王国维致罗振玉的信中称《魏石经考》上卷已写毕④。1916 年 8 月 15 日,王国维致罗振玉的信中说:"前函言拟作《先秦儒学考》,此事颇不易,因拟先作《汉魏博士考》,此亦须两卷书,较之昔人作《传经考》者似稍核实。连日翻检前四史,觉各经立博士事颇有可研究,前人所说,往往未了了。又细读《魏志·高贵乡公记》,知魏时马、郑《古文尚

---

① 王庆祥、萧立文校注,罗继祖审订:《罗振玉王国维往来书信》,北京:东方出版社,2000 年,第 41 页。王国维在 1916 年间一直思考《说文》中古文与籀文之间的关系,《〈史籀篇〉疏证》是梳理《说文》之籀文,并酝酿《〈说文〉古文考》的写作,以此来梳理《说文》之古文。但由于此时战国古文字材料的薄弱,无更多新意可言,从而罢手。如 1916 年 8 月 10 日,王国维致罗振玉信中说:"思作《〈说文〉古文考》,以与《〈史籀篇〉疏证》相补。(此种书不过具稿或备检查,一时决难善也。)"(《罗振玉王国维往来书信》,第 134 页)1916 年 12 月 20 日,王国维致罗振玉信中说:"明年拟作《〈说文〉古文考》,此书恐须百页方能了之。"(《罗振玉王国维往来书信》,第 217 页)1917 年 1 月 13 日,王国维致罗振玉信中说:"近日思为《〈说文〉古文考》,古文共五百余字,现无甚发明,唯冀临时拾得耳。"(《罗振玉王国维往来书信》,第 231 页)随着古文字学的发展,当年王国维苦于战国古文字材料缺少的局面已发生重大改观,现今学者对这个问题的研究已推向深入,详见张富海:《汉人所谓古文研究》,北京大学博士学位论文,2005 年 4 月;徐刚:《古文源流考》,北京:北京大学出版社,2008 年。

② 王国维:《〈史籀篇〉证序》,《观堂集林》,第 254—255 页。

③ 王国维:《战国时秦用籀文六国用古文说》,《观堂集林》,第 306 页。

④ 孙敦恒:《王国维年谱新编》,第 60 页。

书》已立博士,又魏所立诸经殆全用后汉末诸家,与汉世绝不同,则魏石经所刊《尚书》或即用马、郑本,此又与魏石经有关系者也。"①8 月 18 日,在致罗振玉信中说:"近日作《两汉博士考》,已略具眉目"②,9 月 9 日,在致罗振玉信中说:"此次《魏石经考》又加增改,惟《经文考》与《古文考》二篇尚多罅漏,因惮于改写故悉仍之,然已改写十余页矣!"又说:"近日续作《汉魏博士考》,上卷略成,为各经员数职守等,下卷则题名也。"③1916 年 10 月 22 日,在致罗振玉信中说:"《汉魏博士考》(共三卷,总考一卷,两汉一卷,魏及吴蜀一卷)已写成二卷,尚有魏一卷未钞,本拟此月卒业,因校《家语》三日,恐不能矣!"④

王国维之所以在进行《魏石经考》不久后,即着手《汉魏博士考》的写作,此中原由在他 1916 年 10 月 28 日给罗振玉的信中有所提及,《魏石经考》脱稿后,"颇怪汉时诸经全用今文,而魏时全用古文,因思官学今古文之代谢,产以三国为枢纽。乃考自汉以来诸经立学之沿革,为《汉魏博士考》,已具大略"⑤。

由上述可见,王国维从对《史籀篇》、魏石经的研究,引发其对汉魏今古文经学的兴趣,从而通过《汉魏博士考》的写作,系统考察了汉魏时期今古文经学立于学官的情况,取得了对汉魏时期经学博士制度的全面认识。王国维作此文时,他还比较注意前人在这一方面的著作,但对《西京博士考》、《两汉五经博士考》等前人著作都不甚满意,如 11 月在致缪荃孙的信中说:"前承假《西京博士考》,久已阅毕,……胡春乔考博士,乃不知博士与博士弟子之别,颇觉骇人。张月霄《两汉博士考》虽采取较博,亦无鉴裁。维本拟补此二书,因二书全无可用,故另撰为《汉魏博士考》三卷,印成再行奉教。"⑥后果然撰写《书绩溪胡氏〈西京博士考〉、昭文张氏〈两汉博士考〉后》⑦这篇跋文加以评述,系统阐述前人研究中由于受经学思维桎梏而产

① 王庆祥、萧立文校注,罗继祖审订:《罗振玉王国维往来书信》,第 135—136 页。

② 孙敦恒:《王国维年谱新编》,第 61 页。

③ 孙敦恒:《王国维年谱新编》,第 61 页。

④ 孙敦恒:《王国维年谱新编》,第 62 页。

⑤ 孙敦恒:《王国维年谱新编》,第 62 页。

⑥ 袁英光、刘寅生编:《王国维年谱长编(1877—1927)》,第 177—179 页。

⑦ 王国维:《书绩溪胡氏〈西京博士考〉、昭文张氏〈两汉博士考〉后》,载《观堂集林》,第 1063—1068 页。

生的矛盾之处。而与此同时,他已经在考虑用什么样的方式和方法来超越今古文经学,来重新解释汉魏时期今古文的形成过程。王国维在撰写完《魏石经考》之后,1916 年 11 月 7 日,致罗振玉信说:"现拟作《小学小记》,以短文凑集而成(如说汉人所用古文二字之意义,汉世古文传授考,说篆等),则长短可任意,且可排印,不需自书矣!"说明王国维此时已经开始考虑战国时期古文的具体状况,想对之进行系统的考察,但由于此时战国文字出土材料较为稀少,王国维亦稍感无奈。是时,他对战国古文字材料及其有关资料,十分注意,并曾代罗振玉收购古印玺拓本,如 7 月至 9 月间,为得陈介祺《印举》拓本,他还写了很多信给罗振玉,劝其收购①。这表明王国维已经开始为此搜集材料了。11 月间,终撰《汉代古文考》成书三卷,包括《战国时秦用籀文六国用古文说》、《〈史记〉所谓古文说》、《〈汉书〉所谓古文说》、《〈说文〉所谓古文说》、《〈说文〉今序篆文合以古籀说》、《汉时古文本诸经传考》、《汉时古文诸经有转写本说》、《两汉古文学家多小学家说》、《科斗文字说》等短文②。

　　王国维的《汉代古文考》在经学方面系统地表达了以战国古文字之学攘除汉代今古文家说的观点。王国维在提出"战国时秦用籀文六国用古文说"时,已经十分注意文字流传和使用过程中的时间和空间的差异性,运用多元的观点来阐述问题,认为六国所用之古文"其上不合殷周古文,下不合秦篆者,时不同也。中不合秦文者,地不同也"③。他从文字学的角度,用战国古文字重新定义"古文",说:"故自秦灭六国以至楚汉之际,十余年间,六国文字遂遏而不行,汉人以六艺之书皆用此种文字,又其文字为当日所已废故谓之古文。"④在《〈史记〉所谓古文说》中认为,张苍献《春秋左氏传》以及太史公修《史记》时所据古书中之先秦六国遗书的文本,也都是六国古文字。据此他认为汉初用六国古文所著之书并不在少数,武昭以后,先秦古书传世益少,于是古文之名渐归壁中书,这就淡化了孔壁本的独尊地位,并认为真正的经古文家派应起源于孔安国,而非是刘歆,以此暗破康有为等今文经学家所提出的古文经为刘歆伪造之说。他说:"惟六艺之书为秦

①　袁英光、刘寅生编:《王国维年谱长编(1877—1927)》,第 172 页。
②　王国维:《观堂集林》,第 305—340 页。
③　王国维:《桐乡徐氏印谱序》,《观堂集林》,第 300—301 页。
④　王国维:《战国时秦用籀文六国用古文说》,《观堂集林》,第 307 页。

所焚,故古写本较少,然汉中秘有易古文经,河间献王有古文先秦旧书《周官》、《尚书》、《礼》、《礼记》,固不独孔壁书为然。至孔壁书出,于是《尚书》、《礼》、《春秋》、《论语》、《孝经》皆有古。孔壁书之可贵,以其为古文经故,非徒以其文字为古文故也。……是古文家法自孔氏兴起也,故曰因以起其家。"①其在《〈汉书〉所谓古文说》中认为:"后汉以降凡言古文者,大抵指壁中书,故许叔重言古文者,孔子壁中书,又云孔氏古文也。"②

王国维还进一步指出,两汉今古文家在各自的文本传授系统中所据的六艺经典,也非断然以六国古文和汉时隶书的文字书写形式来划分,而是古文家中也存有隶书本,今文家中也存有六国古文字本,清代今文家指责古文家伪造古文经的看法,也自然站不住脚。他在《汉时古文本诸经传考》中认为,《尚书》伏氏本"是伏生所藏为秦未焚书以前写本,当是古文,其传授弟子则转写为今文",这样就将今文经学家的经典视为由战国古文转写而来;而对于古文经学家的经典《毛诗》,也认为非是战国古文写本,他说:"《汉书艺文志》,《毛诗》二十九卷,不言其为古文,《河间献王传》列举其所得古文旧书,亦无《毛诗》,至后汉始以《毛诗》与《古文尚书》、《春秋左氏传》并称,其所以并称者,当以三者同为未列学官之学,非以其同为古文也。"对于大小戴《礼记》,本为古文文本,后经大小戴之改造而为今文家之学,他说:"献王所得《礼记》,盖即《别录》之古文记,是大小戴记本出古文,《史记》以《五帝德》、《帝系姓》、《孔氏弟子籍》为古文,亦其一证也,但其本不出孔氏而出于河间,后经大小戴二氏而为今文家之学,后世遂鲜有知其本为古文者矣。"③由今郭店简、上博简中所出《缁衣》篇,及清华简所出诗书佚文来看,王国维所言殆是。

由此,王国维从古文字学和文本的角度,更正并颠覆了传统今古文经学顽固地以经书传授系统来划分今古文的观念。王国维还在《两汉古文学家多小学家说》一文中认为,两汉古文字学家所传经本多为古文本,自然其也多为小学家,改用隶定之本,当在东汉贾逵、马融、郑玄之后④。王国维之所以认为两汉古文字学家多用古文字本,大约是想说明在两汉时期古文

---

①　王国维:《〈史记〉所谓古文说》,《观堂集林》,第 309—310 页。

②　王国维:《〈汉书〉所谓古文说》,《观堂集林》,第 314 页。

③　王国维:《汉时古文本诸经传考》,《观堂集林》,第 321、322、324—325 页。

④　王国维:《两汉古文学家多小学家说》,《观堂集林》,第 336 页。

字经本的流传是较为普遍的现象,今古文之别,非决定于是否列于学官,而在于文本文字古今之别所致经说之不同,以此用古文字学以攘今古文的学派之争。他在《〈汉书〉所谓古文说》中说:"盖诸经之冠以古字者,所以别其家数,非徒以其文字也,六艺于书籍中为最尊,而古文于六艺中又自为一派,于是古文二字,遂由书体之名而变为学派之名。"①1926 年 10 月,王国维撰《桐乡徐氏印谱序》,重申"战国时秦用籀文六国用古文说",强调魏石经、《说文》所出之孔壁中古文非汉人伪造②,这即从古文字学角度否定清末今文家所普遍认为孔壁书为汉人伪造的观点③。

　　基于对古文字学、古器物学方面的深入研究,王国维提出以古文字学、古器物学与经史之学互为参证、互为表里的治学手段和方法。1916 年 8 月 27 日,王国维在致罗振玉信中说:"今日自写《毛公鼎考释》毕,共一十五张,虽新识之字无多,而研究方法则颇开一生面,尚不失为一种著述也。"④他在《毛公鼎考释》自序中,明确提出利用史事与制度文物、古音和彝器来考证金石文字的方法,后考证甲骨文亦用此法。他说:"苟考之史事与制度文物,以知其时代之情状,本之诗书,以求其文之义例,考之古音,以通其义之假借,参之彝器,以验其文字之变化,由此而之彼,即甲以推乙,则于字之不可释、义之不可通者,必间有获焉。然后阙其不可知者,以俟后之君子,则庶乎其近之矣!"⑤1923 年 7 月 1 日,王国维在商承祚《殷虚文字类编》序中说:"故此新出之史料,在与旧史料相需,故古文字、古器物之学与经史之学实相表里,惟能达观二者之际,不屈旧以就新,亦不绌新以从旧,然后能得古人之真,而其言乃可信于后世。"⑥最终,在《古史新证》中正式提出"二重证据法"。将这种研究方法引用到具体研究中,主要表现在王国维先后所作《殷卜辞中所见先公先王考》和《续考》。屈万里就认为,1917 年王国维的《殷卜辞中所见先公先王考》和《续考》两文,固然纠正了《史记·殷本

　　①　王国维:《〈汉书〉所谓古文说》,《观堂集林》,第 312—313 页。
　　②　王国维:《桐乡徐氏印谱序》,《观堂集林》,第 300 页。
　　③　"孔壁书为汉人伪造"的观点对后世影响颇大,有今文家倾向的吕思勉在 40、50 年代依然持有这种看法,详见吕思勉:《覆汤志钧论经今古文学书》,彭林主编:《中国经学》第 4 辑,桂林:广西师范大学出版社,2009 年。
　　④　孙敦恒:《王国维年谱新编》,第 61 页。
　　⑤　王国维:《〈毛公鼎考释〉序》,《观堂集林》,第 294 页。
　　⑥　王国维:《〈殷虚文字类编〉序》,《王国维全集》(第十四卷),第 208 页。

纪》中不少的错误,可也证实了《殷本纪》所记殷代帝王的世系大致正确可信。这告诉人们对于《史记》所记的古史,固然不能全盘相信,但也使疑古的人们对于《史记》增加了不少的信心。利用甲骨文的材料,重建殷代的信史,王国维的这两篇文章,无疑成为开山之作①。王国维运用"二重证据法"对经史之学的研究,也为现代考古学的兴起创造了条件,正如徐旭生所说:"等到二十世纪初年,王国维诸人才开始拿甲骨文和金文中的材料证明,解释或订正从前的历史典籍,而后古物才同历史搭上真正的关系,古器物学才真正发展成为考古学。"②

第二,礼制研究方面。继《〈史籀篇〉疏证》之后,王国维在《周书顾命考》自序说:"《周书·顾命》一篇,……古《礼经》既佚,后世得考周室一代之大典者惟此篇而已。顾年代久远,其礼绝无他经可证,书今文家说是篇者,略见于《白虎通》及《吴志·虞翻传》注所引翻别传,而殊无理致。古文家如马融、郑玄虽礼学大师,其注是篇,亦多违失,虞翻所奏郑注《尚书》违失三事,是篇居第二。翻所难固无当,然郑以册命之礼行于殡所,祭侘之事谓为对神,其失远在仲翔所举二事之上。作伪孔传者亦从其说,有周一代巨典曶暗而弗章者,二千有余年矣。今以彝器册命之制与礼经之例铨释之,其中仪文节目,遂犁然可解。世之弟子,弗以易古注为责,则幸矣。"③由此可见,王国维在用"彝器册命之制与礼经之例"进行对比之后,发现今文家和古文家对于《顾命》篇的解说,都"殊无理致",认为都不可取,尤以今本郑玄所说为甚,这表明王国维此时已经完全超越了今古文经学,不被家派意识所限。他接着谈到:"丙辰春二月,余草《周书顾命考》一篇,据《礼经》通例及彝器所载册命制度,以大报承介圭由阼阶挤为摄政王,以乃受同瑁一节为康王受献事,以大保受同降一节为大保自酢事。以正郑注(《尚书正义》引)及孔传之误。自谓得此解,则《顾命》一篇文字与其仪制,怡然理顺矣。若如郑注,则受册之礼行于殡所,祭侘之事所以对神。君臣吉服,拜起尸柩之侧,献酢同事,分于二人之手,凡此数者,无一与礼意相合。郑君礼学大

---

① 屈万里:《我国传统古史说之破坏和古代信史的重建》,《第三届亚洲历史学家会议论文集》,1962 年 10 月。载屈万里:《书佣论学集》,《屈万里先生全集》(第 14 卷),台北:联经出版事业公司,1984 年,第 376—377 页。

② 徐旭生:《考古学能从哪一方面为历史服务》,《历史教学》1956 年 9 月号。

③ 王国维:《周书顾命考》,《观堂集林》,第 50—51 页。

师,岂宜不见及此。嗣读《通典》(卷十七)魏尚书所奏王侯在丧袭爵议,(后附夺情议,实则一议,而杜氏分载之),引郑君又一说,则与《正义》所引郑注大异,而与余说正合。《通典》此议,当出魏台访议,或六朝人所集《礼论》,《礼论》抄诸书,其后又载王肃驳议,足与郑说相发明,而自宋王深宁及近世江艮庭、王凤喈、孙伯渊诸家辑《尚书》郑注者全不及此,故取而诠释之,不独为古人表微,亦深喜余前说之非无根也。"①当王国维在《通典》中发现与《正义》所引郑注大异的郑玄另一说时,当即欣然为之表微,但并不拘泥于经说,而是为证明自己观点的可信性,亦表明其实事求是的治学态度。

王国维在这种超越今古文而实事求是的治学态度下,曾经打算从礼制的角度"溯回原典",探求先秦时期学术的真正原始状态,而不再局限于汉代以后的经注传说上。1916 年 8 月 10 日,王国维在致罗振玉的信中说:"近日觅题,拟作《先秦儒术考》。每思儒家独传之学在于六艺,而《书》与《诗》又为儒墨公共之学,惟《易》、《春秋》、《礼》、《乐》乃儒家专门,而讲求礼制尤为儒家所独,其书存者亦最多。如大小《戴记》大半作于先秦之世,凡郑《礼记目录》中所云,于《别录》属制度吉事丧服祭礼诸篇,尤非汉以后礼家所能作也。颇疑《礼经》十七篇在战国时礼家已只传此数,而淹中所得古经,不过《投壶》、《中霤》等不甚足重轻者,其天子诸侯大礼,盖放佚久矣。否则《记》中何以只存十七篇之传与义与记,而他礼则绝无也?其中尤著者,则为《丧大记》,此篇虽记人君以下丧礼,正为经只有《士丧礼》而补之。附经之记,则记经中节目所未详,此则补经所本无,因谓之《大记》。犹《丧服》之子夏传就经释之,而《大传》则释宗法及丧服之通例,因谓之《大传》也。《礼》是鲁学,汉初,经与颂均出于鲁。不知当时礼家先师生活状态如何,殊费人研究。凡类此者,皆极有关系,而极难钩稽者也。"②1916 年 8 月 15 日,王国维致罗振玉的信中说:"前函言拟作《先秦儒学考》,此事颇不易。"③1916 年 8 月 16 日,罗振玉在给王国维的回信中说:"奉两示敬悉。知近欲作《先秦儒术考》,此甚不易,洵如尊论。"④由于"溯回原典"寻求先秦时期儒家所传授礼制的原始状态的研究条件并不具备,王国维最终放弃

① 王国维:《周书顾命后考》,《观堂集林》,58—59 页。
② 王庆祥、萧立文校注,罗继祖审订:《罗振玉王国维往来书信》,第 134 页。
③ 王庆祥、萧立文校注,罗继祖审订:《罗振玉王国维往来书信》,第 135—136 页。
④ 王庆祥、萧立文校注,罗继祖审订:《罗振玉王国维往来书信》,第 137 页。

了对此的研究,但他并未放弃对先秦时期礼制的思考。经过深思熟虑,王国维扬己之长,最终将学术重心放在甲骨文和金文材料都十分丰富的殷周之际,充分发挥自身所具有的深厚的古文字学和古器物学根底,以考察殷周的礼制为中心,运用多元的史观,铸成影响整个 20 世纪中国古史学界的《殷周制度论》,不仅为其学术巅峰之作,亦为近世古史研究之典范。

　　1917 年 9 月 1 日,王国维在致罗振玉的信中说:"前日拟作《续三代地理小记》,既而动笔,思想又变,改论周制与殷制异同:一、嫡庶之制;二、宗法与服术(此二者因嫡庶之制而生);三、分封子弟之制;四、定天子诸侯君臣之分;五、婚姻姓氏之制;六、庙制。此六者,皆至周而始有定制,皆周之所以治天下之术,而其本原则在德治。虽系空论,然皆依据最确之材料。"①1917 年 9 月 8 日,王国维在致罗振玉的信中再次谈到:"《殷周制度论》至今日始脱稿,约得二十纸。此文根据《尚书》、《礼经》与卜辞立说。惟近久不为名理之文,故尚嫌未能畅发,且存此以待后日修补耳。"②1917 年 9 月 13 日,王国维在致罗振玉的信中又谈到:"《殷周制度论》于今日写定。其大意谓周改商制一出于尊尊之统者,为嫡庶之制。其由是孳生有三:一、宗法;二、服术;三、为人后之制。与是相关者二:一、分封子弟之制;二、君天子臣诸侯之制。其出于亲亲之统者,曰庙制。其出于尊贤之统者,曰天子诸侯世而天子诸侯之卿大夫皆不世之制(此殆与殷制同)。又同姓不婚之制,自为一条。周世一切典礼皆由此制度出,而一切制度典礼皆所以纳天子诸侯卿大夫士庶人于道德,而合之以成一道德之团体。政治上之理想,殆未有尚于此者。文凡十九页。此文于考据之中,寓经世之意,可几亭林先生。"③赵万里后来评价此文时说:"此篇虽密寥寥不过十数叶,实为近世经史二学第一篇大文字。盖先生据甲骨及吉金文字,兼以《诗》、《书》、《礼》参之,以证殷之祀典及传统之制均与有周大异。而嫡庶之别即起于周之初叶,周以前无有也。复由是周之宗法,丧服及封子弟、尊王室之制,为具体之解说,义据精深,方法缜密,极考据家之能事。殆视为先生研究古文

---

① 王庆祥、萧立文校注,罗继祖审订:《罗振玉王国维往来书信》,第 288 页。

② 王庆祥、萧立文校注,罗继祖审订:《罗振玉王国维往来书信》,第 289 页。

③ 王庆祥、萧立文校注,罗继祖审订:《罗振玉王国维往来书信》,第 290 页。王国维"道德团体"观念之思想渊源,详见王汎森:《执拗的低音:一些历史思考方式的反思》,北京:生活·读书·新知三联书店,2014 年,第 127—158 页。

字学及古史学之归纳的结论可也。"①

　　马衡在《我所知道的王静安先生》中说："他在考古学上的贡献,当然很多,但是最伟大的成绩,要算一篇《殷周制度论》,是他研究甲骨文学的大发明。他能不为纲常名教所囿,集合许多事实,以客观的态度判断之。"②周予同亦观察到王国维的"殷周制度论"对中国古史学的影响,起到了打破三代王统道统观念的作用,他说:"王氏研究的结论是否偏于保守的而为传统的史学派(即泥古派或信古派)张目呢? 那决不然。王氏研究古史,原在阐明殷商代社会的真相,但给予古史学以巨大的影响的,却在打破夏、商、周三代王统道统相承之传统的观念。……到了王氏,他根据地下的新史料以与纸上的旧史料相比较,以为殷、周的典章制度都不相同,显然的是两个系统。于是王氏的弟子徐中舒撰《殷商文化之蠡测》一文,直言殷、周系属两种民族。甚至于胡适、傅斯年也都受这种见解的影响。三代王统道统相承之传统的观念到此已完全由动摇而推翻了。"③由此可见,王国维的这篇《殷周制度论》在对未来中国古史学的发展方面,起到了与顾颉刚"层累说"相似的作用,都对中国传统的"圣道王功"以致命的打击,但两者在侧重点上稍有差异,顾颉刚寻求先破再立,而王国维则以研究手段多样、考证之绵密、多元文化史观开创了一代治史典范。

　　顾颉刚十分仰慕王国维的学术成就,对其"转移一时之风气,而示来者之轨则"的"二重证据法"亦感钦佩。顾颉刚在北大国学门整理书目时,接触到罗振玉和王国维的著述,认为这一研究取向"开出一条研究的大路,我们只应对于他们表示尊敬和感谢。只恨我的学问的根底打得太差了,考古学的素养也太缺乏了,我怎能把他们的研究的结果都亲切地承受了呢!"④顾颉刚晚年还曾回忆说:"在当代的学者中,我最敬佩的是王国维先生。在一九二三年三月六日的日记中,我写道:梦王静安先生与我相好甚,携手而行,……我如何自致力于学问,使王静安先生果能与我携手耶!""一年以后,在一九二四年三月三十一日的日记中,我又有这样一段记载:予近年之梦,以祖母死及与静安先生游为最多。祖母死为我生平最悲痛的事情,静

---

①　赵万里:《王静安先生年谱》,《王国维全集》(第二十卷),第446页。
②　殷南(马衡):《我所知道的王静安先生》,《王国维全集》(第二十卷),第266页。
③　周予同:《五十年来中国之新史学》,《周予同经学史论著选集》,第551页。
④　顾颉刚:《古史辨》第一册自序,第51页。

安先生则为我学问上最佩服之人。""大家都只知道我和胡适的来往甚密，受胡适的影响很大，而不知我内心对王国维的钦敬和治学上所受的影响尤为深刻。"①这些都是顾颉刚晚年的回忆，难免有"后设"的嫌疑，但从其当时所记的《日记》和信件中，是不难看出顾颉刚对王国维的仰慕之情。1924年 4 月 22 日，在给王国维的一封信中顾颉刚曾表示"拟俟生活稍循秩序，得为一业之专攻，从此追随杖履，为始终受学之一人"②。这表明罗、王利用新出土材料证实古史所取得的重大成就，强烈刺激到顾颉刚，意识到建设真实客观古史"从实物上着手的一条路是大路"。

顾颉刚不仅在建设新古史上将王国维视为先行者，就是在破坏旧古史上也是将其引为同道。顾颉刚在《悼王静安先生》一文中评价王国维及其学术时说："他对于学术界最大的功绩，便是经书不当作经书（圣道）看而当作史料看，圣贤不当作圣贤（超人）看而当作凡人看，……他是一个旧思想的破坏者。"③顾颉刚也看到在破坏之后，建设是要依靠王国维一路的方法，他说："而我的《古史辨》工作则是对于封建主义的彻底破坏。……北京大学的图书馆里和研究所里的图书本来丰富，我尽量地看书，在半年的翻弄中，我自觉学问很有进步。从中得益最多的是罗振玉和王国维的著述，他们的求真的精神、客观的态度、丰富的材料、博洽的论辩，使我的眼界从此又开阔了许多，知道要建设真实的古史，只有从实物上着手，才是一条大路，我所从事的研究仅在破坏伪古史系统方面用力罢了。我很想向这一方面做些工作，使得破坏之后能够有新的建设，同时也可以利用这些材料做破坏伪史的工具。"④50 年代后，顾颉刚依然坚持认为："《古史辨》的工作还该完成。一方面，将来地下发掘工作一定大发达，也必须将古书整理了才容易把地下实物和书籍记载相印证，从两重证据法上作确实的考定。"⑤

顾颉刚不仅在治史观念上已经意识到这一点，在学术研究的具体实践中，他对王国维的相关论说亦十分关注。顾颉刚在《纂史随笔》中抄有王国

---

① 顾颉刚：《我是怎样编写〈古史辨〉的?》，《古史辨》第一册，第 14—15 页。

② 顾潮：《顾颉刚年谱》，第 94 页。

③ 顾颉刚：《悼王静安先生》，《文学周报》第 276 期，1928 年。又载《宝树园文存》（卷一），第 271—272 页。

④ 顾颉刚：《我是怎样编写〈古史辨〉的?》，《古史辨》第一册，第 14 页。

⑤ 顾颉刚：《虬江市隐杂记》（1951.1—1952.10），《顾颉刚读书笔记》（四），第 2610 页。

维《秦郡考》①，并运用王国维的《北伯鼎跋》来考察验证崔述《读风偶识》中"邶、鄘、卫"的观点②，在《泣吁循轨室笔记》中记有王国维《商三勾兵跋》引起的猜想，"商民族是从东北方到中国来的"③。在《郊居杂记》中补正王国维《周荽京考》中镐为镐京④，在《浪口村随笔》中记有："王氏以匈奴为鬼方之后，而《史记》谓匈奴祖淳维为夏后氏之苗裔，似此中甚有线索可求也。"⑤在《法华读书记》中还记有王国维《观堂别集》中《羌伯敦》的考释，认为"此说可信，可摘录入予作《羌戎文化》一文中"⑥。在《读〈尚书〉笔记》中称赞王国维有关"唐"为"汤"之本字的考释，感叹道："非精熟甲、金文，其孰能正之！"⑦

顾颉刚不仅对王国维的主要学术观点有所借鉴，而且视为必要之参考，如他在《汤山小记》中说："三十余年前，予治《诗经》，欲依郑樵《乐略》，从乐中求《诗》之真相，此一目标，至今尚自信为正确。顾战乱相循，劳于逃死，始终未能将历代《乐志》及论乐之书若《乐书》、《碧鸡漫志》、《燕乐考源》等书细细研读，迄于今日，不能作出有系统之研究文字，恨也何如！归后当将王静安先生所作《唐宋大曲考》先读一过，藉资启发。"⑧甚至如果王国维的某些观点被后来人质疑，顾颉刚都会感到怅然若失，他在《愚修录》中说："昔读彝器铭辞，见'十又四月'之文，苦不得其解。顷《历史研究》编辑部寄陈奇猷同志《我国古代历法之探索》一文，嘱为审查，乃竟将此问题解决，喜而录之。……予前读王国维《生霸死霸考》后，以为春秋以前为纯阴历，故以月相分一月为四分，月出当为初一，望当为十六七，而既生霸、既死霸次于月出、望之后，若今伊斯兰教诸国然。今读此文，爽然自失，知殷代已用太阳历，月相与历无关，春秋以后乃为阴、阳合历也。殷人历法之进步若是足以驾驭二三万年之岁月，洵可惊矣。"⑨

① 顾颉刚：《纂史随笔》(1922.4—1923.3)，《顾颉刚读书笔记》(一)，第502页。
② 顾颉刚：《泣吁循轨室笔记》(1924.2—1925.7)，《顾颉刚读书笔记》(二)，第736页。
③ 顾颉刚：《泣吁循轨室笔记》(1924.2—1925.7)，《顾颉刚读书笔记》(二)，第737—739页。
④ 顾颉刚：《郊居杂记》(1930.11—1934.10)，《顾颉刚读书笔记》(三)，第1464—1466页。
⑤ 顾颉刚：《浪口村随笔》(1939.1—1939.12)，《顾颉刚读书笔记》(四)，第2042页。
⑥ 顾颉刚：《法华读书记》(1951.1—1955.5)，《顾颉刚读书笔记》(五)，第2756—2757页。
⑦ 顾颉刚：《读〈尚书〉笔记》(1959.1—1965.7)，《顾颉刚读书笔记》(八)，第6514页。
⑧ 顾颉刚：《汤山小记》(1957.4—1961.7)，《顾颉刚读书笔记》(七)，第4953页。
⑨ 顾颉刚：《愚修录》(1962.12—1966.1)，《顾颉刚读书笔记》(九)，第6676—6677页。

　　王国维运用"二重证据法"所作的学术研究,还影响到顾颉刚的史料观
和治学取向,使他认识到地下出土材料对传统文献的点活作用。顾颉刚在
《中国古代史料概述》一文中,引用了王国维用甲骨文材料考证《山海经》中
的王亥的经典范例,说:"从前的人,把《山海经》视为小说,说其中所记皆是
荒诞之论、语怪之祖,故为史家所轻视,现在我们懂得如何利用神话与传
说,所以《山海经》中所载的半神话半历史性的东西,就成为超乎群经、诸子
以外,最贵重的史料。"①

　　顾颉刚晚年对小学用功颇深,用力甚勤,特别是对那些以甲骨金文等
地下出土材料以治经史之学的"新证"学者们颇为称颂,表明其日感此种研
究方法的重要性,以及治学取向的转变。如他在《愚修录》中说:"近世治古
典者咸推王念孙父、子为最精。……是后天才、实学两擅胜场者,有俞樾、
孙诒让、章炳麟等,……继起者为王国维,所涉既广,致思尤精,每作一文,
未尝不解决问题也。微闻先生自言:'予考据不为工,特工于作考据文耳。'
此固为谦,而其作文逻辑性强,有说服力则可知。惜年方五十,遽尔自沉,
较之孙氏尚少十年。是后则为杨树达。余嘉锡序其《小学金石论丛》曰:
'君之读书,先致力乎根柢,循序渐进,不陵节而施。其于《说文》讽籀极熟,
于群经讲贯极精,然后上溯钟鼎、甲骨之文以识其字,旁通诸子百家之书以
证其义,穷源竟委,枝叶扶疏。'诚哉其言也。"②在《朝阳类聚》中说:"汉人
虽近古,而对于古代事实不甚明了,故解释多误,经文亦多误。自有金文、
甲文之研究,而孙诒让、王国维、郭沫若、于省吾并订正古籍讹文,可知比较
资料之重要。他日当将此类辑为一编,入《古籍考辨丛刊》,以章近人审订
之功。"③但他也深感自己在这一方面学力之不足,颇感无奈。1962 年 8 月
31 日,李平心将所写《〈大诰〉训诂商兑》寄示顾颉刚,顾颉刚阅后在笔记中
写道:"此函给我以极大启发。平心深研文字、音韵、训诂之学,合甲文、金
文、经典为一,而又济以精锐之思,方足以击破古文籍中之天罗地网。予少
年时代未下此基本功夫,惟有作心悦诚服之接受。"④顾颉刚在读到吴国泰
《史记解诂》中用假借字来解释《史记》,不无感叹地说:"噫! 予之治学由目

----

① 顾颉刚:《中国古代史料概述》,《文史》2002 年第 4 辑(总第 61 辑)。
② 顾颉刚:《愚修录》(1962.12—1966.1),《顾颉刚读书笔记》(九),第 6962—6963 页。
③ 顾颉刚:《朝阳类聚》(1957—1962.8),《顾颉刚读书笔记》(八),第 5851 页。
④ 顾颉刚:《壬寅秋日杂钞》(1962.8—11),《顾颉刚读书笔记》(八),第 6088 页。

录而入史学,所有裨于史者,聚各种资料而比较之耳;至于声音、文字之微,则曾未入门,而今居然以整理古书为专业,思之愧怍。"①顾颉刚还在《读〈尚书〉笔记》中写道:"游东安市场,得杨遇夫先生撰集之《卜辞求义》,其书摘录近世诸家甲文说,胜义阗骈,触目盈怀。因自叹曰:乌有研究商、周之书而不通商、周之字与词者乎!予父、祖好治文字学,而予少年气盛,不乐为此烦琐之业,独喜研稽史实,比勘异同,以明识其先后真伪之序。甲文、金文,非不欲为,而恒苦无时以为之。其书亦多置备,偶一展览,知其大概而已。同时为此学者,于省吾、容庚、唐兰、商承祚、孙海波,日夕相晤,凡甲、金文之关于古史学者悉请解答,而予遂不劳深入矣。抗日战争起·同人星散,独胡厚宣犹在旁,仍可以资顾问。初,予读《尚书》,知《虞夏书》四篇皆作于战国而润色于秦、汉,甚欲继阎若璩之业,揭露其后出之迹,而亦偶译《盘庚》、《金滕》载入《语丝》,以是世人咸谓予专治《尚书》,初不晓《大诰》以下真出于周初者,予力固不逮也。"②

实际上,早在20世纪20、30年代,顾颉刚受罗、王治学取向的熏染与影响,就已经开始关注甲骨金文的最新研究成果和动态,并积极地用于自己的具体研究中。1923年,顾颉刚在青云阁购得罗振玉《殷虚书契考释》,在日记中写道:"蓄意购之数年,今日大胆买之,快甚。"③这册《殷虚书契考释》在"层累说"的形成过程中,很快就发生了作用,顾颉刚据此中所得的殷商知识,来怀疑古代是黄金世界的看法。在《淞上读书记》中说:"看《殷虚书契》,祭神之物惟有牛、羊、豕而无粢盛,可见殷代专吃肉,实未离游牧部族。故其屡迁都,亦以其牧也。……至周则不然,周代以教稼穑为先德,以知稼穑之艰难为道德,以粢盛祭神,故知周代实始入于农业时代。"④

在平时的学术积累过程中,他也注意搜集和抄录甲骨金文中可以辅助证明自己观点的材料。如在《泣吁循轨室笔记》中抄有容庚的《甲骨文字之发见及其考释》一文,并以此为根据,绘制了商代都邑图⑤,又记有《虢季子白盘》与《诗经》、叔夷钟与《国语》互证的观点⑥。50年代后,顾颉刚仍然保

---

① 顾颉刚:《壬寅秋日杂钞》(1962.8—1962.11),《顾颉刚读书笔记》(八),第6103页。
② 顾颉刚:《读〈尚书〉笔记》(1959.1—1965.7),《顾颉刚读书笔记》(八),第6481—6482页。
③ 顾潮:《顾颉刚年谱》,第86页。
④ 顾颉刚:《淞上读书记》(1923.3—1924.2),《顾颉刚读书笔记》(二),第692页。
⑤ 顾颉刚:《泣吁循轨室笔记》(1924.2—1925.7),《顾颉刚读书笔记》(二),第819页。
⑥ 顾颉刚:《泣吁循轨室笔记》(1924.2—1925.7),《顾颉刚读书笔记》(二),第764页。

持这种学术研究习惯,并将主要精力放在利用甲骨金文证史方面。在《法华读书记》中用金文中的"亚"与《诗》、《书》中的"亚"字互证①,还抄录了金文中的淮夷、南淮夷和东夷,以备证史②。在《汤山小记》中记有:"近的以甲骨文之研究,知淮夷即鸟夷之一部分,则徐州亦有其人。"③在《耄学丛记》中记有:"鸣条与之名甚著于古史,而迄莫能详其地之所在。按甲骨文有攸侯喜,是即条侯,其国都即鸣条也。《孟子》引《逸书》云'有攸不为臣,东征',向解'攸'为'所',而不识其为攸侯之国。今幸甲文发见,始知周公东伐,即以攸为最大之征伐目标。其所以谓之鸣条者,即著其为鸟夷之族也。"④

顾颉刚晚年在史料观上已经发生根本性转变,他通过对金文和传统文献的史料性质的比较,认为金文和传统文献在运用的过程中可以起到互补的效果,但金文更可信更真实,可以帮助研究者剔除传统文献中所附着的圣道王功等意识形态⑤。许冠三观察到顾颉刚在《尚书》研究领域,"远在三十年代中,他已在尽量利用王氏的研究成果。去世前一年才发表的《盘庚三篇校释译论》既重视版本校勘,又引用契文与金石文为证,特具王国维风格"⑥。

二、傅斯年、考古学与顾颉刚

中央研究院历史语言研究所建立之初,傅斯年与顾颉刚在治史取向方面已是分道扬镳,但从整体比较来看,仍然表现出"异中有同"的面相。史学思想渊源方面,两人都较早地接受过章太炎的学说。新文化运动兴起之后,两人又接受了胡适的思想,大体上说,顾颉刚主要接受的是其方法,而傅斯年更多的是继承其科学思想。除此之外,顾颉刚与傅斯年的不同,在于顾颉刚的古史学说中有相当大成分的传统学术因素,而傅斯年更多是接受了西方科学主义史学。两人在治史的目的方面,有着一个共同的特点,即主张"求真",反对"致用",并忽视或反对传统史观。但两人的"求真"方

---

① 顾颉刚:《法华读书记》(1951.1—1955.5),《顾颉刚读书笔记》(五),第 3165—3166 页。
② 顾颉刚:《法华读书记》(1951.1—1955.5),《顾颉刚读书笔记》(五),第 3242—3244 页。
③ 顾颉刚:《汤山小记》(1957.4—1961.7),《顾颉刚读书笔记》(七),第 5751 页。
④ 顾颉刚:《耄学丛记》(1972—1975),《顾颉刚读书笔记》(十),第 7856—7857 页。
⑤ 顾颉刚:《古史杂记》(1973),《顾颉刚读书笔记》(十),第 7605—7606 页。
⑥ 许冠三:《顾颉刚:始于疑终于信》,《新史学九十年》,第 194 页

式却不尽相同,顾颉刚在于"不立一真,惟穷流变",不去直接建立真实客观的古史体系,而傅斯年的"求真"目标则是建立他所谓的"科学的历史学"。两人强调"求真",反对"致用",追求学术的独立发展,但都有着强烈的爱国热忱和民族意识,因此在民族危亡、国难当头之日,不得不暂时搁置其纯学术观点,而求学用结合。顾颉刚在1931年九一八事变后,将研究的重心由"中古期的上古史"转向了历史地理学和边疆史学,还编写通俗读物和传单,支持宣传抗日。傅斯年则赶写《东北史纲》,从民族、历史、语言等方面阐述东北地区自古就是中国的领土,以驳斥日本所谓"满蒙在历史上非支那领土"的谬论。两人在治史方法方面,顾颉刚提出了"层累说",傅斯年也是重视治史方法的,他的治史方法大致可归纳为"史料点活法"和"自然科学的方法"。虽然两人在倡导和使用的方法上有很大的不同,但都属于史料研究方法,其适用范围只限于史料辨伪、考订、搜集、发掘和整理。从两人的史学重心来看,顾颉刚在于"破",而傅斯年则在于"立"。顾颉刚的"破",主要是对先秦两汉古籍上有关古史的记载作了系统的考辨,砸碎了传统的古史系统,去除了圣道王功;傅斯年的"立"则主要是在顾颉刚"破"的基础上,扩大史料范围,改进研究方法,增置研究工具,"上穷碧落下黄泉,动手动脚找东西",以此来反映古史真面目。因此他们的共同贡献就在于建设真古史,搜集和整理了大批地上和地下的"真"史料[①]。

从两人具体的古史学观点来看,也是如此。傅斯年在《夷夏东西说》中提到:"禹的踪迹的传说是无所不在的,北匈奴南百越都说是禹后,而龙门会稽禹之迹尤著名,即在古代僻居汶山(岷山)一带不通中国的蜀人,也一般的有治水传说(见扬雄《蜀王本纪》,臧氏辑本)。虽东方系之商人,也说'濬哲维商,长发其祥,洪水芒芒,禹敷下土方',明明以禹为古之明神。不过春秋以前书中,禹但称禹,不称夏禹,犹之稷但称稷,不称夏稷或周稷,自启以后方称夏后。启之一字盖有始祖之意,汉避景帝讳改为开,足证启字之诂。其母系出于涂山氏,显见其以上所蒙之禹若虚悬者。盖禹是一神道,即中国之 Osiris。禹鲧之说,本中国之创世传说(Genesis)。虽夏后氏祀之为宗神,然其与夏后有如何之血统关系,颇不易断。"[②]傅斯年这段关

① 张书学:《顾颉刚与傅斯年治史异同论》,《东岳论丛》1994年第1期。
② 傅斯年:《夷夏东西说》,《傅斯年全集》(第三册),第846页。

于禹的论述,无疑受到过顾颉刚"层累说"中有关"禹"为神道观点的影响。就连顾颉刚本人在傅斯年该文发表不久,便已看出这种影响所在,并在《浪口村随笔》不无得意地写道:"傅孟真《夷夏东西说》论禹云:……此说助我张目。宗教范围与国履分布必当分为二事也。"①不仅在傅斯年这篇对中国古史学界影响甚巨的文章中流露出顾颉刚对他的影响,即便是在学界并不是十分注意但傅斯年本人当年颇为自负的《性命古训辨证》一书中,顾颉刚晚年也曾点破其中含有自己的影子所在。顾颉刚《古史杂记》中说:"偶于《性命古训辨证》中见论《尚书》各篇,有道著语,钞出之。……今舍此可疑者,并去其与本文题旨无关者,凡所统计以《周诰》十二篇为限,即《大诰》、《康诰》、《酒诰》、《梓材》、《召诰》、《洛诰》、《多士》、《无逸》、《君奭》、《多方》、《立政》、《顾命》(所谓《康王之诰》在内),自周公称王至康王践阼,共约四十年间之书,正与西周初期之彝器铭词同时,亦与《雅》、《颂》之时相差不远。颉刚案,《吕刑》当是吕王作于西方之书,非南国之献。《金縢》后出,不可与《周诰》并存。"②顾颉刚抄出此段论述,无非是想说明傅斯年早年也曾受到其影响,所以才会对《尚书》诸篇极其不信任,但不止是傅斯年受到过顾颉刚的影响,即便是从顾颉刚自己本人在晚年的论著中也可以看出他对傅斯年古史学观点的接受。

1931年,傅斯年基于当时史语所在安阳和山东的考古发掘的成果,极为敏锐地观察到中国古代民族的多元化分布状况,从文献学的角度提出"夷夏东西说",认为古代中国在由部落进为王国(后来又进为帝国)的过程中,存在着一种东西对峙的总局面,西部以夏周为代表,东部以夷商为代表③。顾颉刚晚年对夏商周史事的研究十分关注,从其《读书笔记》中可以看出他对傅斯年"夷夏东西说"的逐步接受。

1953年4月7日,杨向奎在给顾颉刚的信中说:"清明节,生曾到孔林、泰山一带旅行。……生总有一种坚定的想法,以为泰山一带是夷、夏交争的地区,是古代文化摇篮,如果发掘一定有史前古物出现。十余年前在北大读书,曾因夏族起源与傅斯年争吵。到现在我更坚信我的说法了。"此时顾颉刚对杨向奎所提出的与傅斯年"夷夏东西说"不同的观点,态度是不置

---

① 顾颉刚:《浪口村随笔》(1939.1—1939.12),《顾颉刚读书笔记》(四),第2093页。
② 顾颉刚:《古史杂记》(1973),《顾颉刚读书笔记》(十),第7775—7776页。
③ 傅斯年:《夷夏东西说》,《傅斯年全集》(第三册),第823页。

可否的，回信说："……看《竹书纪年》，夏王与东夷的关系特多，而商朝的相土竟在那里建立东都，可以想见其历史文化的深厚。你校史学系既甚充实，为什么不去发掘一下呢？"[1]顾颉刚在此时的笔记中也屡屡谈到夏的地域问题，认为夏都均在河南，山西之为大夏当在夏亡后[2]。并认为安阳甚可留心，他说："夏后胤甲居西河，即此可定为安阳。将来安阳发掘，当可于商文化遗址之外更得夏文化遗址矣。"[3]他还根据在《左传》、《尚书》中所钩稽出的夏代曾经东来的材料，在《愚修录》说："凡此均可见夏与周同为西系，与虞、商之为东系者异。夏人东来，伐观与扈而有中原，周人亦东来，武王克殷、周公东征而有中原。经此两度征伐，而东方民族遂不克保其旧居矣。"[4]顾颉刚对于夷商也进行过研究，1964 年 10 月 21 日，刘敦愿在给顾颉刚的信中谈及山东原始文化，说："典型龙山文化（旧所谓"黑陶文化"）为东夷原始文化，其说徐中舒先生《论陈侯四器》时已首先提出。……楚人自东徂西，而典型龙山文化及稍前于此之'大汶口类型'文化遗物，苏北见之，湖北地区所见屈家岭文化前后期与上述山东两种类型亦多相似处，未必不暗示山东与江淮、江汉等地早已发生关系，此种关系在稍后之历史记载不无反映，惟目前有关各考古文化之性质与时代关系错综复杂，尚待研究，未便武断也。"[5]而这些私下学者之间的学术交流，无疑刺激了顾颉刚对商文化性质的认识，他在《愚修录》中说："予近探索古代鸟夷族问题，知传说中之太昊、少昊、皋陶、益、暋、契、挚均为鸟夷之宗神，因构成其历史网，从知殷商一代虽列华夏正统，而实为鸟夷之一分支。"[6]又说："予昔年主商起西方之说，故契迁于商以为即是今陕西商县，如《史记·六国表序》所言。今治鸟夷史，顿觉商人为东方民族。知陕西有商县，为商亡之后，其一部遗族不忍臣于周而西迁者，犹渭水流域之有荡社也。"[7]由此可见，顾颉刚心中的"夷夏东西说"已经初具规模了。顾颉刚晚年在《古史杂记》中更是将此认识勾勒出来，他说："中国古代民族分合的线索：东方族 1.虞——国都在

---

① 顾颉刚：《法华读书记》（1951.1—1955.5），《顾颉刚读书笔记》（五），第 3110 页。
② 顾颉刚：《法华读书记》（1951.1—1955.5），《顾颉刚读书笔记》（五），第 3420 页。
③ 顾颉刚：《法华读书记》（1951.1—1955.5），《顾颉刚读书笔记》（五），第 3432 页。
④ 顾颉刚：《愚修录》（1962.12—1966.1），《顾颉刚读书笔记》（九），第 7207 页。
⑤ 顾颉刚：《愚修录》（1962.12—1966.1），《顾颉刚读书笔记》（九），第 7078 页。
⑥ 顾颉刚：《愚修录》（1962.12—1966.1），《顾颉刚读书笔记》（九），第 7112 页。
⑦ 顾颉刚：《愚修录》（1962.12—1966.1），《顾颉刚读书笔记》（九），第 6997 页。

今河南东部之虞城县(马牧集),其宗神为帝舜、姚姓,或妫姓。因离山东之定陶近,因有尧、舜禅让之说。2.商——国都在今河南东部之商丘县,在虞城西,相去密迩。其宗神为帝喾,即帝舜(帝俊)。子姓,与虞或为一族之两支。虞与商皆为鸟夷。西方族 1.夏——在今陕西中部,后迁于东方洛阳,其疆域远及山东。其宗神为禹。姒姓。姜(申、吕、齐、许)——即羌族中之一族,居姜水,离周族近,故世为婚姻。姜姓,其宗神为伯夷,亦为共工(即鲧),四岳。2.周——国都在陕西西部之岐山县,后迁于丰、镐,今咸阳县西。疑为氏族。因居夏族旧地,故自称为'夏'。姬姓。其宗神,女性为姜嫄,男性为后稷。"①这活脱就是傅斯年的"夷夏东西说"!

顾颉刚对由傅斯年大力首倡的考古学的认识,是由模糊到清晰,并一直坚持认为考古学必将有利于古史研究,但由于他本人受到知识结构的限制,并没有在考古学的理论和实践方面有所建树。

1921 年,此时的顾颉刚已经意识到掘地之学必将影响中国传统经史之学,他说:"铁桥《漫稿》卷六,《洗桐楼集古印章叙》中所说'殷、周遗器皆关经学'一语,实即古器物学为史学辅佐之义也。以后如有金石家,能将古器物以类相从,摄影付刊,亦极紧要事。"②他还说:"中国学问不兴,史料湮没,若能倡掘地之风,真有无数资料,可以供历史、地质、生物诸学之采取研究。如秦中,如洛阳,如南京,向为都城者,蕴藏之实物,更不知其几何也!"③此时的顾颉刚对考古学显然很是陌生,并没有找到一个贴切的名词来称呼这个学科,或称为"古器物学"或称为"掘物"之学。经过在北大国学门几年的熏染历练之后,顾颉刚开始对这一新兴学科有所了解,但仍对其内涵并不是很清楚。他在 1924 年所作的一次演讲中,将当时的国学趋势总结为五种,其中近代考古学就占了两种:一是"考古学,用古代实物和文字来解释古史,……罗振玉、王国维是这一派的代表",二是"地质学,……因发掘地层而得有铜器时代以前之古物,可助古史学之研究,因到各处实地调查而对历史地理学发生新解释。丁文江、翁文灏、章鸿钊等都是这一派的代表"④。顾颉刚在 1926 年底所作的《厦门大学国学研究院周刊缘起》

① 顾颉刚:《古史杂记》(1973),《顾颉刚读书笔记》(十),第 7716 页。
② 顾颉刚:《待养录》(1921.6—1921.9),《顾颉刚读书笔记》(一),第 194 页。
③ 顾颉刚:《待养录》(1921.6—1921.9),《顾颉刚读书笔记》(一),第 227 页。
④ 顾颉刚:《与履安信》(1924 年 7 月 5 日),载顾潮:《顾颉刚年谱》,第 97 页。

中也曾指出,"我们知道学问应以实物为对象,书本不过是实物的记录。我们知道如果不能了解现代的社会,那么所讲的古代的社会便完全是梦呓。所以我们要掘地看古人的生活,要旅行看现代一般人的生活"①。这些言论表明,至少在1920年前后,顾颉刚认为考古学就是"用古代的实物和文字来解释古史",以罗振玉与王国维为代表,而且对新兴考古学和地质学共有的"掘地"功用的认识比较模糊,但这都是时代局限。

随着考古学的发展,顾颉刚开始对史料的性质和作用有了较为明确的区分,并对考古材料有了进一步的认识,虽然还不是那么深入。1943年,他在《中国古代史料概述》中说:"史料大概分为三类:1.遗物——古代遗留下来的实物。2.文籍——为书于纸上之物,所说的纸,当然包括竹简、木简以及帛。3.传说——是为口头的。……以上三者,当然以遗物最为可靠,文籍记载得最详细,传说因几经演变最不可信,但其中还是有百分之一二的材料是可靠的。"②他将古代遗物分为:骨骼、石器(其时代可分为旧石器时代、新石器时代)、陶器、甲骨文、铜器、铁器、石刻、竹木简、古写本③。然后,他开始介绍起西方的考古学,认为"近来欧洲的考古学家用科学的方法来研究古史,他们依据了人类使用器物的程序,分历史为石器、铜器、铁器三个时期"。顾颉刚简介过中国近期的考古发现后,认为"科学的中国古史"固然一时间还不该写出,但一个简要的纲领也可以说是立起来了④。由此可见,顾颉刚是将由考古学参加所构建的古史系统,视为科学的古史系统。

1945年,顾颉刚将写成的《当代中国史学》一书的结构分为三编·上编"近百年中国史学的前期",中编"新史料的发现和研究",下编"近百年中国史学的后期"。顾颉刚将在此之前的近百年中国史学分为前后两期,却将"新史料的发现与研究"横亘于前后两期中间,这表明他已充分认识到"新史料的发现与研究"在旧史学向新史学转换过程中所起的重要作用。他说:"在近百年中,新史料发现很多,一方面可以补充过去史籍的不备,一方

---

① 顾颉刚:《厦门大学国学研究院周刊缘起》,《厦门大学国学研究院周刊》第1卷第1期,1927年1月5日。又载《宝树园文存》(卷一),第238—239页。
② 顾颉刚:《中国古代史料概述》,《文史》2002年第4辑(总第61辑)。
③ 顾颉刚:《中国古代史料概述》,《文史》2002年第4辑(总第61辑)。
④ 顾颉刚:《中国古代史料概述》,《文史》2002年第4辑(总第61辑)。

面却又决定了后期史学的途径。"①在"新史料的发现与研究"一编中包括
五章,分别是"甲骨文字的发现与著录"、"铜器群的发现与考释"、"考古学
的发掘和古器物学的研究"、"西北文物的发现与著录"、"内阁大库军机处
档案与太平天国史料的发现与著录",这其中前四章都属于现代考古学的
范畴,并且都是最重要的考古发现。这表明,顾颉刚对于中国现代考古学
的重要地位与作用有着清晰的认识,他认为五四运动后,西洋的科学的治
史方法才真正输入,于是中国的史学才真正走上"科学化"的道路。"在这
方面,表现得最明显的,是考古学上的贡献;甲骨文和金文经过科学的洗
礼,再加上考古学上的其他发现,便使古代文化的真相暴露了出来"②。而
关于田野考古学的作用,顾颉刚是这样认识的,"锄头考古学的发掘,于文
化层的发现一点,最于史学的研究有利"③。顾颉刚除在这些公开著作中
表达了他对考古学的认识外,在《笔记》中也存有大量关于这一方面的记
载,深入分析这些材料,将有益于了解考古学对顾颉刚学术研究的影响。

　　20 世纪 50 年代前,顾颉刚在《浪口村随笔》中抄录了劳榦有关黑陶文
化和彩陶文化的论述④,还在《逍遥堂摭录》抄录了 1947 年 9 月 26 日辛树
帜信中所谈到的洮水流域之史前文化遗址情况⑤。顾颉刚这一时期对考
古学的记述比较零散,除甲金文外,只是友人或是其比较关注的几个学者
的考古研究成果,并没有系统的见解。50 年代后,随着新中国考古事业的
突飞猛进,考古学取得了重大的成绩,顾颉刚看在眼里,喜在心头,在《笔
记》中颇为兴奋地表达了他对考古学为未来中国古史学所作贡献的殷切期
盼。他说:"至《文物》、《考古》两杂志出版,明定陵及汉中山靖王墓作科学
发掘,开会展览,……而各地历史博物馆遂有不胜陈列之善。以中国文化
之悠久与高超,地不爱宝,豁然呈露,历史发展之次第大明于世,吾国先民
之创造不复埋没,非大快事耶?"⑥他还说:"自解放后,全国以基建工程,发
得古物至数百万事,然仅存之库中,未遑整理也。他年偃武修文,必有能将
《三礼》名物印合之者,其中文字亦必有开拓古史园地、改正古籍讹文者,此

---

①　顾颉刚:《当代中国史学》引论,第 3 页。

②　顾颉刚:《当代中国史学》引论,第 2—3 页。

③　顾颉刚:《当代中国史学》,第 54 页。

④　顾颉刚:《浪口村随笔》(1939.1—1939.12),《顾颉刚读书笔记》(四),第 2090 页。

⑤　顾颉刚:《逍遥堂摭录》(1947.10—1949.1),《顾颉刚读书笔记》(四),第 2351—2352 页。

⑥　顾颉刚:《法华读书记》(1951.1—1955.5),《顾颉刚读书笔记》(五),第 2953 页。

今日青年应切实打好工作基础,豫作准备者也。"①

此时,顾颉刚对频频出土的遗迹遗物遗址有所留心。如他在《法华读书记》中说:"奄城在抗战前曾由吴越史地研究会加以发掘。当觅其报告览之。"②在《缓斋杂记》中记有:"一九五六年十一月十八日《光明日报》'郑州发现商代古城'云:……愿他多出遗物,解决古代之若干历史问题也。"③在《缓斋杂记》中说:"周克殷,武王封管叔于管,即今郑州市,可见其地之重要,必有优厚之物质经济基础。去年郑州出土大批古物,足证其地殷以前之文化。"④他还用发掘遗迹来证明古籍中的名物,在《膏火书》中记道:"一九五三年,考古研究所发掘西安半坡屯仰韶文化遗址,发见有长方形与圆形房子两种。其圆形者,房基略呈正圆形,直径约五米。周壁外面竖立长方形或半圆形之短木柱,作为骨架以撑持屋面之重量。房中间是一个匏形之灶坑。灶坑两面有六个对称之柱洞。屋面大体成圆锥体,下用木级排列,上涂烧红之草泥土。按《檀弓》云:'掘中霤而浴,毁竈以缀足。'是中霤之下,即为浴也。居屋中,与今蒙古包同。此种圆室,当是幕之演变。闻太原亦有此类屋之掘得。圆形屋当在长方形屋之前也。墓恐即圆形屋之遗迹。"⑤顾颉刚还利用墓葬的材料来证明古史,如他说:"近年考古之风日盛,所发掘之商代陵墓,殉葬者累累,何尝有一俑发见乎!汉、唐墓所得,木俑、泥俑多矣,又不见以人殉者也。然则春秋之世为用人葬与用俑葬之交替期,故左氏有用人之记载,而孔子有用俑之批评。"⑥通过以上叙述,可以概见顾颉刚了解出土文物与考古情况,只是从《光明日报》等报纸或是友人转告,而从专门的考古学刊物上获得的多是简单摘抄,所以此时顾颉刚在考古学方面,仍只是感兴趣和关注而已。

在考古实践方面,顾颉刚除上文所说的在新郑的调查之外,一生也曾参加过几次田野调查,但以今天的田野考古学眼光来看,那几次的田野工作过于粗糙,显然非专业人士所为,并无收获,对顾颉刚的学术研究也并未有过多的影响。1924 年 2 月,顾颉刚和容庚受北大国学门指派,前往北京

① 顾颉刚:《朝阳类聚》(1957—1962.8),《顾颉刚读书笔记》(八),第 5854 页。
② 顾颉刚:《法华读书记》(1951.1—1955.5),《顾颉刚读书笔记》(五),第 3118 页。
③ 顾颉刚:《缓斋杂记》(1955.8—1956.11),《顾颉刚读书笔记》(六),第 4490—4491 页。
④ 顾颉刚:《缓斋杂记》(1955.8—1956.11),《顾颉刚读书笔记》(六),第 4264 页。
⑤ 顾颉刚:《膏火书》(1955.7),《顾颉刚读书笔记》(六),第 4538—4539 页。
⑥ 顾颉刚:《汤山小记》(1957.4—1961.7),《顾颉刚读书笔记》(七),第 5662 页。

碧云寺西山陆谟克学院调查古建筑,曾雇工进行"发掘",归后顾颉刚与容庚合写《研究所国学门调查西山陆谟克学院发见建筑物报告》①。当年年底,还与陈万里及研究所拓碑人到圆明园,调查文源阁碑,归后作《调查文源阁报告》②。在顾颉刚《读书笔记》中还记有两次田野调查,《法华读书记》中有:"一九五三年四月五日,予偕复旦大学历史系师生到石湖越城,土墙依稀,范围不大。同人卅余,俯首拾陶片,得碎器数百块。"③又云:"一九五三年四月八日,予与苏南文管会钱海岳、沈燮元、沈勤庐三君出娄门,至相门塘,求干将遗址,不可得,仅于故苏嘉铁路址旁得汉代陶片若干。五月十日,复与龚子扬、勤庐、厚宣三君乘舟往。先至官渎里茶馆,询得干将泾道路,经羊泾、官塘而往,果得欧冶庙,俗称欧老爷庙,在干将泾西岸,检查当年铁冶遗址当不难,俟今年秋收后邀请矿学家同来察核土壤,观其是否含有铁质即可知。"④罗志田就曾说,在实际的操作上,以顾颉刚为代表的"古史辨派",除较多运用民俗材料外,主要仍在书本上下功夫。真正注意书本以外的实物,大约是傅斯年领导的史语所⑤。

顾颉刚正是在"层累说"形成之初,受到现代考古学的刺激与支持,在古史学研究取向的竞争过程中,又受到王国维、傅斯年等人的影响,进一步加深了他对考古学的认同感,致使其一生都在关注这个曾经寄以厚望的学科,并随着考古学的发展,其认识也逐步加深。但总的来说,顾颉刚由于受到学术背景和知识结构的局限,对考古学基本处于"坐而言"的阶段,未做到"起而行"。

三、疑信之间

顾颉刚曾言:"孔颖达也会疑古(如辩孔子无删《诗》之事),崔述也会信古,人的资质可见不是截然并异的,不过程度不同耳。"⑥此言说明,"疑"只

---

①　顾颉刚、容庚:《研究所国学门调查西山陆谟克学院发见建筑物报告》,《北京大学日刊》第1428 号,1924 年 2 月 26 日。又载《宝树园文存》(卷一),第 193—195 页。

②　陈万里、顾颉刚:《调查文源阁报告》,《国立北京大学研究所国学门报告(1924 年 7 月 1日—1924 年 12 月 31 日)》附录二。又载《宝树园文存》(卷一),第 216 页。

③　顾颉刚:《法华读书记》(1951.1—1955.5),《顾颉刚读书笔记》(五),第 3374 页。

④　顾颉刚:《法华读书记》(1951.1—1955.5),《顾颉刚读书笔记》(五),第 3759—3760 页。

⑤　罗志田:《国家与学术:清季明初关于"国学"的思想论战》,北京:生活·读书·新知三联书店,2003 年,第 341 页。

⑥　顾颉刚:《泣吁循轨室笔记》(1924.2—1925.7),《顾颉刚读书笔记》(二),第 784 页。

是一种治学理念和研究态度,对所用史料的审查与考信,是每个研究者都应具备,不可以将"疑"作为标签,专用在某个人或是某个学派上。

王国维作为 20 世纪运用新证方法治经史的开创者之一,取得了"典范"式的研究成果,但并不代表王国维对于未经考察过的古史便全然接受,他在有疑处也是加以考察的。如他对传统说法被尊为字书之祖的《史籀篇》中"史籀"为人名,以及《史籀篇》为周宣王时成书的年代问题都认为不可信,所以才会有"史籀为人名之疑问"和"《史籀篇》时代之疑问"①。赵万里评价《〈史籀篇〉疏证》一书时,认为"此编所考,虽不盈四十纸,乃三百年来文字学之一大进步也"②,该文使传说了数千年的仓颉造字,以及史籀作大篆的说法,全部被彻底否定。这对自北宋以来千余年间的古文字研究,乃至古史研究是一重大突破。《说文》自汉代以来便成为研究文字学的经典,清代以前少有学者敢向这部权威之书提出质疑或挑战,而王国维根据客观的研究,对《说文》的作者许慎发出质疑,他说:"故自秦灭六国以至楚汉之际,十余年间,六国文字遂遏而不行,汉人以六艺之书皆用此种文字,又其文字为当日所已废故谓之古文,此语承用既久,遂若六国之古文即殷周古文,而籀篆皆在其后,如许叔重《说文》序所云者,盖循名而失其实矣。"③又在《〈说文〉所谓古文说》中说:"而实谓许君,所见《史籀》九篇与其所见壁中书时或不同,以其所见《史籀篇》为周宣王时书,所见壁中古文为殷周古文,乃许君一时之疏失也。……许君既以壁中书为孔子所书。又以为即用殷周古文,盖两失之。"④

再如,从顾颉刚和于省吾之间的学术交往中亦可考察到此点。顾颉刚曾对于省吾的学术成就给予较高的评价,他在《当代中国史学》中说道:"于先生利用其古文字学的知识,对《诗》、《书》两经的新解不少,当为孙诒让以后的第一人。"⑤而且,顾颉刚在后期史学研究中也较为注意吸取采用于省吾的新证研究成果。如他在《耄学丛记》抄录了于省吾在《关于古文字研究的若干问题》(《文物》1973 年第 2 期)中所提出的两个观点,1.商器有"玄鸟

---

①　王国维:《史籀篇证序》,《观堂集林》,第 252—255 页。

②　赵万里:《静安先生遗著选跋》,《赵万里文集》(第一卷),北京:国家图书馆出版社,2011年,第 101 页。

③　王国维:《战国时秦用籀文六国用古文说》,《观堂集林》,第 305—307 页。

④　王国维:《〈说文〉所谓古文说》,《观堂集林》,第 314—317 页。

⑤　顾颉刚:《当代中国史学》,第 100 页。

妇壶",玄鸟标其图腾。2."有攸不惟臣,东征,绥厥士女",即缚其壮年男女作奴隶,足反安抚之说。汉勃海郡有攸县,《景帝纪》作"条",即鸣条。对此,顾颉刚认为:"此真是大发现。孟子所误解的,乃得以金文廓而清之。然以为武王伐纣事终觉不妥,以武王仅克纣耳,尚未遑'东征'也。合置诸周公时方妥。"①并将这一观点运用到打破"古代非黄金世界"中去,他说:"按《孟子》引《逸书》曰:'有攸不惟臣,东片,绥厥士女,筐厥玄黄,绍我周王见休,惟臣附于大邑周。'向来解'攸'为'所',训'绥'为'安',遂觉周公东征一片祥和之气,大有'东面而征西夷怨'之概。自于省吾解《夏小正》之'绥多士女'为系累其男女而出耕,遂知'筐厥玄黄'为夺取战败国之敝帛,正是写周公战胜条国(后封鲁公以条氏即此),知古代原无'仁者之师'也。"②

即便是于省吾这样以古文献新证著称于世的学者,对于先秦典籍文献的可信性也是加以严格考察的,有时激烈程度甚至要超过素来以"疑古"著称的顾颉刚。如顾颉刚在《愚修录》中抄录了一段他和于省吾之间的学术交往,他说:"九月十一日,思泊来书云:关于《费誓》的时代……我以为《费誓》的词句和格调,决非成王或穆王时所能有。……总之,我的意见,即使把《费誓》提早一些,极其至也超不出西周的末期,这一点我是深信不疑的。"9 月 23 日,顾颉刚答之云:"大著《尚书新证》将于明年修改,使我工作得有依据,闻之快慰。我年来体力大衰……故今年《大诰》徽稿后当即作二十八篇之今译,不作考证,而惟吸取前代及当代诸家说之菁华,使之文从字顺,一般人都能通读,以塞党与人民之望。您研究甲文、金文最深,群经、诸子并所结合,当世能扩大高邮之学者殆无第二人,他日作译文时必首采尊见。……《费誓》一篇之时代,您从词句和格调着眼,以为至早出西周末期;我从历史着眼,以为可能出西周中期。一切事物,愈辨则愈明,请再申其说。"顾颉刚又说:"拿金文来比较《尚书》,可以说《尚书》二十八篇全不是真正从古代传下来的文献的原本,而是一改、再改、三改,不知道多少次改,以致有的地方虽还保存原本的面貌而与金文合辙,但有的地方则简直改得完全失去了原本面目而与金文分途。《费誓》这篇,也许经过改串,总算保存了奴隶制社会里民族矛盾(淮夷、徐戎与鲁)和阶级矛盾(殷和鲁)的一点真

---

①　顾颉刚:《耄学丛记》(1972—1975),《顾颉刚读书笔记》(十),第 7820—7821 页。
②　顾颉刚:《耄学丛谈》(1971—1978),《顾颉刚读书笔记》(十),第 7938—7939 页。

相,比了百孔千疮的《盘庚》好得多了。鄙见如此,不识尊意以为然否?"①

第三节　"层累说"对中国现代考古学的影响

顾颉刚"层累说"和中国现代考古学是20世纪中国古史学中的两个最为重要的研究范式,两者在形成之初以至于后来的发展过程中,一直存在着相互影响与相互为用的关系。如本书第一章所述,顾颉刚"层累说"在形成之初,便受到尚处于萌芽时期的考古学的支持,从而提出"打破古代为黄金世界的观念"等一系列史学观念和具体古史学观点。此后,顾颉刚仍然关注考古学的发展,积极利用考古学中的新成果,补充和修正自己的某些具体观点,来充实和完善自己的古史学说。但由于受到知识结构和学术背景的限制,顾颉刚对考古学的认知与应用,始终没有脱离"坐而论道"的阶段,而其"层累说"在中国现代考古学兴起之初,客观上为考古学的发展扫清了思想障碍,拓展了发展空间。

中国现代考古学与顾颉刚"层累说"在诞生之初,都面临着相同的时代背景,随着五四运动的兴起,国内思想界空前活跃,思想自由,学术氛围浓厚,特别是西方学术思想和科学理念的传入,大大刺激了中国学问界,一些新学术思想迸发而出,新学术门类纷纷创立,决然区别于以往的学术传统,使中国学术焕然一新。这就在外部环境上,造成"层累说"与考古学在学术研究方法上有本质的相似。"层累说"在研究方法上受到进化论等西方科学思想的刺激和影响,而考古学的两大基础研究方法——层位学、类型学,其核心的理论支持,也是进化论和逻辑演化。

中国现代考古学的兴起,与民初新史学中所提倡的史学研究取向的转变不无关系,顾颉刚"层累说"在此次新史学转向中又起到了至关重要的作用,表现之一即是直接刺激了考古学的兴起。顾颉刚"层累说"为现代考古学扫清了思想上的障碍,使考古学能够依据考古发掘所得的新出土材料对已被顾颉刚古史学摧毁殆尽的旧古史系统进行重建。顾颉刚在《古史辨》第二册自序中说:"所以我的工作,在消极方面说,是希望替考古学家做扫

---

① 顾颉刚:《愚修录》(1962.12—1966.1),《顾颉刚读书笔记》(九),第7008—7014页。

除的工作,使得他们的新系统不致受旧系统的纠缠。"①李济也曾观察到顾颉刚的"破"与中国现代考古学的"立"合流的趋势,他说:"中国的史学开始就蕴藏着一派怀疑的传统,对于上古史的记录,想来保持一种(温和一点说)传信传疑的态度。这一传统到了民国初年,与近代科学渐渐地合了流,发展出来了近代的田野考古学,为中国新史学奠定了更稳固的基础。所以我们可以说,这一新基础建置在两列支柱上。由传疑的传统所孕育的清代朴学积存的业绩——伪史料的清理工作——已经为新史学铺了路;近半世纪提倡的锄头考古学又为新史学开辟了建设的资源。"②这里,李济显然已经注意到,顾颉刚"层累说"提出后对传统观念中的古史系统的破坏作用,同时也观察到顾颉刚古史学说与中国现代考古学对中国古史学的共建作用。所以,顾颉刚"层累说"对中国现代考古学的发展所起到的清除思想障碍的重要作用,也是不应该忽视的。

在学术环境方面,顾颉刚古史学说客观上也给予中国现代考古学的兴起以有力支持,尽管这种支持最初可能大多处于非主观的无意识的状态,但确确实实客观上为现代科学考古学的兴起创造了一个宽松自由的学术思想环境,并也决定了考古学在未来的中国古史研究中必然占有一席之地。

1918 年,胡适在《中国哲学史大纲》的导言中就提出:"以现在中国考古学的程度看来,我们对于东周以前的中国古史,只可存一个怀疑的态度。"③1921 年 1 月 28 日,他在给顾颉刚的信中说:"大概我的古史观是:现在先把古史缩短二三千年,从诗三百篇做起。将来等到金石学、考古学发达上了科学轨道以后,然后用地底下掘出的史料,慢慢地拉长东周以前的古史。至于东周以下的史料,亦须严密评判,'宁疑古而失之,不可信古而失之'。"④1921 年 7 月 31 日,他在讲演中再次说道:"在东周以前的历史,是没有一字可信的。以后呢? 大部分也是不可靠的。"⑤胡适在"层累说"形成前所发表的这些怀疑古史的言论,无疑影响到顾颉刚。这一时期,顾

---

① 顾颉刚:《古史辨》第二册自序,第 2 页。
② 李济:《〈中国上古史〉编辑计划的缘起及其进行的过程》,《李济文集》(第五卷),第 151 页。
③ 胡适:《中国哲学史大纲》,上海:上海古籍出版社,1997 年,第 16 页。
④ 胡适:《自述古史观书》,《古史辨》第一册,第 22 页。
⑤ 胡适:《研究国故的方法》,《胡适文集》,北京:人民文学出版社,1998 年,第 358 页。

颉刚在今文经学家辨伪疑古的基础上，集中精力对古书中的传说人物加以重点考察，逐渐认识到传说中的尧、舜、禹作为神话人物，都曾经历从神化到人化，再到历史化的过程，而这些人物所处的时代，并非是"黄金世界"。这在感性上也促使顾颉刚接受胡适的观点，从而在"层累说"的基础上又延伸出一种"东周以上无史"的具体史观，这种古史观后来成为他古史研究中的理论前提和根本理念。如顾颉刚随即在给好友王伯祥的信中就说："照我们现在的观察，东周以上只好说无史。现在所谓很灿烂的古史，所谓很有荣誉的四千年的历史，自三皇以至夏商，整整齐齐的统系和年岁，精密的考来，都是伪书的结晶。"①对中国古史学界影响最巨的，是其将这封信收入《古史辨》，并且他还在自序中予以强调，他说中国四千年的历史如具"把伪史和依据了伪书而成立的伪史除去，实在只有二千余年，只算得打了一个对折！"②

　　顾颉刚在此后的很长一段时间里都坚持这种看法。1943 年 1 月 1 日，他在《学术季刊》中发表有《中国古代史略》一文，仍说："我们的古史……在东周以前，简直渺茫极了。"③直至 1948 年，他还坚持认为："中国史上有文字记载，是从殷商时代开始的，前此的史事，因为没有文字记载，很多无法考证。"④顾颉刚的这种由于谨慎而近似虚无的史学观点，很快得到一些追随者的同情和支持，童书业就曾表示："夏以前的古史十分之七八是与神话传说打成一片，它的可信的成分贫薄到了极点！"⑤

　　从顾颉刚的主观目的上来看，"东周以上无史说"只是想通过先破后立的手段，扫清传统文献和思想观念中的伪古史观，以此来恢复科学的上古史。顾颉刚就宣称，他古史研究的立足点即是"在客观上真实认识的古史"⑥，所要做的工作就是运用"层累说"这一锐器，来推翻"伪古史"，否定"时代越后，知道的古史越前；文籍越无征，知道的古史越多"的错误认识⑦，以此

---

① 顾颉刚：《自述整理中国历史意见书》(1921 年 6 月 9 日)，《古史辨》第一册，第 35 页。
② 顾颉刚：《古史辨》第一册自序，第 43 页。
③ 顾颉刚：《中国古代史略》，《顾颉刚古史论文集》(第二册)，第 477 页。
④ 顾颉刚：《中国古代史研究序论》，《文史》2000 年第 4 辑(总第 53 辑)。
⑤ 童书业：《古史辨》第七册自序，第 2 页。
⑥ 顾颉刚：《古史辨》第一册自序，第 65 页。
⑦ 顾颉刚：《与钱玄同先生论古史书》，《古史辨》第一册，第 65 页。

"从记载中研究出一个较为可信的古代状况"①,其终极目标就是要"建设真实的古史"②。

在推翻旧古史系统方面,"层累说"确实起到关键性作用,但也正因为顾颉刚所要推翻的是传统文献中的伪古史系统,所以考订典籍疑辨伪书就成为其重点主攻方向。他说:"我们的意思,要把中国的史重新整理一下,现在先把从前人的怀疑文字聚集、排比,做我们的先导。辨伪事的固是直接整理历史,辨伪书的也是间接整理。因为伪书上的事实自是全伪,只要把书的伪迹考定,便使根据了伪书而成立的历史也全部失其立足之点。"③顾颉刚期望通过推翻古籍旧说的权威地位,还原其本来真实面目,"于《易》则破坏其伏羲、神农的圣经的地位而建设其卜筮的地位;于《诗》则破坏其文、武、周公的圣经的地位而建设其乐歌的地位"④。考辨古籍的真伪是手段,确定其写成年代才是目的,这样古籍中的伪人伪事自然不攻自破,使得这些伪史的"时代移后,使它脱离了所托的时代而与出现的时代相应而已"⑤。当所有上古史料按照顾颉刚的意愿都回复到自己的位置时,古史研究者们发现,可以使用的可以信赖的上古史料已经寥寥无几了。由于顾颉刚首先是从古籍辨伪上着手的,而且他始终抱着"不立一真,惟穷流变"的指导原则,对于"求真"缺乏必要的行之有效的手段,这样在客观效果上,难免要出现"破之有余,建之乏力"的局面。1936 年顾颉刚本人在《夏史三论》一文中说道:"十三年前,我们在《努力周报》附刊的《读书杂志》上讨论古史,文中的中心问题为禹是人是神? 禹和夏有没有关系? 讨论的结果固然对于这两个问题仍不能得到结论,但对于商以前的历史从此知道其中传说的成分极多,史实的成分极少,这便是我们工作的相当收获。"⑥

既然上古史实多是中古时期的传说,那么上古时期又该如何呢? 顾颉刚没有给出答案。针对此点,徐旭生就指出:"我国极端的疑古派学者对于夏启以前的历史一笔勾销,更进一步对于夏朝不多几件的历史,也想出来

---

① 顾颉刚:《答李玄伯先生》,《古史辨》第一册,第 271 页。
② 顾颉刚:《古史辨》第二册自序,第 4 页。
③ 顾颉刚:《自述整理中国历史意见书》,《古史辨》第一册,第 35 页。
④ 顾颉刚:《古史辨》第三册自序,第 1 页。
⑤ 顾颉刚:《古史辨》第三册自序,第 8 页。
⑥ 顾颉刚、童书业:《夏史三论》,《古史辨》第七册(下),第 195 页。

把它们说作东汉人伪造的说法,而殷墟以前漫长的时代几乎变成白地!"①
董作宾在 1951 年所作《中国古代文化的认识》一文中回忆到:"最近三十多
年,可以说从'五四运动'以后,中国学术界有一个'偏向',是偏重地下材料
而看轻了纸上史料,不但看轻旧史料,而且抱着极端的怀疑态度对付旧史
料,这就是近三十年如荼如火的疑古派作风。怀疑,本来是科学家应有的
精神,为了追求真理,可疑的自然应该存以待考。……上古传下来的纸上
史料,史实里每每夹着传说,不易区分。过于信,当然不可;过于疑,也要不
得。大家都知道,风靡全国、震惊一世的大书《古史辨》,倡之者是我们的老
朋友顾颉刚。……讨论遍三皇五帝、夏商周的一切纸上史料,《诗》、《书》、
《易》、《礼》、诸子百家的书籍。十大本《古史辨》,主要的观点只是一个
'疑',一个'层累地造成的古史'信念之下的极端怀疑。这当然是属于革命
性、破坏性的。我国古代文化所寄托的一部分'纸上史料',经过这样一
'辨',几乎全部被推翻了。疑古的新史学影响所及,东西洋的汉学家对于
中国古代文化问题为之四顾茫然,不知所措。谨慎一点的人,只好从商代
讲起,再谨慎点,最好讲春秋以后。"②上古史史料既然面临着这样的尴尬
境地,这就需要找到一种能够使中国古史学者感到相对可靠的可以使用的
材料。当时学者们对考古学的期待之情是显而易见的,不仅李玄伯认为既
然文献史料不可靠,只有发掘出土的实物史料才是解决古史问题的唯一方
法③,陆懋德亦说:"考古学上之问题,当与禹之有无同一解决,是当有待于
地下发掘而后能断定者也。"④董作宾也谈到:"大家都在梦想着期待着考
古工作的开展,多找地下材料,如甲骨、金文之类,再用这些新材料去建设
一部上古的信史。这样想法,也未见得不对。可是,上古史的传统旧说,存
在纸上的史料,至少是春秋以前全被截下来丢弃了,西周和晚殷的历史靠
着金文、甲骨文将来研究的结果重新再写,商代前期的史料还须等待考古
家大卖气力用锄头去挖掘出来。"⑤

　　在 20 世纪中国古史学发展的主体脉络中,顾颉刚的"层累说"与现代

　　①　徐旭生:《中国古史的传说时代》,第 30 页。
　　②　董作宾:《中国古代文化的认识》,《大陆杂志》第 3 卷 12 期,1951 年。又载《中国现代学术
经典·董作宾卷》,第 612—613 页。
　　③　李玄伯:《古史问题的唯一解决方法》,《古史辨》第一册,第 269—270 页。
　　④　陆懋德:《评顾颉刚〈古史辨〉》,《古史辨》第二册,第 381 页
　　⑤　董作宾:《中国古代文化的认识》,《中国现代学术经典·董作宾卷》,第 612—613 页。

考古学的互动关系较为清晰。"层累说"为考古学的发展扫清思想障碍,拓展发展空间,随着考古学的发展和壮大,也试图回答"层累说"单纯依靠文献而无法解决的矛盾与问题。1953 年,李济就已经观察到顾颉刚"层累说"对于中国现代考古学的催生作用,同时随着考古学的发展,日益解决了顾颉刚等学者们当时那些力所不及、无法解决的问题①。这样,应学术发展的内在理路的要求,中国现代考古学应运而生,为中国古史学开创了另一番天地。卫聚贤就观察到:"现在单就考古方面言,在中国目下是很需要的,因为书籍多将神话与事实混合,致使上古无信史可言;由书籍的整理,学术上曾开了一次战争,但彼此都跳不出书本上的圈子,故考古的工作一时很为摩登。"②

---

①　李济:《安阳的发现对谱写中国可考历史新的首章的重要性》,《李济文集》(第四卷),第 504—505 页。

②　卫聚贤:《中国考古小史》自序,上海:商务印书馆,1933 年,第 1 页。

第六章　考古学与中国上古史重建

　　顾颉刚"层累说"成为 20 世纪中国古史学者们所接纳的研究方法和解决问题的基本准则之一。这些基本准则的确立,使得古史研究领域内的一些内容和概念需要被重新规划和定义,有些传统课题会移交给另一门相近学科进行研究,或被宣布为不再是古史的问题,如经学史的问题;而原来一些并不被重视的问题,随着这些准则的确立,则重新回到人们的视野,并可能成为古史研究领域内能够取得重大成就的基本问题,如受西方科学思想刺激从金石学、古器物学脱胎而来的中国现代考古学。

　　从 20 世纪中国古史学的发展历程以及个人治学轨迹来看,顾颉刚是从经学中解放复原旧史料,王国维以新史料考订旧史料,傅斯年则是从地下发掘整理新史料,故三者都可归为史料派。顾颉刚"层累说"主要用于解决上古史料性质问题,对如何运用这些史料来探寻古代史实真相,特别是以此为基础来重建中国上古史,则显得力不从心。但在当时,在古史考释方面已取得巨大突破,由罗振玉、王国维等有"新证"倾向的学者们逐渐建立和发展出的研究技巧和方法,以王国维的"二重证据法"最为代表。不久,以傅斯年为首的中央研究院历史语言研究所的学者们积极吸收这些技巧和方法,并在此基础上,进一步拓展史料范围,扩充研究工具,更新研究方法,吸收西方相关学科的科学因素,创建科学的中国现代考古学,并在古史研究领域明确提出重建中国上古史的倡议,随之开始将这种计划付诸实践,从此为 20 世纪中国古史研究另辟蹊径①。

---

　　①　下文并非全面描述中国近现代考古学近百年来的学术发展史,在范围上,只包括上古史这一研究断代,在内容上,也主要以考古学的观念、方法论和学科建制的发展过程为主要线索,举出一些实例来说明有关中国现代考古学是如何兴起、发展和壮大的,着重突出考古学与中国古史学之间的互动与影响,而有关具体的考古学成果,这里不做过多涉及,可参见中国社会科学院考古研究所编著:《中国考古学(新石器时代卷)》、《中国考古学(夏商卷)》、《中国考古学(两周卷)》,北京:中国社会科学出版社,2010 年、2003 年、2004 年;井中伟、王立新编著:《夏商周考古学》,北京:科学出版社,2013 年。

第一节　中国现代考古学的初兴

清朝末年,中国古史研究虽已在旧有的经史研究中孕育着变化,但仍局限在传统意识形态的范围内。学者们仍是"孔孟之道"的坚决拥护者,无人敢揭去依附在典籍中的"圣道王功",他们至多只能在一定范围内去伪存真,考证出经学典籍中部分的真相和本义,但绝不敢离经叛道。五四运动时期,"整理国故"的口号,震动了整个中国学术思想界,传统的一切都面临着被重估的境地,经学典籍也可以被怀疑、批判和驳斥。在中国古史研究领域内,顾颉刚的"层累说"应运而生,他以史学家的眼光重新审视经典,传统以儒家经典为主导而建构的古史观遭到质疑,旧的"三皇五帝"的古史体系被彻底摧毁,从而开启了 20 世纪中国古史学革命。

顾颉刚等学者主观目的是想摆脱传统经学的束缚,为建立"科学的中国古史"扫除发展道路上一切障碍物,但同时客观效果上也使部分史学者痛感中国古史建设方面科学可信材料的极端贫乏和真假难辨。"层累说"对中国传统古史系统的解构,在一定程度上刺激了中国现代考古学的兴起①。如李济所说:"这种找寻证据的运动对传统的治学方法,无疑是一种打击,但却同时对古籍的研究方法产生了革命性的改变。现代中国考古学就是在这一种环境之下产生的。"②

中国现代考古学的另外两个直接来源,则是西方与田野工作相关的科学③和以新材料新方法为特征的"罗、王之学"。李济就曾谈到:"中国受传统方法教育的古物家发现甲骨文以及在中国开展田野工作的欧洲科学家全力做的示范所带来的影响。这两种研究活动汇合在一起,使现代考古学在中国革新的一代中很受欢迎。"④

---

① 夏鼐:《五四运动和中国近代考古学的兴起》,《考古》1973 年第 3 期,又载《夏鼐文集》,北京:社会科学文献出版社,2000 年,第 118 页。

② 李济:《中国文明的开始》,《李济文集》(第一卷),第 366 页。

③ 这里所说的西方与田野工作相关的科学,不仅有地质学、人类学,还包括在中国考古学诞生之际欧美等国家已经比较盛行的考古学。此时的西方考古学在技术和方法上已经比较成熟,这对中国考古学的诞生应该有重要影响。如安特生虽然是地质学家出身,但后来专注于考古,应当与其在西方接触到的考古学背景有关。

④ 李济:《安阳》,《李济文集》(第二卷),第 351 页。

一、西方田野工作者在中国的考古活动

19 世纪末 20 世纪初,西方及日本的学者纷纷派遣探险队到中国境内进行考古及探险活动①。这一时期,外国学者在中国境内所谓的考古活动大多属于劫掠性质。如敦煌石室之古物,英国人斯坦因(M. Aural Stein)、法国人伯希和(Paul Pelliot)等盗运敦煌经卷写本②,致使敦煌宝藏七零八落,当时有国人大呼“敦煌者,吾国学术之伤心史”。不仅敦煌一处,外国学者在我国西北和边疆地区,趁中央政府无力监管之际,大肆盗掘文物并偷运出境。如德国人格路维德(Albert Grunwedel)、勒可克(Albert von Le Coq)、俄国人柯智禄夫(Captain P. K. Kozloff)、鄂登堡(S. F. Oldenburg)等,掘走古物颇多。美国人安竹斯(Chapman Andrews)在蒙古搜集古化石,偷运出境。此外日本人小牧实繁在张家口、驹井和爱在山东均盗掘古物席卷而去③。所以,夏鼐后来评价这些外国学者在中国所进行的探险工作时说:“他们以考古工作为名,有的掠夺中国古物,有的更有觊觎中国领土的野心。他们也做了一些考古发掘工作,但是他们的目的既不在此,他们所使用的发掘方法也极原始,是西洋十九世纪初期或更早的那种方法。”④这表明,此时期这类外国学者的考古工作对中国考古学的成长正面影响较为微弱,但在负面上可能刺激到中国学者急于建立中国自己的考古学的愿望。1919 年 1 月 11 日,国史编纂处名誉征集员马衡在《北京大学日刊》上发表《通史材料征集议》说:“近年地层发见非不多也,而人民视为利薮,官府置若罔闻,操纵之权,司之牙侩。一器一物之出土,国人尚未及知,转瞬已入外人之手。虎伥鬼蜮,言之痛心。推原其故,实国家无保存之方有以致之。”⑤

直至民国初年,1916 年地质调查所成立,在此工作过的西方学者们对

---

① 　详见卫聚贤:《中国考古学史》,上海:上海书店,1984 年;王宇信:《近代史学学术成果:考古学》,载张岂之主编:《中国近代史学学术史》,北京:中国社会科学出版社,1996 年;陈星灿:《中国史前考古学史研究(1895—1949)》,北京:生活・读书・新知三联书店,1997 年。

② 　参见卫聚贤:《中国考古学史》,第 113 页。

③ 　卫聚贤:《中国考古学史》,第 113 页。

④ 　夏鼐:《五四运动和中国近代考古学的兴起》,《夏鼐文集》,第 119 页。

⑤ 　马衡:《通史材料征集议》,《北京大学日刊》第 284、285 号,1919 年 1 月 11 日、13 日。

考古工作的实际参与,则开启了中国现代考古学研究的先河①。特别是,地质调查所的瑞典地质学家安特生对中国现代考古学事业的发展,做出了重要贡献,他是"第一个通过自己的成就在中国古文物调查中示范田野方法的西方科学家"②。1921 年,安特生在仰韶村发掘的史前遗址影响到中国的学问界,不仅因为它在中国历史上是首次发现,而且仰韶村遗址的位置几乎位于黄河流域的中心,这是中国历史早期发展之处,在这中华文明的心脏地带发现有关先民的出土资料,表明这个先进的农业社会包含的内容不仅关系到传说中的记载,而且更为新奇的是直接关系到中华文明起源的重大问题③。地质调查所发掘到的史前遗迹遗物,不仅进一步开阔了国内学者的研究视野,"使中国历史学家和古物学家中的守旧派认识到田野考古的确是研究中国古物的关键"④,同时也给中国原有的上古史观以极大的冲击,中国古史研究就渐渐脱离了载籍真伪的辩论,同时中国史籍所载的若干史实,因考古的发现,更加证实了⑤。中国古史学界对于史料之范围和性质,也发生了一种革命性变化。"地下材料"这四个字,取得了一种全新的、很具体的内涵。中国古史学界已渐渐地相信,"人类历史开始一段——这自然包括中国上古史的部分——不能以文字的记录为限"⑥。地质调查所还通过早期几项重要的田野实践,为中国现代考古学培养了一大批能搞田野工作的人才,他们除学到地质学及有关的基本科学知识外,还掌握了进行田野调查和工作的现代方法⑦。后来有的地质学家,由于在田野工作中发现了古代人类遗留下来的文物,转而开始搞考古研究,在考古学方面也做出了重要的贡献,如发现北京猿人化石的裴文中和进行西阴村发掘的袁复礼等人⑧。

---

①　有关地质调查所进行的考古实践工作,具体详见陈星灿:《中国史前考古学史研究(1895—1949)》,北京:生活·读书·新知三联书店,1997 年。在地质调查所工作过的外国专家有美国的葛利普(A.W.Grabau)、瑞典的安特生(J.G.Andersson)、加拿大的步达生(Davidson Black)、德国的魏敦瑞(J.F.Weidenreich)和法国的德日进(Pierre Teilhard de Chardin)等。详见张光直:《考古学与中国历史学》,《考古与文物》1995 年第 3 期。

②　李济:《安阳》,《李济文集》(第二卷),第 344 页。

③　李济:《安阳》,《李济文集》(第二卷),第 344 页。

④　李济:《安阳》,《李济文集》(第二卷),第 346 页。

⑤　李济:《中国考古学之过去与将来》,《李济文集》(第一卷),第 326 页。

⑥　李济:《安阳发掘与中国古史问题》,《李济文集》(第四卷),第 541 页。

⑦　李济:《安阳》,《李济文集》(第二卷),第 342 页。

⑧　夏鼐:《五四运动和中国近代考古学的兴起》,《夏鼐文集》,第 118 页。

　　总之,当时包括安特生在内的这些在华外籍专家,他们的工作牵涉到诸多的学科——如地质学、人类学、考古学,尤其是史前考古。这些学问在中国的兴起与发展,都曾受到他们的影响①。在考古学方面,主要表现在治学观念的转变和经验方法的积累。以实物材料的田野收集为主要治学方法,使得国内学者的治学观念和研究方式也都发生了转变,使得他们打破了中国士大夫的旧治学传统,走出书斋,跑到广阔天地的田野中作研究工作②。当时的学术界,无形中开始承认"劳力"的工作形式也可以构成知识的一部分。在方法与经验上,这些外国专家不仅带来田野调查的工作方式,还将未来中国考古学的两大基本方法引进考古实践中,即从地质学中转化来的地层学概念和受到生物分类学影响的类型学概念,但也要看到这只是后来田野考古学两大基本研究方法的前身,此时还有许多亟待完善之处。1921年,安特生在河南仰韶村遗址发掘中就运用地质地层学的方法,着眼与地层关系,按水平等距深度自上而下揭露,按深度记录土质、土色和出土遗物情况。随后安特生在仰韶陶器研究中,采用看地层中化石的眼光看待仰韶遗址地层里的陶器,在他的研究里明显带有"标准化石"的思想,可看作一种带地质学色彩的器物学③。这些方法虽然较为稚嫩粗糙,但毕竟开启了考古学方法之门,使得后来的中国学者有规律可循。李济在殷墟发掘结束后,决定完成一本陶器收集品的汇集。他说:"我在这方面的兴趣决不是偶然的。早在1924年,我读安特生的《中华远古之文化》一书——他的关于华北第一个史前遗址仰韶的发掘报告,他强调的在仰韶村发现的鬲和鼎的重要性深深印入我的心中。"④当然,安特生等学者在仰韶文化研究中也存在诸多不足,但这些都成为李济、梁思永及后来中国考古学者们开始系统探索中国史前考古学的重要起点⑤。

---

　　①　李济:《田野工作开展初期几位外国人的贡献》,李光谟编:《李济学术文化随笔》,北京:中国青年出版社,2000年,第278—279页。
　　②　夏鼐:《五四运动和中国近代考古学的兴起》,《夏鼐文集》,第117—118页。清儒顾炎武、阎若璩、程瑶田等学者在学术研究中便已十分注意运用"实地勘察"和"目验"的方法,但受时代条件的局限,显然还有些不够精密完善,这种研究方式还不具有普遍性意义。
　　③　陈雍:《关于中国考古学的思考》,1996年6月在中国社科院考古研究所青年学术论坛的发言,《文物季刊》1997年第2期。
　　④　李济:《安阳》,《李济文集》(第二卷),第396—397页。
　　⑤　有关对安特生错误观点的纠正过程,详见陈星灿:《中国史前考古学史研究(1895—1949)》,北京:生活・读书・新知三联书店,1997年。

二、现代考古学对"罗、王之学"的继承与发展

李济谈到现代考古学对"罗、王之学"的继承时,说:"海宁王国维先生传授的中国传统中固有学术的一脉,确具有它自身的客观价值,近代中国考古学之所以有若干重要成就,一大部分的原因正是因为有王先生传下来的这个固有凭借。"①周予同也曾观察到,继王国维之后而使考古派史学飞跃一步的则是李济。王国维的治学方法还和传统金石学有相当的关联,而李济则是纯粹受西洋人类学训练的学者。李济初回国时,便着手从事仰韶文化的发现与研究,著有《西阴村史前的遗存》一书。1928 年,中央研究院成立,次年,李济为该院历史语言研究所考古组主持安阳小屯殷墟的发掘,从而将研究扩大到铜器、陶器以及其他出土材料。由"甲骨学"的名称而转变为"小屯文化"、"青铜器时代文化"或"白陶文化"研究,与前一时代的"仰韶文化"、"新石器时代文化"或"彩陶文化"研究相对,这正表示中国新史学发展的标帜②。罗志田也认为:"过去的学术史研究特别注重王国维提出的'二重证据法',其实当时任清华国学院讲师的李济恐怕对实际研究的影响还更大,特别是在地下证据由文字向实物转换这方面,李氏的划时代影响无人能及。从徐中舒等人治学的变化可以看出,从王国维到李济这一路向的发展后来基本落实在史语所(包括一些后来离开史语所的学者)。"③

这种学术传承上的承继关系,在"甲骨四堂"之一的董作宾的学术研究中也有所体现。董作宾之所以能够在"罗、王之学"的基础上更进一步,完全得益于他在甲骨文研究中使用科学考古学的方法,在掌握这一科学方法后使其思维更为缜密,眼光更为开阔,更善于用联系的观点看问题。后来,李济评价董作宾的甲骨文方面的研究时说:"他开始研究甲骨文,就抓住了断代的问题;民国二十年,他开始做甲骨文的断代研究,直到卅四年《殷历谱》出版,这一连连的贡献都是他能把握住考古学的基本概念——标订时

---

①　李济:《南阳董作宾先生与近代考古学》,载杜正胜、王汎森主编:《新学术之路——"中央研究院"历史语言研究所七十周年纪念文集》,台北"中央研究院"历史语言研究所,1998 年,第 263 页。

②　周予同:《五十年来中国之新史学》,《周予同经学史论著选集》,第 552 页。

③　罗志田:《史料的尽量扩充与不看二十四史——民国新史学的一个诡论现象》,《近代中国史学十论》,第 97 页。

代的工作——所产生出来的。也就因为他有这一基本观念,所以他对考古学的贡献能够如此地辉煌。"①杨向奎在评价董作宾时也说:"在罗、王之后,对于殷墟作科学挖掘,在中国考古学事业上做出卓越贡献者是历史语言研究所之考古组,而组中之董作宾先生在甲骨学上的贡献更属空前,罗、王等先生之研究甲骨,尚是在检拾甲骨或从商贩购买甲骨的情形下作研究工作,对甲骨之运用颇多限制。董作宾先生之甲骨学乃建立在科学的考古发掘的基础上,因而可以作出准确的判断,定出甲骨片之年代前后。历史是时间的堆积,没有坐标,则无法计算时间,为甲骨学制定坐标,可以断定甲骨之年代者是董作宾先生的《甲骨断代研究例》。"②

即便是董作宾本人在回忆甲骨"断代分期说"的形成过程时,也是充分肯定科学考古挖掘的关键性作用,他说:"民国二十一年我发表《断代研究例》一文,……可是这断代分期的新研究方法,追本溯源,不能说不是从发掘工作中得来的。"③董作宾认为经过科学发掘的甲骨文字和传世品的区别,如果单就文字学方面看,"自然和以前著录的许多甲骨文字书籍有同样的价值,只是读者可以绝对地信任它没有一片伪刻罢了"。如果从考古学的眼光看法,"就和以前的甲骨文字书籍大大的不相同了。它们每一片都有它们的出土小史,它们的环境和一切情形都是很清楚的"④。他还将科学发掘的甲骨文字研究对考古学的贡献归结为:有利于对甲骨文字进行分期研究;以科学发掘的甲骨文字为定点,借以推求以前著录的甲骨文字的出土地;可以将科学发掘的甲骨文字和著录的甲骨文字相互缀合,从而寻找叙述完整的成组的史料;还可以了解殷商时期甲骨文字在地下的埋藏情况;还可确证遗址遗物的年代,在殷墟全部遗址中,能够确定每一个建筑物相当于某一王的时代的最好标准,就是相伴出土的甲骨文字⑤。

实际上,引导董作宾走上科学考古之路的引路人,应该就是傅斯年和

---

① 参见李济:《南阳董作宾先生与近代考古学》,《新学术之路——"中央研究院"历史语言研究所七十周年纪念文集》,第 266 页。

② 杨向奎:《史语所第一任所长傅斯年老师》,《新学术之路——"中央研究院"历史语言研究所七十周年纪念文集》,第 76 页。

③ 董作宾:《〈殷墟文字甲编〉自序》,《中国考古报告集之二·小屯·殷墟文字甲编》,中央研究院历史语言研究所,1948 年。又载《中国现代学术经典·董作宾卷》,第 683 页。

④ 董作宾:《〈殷墟文字甲编〉自序》,《中国现代学术经典·董作宾卷》,第 683 页。

⑤ 董作宾:《〈殷墟文字甲编〉自序》,《中国现代学术经典·董作宾卷》,第 685—695 页。

他所主办的史语所。正是傅斯年的积极引导[①]，才使董作宾逐渐将甲骨学研究建立在科学考古发掘的基础上，为甲骨学研究创立了里程碑式的"断代分期说"和《殷历谱》。1945 年，董作宾《殷历谱》在李庄石印出版，傅斯年为这部战时出版物写了序言(1945 年 2 月 15 日)，指出在有关甲骨文研究方面，有四个成绩卓越的阶段，每一阶段都有一个做出独特贡献的著作，这四部里程碑式的著作分别是：王国维的《殷卜辞中所见先公先王考》、董作宾的《甲骨文断代研究例》、郭沫若的《卜辞通纂》、董作宾的《殷历谱》。四部巨著中，董作宾就一人独占其中两部[②]。而董作宾区别于其他著作者的主要贡献，是他掌握的新考古资料和研究方法为甲骨文研究奠定了新基础。

第二节　中国学者早期的考古学实践

中国现代考古学初兴之际，学术界要求建立科学考古学的呼声渐高，普遍认为进行系统的田野考古发掘是建立中国本土科学考古学的当务之急。如 1921 年 12 月，陈训慈在《史地学报》上发表文章云："今之究古史者，稀不注重遗蜕，而吾国于掘地发藏，无人为之。"[③]1922 年 5 月，徐则陵提出中国应成立一个考古学社，罗致国内外好古积学之士，一方面采集古物之已发现者，另一方面赴各处调查史迹，"若更进而从事发掘，得古物之完整者，固可以保护而谨存之，即断砖残瓦，亦可以供史家意匠之缔构(restoration)"[④]。这些呼声也代表了当时中国学术界的一种普遍愿望。1926 年秋，善于把握学术动向的梁启超，在万国考古学会会长瑞典皇太子来华的欢迎会上，所作的题为《中国考古学之过去及将来》的演讲就指出，田野考古发掘和科学的考古学方法是中国考古学今后努力的方向。他说："据我看来，考古学还是很幼稚，前途可以发展之处正多，应当努力之处亦不少，从今后，应当本着两个方向，往前工作去。第一个方向是发掘，从前

---

　　①　傅斯年以现代考古学理念引导董作宾，详见王汎森：《什么可以成为历史证据——近代中国新旧史料观点的冲突》，《中国近代思想与学术的系谱》，第 344—384 页。

　　②　傅斯年：《殷历谱》序，《殷历谱》，中央研究院历史语言研究所，1945 年，第 1 页。

　　③　陈训慈：《组织中国史学会问题》，《史地学报》第 1 卷第 2 期，1921 年 12 月。

　　④　徐则陵：《历史教学之设备问题及其解决之方法》，《史地学报》第 1 卷第 3 期，1922 年 5 月。

这种古器物的出土,都是碰机会,偶然发现出来,宝贝已经很多了;往后要进一步,作有意识的发掘,这类工作,中国完全没有;近来欧美学者,到中国来做有意识的采掘,成绩很佳;于是中国学者,亦感觉有自动采掘的必要。"梁启超不仅对未来中国考古学采取科学的田野考古发掘抱有殷切的希望,同时他还进一步提出要采取科学的发掘方法。他说:"第二个方向是方法的进步,以前考古学所用的方法,全是中国式,自从欧、赵以后,遗传下来,不过时时有所改良而已。此种方法,好处甚多,然亦不算完全;我们为希望将来,全国高等教育机关,要设考古专科,把欧人所用方法,尽量采纳。"而且,这些方法的采用要达到两方面的效果,一是对古器物要"纵然没有文字花纹,亦可以推定他的年代"。另一个是新方法的引入,即"有地质学的知识,可以用崖层状况,以判定时代的早晚;有人类学的知识,可以考出头颅骨骼的派别;这类科学于考古方面,直接间接裨益甚大"①。学术眼光敏锐的梁启超在这里只用寥寥数语,便概括出后来考古学在方法层面着重努力的方向,也就是现代田野考古学的两大基本方法——类型学和地层学。

中央研究院历史语言研究所成立之前,积极提倡考古学的应以北京大学为代表,如从 1922 年沈兼士在《筹划北京大学研究所国学门经费建议书》的呼吁中,就可以看出此时在北京大学国学门,已经出现了要求组织专门的考古学机构进行科学的田野考古发掘的呼声②。加之其他大学和研究机构也都曾表现出对考古学的关注和热情,由此成为推动考古学建立和发展的内在要求③,并最终将田野考古发掘付之于实践④。中国学者通过这些还稍显稚嫩的早期考古实践,在观念转换、组织机制、经费支持、规章制度、实地发掘、具体步骤、工作经验和研究方法等诸多层面进行了有益探索和初步尝试。

一、北京大学国学门考古学机构的建立及考古实践

1941 年 6 月,沈兼士在辅仁大学史学会讲演中,回顾近三十年来中国

① 梁启超:《中国考古学之过去及将来》,《重华》月刊第 1 期,1931 年。
② 沈兼士:《筹划北京大学研究所国学门经费建议书》(1922 年 9 月),《沈兼士学术论文集》,第 362—363 页。北大国学门在考古学方面的工作,参见陈以爱:《中国现代学术研究机构的兴起——以北大研究所国学门为中心的讨论》,南昌:江西教育出版社,2002 年。
③ 查晓英:《从地质学到史学的现代中国考古学》,第 36—37 页。
④ 徐坚:《暗流:1949 年之前安阳之外的中国考古学传统》,北京:科学出版社,2012 年。

史学研究的发展趋势时说:"至于材料和方法方面倘若不革新,仍同先前一样呆板板地从纸堆中钻研,那是不能满足新时代求真的希望的。所以北京大学于十一年设研究所国学门,首先创考古学研究室,其旨趣是要把自来所谓供文人赏玩的古董,用考古学的方法去发掘采集,作综合比较的研究。史学方面凭空添加了一支强有力机械化的生力军,古代史上许多问题,或者得了解决,或者起了疑问,这都是研究古代遗迹遗物之收获,予史学界以极大的冲动。"①由这段表述可以看出,他认为北京大学和北大国学门在史学学科建制和材料方法的运用方面开了一代新风气,引领了中国史学近三十年来的新趋势。想来不免有些自夸的意味,但此言也并非虚语,特别是在考古学的观念转换和机构建制等方面,北大国学门颇有开创之功。

1917 年,北大文科增设史学门,在当年制定的《北京大学文、理、法科本、预科改定课程一览》中,将史学门划分为通科与专科两类,前者课程包括人种学及人类学,后者包括考古学②。1920 年 10 月,《北京大学日刊》登载《国立北京大学研究所整理国学计划书》,提出"整理学术必先整理其材料",并列举整理材料的六种办法:征书、编书、辑书、校书、刊书,最后是"搜求古器物"。其文曰:"治古人之书即当考其所藏之名物制度。盖考其时之名物制度,即足以知其人所处之社会状况,而因以推见其思想学术之所由来。欧美之治学术,若历史学、社会学、地质学等,往往恃古器物为印证。近时日本亦注意于此,不惜巨资潜购古器物于吾国者时有所闻,诚有所重也。清人治名物制度亦尝恃于古金器,然犹以文字为根据者多,顾即以文字论之。昔人研究之资,专取给于字书,近世始及金石。昔人孙诒让,今人罗振玉、王国维皆推及于龟甲,其于文字发明者甚多,而名物制度因龟甲文以发明者尤夥,则搜求古器物,其有助于整理国学者甚大。"而搜求方法有三种:收购、购地掘取和求赠,其中购地掘取的原因在于"出价较廉而得物可较多"③。北大借整理国故之机,扩大史料范围,而搜求史料的方法也不再局限于纸上,表示应更多地借助实物,获得实物资料可以通过发掘和购赠两种方式进行,但这些无疑还处于"酝酿筹划"阶段。

① 沈兼士:《近三十年来中国史学之趋势》,《沈兼士学术论文集》,第 372—373 页。
② 潘懋元、刘海峰编:《北京大学文、理、法科本、预科改定课程一览》,《中国近代教育史资料汇编·高等教育》,上海:上海教育出版社,1993 年,第 384 页。
③ 《国立北京大学研究所整理国学计划书》,《北京大学日刊》,1920 年 10 月 19 日。

　　1922 年 1 月,北大国学门正式成立,2 月 18 日,考古学研究室建立。考古学研究室成立之初,仍主要通过非田野发掘的方式来扩充其古物收藏。因为实施田野考古发掘的各方面条件尚不成熟,所以北大国学门考古学研究室又采取了一种权宜之计,即以文物调查的形式先来替代具体的田野考古发掘。于是,古迹古物调查会于 1923 年 5 月 24 日成立,不久调查会便在《北大日刊》中声明:"校中又无力实行探险(exploration)及发掘(excavation)。于是议设古迹古物调查会,先自调查入手,一俟经费稍有余裕,再行组织发掘团。"①1923 年 9 月 30 日,沈兼士在《北京大学研究所国学门报告》中总结陈述有关考古学建设情况,也已经意识到一年来成效并不显著,在观念转换、实地发掘、组织机制、经费支持和规章制度等问题上都存在着不足。他在《报告》中写道:"国学门一年来关于考古学方面虽着力较多,而成绩却还不甚佳。……为财力所限,未能做到自行发掘、实地考证的地步。研究室所用的材料,均由市侩辗转购得,器物之出土地点及其相互之联属之关系,均不易知,故进步甚难。"②

　　在此期间,北大国学门也着手进行了一系列考古实践,多以田野调查为主。1924 年,考古学会成立,即使考古学会成立后,在 1929 年之前,北大国学门仍主要通过非实地发掘的手段获得古器物。据傅振伦的说法,北大最初商议进行考古发掘是在 1921 年,"初欲发掘之地点,为河南安阳之殷墟及洛阳太学",不过这一计划"因事中止"③。1923 年,曾提及巨鹿宋城、安阳和渑池发掘④,但也都未成行。其后,顾颉刚等人调查碧云寺古建筑物时,亦以"发掘"为名,做过一些试掘工作,但与后来所谓科学的田野考古发掘相去甚远。1924 年,考古学会成立后,国学门组织了更多的考古调查活动,包括 1924 年马衡的洛阳北邙山调查,徐炳昶、李宗侗的京西大宫调查,1925 年陈万里、顾颉刚等人的圆明园文渊阁调查,1926 年陈万里的甘肃之行,1927 年黄文弼参加西北考察等等。1927 年,马衡重提殷墟及洛阳太学发掘计划,并积极筹备,但北大不久改组为京师大学,事情又未成

---

　　①　《国学门古迹古物调查会启事》,《北京大学日刊》第 1265 号,1923 年 6 月 14 日。

　　②　沈兼士:《北京大学研究所国学门报告》(1923 年 9 月 30 日),《沈兼士学术论文集》,第 367—368 页。

　　③　傅振伦:《北大研究所考古学会在学术上之贡献》,《北大学生周刊》第 1 卷第 2 期,1930 年 12 月。

　　④　《国立北京大学研究所国学门重要纪事》,《国学季刊》第 1 卷第 3 号。

功。到 1929 年,发掘中国大学内的唐墓,1930 年夏,发掘燕下都,北大考古学会"十余年来之宏愿,至是始克施行"①。所以,曾任北大考古学会助教的傅振伦就客观地回忆说:"(北大)考古学会实是具有博物馆性质的组织。"②查晓英也认为:"国学门自设立了考古学研究室后,一直意图在考古发掘及古迹古物调查上有所作为。而古迹古物调查会、考古学会的成立,大半也是为了集合人力并有所号召。但到 1929 年为止,国学门只组织过一些古迹古物的调查工作,所订考古发掘计划似未得施行。而其中若干有所'发掘'的行为,在他们自己看来,似乎也并非近代的科学的考古。"③

虽然此时北大国学门在具体田野考古工作成绩上建树不大,但在观念上则已经完成由"古器物学"向现代考古学的过渡。如 1923 年时,沈兼士已经明确地意识到"中国之考古学向无系统;古物之为用,仅供古董家之抚玩而已。我们现在虽然确已逃出这个传统的恶习范围之外,知道用科学方法去研究。但为财力所限,未能做到自行发掘、实地考证的地步"④。而北大国学门古迹古物调查会在启事中也给出科学考古学之定义,即"利用过去人类物质的遗物以研究人类过去之状况之学问"⑤。考古学会更是将其研究宗旨确定为"用科学的方法调查、保存、研究中国过去人类之物质遗迹及遗物"。考古学会所谓的"考古"已不仅仅指"古器物",而专指物质遗存,其中包括"一切人类之意识的制作物,与无意识的遗迹、遗物,以及人类间接所遗留之家畜或食用之动物之骸骨、排泄物等"⑥,这些均在调查、保存、研究范围之内。

北大国学门对考古学的倡导,也带动了国内相关考古学专业研究机构的兴起,如 1926 年 6 月 11 日,清华大学陆懋德发表《筹办历史系计划书》,他说"北京大学虽屡感经济困难,而不废收集事业,故其所办之考古学室,成绩灿然",正是受其感召,"本系拟请组织考古学室一所,暂定开办费三千

---

　　①　傅振伦:《北大研究所考古学会在学术上之贡献》,《北大学生周刊》第 1 卷第 2 期,1930 年 12 月。

　　②　傅振伦:《记北京大学考古学会》,《傅振伦文录类选》,第 820 页。

　　③　查晓英:《从地质学到史学的现代中国考古学》,第 56 页。

　　④　沈兼士:《北京大学研究所国学门报告》(1923 年 9 月 30 日),《沈兼士学术论文集》,第 367 页。

　　⑤　《国学门古迹古物调查会启事》,《北京大学日刊》第 1265 号,1923 年 6 月 14 日。

　　⑥　《研究所国学门考古学会开会纪事》,《北京大学日刊》第 1482 号,1924 年 6 月 12 日。

元,以后岁定经常费二千元,以便购买中西古物,并请聘王、梁二先生顾问,以助鉴定。开始虽难足用,积久自有可观。本系并拟于第三四年添设人类学考古学等门,彼时需用古物标本尤多"①。而厦门大学国学院与中山大学语言历史研究所主要是在北大国学门的部分教员南下后,才开始大力提倡考古学。无论方式、兴趣焦点,还是制定的研究与发掘计划,都与北大国学门的考古活动一脉相承②。与北大国学门同时期的北平历史博物馆,在田野发掘方面也做了些具体工作③,但并未引起当时学界的关注。1921年,博物馆在河北省巨鹿县进行过一次田野发掘④。1923年,河南信阳出土古物,1924年春,博物馆派人前往调查,先发掘王坟洼,后发掘擂鼓台⑤。1924至1925年间,博物馆先后派员赴河北、河南、陕西、山西、绥远、察哈尔等省区,调查古迹古物。关于北平历史博物馆的田野实践状况,袁复礼不无感慨地说:"可惜的是北京现在只有一个小小的历史博物馆,经济困难,不能去作些有秩序的科学研究。如是国内热心的把这个历史博物馆扩张起来,在北京作一个集中点,此种考古学问方能有发达的余地呢!"⑥

综上所述,可以看出无论是北京大学国学门抑或是其他考古学专门机构,在20世纪20年代初的考古学实践中一直处于田野考古学的门外,并没有进行过真正的对后世有较大影响的田野考古发掘。但应特别强调的是,从当时田野考古发掘的实践层面来看,以1926年清华大学和弗利尔陈列馆联合组成的"清华考古团"在山西夏县西阴村的田野发掘,最为成功,

---

① 陆懋德:《筹办历史系计划书》,《清华周刊》第52卷第16期,1926年6月11日。
② 查晓英:《从地质学到史学的现代中国考古学》,第59页。
③ 1911年,北京政府教育部将北平国子监创设为北平历史博物馆。1917年,以端门至午门房屋为其馆址,最初仅以太学器皿百余件为陈列品基础,经十余年之努力,征集物品数逾二十一万件,分为金、玉、石器、石刻、砖瓦、书壁、陶器、瓷器、明器土俑、木器、衣甲、图画、画像、甲骨刻辞、汉简、唐人写经、宋元刻本、明清档案、拓本、印记关防、佩章、国子监器物、试卷、武试用品、古火器、兵器、刑具、模型、影片等二十余类,公开展览。1928年,北伐成功,改隶古物保管委员会,1929年春再次改属教育部,是年8月,复由中央研究院接收。1931年后,馆藏重要物品先后分批南迁,均存于中央博物院筹备处临时仓库。1936年,被中央博物院接受合并。参见刘鼎铭选辑:《国立中央博物院筹备处1933年4月—1941年8月筹备经过报告》,《民国档案》2008年第2期。
④ 《巨鹿宋代故城发掘略》,《国立历史博物馆丛刊》,第1卷第1期,1926年。查晓英认为,巨鹿宋城发掘是否真为历史博物馆单独进行的也还有待调查。由于至今未见到其发掘记录与报告,且发掘的内容也是若干年之后才正式公布,因此它对中国考古学整体发展的影响可能很小。参见查晓英:《从地质学到史学的现代中国考古学》,第35页。
⑤ 《信阳汉冢发掘记》,《国立历史博物馆丛刊》第1卷第2期,1926年12月。
⑥ 袁复礼:《论新发现的石器时代的文化》,《国学季刊》第1卷第1号,1923年1月。

影响也最大。

二、清华国学研究院的田野发掘实践

　　随着北大国学门考古研究室的建立和对考古学的提倡,现代考古学的治学理念和基本训练已开始输入中国的大学。1925 年,清华学校设立国学研究院①,清华研究院虽然以研究国学相称,但却与保守的国故派完全不同。教师们都新从海外归来,学识渊博,在深厚的旧学基础上,兼有新时代的科学精神,就连一向被认为政治上趋向保守而学问以经史小学见长的王国维,他所倡导的却也是以地下材料与文献材料相结合的"二重证据法"。所以清华国学研究院所提倡的是掌握新材料,使用新方法,研究国学上的新问题②。

　　1925 年 11 月 12 日,清华国学研究院召开第三次教务会,会议由主任吴宓主持,决议该院发展计划如下:"1.设立古物史料陈列室,2.举行外事考查,3.与外界协同进行考古事业。"吴宓报告说:"美国人毕士博(C. W. Bishop)甚愿与清华合作,赴中国各地发掘古物,清华出人才,而经费全归毕士博负担,所得古物两方各半,彼之一半运归美国,我之一半暂存清华,后归京城公立机关陈列收藏。"③这项决议表明,此时清华国学研究院已经将考古发掘工作列入工作议程之内。1926 年冬,由清华国学研究院和弗利尔陈列馆合作组成"清华考古团",李济和地质调查所袁复礼带队,至山西夏县西阴村,发掘灰土岭遗址④。此时的李济已经表现出浓厚的历史学倾向。早在 1925 年冬,李济在山西南部汾河流域内做考古调查时,经过一段时间的摸索排查,他确定了以历史遗址和可能的史前定居点作为其考察的重点,历史遗址中就包括传说中的舜陵、夏陵⑤。1926 年 3 月 24 日,李济和袁复礼调查夏陵时发现了西阴村遗址,李济之所以决定来这里发掘,看重的也是这里是传说中夏朝的王畿。说明这次考古活动在正式田野考

---

　　①　苏云峰:《从清华学堂到清华大学(1911—1929)》,北京:生活·读书·新知三联书店,2001 年,第 282 页。

　　②　胡厚宣:《结合考古资料重建中国上古史》,《中原文物》1992 年第 2 期。

　　③　孙敦恒:《王国维年谱新编》,第 149 页。

　　④　石璋如:《李济先生与中国考古学》,《新学术之路——"中央研究院"历史语言研究所七十周年纪念文集》,第 140 页。

　　⑤　杜正胜:《新史学与中国考古学的发展》,《文物季刊》1998 年第 1 期。

古发掘前,是带着明确的"历史学"工作目标来做田野调查的。

　　1926 年 10 月 10 日,李济与袁复礼抵达西阴村,开始为期近三个月的田野考古发掘。次年年初,发掘工作结束。虽然李济并没有完成对西阴村史前遗存的研究,后来将陶器一项托付给了梁思永①,但就已有成果,已经初步奠定了他考古研究的方式与风格。例如:其根本在于对数量最多的陶器进行量的分析和对比;关注每一个可能的文化"指数",探讨其源流;将中国境内的遗物与境外的进行比较研究;以"人文学"(Ethnology)的眼光将现实与古代联系起来;以地质学、生物学为辅等等。虽然在李济以前已有中国人进行过考古发掘工作,但真正运用现代方法,系统地记录、整理、研究,是从李济开始,尤其是对陶片的比较研究②。从考古学方法层面来看,西阴村发掘的地层学方法比安特生所用的地质地层法已有所进步,虽然仍可把它划在地质地层学的范畴里,但西阴村遗址的田野发掘方法跟仰韶遗址的方法却有着明显的区别:一是探方揭露法,二是三维坐标揭露法,三是复式地层划分法。所谓的复式地层划分法,即是按水平等距深度划分大层,再按土质、土色划分小层,大层包含小层。这种复式地层划分法将按土质、土色的划分法引入到地层学中,这就为考古地层学的地层划分,提供了可借鉴的形式③。这次田野发掘由中国人自己独立进行,在发掘方法和研究风格上,为后来的殷墟发掘取得了初步经验,也为中国现代考古学的正式建立奠定基础。所以,李济就曾说:"田野考古工作,在心理与技术方面的准备,可以说已完成于 1926 年左右。"④

第三节　殷墟发掘与中国现代考古学的建立

　　学科发展的要求和学术界的呼声,推动了中央研究院历史语言研究所考古组的成立,以及 1928 年开始的安阳小屯殷墟的发掘。中央研究院历

---

　　① 1930 年,梁思永利用西阴村遗址的陶片发表英文版《山西西阴村史前遗址的新石器时代的陶器》,并获得哈佛大学研究院考古专业硕士学位,该文中文版见《梁思永考古论文集》,北京:科学出版社,1959 年。

　　② 查晓英:《从地质学到史学的现代中国考古学》,第 77—78 页。查晓英:《李济考古学方法论中的史学特征》,《考古学报》2014 年第 2 期。

　　③ 陈雍:《关于中国考古学的思考》,《文物季刊》1997 年第 2 期。

　　④ 李济:《安阳发掘与中国古史问题》,《李济文集》(第四卷),第 538 页。

史语言研究所成立之初,面临着种种困境,史语所的创办人傅斯年排除各种困难,毅然致力于田野考古发掘的开展,从而建立了中国现代考古学,为未来考古学的发展和中国上古史的重建奠定了坚实基础。

一、田野考古发掘面临的困境

中国学者早期所进行的考古学实践与学界的期望之间有着较大的差距,主要原因就在于现代科学考古学的创建和发展面临着诸多的困难。

从思想观念方面来看,20 世纪初年的国人对现代科学考古学的认识十分茫昧,相关知识比较贫乏,甚至到了 20、30 年代,傅斯年、李济率领史语所考古组挖掘殷墟之前后,依然如此。这里所说的"国人"的涵盖面很广,包括当时中国社会的各个阶层。首先,当时中国大众阶层对"考古学"的认识几乎为零,不知其为何物。其次,地方政府和地方一般知识分子对现代考古事业也不理解,认为考古即是寻找"古董"、发掘"国粹"的事业。再次,当时中央各级行政部门如教育部、内政部和外交部等,对考古学的认识更是不甚了了。最后,即便在史语所建立之初,考古组内部的学者们对科学考古学的工作方式和理念,也并非是所有人都完全熟悉和接受,仍然受到传统金石学和古器物学思维模式的影响。所以,当时绝大多数的国人对于考古学的观念还处于"蒙昧阶段",这主要由于现代科学考古学是从西方引进的学科,出于时代的限制,本无可厚非,但受传统金石学影响,将"考古学"视为"古董学",这一理念势必成为当时科学考古学发展的最大观念性障碍①。这是因为,所谓"古董"之学的金石学和现代科学的考古学之间有着本质的区别,主要表现为:

第一,研究对象和范围的不同。传统金石学重点研究的是古物上的文字,或有文字记载的古物,或是与重大事件和重要人物有关的遗迹遗物,或是有着较高收藏价值的古物。而科学考古学的研究时间跨度较长,从人类诞生到近代以前,研究范围非常大,包括与人类相关的所有遗存,甚至还包括人本身。科学考古学不仅注重有较高收藏价值的遗迹遗物,还注意普通人所遗留下来的东西,只要是能够提供历史信息的遗迹遗物,都在研究之

---

① 详见黄海烈:《古董与国粹:民国初年国人的考古学观念》,载葛志毅主编:《中国古代社会与思想文化研究论集》(第二辑),哈尔滨:黑龙江人民出版社,2007 年。

列。在科学考古学者的眼中,遗存并不是孤立的物品,不是古董与国粹,而是要注重遗存与遗存之间的联系,将这些遗存作为独立的史料、历史研究的证据来看待。

第二,研究资料的来源途径不同。传统金石学都是传世品,而科学考古学是通过科学手段在田野调查和发掘过程中获取资料。田野调查和考古发掘所获得的资料通常是考古学资料的主要来源,由于研究目的和方法的不同,其与古代金石学家、探险家搜购所得的资料在历史信息的保存和传达上是不同的。田野发掘的过程就是考古研究的过程,发掘时注意遗迹遗物的层位关系、空间位置和组合关系,详细记载现场情况,为下一步的室内整理与研究打好基础。

第三,研究目的不同。传统金石学主要利用遗存上的文字内容,来孤立地研究,目的是"补经证史";而科学考古学自然有着证史、补史、纠史的功用,但绝不是在原有历史观下的填阙补残,而是要建立一套新历史观指引下的研究方法和模式。

第四,研究方式和方法的不同。传统金石学一般是分散的个人的研究,而科学考古学则是集众式的研究,从研究方式上更为接近现代科学发展的趋势。不仅研究方式不同,在研究所用的方法上也有很大的差别。传统金石学过于注重铭文和器形的研究,往往忽略遗存之间的相互联系以及随时间演化的层次性等其他方面,而科学考古学不仅重视铭文,还重视形制、制作工艺和材质等,科学考古学中的地层学、类型学、文化因素分析等方法也都是传统金石学所不具有的。当然,现代科技的介入更为传统金石学所不具备,这都是历史和时代的局限。

对于传统金石学和科学考古学之间的差异,当时的个别学者已经有所认识。如 1922 年,没有受过考古学训练的沈兼士已经注意到这种区别,并指出了"古董式"考古学的弊端,他说:"古代器物,为考古学之重要材料。但此等材料向来皆零星向古董商人购入,于研究上之障碍甚大:(1)古物之发现,多由于无意识偶然的发见;发掘者既无相当之学识,器物因之损坏者,往往而有;至于地层之紊乱,位置之错移,更无论亦。此为无意的损失。(2)古董商为蒙混赏玩家起见,得于甲地者,往往冒称出于乙土,连带可以明了其时代者,故意错乱之以希图善价;学者于此对于地方及年代遂不得不费一番无谓之考证,而不易更进为比较综合的研究。此为有意的障碍。……苟欲扫除此等弊病,必须集合各专门学者组织一古物调查发掘团,应用智慧的测量,为考古学的发掘。"①

在当时的社会环境下,建立专门的考古学机构,进行田野发掘,不仅有着观念性的障碍,还要面临着诸多外部客观条件的限制,如财力限制、人才匮乏、研究设备不健全和社会政治局势不稳定等不利因素②。如 1923 年,沈兼士在《北京大学研究所国学门报告》中解释北大国学门所以没有进行田野发掘的原因时,就将其归结为财力所限③。实际上,不仅在财力方面,中国现代考古学的先导——古生物学和地质学在中国的发展,则最先感到来自人才匮乏的压力。美国学者葛利普(A.W.Grabau)在《中国之古生物学》一文中就首先提到专业人才极端匮乏的问题,他说:"民国三年北平地质调查所成立后,中国地质家始有采集及研究之机会,然因当时古生物人才缺乏,所得标本又须运至美国请人鉴定。自十一年后,地质调查所每年采集化石极多,即以未研究之材料而论,已由数十增至数千抽屉之多,现古生物部虽有多数专家及助手从事研究,而结果仍不免物多人少。"他还感叹当时专业学术机构领导人才的缺乏和孤立,他说:"且谓近来古生物研究之趋势,……是以此种经验学问,绝非大学四年级读书所能得到,非毕业后在一研究机构受高明学者多年之指导不可,目下除北平地质调查所外,别无此种机构,又因领导人才缺乏,他处何时始能设立,亦甚难言。"最后,他对此时中国的图书设备等外部科研条件也颇感担忧,他说:"余谓研究此种学问,有一种重要之事,即为书籍。书籍设备,为研究各种学问之先决问题,若研究古生物而无参考书籍,则更无法进行,然欲集世界各国出版品于一处,则亦殊为不易。地质调查所所设图书馆,虽可与欧美同样机关相比,然内容仍不能谓之十分完全。"④这种在外部条件方面举步维艰的状况,甚至到了 20 年代末依然如此,如 1928 年,马衡在中山大学提出建设考古

---

① 沈兼士:《筹划北京大学研究所国学门经费建议书》(1922 年 9 月),《沈兼士学术论文集》,第 362—363 页。

② 有关社会政治局势的动荡对学术事业的影响,详见王汎森:《什么可以成为历史证据——近代中国新旧史料观点的冲突》附录《民初中央、地方与新旧学术观点之纠缠》,《中国近代思想与学术的系谱》,第 373—384 页。

③ 沈兼士:《北京大学研究所国学门报告》(1923 年 9 月 30 日),《沈兼士学术论文集》,第 367—368 页。

④ 葛利普:《中国之古生物学》,转引自卫聚贤:《中国考古小史》,第 35—40 页。

学系的计划,而造就专门人才是其当务之急,他说道:"史之改造,既须奠基于考古学之上,则此类之专门人材,为最需要矣。然环顾国中,此类人材最为缺乏,即如我自己,就是一知半解的。盖中国昔日之所谓考古学,多为无系统的,不科学的,且偏重于有史时期的,焉能负改造中国史之重大责任?"①

二、中央研究院历史语言研究所的建立

1928 年,正是在困难重重的局面下,中央研究院历史语言研究所在傅斯年的筹划下建立②。这是中国第一个设立考古部门从事田野发掘及室内研究等科学考古工作的学术机构③。筹办人傅斯年在接受创建历史语言研究所的任务时,便着力从治学观念上与传统划清界限,提出"上穷碧落下黄泉,动手动脚找东西",这一口号形象地道出了傅斯年的史料观和治学方式,即"走路和活动去寻找资料"。

在西欧长期的学习,使傅斯年认识到中国传统教育的不足,就在于人为地把体力劳动与脑力劳动分开,他确信若不把这种障碍扫除掉,就无法得到获取科学知识的新方法。李济认为傅斯年的口号并没有停留在言论上,这实际上是他创建的研究所执行了四十多年的管理研究工作的基本方针④。史语所的办所宗旨、方式和目标,即是"扩充材料,扩充工具",研究范围是"历史、语言"两科,提倡现代化的学术研究事业,运用集众式的研究方式,培养现代化的学术研究人才,最终使历史学、语言学与各自然科学同列。傅斯年在《国立中央研究院历史语言研究所十七年度报告》中有关"历史语言研究所设置之意义"这样写道:"中央研究院设置之意义,本为发达

---

① 马衡:《本校筹备考古学系之计划》,《国立中山大学语言历史学研究所周刊》第 1 集第 10 期,1928 年 1 月 3 日。

② 1927 年 10 月,蔡元培以大学院院长的身份,依据《中华民国大学院组织法》第七条规定着手筹备中央研究院。1928 年 1 月出版的《大学院公报》中公布《中华民国大学院中央研究院组织条例》,其中所规定的中研院的范围中并无历史学和语言学,也没有史语所。到了 4 月间,《中央研究院组织条例》修改公布,在具体建制方面已经有了史语所。所以认为,至迟在 1928 年 4 月,傅斯年即已说服蔡元培在中央研究院设立历史语言研究所,并开始准备筹建。详见潘光哲:《蔡元培与史语所》,《新学术之路——"中央研究院"历史语言研究所七十周年纪念文集》,第 190—195 页。

③ 石璋如:《李济先生与中国考古学》,《新学术之路——"中央研究院"历史语言研究所七十周年纪念文集》,第 135 页。

④ 李济:《安阳》,《李济文集》(第二卷),第 352 页。

近代科学,非为提倡所谓固有学术。故如以历史语言之学承固有之遗训,不欲新其工具,益其观念,以成与各自然科学同列之事业,即不应于中央研究院中设置历史语言研究所,使之与天文地质物理化学等同伦。今者决意设置,正以自然科学看待历史语言之学。此虽旧域,其命维新。材料与时增加,工具与时扩充,观点与时推进,近代在欧洲之历史语言学,其受自然科学之刺激与辅助,昭然若揭。以我国此项材料之富,欧洲人为之羡慕无似者,果能改从新路,将来发展,正未有艾。故当确定旨趣,以为祈向,以当工作之径,以吸引同好之人。此项旨趣,约而言之,即扩充材料,扩充工具,以工具之施用,成材料之整理,乃得问题之解决,并因问题之解决,引出新问题,更要求材料与工具之扩充。如是伸张,乃向科学成就之路。为此祈求,现拟次第举办下列事件:甲、助成从事纯粹客观史学及语学之企业。乙、辅助能从事且已从事纯粹客观史学及语学之人。丙、择应举之合众工作次第举行之。丁、成就若干能使用近代西洋人所使用之工具之少年学者。戊、使本所为国内外治此两类科学者公有之刊布机关。己、发达历史语言两科之目录学及文籍检字学。"①

《国立中央研究院历史语言研究所十七年度报告》所提到的史语所移居北平后的工作,史学方面治史所依靠的史料都是当时最新的史料,"研究历史上各项问题:因史料上的关系,暂以甲骨文金文为研究上古史的对象;以敦煌材料及其他中央亚细亚近年出现之材料,为研究中古史的对象;以明清档案为研究近代史的对象"②。而发现和整理新史料,则是史语所当时之要务。傅斯年有关史语所中敦煌材料的研究思路,也反映了这种史料观,他说:"敦煌材料,藏于外国者甚多,巴黎伦敦尤便观览;本所拟派编辑员余永梁赴巴黎,从事工作。是种宝藏,零散各处,多未整理;手抄影印者,亦多非系统工作;即就巴黎草目论,误处缺处尤多,其他更去整理就绪远矣。若能编刊一种确实目录,即是一大工作,何况逐篇校去,问题无穷乎!此项工作之将来,如能充分发展,必有大造于中国史学及文籍校订学之各面也。"③

中央研究院历史语言研究所在筹建之初是打算下设八组,分别是:一

①　国立中央研究院文书处编:《国立中央研究院十七年度总报告》,第 215 页。
②　国立中央研究院文书处编:《国立中央研究院十七年度总报告》,第 222 页。
③　国立中央研究院文书处编:《国立中央研究院十七年度总报告》,第 220 页。

史料、二汉语、三文籍考订、四民间文艺、五汉字、六考古、七人类学及民物学、八敦煌材料研究等八组。后来待《国立中央研究院历史语言研究所十七年度报告》写成时，将原来以事业为单位之组取消，变更为更大的三组，分别为：第一组，史学各面以及文籍校订等属之；第二组，语言学各面以及民间文艺等属之；第三组，考古学人类学民物学等属之①。虽然各组都进行了归并，但是考古组仍然成为史语所除历史和语言两组之外的第三大支柱组，可见史语所对考古学的重视。成立之初，史语所对考古学的田野发掘工作亦十分关注，在《国立中央研究院训政时期工作表》中包括十七年度和十八年度两年的完成筹备时期史语所的工作，其中"安阳采掘之殷墟龟甲研究"被列为众多工作之首，这也表明史语所对田野发掘工作的重视程度②。

在史语所的研究人员配置方面，傅斯年也十分有眼光，他把清华研究院解散后的全套教师班底统统接受。他请陈寅恪任历史组主任，请赵元任任语言组主任，请李济任考古组主任。王国维去世，他就把王国维的高足徐中舒请来，梁启超去世，他把刚从美国哈佛大学专攻考古学的梁启超的儿子梁思永请来③。傅斯年之所以这样做，主要看重的是清华学术团队"其命维新"的特点。史语所启用李济为考古组主任，担任殷墟发掘的工作，主要看重是李济从国外留学的专业背景，受过系统的科学训练，特别是在此之前还发掘过西阴村的田野考古实践。正如傅斯年在《国立中央研究院十七年度总报告》中所说："本组主任，由研究员李济担任。李君去年十一月返国，闻本所同人谈及前者董作宾调查安阳，决定可以大掘语，颇愿一往视察；而本所以李君前次发掘西演村，纯用近代方法，如请其主任以后安阳发掘事，必有异常之成绩；遂约定一切。"④梁思永的加入，使得殷墟的田野工作水平大为提高。小屯殷墟发掘工作的头几年，参加的人都是没有受过正规田野考古训练的，只能是暗中摸索，想由尝试和错误中获取经验和教训。有着专业考古学背景的梁思永参加工作后，才加以整顿，面目一新。他费了大力来改进田野考古技术，拟定各种记录表格，组织室内整理工作，

---

① 国立中央研究院文书处编：《国立中央研究院十七年度总报告》，第 32、221 页。
② 国立中央研究院文书处编：《国立中央研究院十七年度总报告》，第 51 页。
③ 胡厚宣：《结合考古资料重建中国上古史》，《中原文物》1992 年第 2 期。
④ 国立中央研究院文书处编：《国立中央研究院十七年度总报告》，第 219 页。

训练年轻人员,使一切都渐入正轨①。由此看来,傅斯年在人才方面的选择无疑有明确方向性,颇具前瞻性。

史语所不仅为中国现代考古学的兴起和发展提供了建制、技术和人才等客观外部条件保障,更为关键的是,赋予中国考古学以科学的精神,使之从传统金石学的窠臼里摆脱出来,具有现代的科学考古学观念,这一理念的转换保证了中国现代考古学的健康发展。首先,他们注意田野考古工作的重要性,注意研究对象是否为发掘品,是否经过严格的科学发掘而获得,摆脱了金石学特有的"古董"观念。其次,将研究对象的范围扩大,不在单纯局限于有字品或器物的研究,从而超越了传统金石学的研究范围,将研究对象扩大到遗址、墓葬和一切通过田野工作所能调查发掘到的遗迹遗物。并注意研究对象所存在的外部环境,以及纵横两方面的发展演变关系,对考古学有着"整体性"的观念。再次,研究方法是客观的、实验的,不仅本身拥有着一套科学可行的研究方法,还充分利用自然科学的研究成果和技术手段,从研究对象中提取更多科学可靠的信息。这表明,史语所的考古学研究已经超越以往"古董学"、"金石学"的藩篱,这样做的最终结果就是将中国考古学引向科学化、现代化。

上述这些观念的转化实践,从殷墟发掘开始。傅斯年、李济等人认为如要保证殷墟发掘的正常顺利进行,则必须将工作建立在科学观念的基础上,要持有所谓的"纯学术的观点"。李济后来将其归纳为两层意义:第一层意义,"进步的学术界认为要把古器物的研究,建置在纯学术的基础上,第一件事情要作的,是必须把私人的爱憎完全放弃,这是辨别古器物的客观价值以前,必须作的一种工夫,也是地下的古物应该完全归公的理论基础"。第二层意义,"为'地下材料'这一观念,应由王国维氏的定义加以扩大。考古学家必须根据现代考古学的定义,把'地下材料'再作一番新的界说,即:凡是经过人工的、埋在地下的资料,不管它是否有文字,都可以作研究人类历史的资料"②。这种"纯学术的观点"主要是针对当时有关"考古学"的错误观念发出的:"第一层意义"主要针对国人普遍将考古学视为"古董"之学的观念,认为应将古器物的研究建立在客观科学的基础上,抛弃将

---

① 夏鼐:《追悼考古学家梁思永先生》,《新建设》1954 年第 6 期。又载《夏鼐文集》,第 230 页。

② 李济:《安阳发掘与中国古史问题》,《李济文集》(第四卷),第 539 页。

古器物视为"古董"的错误观念;"第二层意义"主要针对将地下出土材料仅视为有文字品的,认为只有文字的才有研究价值的错误观念,主张扩大"出土材料"的定义。这些观点后来成为殷墟发掘团全部工作人员所共同接受的基本理念,李济就曾说:"董先生、梁思永先生和我对于现代考古学都有一个同样的信仰、同样的看法。我们三个人以及其他一块儿从事田野工作的同仁都认为近代考古学虽然应该接受不少的、过去的固有的传统,但有一点我们是应该革新的。这一点就是我们不能、也不应该把我们研究的对象,当作古玩或古董看待。我们共同的认识是:埋藏在地下的古物都是公有的财产,它们在文化上和学术上的意义及价值最大;没有任何私人可以负荷保管它们的责任,所以一切都应该归公家保管。"①

在傅斯年、李济等人的考古学理念中,是明确将考古学和传统金石学相区分的。1926 年,梁启超在瑞典太子的欢迎会上作了《中国考古学之过去及将来》的报告,将中国近千年的传统金石学视为中国的考古学,李济对此表现得极为反感和不理解,戴家祥就曾回忆说:"李老师把这篇报告在课堂上向我们一摊:'这是中国人的所谓考古学!'"②后来李济在《城子崖》序中,又说:"讲起古史研究的新运动,如考古一类的工作,我们并感觉不到什么特别的愉快。这种事业在中国,犹同别的自然科学研究一样,至少比别人要落后八十年。固然有时我们也可以拿宋人的几部书籍,强为自慰地说,我们中国人考古的兴趣已经有八百多年的历史了;但这只是兴趣而已。有兴趣而无真正的办法,所以始终没得到相当的收获。要是把现在的考古学与我们固有的金石学放在一个宗派里,岂不成了中国的胡人用改姓的办法冒充黄帝子孙的那一套把戏。"③

在实践方面,1927 年 3 月至 9 月间,史语所在广州筹备时期所进行的安阳殷墟的调查与试掘,也已贯穿了这种精神。在发掘之前,已经确立了并非专注于有文字品,而是注重"无文字之器物"和"地下情形之知识",从而全面了解殷墟的大体,并表明派员进行调查和试掘的目的,将就是为了

---

① 李济:《南阳董作宾先生与近代考古学》,《新学术之路——"中央研究院"历史语言研究所七十周年纪念文集》,第 266—267 页。

② 戴家祥:《致李光谟》,李光谟编:《李济与清华》,北京:清华大学出版社,1994 年,第 171 页。

③ 李济:《城子崖发掘报告》序,《东方杂志》第 32 卷第 1 号,1935 年 1 月。又载《李济文集》(第二卷),第 206—207 页。

防止"文字以外之知识,恐以后损失更大"。傅斯年在《国立中央研究院历史语言研究所十七年度报告》中写道:"安阳县之殷故墟,于三十年前出现所谓龟甲文字者;此种材料,至海宁王国维先生手中,成极重大之发明。但古学知识,不仅在于文字;无文字之器物,亦是研究要件;地下情形之知识,乃为近代考古学所最要求者。若谨为取得文字而从事发掘,所得者一,所损者千矣。安阳龟甲文字,近尚陆续出土;本所欲察其究竟,即托董君前往。董君于十七年八月至安阳,经探察后,始知罗振玉所称洹阳宝藏搜采一空者,实系虚语。今春有多人在小屯左近大肆打探,翻获甚多,为其地美国教士明义士买得。如不由政府收其余地,别探文字以外之知识,恐以后损失更大矣。"①这些观念,傅斯年后来将其整理归结为"整体的文化观念",这个观念是针对以往金石学、古器物学的个体、零星式研究方法而提出来的。

　　傅斯年和史语所的学者们在进行考古发掘的过程中,特别注意转变将考古学视为"古董"之学的旧观念,并积极克服这种旧观念所带来的不利影响。如李济就在论著中反复申说这一观念,强调将考古材料视为古董的危害性,他说:"一切地下的古物完全是国家的,任何私人不能私有。……本来中国人的古董癖已有好几千年的历史,这种恶习惯改变起来也不容易。现在我人所希望的是读书人应该知道这种习惯绝对的不必奖励。凡是一件到古董商手的古董均代表好些珍贵史料的摧残消灭,这都是有考古经验的人所能证明的。一件有文字的铜器,一到市场,就代表好些与它同出土的史料永久消灭。这种损失不是人力所能补救的。社会人士只管对这一件古董的欣赏,绝不注意到它所代表的绝大的损失,岂不可怪!"②所以,他认为这些考古材料不是"古董";其中虽也有若干件可以供人"清赏"或"雅玩"并可以刺激人的美感,但这只是极少数的例外。若正视它们的实际性质,"它们只是一组道地可靠的学术'材料',傅孟真先生鼓励人寻找的'材料'"③。

　　史语所赋予中国现代考古学的这个"我们不能、也不应该把我们研究

---

　　①　国立中央研究院文书处编:《国立中央研究院十七年度总报告》,第216页。
　　②　李济:《中国考古学之过去与将来》,《李济文集》(第一卷),第331页。
　　③　李济:《殷墟陶器研究报告》序,《中国考古报告集之二·小屯》第三本,1956年。又载《李济学术文化随笔》,第306—307页。

的对象,当作古玩或古董看待"的观念,对史语所以后所进行的田野工作有很大的影响。李济回忆说:"最初用近代考古学方法到田野开始发掘时,地方人士不但怀疑,并且反对;他们以为这群人都是盗卖古董的。因此工作的进行不免常遭阻碍。就是中央研究院组织的考古工作队,在创始的一个阶段也得不到地方人士的支持,因为他们仍旧不相信这一工作与古董商人的盗卖古董有甚么分别。直到中央政府为此事特别颁布布告,而从事工作的人又确实没有自己私藏及买卖古物的行为,田野的发掘才能顺利地进行了若干季节。"①这一观念在实践中的运用,不仅保障了殷墟发掘的顺利进行,而且为后来的考古学发展奠定了科学理念的基础。李济回忆说:"在民国十七年至十九年前后这一时期,我们所面临的最困难的问题,就是如何说服地方学术界与中央合作,同时我们也很清楚地意识到,要达到这一目的,我们必需把自己的立场,作明确的具体的表示。为了实行这个表示,我们不但促成了古物保管法的颁布与实行;在实行上,我们这些从事田野考古的人,借安阳发掘这一工作,对于古物的所有权,即'国有'的观念,做了一次充分而强力的发挥。中央研究院对于这件事情的领导,及尊重这条法律的精神,可以说为这门新学术奠定了第一方基石。"②

三、殷墟发掘及其意义

中央研究院历史语言研究所的考古工作,以 1937 年抗日战争正式爆发作为界限,可划分为两个主要时期。在抗战前,田野考古工作主要是围绕河南、山东等中原地区进行,这一时期的考古成绩比较集中和显著;随着抗战的爆发,史语所向大后方搬迁,工作重心也随之向西北、西南地区倾斜,使这些边疆地区的考古学得到了初步发展③。纵观史语所在中国大陆所做的考古工作,以殷墟的田野发掘成果最大、影响最巨,而且对当时众多的历史学者来说,20 世纪 20、30 年代中国考古学所取得的成绩中,给他们

---

① 李济:《南阳董作宾先生与近代考古学》,《新学术之路——"中央研究院"历史语言研究所七十周年纪念文集》,第 267 页。

② 李济:《南阳董作宾先生与近代考古学》,《新学术之路——"中央研究院"历史语言研究所七十周年纪念文集》,第 267—268 页。

③ 详见石璋如:《李济先生与中国考古学》,《新学术之路——"中央研究院"历史语言研究所七十周年纪念文集》,第 142—146 页。亦可参见陈洪波:《中国科学考古学的兴起:1928—1949 年历史语言研究所考古史》,桂林:广西师范大学出版社,2011 年。

印象最为深刻的,无过于甲金文、简牍等新出土材料和史语所的殷墟发掘。如周谷城在 1944 年所写的《中国史学之进化》一文中,谈到新史学在考古学方面的进展时就只罗列上述两点,他说:"最近考古风气,亦已渐开:凡龟甲兽骨之研究,钟鼎彝器之研究,竹简木牍之研究等等相继发动;其成绩虽只限于若干文字之认明,然认文字而能明,斯可进而求得史料之真矣。最近过去,中央研究院历史语言研究所在河南安阳发掘古物,所得陶器、骨器、石器,及金属器物等最多。……其发表发掘之成绩者,则有安阳发掘报告。"①

　　1928 年至 1937 年间,史语所在安阳殷墟共进行十五次大规模田野考古发掘②,这些考古发掘工作大致可以分为四个阶段。1928 年冬至 1929 年春,第一至第四次殷墟发掘为第一阶段,此阶段的主要任务和成就,即是完成考古学观念的转型,初步探索田野发掘的方法和技术手段,确立研究对象和工作方向。此阶段的发掘成果并非十分丰富,这主要是由于中国考古学的田野发掘工作尚处于初步的实践与探索阶段,但初创之意义就显得尤为重要。1931 年 10 月至 1934 年 3 月,第五至九次殷墟发掘为第二阶段,发掘地点主要集中在小屯,发掘的宗旨仍是探寻殷商王朝的建筑基址,并进一步丰富发掘的研究对象和扩展发掘的地域范围。1934 年秋至 1935 年冬,第十至十二次殷墟发掘为第三阶段,发掘地点主要集中在侯家庄。此阶段相对于其他阶段来说,发掘面积最广,发掘品收获颇丰,可以说是殷墟发掘的高潮阶段。此阶段的发掘工作,不仅使李济等人获得关于殷商大墓的复杂结构和工程技术等大量详细知识,还对殷商的物质文化规模和性质有了真正的认识。1936 年 3 月至 1937 年 6 月期间,殷墟的田野发掘又进行了三次,它们分别被称为殷墟发掘的第十三、十四、十五次,即第四阶段。此阶段的发掘地点主要集中在小屯遗址,李济、梁思永等人在探寻殷商王朝最后一个都城的建筑基址的同时,意外地获得了有关殷商文化发展序列的初步认识。

　　中央研究院历史语言研究所考古组所进行的这十五次殷墟发掘的重要意义,大致可以从考古学和历史学两方面来看。

---

　　①　周谷城:《中国史学之进化》,《复旦学报》1944 年。又载《史学探渊——中国近代史学理论文编》,第 1176 页。

　　②　详见李济:《安阳》,《李济文集》(第二卷),第 319—453 页。

　　第一,在考古学方面。殷墟是历史时期的遗址,所以有关殷墟的研究,则必然要求将传统历史文献材料与包括甲金文等出土文献在内的考古材料相结合。而这种研究方式无疑深刻地影响到了后来考古学的研究取向,使得中国考古学的部分内容放在了历史学的时段与范畴之内,即"考古学的目的、方法和所利用的文献,使它主要在中国历史学的传统内延续下去"①。

　　中国现代考古学田野考古的发掘技术,是在史语所的殷墟发掘中逐渐成熟,并不断完善的。1928 年第一次殷墟发掘,由董作宾主持,由于受传统学术观念的束缚,田野发掘工作在技术层面做得并不理想,李济到达殷墟,看到这些工作状况后,在私人信件里是这样描述的:"此次董君挖掘,仍袭古董商陈法,就地掘坑,直贯而下,惟检有字甲骨,其余皆视为副品。虽绘地图,亦太简略,且地层紊乱,一无记载。故就全体论之,虽略得甲骨文(约四百片),并无科学价值。"②1929 年春,由李济主持第二次殷墟发掘,这次发掘中充分注意到小屯的地理状况,因地制宜地分别采取长三米、宽一米半的不完全相连的探坑,沿线发掘;对于面积比较小的现场,则采厾角度不同的探坑;对于面积较为开阔的现场,则将上面两种方法的探坑兼用。第三次殷墟发掘中,在布方上又有所改变,开始使用探沟,即把探坑连成线发掘,南北向叫做纵沟,东西向的叫做横沟。在城子崖的田野发掘中更是将纵横线的发掘改进成分区挖掘。第四次殷墟发掘的时候,利用发据城子崖的经验,对发掘的方法进一步加以改进。由于小屯的地下普遍有古代遗存,无需试探,所以开始以十米见方为一个单位,先在这个单位内,用等距离、等长度的探坑来挖掘,后来是探沟的挖掘再到大面积揭露,此后的殷墟发掘仍都采用这一方法。石璋如说:"嗣后田野考古的人员每遇一个新的遗址,即实行他的四个步骤:那便是先作点的探找,次作线的观察,再作面的揭露,最后作体的发掘。"③

　　李济在第二次殷墟发掘中还吸取了西阴村的工作经验,在每一发掘坑内确立三点立体坐标,这样坑内的出土物就可以根据立体坐标的三点来确

---

①　陈星灿:《中国考古向何处去——张光直先生访谈录》,《华夏考古》1996 年第 1 期。
②　此信在《国立中央研究院历史语言研究所公文档案》,元字第 25 卷中。
③　详见石璋如:《李济先生与中国考古学》,《新学术之路——"中央研究院"历史语言研究所七十周年纪念文集》,第 147—150 页。

定所在的方位;同时他也注意到地层的变化,但这时还不是根据地层的自然变化来进行描绘记录的,而是采用等距离分层法。从第四次殷墟发掘开始,地层方面又取得了进步,地质地层学被考古地层学所取代,标志即是梁思永等人在后冈的发掘中第一次获得了仰韶、龙山、小屯三期文化先后次序的确然地层根据,这就是被考古学界所称道的"后冈三叠层"①。后冈遗址的发掘,首先根据遗址堆积的不同土质、土色和厚度划分出层层叠压的地层,然后根据各个地层的包含物(主要是陶器)将所划分的地层归并为三个不同的文化层,即小屯文化层、龙山文化层、仰韶文化层。一个文化层可以包含一个或几个地层。依照三个文化层的叠压次序,分别称作"后冈上层"、"后冈中层"、"后冈下层"。这里和"层"相关的有两种含义:(一)根据土质、土色划分出的地层;(二)根据地层内的包含物的特征所区分出的文化层②。

田野测量记录方面,第四次殷墟发掘便开始以小屯西南约五十米处埋的一块钢筋混凝土为永久性坐标③。殷墟发掘的第十三、十四、十五次,田野工作几乎全集中于 B 区和 C 区。采用最小的单位探方,并将探方都用一系列数字按顺序标明,如 C126,意为 C 区的第一百二十六探方。窖穴和墓葬也用数字标出,以英文大写字母 H(灰坑)表示前者,M(墓)表示后者④。

总之,李济所领导的史语所考古组通过殷墟发掘的实践,不仅为后来的田野考古工作确立了一些技术层面上的基本原则和方法,还为田野考古工作的制度化奠定了基础。

史语所通过科学的田野发掘,获得大量有重要学术价值的出土品。在此基础上,并没有就此罢手,而是继续组织精密的室内整理研究工作,开创了科学发掘品室内整理的先河。这些整理工作不仅起到示范作用,使现代考古学在研究程序上更为合理,而且还探索了类型学等考古学研究方法。整理工作的主要内容是先将发掘品分类编号,然后是给原物照相,最后是绘制线图。在《国立中央研究院历史语言研究所十七年度报告》中就曾提

①　详见梁思永:《后冈发掘小记》,《安阳发掘报告》第四册,1933 年。

②　陈雍:《关于中国考古学的思考》,《文物季刊》1997 年第 2 期。

③　李济:《安阳》,《李济文集》(第二卷),第 405 页。

④　李济:《安阳》,《李济文集》(第二卷),第 375—376 页。

到史语所考古组移居北平后在考古学方面所要进行的工作,即是整理殷墟发掘出土之实物,具体内容包括:"一编号目,此为整理各种实物最基本之工作,方法由本组各人员商订,列表实行。殷墟出土器物分类编号:1.字甲,2.龟版,3.字骨,4.骨版,5.骨器,6.骨料,7.兽骨,8.人骨,9.贝及贝器,10.玉石器,11.铜器,12.铁器,13.陶器,14.陶片,15.瓷,16.砖。已编者,为字甲、字骨、无字甲,与第一次挖掘之字甲,共及一千余片。凡编号之物均有存根,按号查考,即可知各物出土之详细历史。二照像,本组照像设备尚未齐全,且无此项技术者,故约定阿东照像馆经理其事;同时预备黑屋,以便自照。三绘图,小屯村所测之二千分之一图,正在敷墨,并缩小。四机械画,凡陶器骨器之属,非见之机械画不能说明;故特约张文治君动手二作,凡整个陶器,及重要陶片,不久均可绘就。"[1]

器物类型学方面,李济进一步改进安特生带地质学色彩的器物学,在《殷商陶器初论》中,他对陶器的名称、形制、用法、制法、年代几个方面加以考察,并认为研究陶器应如同埃及考古学家那样,"凡是同样形制的,都编成一个目;分成时代,相互比较,由此定那形制的演化。再由形制的演化,转过去定那时代"[2]。这些重要认识和初步尝试,为下一阶段出现的器物类型学奠定了基础[3]。随着室内整理工作的深入,李济发现殷墟陶器相关的形制可分几组,还确立了全部陶器图录安排上的两个基本指导思想:(一)放弃了参考埃及古物学者的想法,而是把最敞口的(和浅的)放在前面,一直推展到把最小口的放在最后;(二)决定把在小屯和侯家庄发掘的所有殷商及前殷商的陶器都计算在内,分为史前时期、商朝初期、殷商时期。这主要是因为出土器物缺乏地层上的支持,把器物的年代分割十分清楚几乎是不可能的,所以不得不把全部收集品作为一个整体进行分析研究[4]。后来,李济在《记小屯出土之青铜器》中吸取了他在殷墟陶器中的经验,选择出土单位明确、器物关系清楚的墓葬器物为研究对象[5]。根据器物形状的相同点和相异点,把器物分成不同层次的类别,用符号或数字表

---

①　国立中央研究院文书处编:《国立中央研究院十七年度总报告》,第 229 页。

②　李济:《殷商陶器初论》,《安阳发掘报告》第 1 册,1929 年,第 51 页。

③　陈雍:《关于中国考古学的思考》,《文物季刊》1997 年第 2 期。

④　李济:《安阳》,《李济文集》(第二卷),第 397—398 页。

⑤　李济:《记小屯出土之青铜器》,《中国考古学报》第 3 册,1948 年。

示不同的类级,注意到同一墓内各种器物的"共存的现象"和"有机的联系"①。李济在《中国古器物学的新基础》一文中总结器物类型学的方法时说:"大体说来,一种器物的形态表现,也同一种生物一样,有它的'生命史';形态的演变是随各器物存在的年岁依次显露出来的;把时代展进的秩序与形态演变的阶段——两者相依的关联,有系统地说明出来,实在是现代古器物学家的中心课题。"②

　　在出版考古学刊物方面,史语所遵照《国立中央研究院历史语言研究所十七年度报告》"史语所设置意义"条中所说的"使本所为国内外治此两类科学者公有之刊布机关",除将史语所有关考古学的研究性著作发表在《中央研究院历史语言研究所集刊》上,还将考古学发掘报告以专刊的形式出版。史语所在迁台前,在中国大陆共出版考古学刊物如下:(一)《安阳发掘报告》,这是史语所第一种专刊,专门对安阳殷墟的发掘情况、发掘报告和研究作品予以刊登发布。从 1929 年第一册出版到 1933 年 6 月第四册,共刊载三十四篇论文。(二)《田野考古报告》性质大致与《安阳发掘报告》性质大致相同,只是研究领域不再局限于安阳,范围更广。《田野考古报告》在抗战前只出版了第一册,抗战胜利后,《田野考古报告》改名为《中国考古学报》,并将先前所出的《田野考古报告》追认为《中国考古学报》第一册。《中国考古学报》将范围扩展得更大,不只局限于田野考古报告。到史语所迁台前,《中国考古学报》只出版三册,共有十七篇文章。(三)《中国考古报告集》,1934 年出版《中国考古报告集》第一种《城子崖》。对于第二种《小屯》,考古组最初打算分为四本,每本再分若干编,每编再分若干集,但史语所迁台前只是 1948 年出版《殷墟文字甲编》,其他报告迁台后才陆续出版③。这是在中国首开专门学术机构以集刊和专刊的形式刊布现代考古学报告的先例,首创之功不可没。此外,殷墟发掘在考古学专门人才的培养方面,也起到了不可估量的作用,如梁思永、夏鼐、尹达、郭宝均、尹焕章、石璋如等后来许多中国田野考古工作者,都是在殷墟考古工地训练培

---

① 陈雍:《关于中国考古学的思考》,《文物季刊》1997 年第 2 期。

② 李济:《中国古器物学的新基础》,《李济文集》(第一卷),第 343 页。

③ 详见石璋如:《李济先生与中国考古学》,《新学术之路——"中央研究院"历史语言研究所七十周年纪念文集》,第 154—157 页。

养起来的①。

史语所以殷墟发掘为代表的考古工作,不仅对其他学术机构起到一定的表率和引领作用,并引发了巨大的社会反响,为现代考古学在中国的建立和发展创造了十分有利的社会氛围与思想环境。当时有学者就说:"我国考古事业,近两年来(民国二十二年、二十三年),确有显著之进展,及切实之贡献,即以中央研究院所主持之发掘工作而论,两年间已达至十三次之多……两年来其他各方对考古工作之兴趣,亦因以引起,如河南之古迹研究会,山东大学教授及实习生等皆起而参加工作也。"②这表明,史语所殷墟发掘的成绩带动了当时考古学研究团体的组建,除殷墟发掘前成立的西北科学考察团、广州黄花考古学院之外,中国考古会于 1933 年在上海成立,陕西考古会于 1934 年在西安成立③,考古学社于 1934 年成立④,博物馆协会于民国 1935 年成立⑤,吴越史地研究会于 1936 年在上海成立⑥。这种带动作用不仅表现在考古学术机构团体如雨后春笋般地涌现,各个考古学术机构还纷纷效仿史语所的殷墟发掘,开始尝试科学的田野发掘工作。例如,1930 年,马衡主持的燕下都考古发掘就包含了新的内容,即重视地层。李济参加了此次发掘的组团会议,而在工作中具体负责地层问题的王庆昌,曾于 1929 年春参加李济主持的殷墟发掘。可以说,燕下都发掘方法中的新色彩,明显受到史语所殷墟发掘的启发⑦。北平研究院史学研究会成立后,徐炳昶主持陕西宝鸡等地的考古调查和发掘,尤以宝鸡斗鸡台发掘规模较大,似与史语所殷墟发掘、新生代研究室周口店发掘成鼎足之势,但论彼此在使用方法等方面的交流,北平史学研究会受史语所影响更多⑧。此时,考古学在社会的关注度等方面也发生重大转变。卫聚贤就曾观察到,民国初年各地的考古发现,向不被舆论界所关注,报纸亦少记载,有记载亦不准确,但自 20 年代以来,因为考古事业渐为发达,"报纸始

---

① 夏鼐:《五四运动和中国近代考古学的兴起》,《夏鼐文集》,第 120 页。
② 卫聚贤:《中国考古学史》附录一,第 208—209 页。
③ 详见卫聚贤:《中国考古学史》附录一,第 178—180 页。
④ 详见容庚:《记考古学社》,《东方杂志》第 33 卷 1 号,1936 年 1 月,第 339 页。
⑤ 详见卫聚贤:《中国考古学史》,第 138—140 页。
⑥ 详见卫聚贤:《中国考古学史》附录一,第 257—260 页、第 282—285 页。
⑦ 查晓英:《从地质学到史学的现代中国考古学》,第 55 页。
⑧ 查晓英:《从地质学到史学的现代中国考古学》,第 83 页。

多披露,新闻记者已知注意古物出土时情形,故报纸所载每一古物出土消息,不是只载得有古物若干件就算完事,并详述其发现及出土情形"①。

第二,从历史学方面来看。中央研究院历史语言研究所的殷墟发掘对中国古史学的影响,早在民国时期就有学者加以评价,"其所贡献于我国古史者,亦颇有可述,约略言之可得三项:一、殷商建筑文化之明确。二、殷商文化程度之测定。三、殷商文化分布实况之证实"②。确如其所言,殷墟发掘给中国古史学带来的最直接的影响,莫过于在商周史的研究方面。但以今天的后见之明来看,殷墟发掘带给中国古史学的意义还远不止这些,它对当时中国古史学者的史料观、治史方法,乃至于中国考古学框架的建立和中国上古史的重建,都有着重大意义和深远影响。

史语所殷墟发掘的成就,有力地证明了科学考古不仅能促进和验证传统文献知识,而且还可提供扩充新史料的方法和途径,丰富古史研究者的时空视野。在商周史的具体史实方面,殷墟发掘的考古学成果起到补充验证的作用。例如,通过殷墟建筑基址的发掘,对中国建筑早期的发展,得到了若干基本的认识。商代建筑基础,在殷墟第七次发掘时,已有所发现,第八次发掘,得版筑房屋基址两座,除石础之外,并得铜铸基础十个,版筑之下,还发现黑陶时代穴居的大圆坑,与连年发掘的商代基址取得了相当的联系;侯家庄发掘时,又发现了殷人居住的大圆穴洞、建筑基址、版筑、石础、土阶、地窖,皆与小屯殷墟无异,特别是证实了商代已经使用"版筑法",具有相当高的土木工程技术,殷代建筑文化因此得以为世人所明;第十三、十四、十五次发掘重点针对建筑基址进行发掘,更是了解到殷墟建筑的全貌。所以,后来李济就说:"故殷墟的发掘,就现代考古学的立场说,最基本的贡献实为殷商时代建筑之发现;亦即夯土遗迹之辨别、追寻与复原之工作。"③在殷周王位继承制问题上,王国维认为殷商施行的是"兄终弟及"制,周代施行的是"父死子继"制④,而李济根据新出土的考古材料认为,"父死子继的制度在殷代覆亡前已经实行了四代。这样,周代采用的制度,事实上仍是沿袭前朝的。不论周代采用的这种新制度究竟有多少改变,显

---

①　卫聚贤:《中国考古学史》附录一,第 141—142 页。

②　卫聚贤:《中国考古学史》附录一,第 209—210 页。

③　李济:《殷墟建筑遗存》序,《李济文集》(第二卷),第 315 页。

④　王国维:《殷周制度论》,《观堂集林》,第 451—480 页。

然也只属于细节上的"。据此,李济认为应该重新考虑商周的传承关系,他说:"周人是著名的革命派:他们在保存殷代留下的大量美好和有用东西的同时,对于殷代社会、宗教和政治活动等各方面作了许多变更和改进。然而,根据新发现的资料对这些改变所作的详细研究,却说明了一个有意思的事实:早周时期的那些通过自我宣传和经学家的注释而变得出名的所谓革命措施,在不少情况下只是徒有其名而已。"①

殷墟发掘前后,有些学者对于地下出土的甲骨金文等地下文字材料抱着将信将疑的态度,但殷墟发掘出土的甲骨,证实了传世甲骨的相对可信性。而那些经过科学发掘出土的甲骨文对当时学者们的史料观和具体史实的认识,更是产生了巨大冲击,如李济就说:"小屯十二次发掘所获的有字甲骨,据史语所最近一次的估算为二万四千九百一十八片;这样就彻底消除了对甲骨文真实性的怀疑。……就这样,随着安阳发现的公开,那些疑古派们也就不再发表最激烈的胡话了。章炳麟晚年在得知这些新发现后,曾私下试读过罗振玉论甲骨文的著作(《殷墟书契》),尽管他从未公开承认此事。不管怎么说,他不再指责罗振玉在这个独特项目上是伪造者了。"②殷墟发掘出土的甲骨文不仅证明传世甲骨文的相对可信性,也从材料和方法上支持了王国维"二重证据法"的可行性,使这一代的古史学家对大量早期文献的可靠性逐渐恢复了信心,并对未经科学田野发掘的甲骨文金文等考古资料的使用采取了谨慎的态度③。如韩奕琦就对未经过科学考古发掘所得金文的精确性表示怀疑,说:"虽然金文也能当做史料,但未经科学的发掘和严格考订整理,用时危险极多;即使考订正确,为数也有限。"④

由于受到安特生"仰韶文化"分期的影响,在殷墟发掘前,对殷商的社会性质和发展阶段,学者们普遍将商代文化视为石器时代的末期,正处于进入铜器时代的初始阶段,认为殷商的社会文明还处于较晚的阶段。但在

---

① 李济:《安阳的发现对谱写中国可考历史新的首章的重要性》,《李济文集》(第四卷),第508页。

② 李济:《安阳的发现对谱写中国可考历史新的首章的重要性》,《李济文集》(第四卷),第505页。

③ 李济:《安阳的发现对谱写中国可考历史新的首章的重要性》,《李济文集》(第四卷),第504页。

④ 韩奕琦:《中国上古史之重建》,《斯文》第2卷23、24期合刊,第10—11页。

殷墟发掘过程中,商代文化层内又屡有未曾冶炼过的铜锡以及孔雀石之类的矿石、红烧土碎块和木炭等物被发现,还发现了铸造用的型范,与青铜器铸造有关联的陶器,这都说明殷商时已有冶铸铜器的方法。特别是发掘中所反映的殷代青铜器的使用情况,仅从小屯的遗址中就发现数百件器物,从礼器到兵器以及日常用具。这都充分说明,殷代已不仅是一个全盛的青铜时代,事实上小屯在公元前二千年的下半纪也已是中原的青铜制造业中心之一。殷墟发掘自 1928 年开始后,发掘地点一直限于小屯及附近的几处遗址,其中不是废弃后的居住遗址,便是些简陋的小墓葬,实在不足以代表殷代文物的全貌。但随着梁思永等人在侯家庄发掘的开展,这一认识得到了彻底改观。他们所发掘的几座大墓规模宏伟,有成排的殉葬坑,并殉有"人牲"。出土的随葬品比较精美,青铜器有两个方鼎重达千余斤,雕刻精致的立体石刻以及优雅的玉饰和铜制的车饰。这些都是以前在小屯所未掘到的和以前所不知道的[1]。通过这些发掘情况,不仅使古史研究者深入了解到殷商的社会物质精神文化的发达程度,而且对其埋葬制度、社会行政组织的能力等方面也都有了更为全面的直观认识。李济在谈到他对殷商文化规模的认识时,就曾说:"要是我们能把上列的诸实物,每一件的移动的历史都弄清楚,我们对于殷商以前黄河流域与他处的交通,也可以明白好些;也就可以知道,小屯时代的殷民族,能采南国之金,制西方之矛,捕东海之鲸,游猎于大河南北,俨然为一方之雄,而从事于征伐、文字、礼乐诸事,全东亚没有敢与它抗衡的,不是一件偶然的事!"[2]

　　当然,殷墟发掘对于中国古史研究的意义,并不只限于对原有殷商史实的修修补补式的局部认识,更为重要的是,通过殷墟的发掘,找寻到了历史与史前史之间相互联系的关节点。虽然早在殷墟发掘之前一个很长时期,在中国的科学考古,安特生等外国学者就已经开始提倡,到 1928 年时,安特生对仰韶文化的发掘已经取得了重大成果,并出版了科学的考古发掘报告。可是,那些发现主要都是史前的,因而也是无法确定年代的,它们同传统记载之间的关系一直是不能肯定的[3]。但经过殷墟的考古发掘,所得

①　夏鼐:《追悼考古学家梁思永先生》,《夏鼐文集》,第 232 页。

②　李光谟编:《李济学术文化随笔》,第 406 页。

③　李济:《安阳的发现对谱写中国可考历史新的首章的重要性》,《李济文集》(第四卷),第 504 页。

到的实物证据把历史文献跟早期历史时期和史前时期的考古遗存紧紧联系在一起。正如石璋如所认为："安特生等外国学者,早在李济从事考古之前,已经在华北发现若干处中国史前遗址,但是它的年代是漂浮的,等到李济领导发掘殷墟,才把史前史与有文字的历史在地层上接了榫。加长了中国的信史,光大了中国文化。"①

　　商代文化分布区域,随着考古发掘的深入也有了新的认识,为中原的田野考古工作,也确立了一个可靠的考古学标尺。1930 年,吴金鼎在山东历城城子崖发现了黑陶龙山文化,在城子崖等地还发现了与殷墟相似的卜用甲骨,并在甲骨上发现有钻灼的痕迹。黑陶文化,最初只在城子崖有所发现,为山东一带所独有,但不久在安阳后冈侯家庄等地也有了发现。通过梁思永等人在后冈发掘,第一次揭露了彩陶、黑陶和安阳经一定的顺序迭压着的关系。1933 年,梁思永在《安阳发掘报告》中谈到后冈的文化层时,他说："上层所包含的是白陶文化(即小屯文化)的遗物;中层所包含的是黑陶文化(即龙山文化)的遗物;下层所包含的是彩陶文化(即仰韶文化)的遗物。每层所包含的遗物里,不但有它所代表的文化的普通器物,并且有那文化的特殊制品。如果把地层上下的次序,依考古学的基本原则'翻译'成时间的先后,我们就可以知道,后冈在白陶文化的人居住之前,黑陶文化的人曾在那里住过;在黑陶文化的人以前,又有彩陶文化的人曾在那里住过。这简单的事实是城子崖黑陶文化发现后中国考古学上极重要的一个发现。"②这一发现解释了一大批在殷墟遗址发现的实物中难以说明的现象,并将小屯与仰韶的关系问题,渐次扩大为小屯、仰韶与龙山的关系问题③。李济很快将这一进展反映到古史的商文化分布,及其与华北其他文化之间的关系方面。他说："在山东田野工作中获的新经验使我们开始设想,用肩胛骨占卜不仅存在于华北的史前时期,其范围更为广泛。在古代传说中关于商朝早期历史的记载,确实提到商朝建立后曾五次迁都,这些都城的具体位置是研究中国古史的学者最感兴趣的问题。我认为新发现的龙山文化有可能是商文明的直接前身。至少用肩胛骨占卜明显地说

　　① 石璋如:《李济先生与中国考古学》,《新学术之路——"中央研究院"历史语言研究所七十周年纪念文集》,第 136 页。
　　② 梁思永:《后冈发掘小记》,《梁思永考古论文集》,北京:科学出版社,1959 年,第 102 页。
　　③ 李济:《中国古器物学的新基础》,《李济文集》(第一卷),第 340 页。

明了商文明与早于它的华北史前文化之间的关系。"①正是在殷墟发掘这一基点上,中国考古学者和历史学者们开始沿此探寻追溯中华文化的来龙去脉,为后来的夏商周考古学文化时空框架的建立,乃至中国上古史的重建都确立了第一方基石。

　　总而言之,民国时期中央研究院历史语言研究所的殷墟发掘,是中国历史上第一次由国家集中组织人力、物力、财力,采用科学的现代考古学方法所进行的重大田野考古发掘活动。这次考古学实践对 20 世纪中国古史学的未来发展有着奠定基础和扩展领域的重要学术影响。殷墟发掘在继承和发展传统金石学的基础上,确立了中国现代考古学学科理念、研究方法和工作模式,解决了在此之前许多悬而未决的古史问题,开启了中国古史学未来的研究方向和领域,如中国文明起源的问题、夏商周三代文化的问题、中国文字起源的问题、重新认识传统文献记载的问题、中国上古史重建的问题等等②。

第四节　中国上古史的重建

　　20 世纪初年,中国现代考古学刚刚建立,尚处于起步阶段,考古材料的搜集和使用必然受到诸多限制,一些历史学者对这些材料的使用还抱着存疑的态度。陈寅恪就曾对王钟翰说:"地下考古发掘不多,遽难据以定案。画人画鬼,见仁见智,曰朱曰墨,言人人殊。证据不足,孰能定之?"③顾颉刚此时对考古学的局限性也有所预见,他说:"有许多古史是考古学上无法证明的,例如三皇五帝,我敢预言到将来考古学十分发达的时候也寻不出这种人的痕迹来。大家既无法在考古学上得到承认的根据,也无法在考古学上得到否认的根据,那么,希望在考古学上证明古史的人将怎么办呢?"④所以,他认为单纯文献上的材料虽然不足以建设真实的古史,但研究古史传说的演变过程则是可能的。他说:"用了书本上的话来考定尧舜

　　①　李济:《安阳》,《李济文集》(第二卷),第 362 页。
　　②　黄海烈:《民国时期殷墟发掘对中国古史研究的影响》,《历史教学》2010 年第 22 期。
　　③　王钟翰:《陈寅恪先生杂忆》,载《纪念陈寅恪教授国际学术讨论会文集》,广州:中山大学出版社,1989 年,第 52 页。
　　④　顾颉刚:《古史辨》第二册自序,《古史辨》第二册,第 5 页。

禹的实有其人与否固然感觉材料的不够用,但若要考明尧舜禹的故事在战国秦汉间的发展的情况,书本上的材料还算得直接的材料、惟一的材料呢。"①正是由于此时考古学发展的尚未成熟,并且有着先天的局限性,导致顾颉刚认为考辨文献的工作则是当务之急,他说:"我们先把书籍上的材料考明,徐待考古学上的发见,这不是应当有的事情吗?"②

随着殷墟发掘的开展,中国现代考古学日益兴起,有关古史的考古资料也日益增加,古史的观念与学界的风气也开始有所转变。李济的一位朋友就曾说,在20年代时,他在中学课堂上,弃三皇五帝而不谈,只讲石器时代,遭到了学生们的"大笑",而十年后,连乡下的小学生也已经知道"石器时代"这个名词了。据此,李济认为这一转变,很可以代表"十年来我们对于历史观念的变迁。社会上对于三皇五帝的忆念,虽仍觉得恋恋不舍,然究竟敌不过石器时代、铜器时代所代表的观念的实在;石器铜器时代的史实一天一天地增加,现在差不多可以自成一卷历史。至于三皇五帝是否完全为一个神话,自然另是一个问题;但就是仍旧相信这些古圣人的人,对于他们所代表的内容也变更了许多。这一切我们可以说全是考古学发生出来的影响"③。这种古史观念的转变,主要是由现代考古学两项重要成绩所造成的④,"一为发现中国北部的石器时代文化",主要是指安特生发现仰韶文化;"一为确定中国的青铜时代文化",即是殷墟的发现与发掘。而在此前,传统的中国史家仍然笃信三皇五帝的传说,新派的史学家也只是怀疑这种传说而已。李济认为这两种古史学观点都无法最终改变中国古史学的命运,因为"这两种态度都只取得一个对象,都是对那几本古史的载籍发生的。直等到考古学家的锄头把地底下的实物掘出来,史学界的风气才发生些转变。"⑤

顾颉刚无疑也受到这种风气的影响,他在《古史辨》第二册自序中就表示,要将研究阵线缩后,并且自我身份认同也发生相应的改变,表示希望成

————————

①　顾颉刚:《古史辨》第二册自序,《古史辨》第二册,第4—5页。

②　顾颉刚:《古史辨》第二册自序,《古史辨》第二册,第5页。

③　李济:《中国考古学之过去与将来》,《李济文集》(第一卷),第325页。

④　"石器时代"可以代替"三皇五帝"的古史观,除现代考古学崛起的因素外,还应看到顾颉刚等古史辨派对旧古史系统的解构,这都为观念的更新创造了必要条件。

⑤　李济:《中国考古学之过去与将来》,《李济文集》(第一卷),第325页。

为一个"中古期的上古史说"的专门家①。此后,他在《古史辨》第三册自序中更是一改先前偏重传统文献的态度,认为对中国古史进行重建离不开考古学。他说:"古史材料在书籍里的已经整理完工了,那时的史学家就可根据了这些结论,再加上考古学上的许多发见,写出一部正确的《中国上古史》了。"②而古史辨派及其追随者也出现了一些修正前时过激言论的态度和观点,并开始重视考古学在中国古史研究中的功用。1933 年,罗香林在评价顾颉刚和《古史辨》时,就将顾氏放在 20 世纪以来二十年中国史学思想变迁的大势中加以探讨,提出可以将当时的中国史学界划分为六种趋向,其一即是"兼采中西考古学方法,或从事古遗器物的研求,或专心致力地下古器物的掘发与考证而构成的一种运动",并欲在《读顾颉刚先生〈古史辨〉》一文中独辟一章来专门讨论"考古学年代学的提倡与研究"③。

有些态度更为激进的学者,则更看重新兴考古学在重建中国上古史中的不可替代的作用。如正式提出"中国上古史重建"口号的韩奕琦,在 1942 年时就已经认为,一般认知中的上古史料可靠的已很少,古史的重建只能寄希望于科学的考古发掘。认为如若考古学能发达,新材料不仅可以大量寻找出来,使古史之重建极为可能,而且这些材料将愈积愈多,使后人知道古代史更详细、更悠远、更确切,因为他们"可以利用颠扑不破的古代实物重建古史"④。

一、上古史重建的初步主张

民国时期的另一些新派学者们,随即将史学界提出的"中国上古史重建"的口号付诸行动,这其中,傅斯年起到了关键性作用。从顾颉刚到傅斯年再到中国上古史重建,这正是近代以来中国古史学发展中环环相扣的演进过程。傅斯年创办中央研究院历史语言研究所,开辟了新史料学和比较语言学的研究道路。正是傅斯年的另辟蹊径,帮助顾颉刚回应了一些难以独自完成的课题,并找到解决这些疑难问题的办法,为未来的中国古史研

---

① 顾颉刚:《古史辨》第二册自序,《古史辨》第二册,第 6 页。

② 顾颉刚:《古史辨》第三册自序,《古史辨》第三册,第 5 页。

③ 佛应(罗香林):《读顾颉刚先生〈古史辨〉》,《国立中山大学文史学研究所月刊》第 1 卷第 1 期,1933 年 1 月。

④ 韩奕琦:《中国上古史之重建》,《斯文》第 2 卷第 23、24 期合刊,第 10—11 页。

究指明了方向①。所以，傅斯年是顾颉刚与中国上古史重建之间的重要衔接，同时也为中国考古学和古史学的发展奠定了基础。屈万里就认为，顾颉刚辨伪疑古的"破坏"工作确实取得了很大成绩，其表现为对大量的古籍和古史的分析和考证，特别是对长期以来人们迷信的儒家经典《尚书》、《易经》、《诗经》及孔子学说进行认真系统的考辨，推翻了尧舜禹文武周公的传统上古史体系，在上古史料的批判利用方面，做出了一定的贡献。同时他也看到在顾颉刚疑古破坏的背后又隐藏着局限性。"先破后立"，消极的破坏多于积极的建设，特别在带有明显形式主义偏向的"宁疑古而失之，不可信古而失之"口号之下，完全地存疑，就成了另一种形成的破坏。"疑古的结果成了无古"，使得人们在古史面前四顾茫然，不知所措。所以，屈万里总结说："自从顾颉刚等竖起怀疑古史的旗帜，天下风起云涌，但他们只有破坏，没有建设。而历史语言研究所，则运用科学的可信的材料，从事本国史的建设，史语所替中国文史界开了一条大路，孟真先生本人则是开路的急先锋。"②

傅斯年作为古史研究"有破有立"的倡导者，早在《新潮》社时期，就主张文化改造中要"破中有立"③。那么，面临着顾颉刚已为之扫清障碍的古史学说系统，傅斯年更提出，我们不是读书人，只要"上穷碧落下黄泉·动手动脚找东西！"④随着中国现代考古学在殷墟等处取得重大成绩，傅斯年更加坚定了早年的看法，与顾颉刚在学术上的分歧日益明显。此时傅斯年主张"整体的历史观念"，认为考古材料是活的材料，可以"点活"传统文献材料⑤，这样就可不再简单地拘泥于这些传统文献材料的真伪判断上，而是思考如何将它们盘活整合，用于中国上古史的研究之中。傅斯年这些主导思想的忠实贯彻者和实践者，则是李济。

李济于 1934 年就曾在《城子崖发掘报告》序中认为，现在已经不是

---

①　桑兵认为，在中国近代史学发展进程中，傅斯年的学术贡献远不及他的事功，史语所的突出成就恰是其史学革命胜利的象征，堂而皇之地组织起"元和新脚"的整齐阵容，迅速而有序地落实以往长期坐而言却不能起而行的学术主张，不必如顾颉刚所说等待十年以后。桑兵：《近代学术传承：从国学到东方学》，《历史研究》2001 年第 3 期。

②　屈万里：《敬悼傅孟真先生》，《自由中国》第 1 卷第 1 期。

③　傅斯年：《破坏》，《新潮》第 1 卷第 2 号，1919 年 2 月。

④　傅斯年：《历史语言研究所工作之旨趣》，《中央研究院历史语言研究所集刊》第 1 本，1928 年。

⑤　傅斯年：《"新获卜辞写本后记"跋》，《傅斯年全集》第三册，第 961 页。

争论"尧、舜、禹的黄金时代"是否应该被打倒的时候了,那样只不过会愈闹愈纠纷了,他认为应该跳出这些无谓的纠缠,因为这"仍是一个技术问题"。"层累说"也只能算一种推倒伪史的痛快的标语,用其是建立不起来真正的古史的,如果要奉为分析古史的标准,却要极审慎地采用,不然,就有被"引入歧途的危险"。从殷墟发掘的经验来看,"中国古史的构成,是一个极复杂的问题。上古的传说并不能算一篇完全的谎帐。那些传说的价值,是不能遽然估定的。只有多找新材料,一步一步地分析他们构成的分子,然后再分别去取,积久了,我们自然会有一部较靠得住的中国上古史可写"。重建中国上古史的关键就在于,多找"真实可靠的材料",处置这种材料的方法也应该与处置一切自然科学材料是相同的。如此,上古史中的价值观念一旦被摒除,"其余的就可迎刃而解了"①。由此看出,在李济的观念里,原有中国上古史中真伪有无的问题,已经不算问题了,现在的中心只是用科学的方法和手段来获取和处置"真实可靠"的地下考古资料。

所谓的科学的方法和手段,在当时最为主要的即是田野考古发掘,而其之所以能够成为重建中国上古史的核心,是因为它在性质和内容上与历史学有着极大的相似性。李济就认为"田野考古工作,本只是史学之一科",田野考古者的责任就在于运用自然科学的手段,搜集人类历史材料,整理出来,供史学家采用,这本是一件分不开的事情,而与史学绝缘的考古学是不能有多大进步的。要建设一部信史,发展考古学是一种必要的初步工作②。

对于如何重建中国上古史的问题,李济在理论上也提出了系统的方案。1954 年,李济在《中国上古史之重建工作及其问题》一文中,提出他对重建中国上古史问题的初步构想。在这里,他已经意识到新文化运动以后,中国上古史的研究材料的范围发生了变化,随之研究的中心问题也有所转移。他说:"我们感觉到,并已证明,上古史的史料除了文字记录以外,还有另外的来源;由这些来源所得的新材料,已经引导出来了不少新的问题,并且已经是一般史家所接受的了。他们必须收纳考古学与民族学的资

---

① 李济:《城子崖发掘报告》序,《李济文集》(第二卷),第 207—208 页。

② 李济:《〈田野考古报告〉编辑大旨》,《田野考古报告》第 1 册,1936 年。又载《李济文集》(第一卷),第 332—333 页。

料；这些新资料，不但帮助他们解决旧问题，而且启发新问题。"①新问题，即是中国民族的原始和中国文化的原始。他认为只有抓住中国早期文化与民族这样的核心问题，并根据新材料来建立中国上古史，如此，不佀可以说明中国上古史本身，更紧要地，也可以把中国文化在世界史的位置说明得很清楚②。但此时这只是李济的最初构想，他主要是站在考古学家的立场上，来说明若干考古工作对重建上古史的作用和贡献。

　　1962年，李济在《再谈中国上古史的重建问题》一文中，完善和发展了他先前的构想，以历史学家的立场和眼光，把中国上古史重建的相关问题，做了通盘的思考和讨论③。他对"中国上古史"加以重新的界定。在"史"的方面，他认为史料已经不能用先前的眼光来看，不能完全以"有文字记录"的材料为限，不仅要照顾到那些新发现的"哑巴"材料，并且要给它们以很大的重量，以此作为历史研究的根据。在"上古"方面，他认为其时间也已经不可以用原有的范围来界定，而应将中国上古史的起点延长至人类最早在中国这一区域内演进之始。在"中国"方面，他认为其空间也不能单纯以黄河流域和长江流域为限，还应涉及自然环境如地理地质地貌方面的变迁。基于李济重新定义后的"中国上古史"，在人文社会科学的领域内出现了自然科学研究的题目。由于在李济的研究概念中，"中国上古史"的研究领域和研究手段经过了重新界定，他将中国上古史的史料范围也加以重新划分。他把中国上古史的材料划分为七大类：第一，关于"人类原始"的课题，相关材料大半属于人体解剖学与生物学领域，注意人类起源的问题，是世界性的学问。第二，与研究东亚地形有关的科学资料，包括地质学、气象学、古生物学等各项研究成果。第三，人类的文化遗迹，这实际上就是关于中国这一区域之内早期人类的史前考古学。第四，体质人类学，研究人类体质，尤其是在最近10000年内的人类体质演变的基本资料。第五，"狭义的"考古学所发掘出来的资料，指过去古器物学家一般所承认的考古资料，大半属于有文字记录的时期，大约是青铜时代及这时代以后的历史。第

---

　　① 李济：《中国上古史之重建工作及其问题》，《民主评论》第5卷第4期，1954年。又载《李济文集》（第一卷），第353—354页。

　　② 李济：《中国上古史之重建工作及其问题》，《李济文集》（第一卷），第360页。李济的这种观点有着精准的预见性，考古学发展到今天，有关中华文明起源等问题的研究已经成为显学。

　　③ 李济：《再谈中国上古史的重建问题》，《"中央研究院"历史语言研究所集刊》第33本，1962年。又载《李济文集》（第一卷），第406—416页。

六,民族学家所研究的有关原始民族的文化与体质的资料。第七,历代传下来的有关秦朝以前的文献记录,这是研究中国上古史最基本的资料①。在李济所说的七种材料中,第一、第三和第五种材料实际上属于考古学三个主要研究领域,即旧石器考古学、新石器考古学、历史考古学,而其余的则都属于考古学的分支或是辅助学科。所以从李济所说的材料范围来看,他是想通过考古学来重新构建中国上古史,所依靠的材料涵盖面相当之广,不仅有人文社会学科还有自然学科,不仅有考古学还有狭义的历史学,可以说李济的这一材料范围的划分,融入了他对中国上古史结构的整体思考,也是他重建上古史的理论精华。这一思想,后来被张光直所继承,并在此基础上有所发展,明确提出在中国上古史研究领域内的整合研究方式②。

在中国上古史的基本选题方面,李济仍然遵循他在《中国上古史之重建工作及其问题》中所得出的基本看法,认为中国上古史的两个基本课题,应是中国民族和中国文化之原始的问题。这些问题的本身,不但是体质人类学的课题,也是文化人类学的课题,更是历史的基本课题。在中国上古史重建中,中国考古学家所面临的最大的问题,就是如何将考古学资料串联在一起,形成一个整体,以此作为新的中国上古史的写作基础。李济认为,新的中国上古史应当以殷墟发掘所得的田野考古资料为基础,这不仅可以使历史学家全面了解殷商文化,而且可以把殷商文化的考古材料与史前的考古材料比较贯穿,通过比较研究找出它们可能的来源,最终是将史前文化与历史文化连成一片③。

李济很快就将这一系列关于重建中国上古史的看法付之实践。1955年,他去美国西雅图华盛顿大学讲学,把 3 篇讲稿编成书,标题就叫《中国文明的开始》,该书于 1975 年出版。1963 年。他在台湾组织了一个中国上古史编纂委员会,自己担任主任委员,还编写有一份《中国上古史编辑要旨》,来指导上古史的编纂工作,力求实现他所主张的利用考古发掘及其他相关资料重建中国上古史的愿望。李济在《〈中国上古史〉编辑计划的缘起及其进行的过程》中认为,50 余年来,地下发掘出来的考古资料已经累计

---

① 李济:《再谈中国上古史的重建问题》,《李济文集》(第一卷),第 408—410 页。
② 张光直:《对中国先秦史新结构的一个建议》,《中国考古学论文集》,北京:生活·读书·新知三联书店,1999 年。
③ 李济:《再谈中国上古史的重建问题》,《李济文集》(第一卷),第 414 页。

到了一个颇为可观的数量,发表的报告不断地透露了远古时代中国民族与文化形成的消息。现在近乎已经到了史学家可以凭借校订比较完整的古籍与发掘出土的实物,把中国上古史再作一番整理的时候。这个编辑计划完全是根据审查原始资料的性质而做出的,重心放置在民族的发展与文化的演进两组主题上,目的是编辑一部比较可信的中国上古史①。该书至他去世时都未能完成,他临终时还引以为憾。由于李济 40 年代末开始远离中国考古学的主流和前沿,对中国大陆考古学的发展状况并不十分了解,无法充分掌握第一手的考古资料。所以,他晚年研究的基本课题仍然局限于"中国民族和文化的原始"这两个问题,所掌握的考古发掘材料,也只限于殷墟的材料,特别是在田野考古方面并未提出操作性强的指导性方法论,这就极大地阻碍了他的中国上古史重建工作。这种远离中国考古学中心的局面,不仅影响到李济本人的学术发展,也使史语所的考古学研究日趋边缘化。史语所原所长王汎森就谈到,史语所到中国台湾以后,高去寻花了 35 年时间,把侯家庄的报告做出来,厚厚的 10 大本(其中有 1 册是石璋如接续完成的)。虽然每本著作者都写"梁思永遗稿,高去寻辑补",实际上,从档案的原始记录可以看到,梁思永所做的发掘记录,主要由高云寻来完成后期整理写成报告。这说明,史语所到台湾以后,虽然没有机会参与中国大陆的考古发掘,但仍一直在做这一类的工作,如考古报告、整理研究等等,所以这一条线没有完全断掉。但是,因为没有了田野工作条件,一些本来可能对中原考古有兴趣的学者,就慢慢转向中国台湾地区考古和东南亚考古,致使现在在史语所里面从事此类考古的学者人数远远超过了从事中原考古的学者人数。学术方向的调整,尤其史语所这种讲究搜寻原始材料的单位,必然会受到现实条件的限制②。而此时期,中国大陆的考古学者们在考古学的发展和中国上古史重建等方面,则做出了切实的贡献。

二、新中国考古学成就与上古史重建

新中国成立以来,大批史前与夏商周遗址被发现,考古学分期研究也随之扩大到整个黄河流域和长江流域的大部分地区,一系列重大考古发现也为

---

① 李济:《〈中国上古史〉编辑计划的缘起及其进行的过程》,《李济文集》(第五卷),第 151—152 页。
② 详见王汎森:《谈史语所八十年》,《东方早报》2008 年 12 月 01 日。

重建中国上古史奠定了坚实的学术基础。随着六十余年来中国考古学的迅猛发展,中国大陆考古学家初步梳理了史前文化的发展谱系和复杂结构,基本弄清了农业的起源及其早期发展,以及由此而形成的全国史前经济格局及其对社会与文化发展的影响。对聚落都邑的研究又有力促进了中国文明起源的探索。对夏文化的探索有显著的进展,对商周文化的研究也日益深化,对夏商周时代中原周围区域诸多青铜文化也有了体系性的认识[①]。

旧石器考古学方面,直立人和早期智人、晚期智人化石以及一系列旧石器时代遗址的发现,构建起了一个距今大约 200 万年至 2 万年的古人类体质特征及其文化演化的序列[②]。这就为在世界范围内认识人种起源和中国民族之原始等问题,提供了丰富的考古学资料。

新石器考古学方面,中国考古学者在史语所殷墟发掘的基础上,保持对殷商文化起源的持续关注。随着龙山城子崖遗址的发掘,以及一系列龙山文化的发现,中国考古学界针对安特生的仰韶文化分期进行了深入批判性研究[③]。20 世纪 70 年代以来,随着各地一系列石器时代遗址早中晚各个阶段代表遗址的确定,中国考古学新石器时代的历史框架也日渐清晰,距今 10000 年左右至 4000 年左右中国新石器文化的年代学发展序列及其区系类型体系已初步构建[④]。

新石器时代的中晚期,中国已经形成以粟、黍为代表的北方旱作农业系统和以水稻为代表的南方稻作农业系统。这对后世中国历史上经济社会的构成和文化格局的分布,有着重大深远的影响。20 世纪 50 年代在西安半坡遗址[⑤],70 年代在河北武安磁山遗址[⑥],从这些遗址出土数量较多的粟朽灰和成套的农业工具来看,华北地区以粟、黍为代表的旱作农业可能起源得更早[⑦]。南方最早的稻作遗存是 70 年代发现与发掘的河姆渡遗址[⑧],

　①　严文明主编:《中华文明史》(第 1 卷),北京:北京大学出版社,2006 年,第 17 页。

　②　李伯谦:《考古学对中国上古史建设的重大贡献》,《光明日报》2002 年 12 月 17 日。

　③　详见陈星灿:《中国史前考古学史研究(1895—1949)》,北京:生活·读书·新知三联书店,1997 年。

　④　李伯谦:《考古学对中国上古史建设的重大贡献》,《光明日报》2002 年 12 月 17 日。

　⑤　西安半坡博物馆:《西安半坡》,北京:文物出版社,1982 年。

　⑥　河北省文物管理处等:《河北武安磁山遗址》,《考古学报》1981 年第 3 期。

　⑦　保定地区文物管理委员会:《河北徐水县南庄头遗址发掘简报》,《考古》1992 年第 11 期。

　⑧　浙江省文物考古研究所:《河姆渡——新石器时代遗址考古发掘报告》,北京:文物出版社,2003 年。

80年代以后相继发现的湖南澧县彭头山①、八十垱②、道县玉蟾岩③、江西万年仙人洞、吊桶环④等遗址表明，中国南方稻作起源可能推至距今万年的时期。

20世纪50年代末以来，二里头遗址的不断发掘，出土了大量的青铜器、玉器和陶器，以及宫殿或宗庙的基址，越来越多的学者开始接受二里头文化就是夏文化，中国文明至少应该追溯到夏代。而且，随着二里头遗址考古发现的增多，出土遗迹、遗物越来越丰富，学者们日益觉得中国文明的诞生可能更早。特别是龙山时代的考古发现中有大量的带有防御城墙的城，说明中原地区是通过频繁的战争来集中权力，形成最早的国家。目前，龙山时代最重要的考古发现是陶寺遗址⑤。该遗址位于山西省襄汾县陶寺村南，年代约当公元前2500至前1900年，经过多年连续的工作，已发现目前我国最大的史前城址。2003年，在陶寺的最重要的发现——大型圆体夯土建筑，使越来越多的学者开始相信，中国文明的起源应该提早到至少是龙山时代。近年的考古发现表明，文明起源探索的重要成绩，不仅有中原地区的河南龙山文化、山东龙山文化，在中原以外的地区，还发现了代表文明曙光的考古遗存，诸如红山文化的坛、庙、冢⑥，良渚文化的瑶山祭

---

① 湖南省文物考古研究所、澧县文物管理所：《湖南澧县彭头山新石器时代遗址发掘简报》，《文物》1990年第8期。

② 湖南省文物考古研究所：《湖南澧县梦溪八十垱新石器时代早期遗址发掘简报》，《文物》1996年第12期；张文绪、裴安平：《澧县梦溪八十垱出土稻谷的研究》，《文物》1997年第1期。

③ 袁家荣：《玉蟾岩获水稻起源重要新证据》，《中国文物报》1996年3月3日。

④ 刘诗中：《江西仙人洞和吊桶环发掘获重要进展》，《中国文物报》1996年1月28日。

⑤ 中国社会科学院考古研究所山西工作队等：《山西襄汾陶寺遗址发掘简报》，《考古》1980年第1期；《1978—1980年山西襄汾陶寺墓地发现简报》，《考古》1983年第1期；《山西襄汾陶寺遗址首次发现铜器》，《考古》1984年第12期；《陶寺遗址1983—1984年III区居住址发掘的主要收获》，《考古》1986年第9期；《陶寺城址发现陶寺文化中期墓葬》，《考古》2003年第9期；《山西襄汾陶寺城址发现陶寺文化大型建筑基址》，《考古》2004年第2期；中国社会科学院考古研究所山西第二工作队等：《2002年山西襄汾陶寺城址发掘》，《中国社会科学院古代文明研究中心通讯》（第5期）；何驽、严志斌：《山西襄汾陶寺发现大型史前观象祭祀与宫殿遗迹》，《中国文物报》200 年2月20日。

⑥ 辽宁省文物考古研究所：《辽宁牛河梁红山文化女神庙与积石冢群发掘简报》，《文物》1986年第8期；辽宁省文物考古研究所：《牛河梁红山文化遗址与玉器精粹》，北京：文物出版社，1999年。

坛、反山贵族坟山①,屈家岭——石家河文化②、宝山文化的古城址和刻划符号及大量玉器、铜器等具有明显文明特征因素的遗存,这些考古发现都为中国文明起源与形成研究提供了直接物证③,对于探索中华文明起源的时间、方式、途径等重大学术问题具有深远意义。

红山文化与良渚文化的年代都比中原龙山文化年代早,而且发展水平也非常高,表明各个地区都在向文明国家迈进,只是在夏代初年,黄河流域中游的社会组织首先迈入国家的门槛,从此中国历史的发展形成了多元一体的格局。这些考古发现进一步验证和发展了顾颉刚"打破民族出于一元的观念"和"打破地域向来一统的观念"的观点④,改变了学者们原有的把黄河流域看成文明发源核心的"中国文明一元起源论",从而提出"中国文明多元起源说"⑤。

夏商周三代考古方面,介于河南龙山文化和早商文化之间的二里头文化的发现,从考古学上找到了可以与有关文献记载联系起来探索夏文化的直接对象。1959 年,徐旭生在豫西地区针对"夏墟"进行考古调查,发现二里头遗址⑥。1977 年,夏鼐用"二里头文化"来命名分布在豫西晋南地区的以二里头遗址为代表的此类遗存⑦。二里头遗址发现了大量的青铜器、陶器、石器等遗物,还发现有宫殿、宗庙、贵族宅第、手工业作坊、墓葬等内容丰富的遗迹⑧。二里头文化的中心区域是河南西部伊洛河流域,随着二里头文化的不断发展,中原地区的优势地位开始凸现,后来的商人西进、周人东伐都是以占据中原地区为目的。从二里头文化的分布范围和文化内涵

---

① 浙江省文物考古研究所反山考古队:《浙江余杭反山良渚墓地发掘简报》,《文物》1988 年第 1 期;浙江省文物考古研究所、上海市文物管理委员会、南京博物院编著:《良渚文化玉器》,北京:文物出版社・两木出版社,1989 年;浙江省文物考古研究所:《浙江考古精华》,北京:文物出版社,1999 年;浙江省文物考古研究所:《良渚遗址群考古报告之一——瑶山》,北京:文物出版社,2003 年。

② 石家河考古队:《石家河遗址群调查报告》,《南方民族考古》第 5 辑,成都:四川科学技术出版社,1993 年;石家河考古队:《天门石家河考古发掘报告之一——肖家屋脊》,北京:文物出版社,1999 年。

③ 李伯谦:《考古学对中国上古史建设的重大贡献》,《光明日报》2002 年 12 月 17 日。

④ 顾颉刚:《答刘胡两先生书》,《古史辨》第一册,第 99—102 页。

⑤ 苏秉崎、殷玮璋:《关于考古学文化的区系类型问题》,《文物》1981 年第 5 期。

⑥ 徐旭生:《1959 年夏豫西调查"夏墟"的初步报告》,《考古》1959 年第 11 期。

⑦ 夏鼐:《碳-14 测定年代和中国史前考古学》,《考古》1977 年第 4 期。

⑧ 中国社会科学院考古研究所:《偃师二里头 1959—1978 年考古发掘报告》,北京:中国大百科全书出版社,1999 年。

来看,它是夏时期中国乃至整个东亚区域内最发达、势力最强盛的文化,在这个地区发展出了辉煌灿烂的夏商周青铜文明。

郑州商城、偃师商城、郑州小双桥遗址、洹北商城、邢台东先贤遗址、安阳殷墟等的发现,为研究商文化从早到晚的演变和都邑变迁找到了重要线索①。20 世纪 50 年代初,河南郑州二里岗发现比殷墟年代还早的“二里岗期”商文化②。随后,又在郑州地区先后发现两座商代早期都城级商域,即 1956 年郑州商城③和 1983 年偃师商城④。这两座商代早期商城的发现,将商代的信史从晚期推至早期,涵盖了整个商代。而且,为商文化的分期,乃至夏商周三代的文化分期都提供了坚实的考古学材料。邹衡就曾以郑州出土的早商材料建立了商代早期的文化分期,联系殷墟的文化分期,使整个商代的年代序列初具规模,并以此为基础,上承二里头文化分期,下接两周文化分期,夏商周三代的文化分期也呈现在世人眼前,从而中国考古学的基础性框架式研究已经完成了阶段性成果⑤。

西周和东周都城、墓地、手工业作坊遗址的发掘,以及大量战国简帛文献的出土,为研究封国都邑地望、礼仪制度和社会结构及经济、文化发展水平提供了实物资料。东周时期铁制品在多处地点的不断发现,成为研究中国从青铜时代向早期铁器时代过渡的可靠素材⑥。

先商文化、先周文化及夏商时期周边地区诸如岳石文化、夏家庄下层文化、吴城文化、马桥文化、三星堆文化、卡约文化、辛店文化、寺洼文化等青铜文化的发现,为研究商周文化渊源、中原文化与周边关系展现了广阔前景。特别是夏商周时期在中原地区以外的考古发现,给“中原中心论”的上古史观以极大的冲击,并重新绘制了上古史的地图。如三星堆遗址的发现表明⑦,长江上游也有自己发达的青铜文化,并且与中原文化有过密切

---

①　李伯谦:《考古学对中国上古史建设的重大贡献》,《光明日报》2002 年 12 月 17 日。

②　河南省文物局文物工作队:《郑州二里岗》,北京:科学出版社,1959 年。

③　河南省文物考古研究所:《郑州商城 1953 年—1985 年考古发掘报告》,北京:文物出版社,2001 年。

④　中国社会科学院考古研究所洛阳汉魏故城工作队:《偃师商城的初步勘探和发掘》,《考古》1986 年第 6 期。

⑤　北京大学考古文博学院:《考古学与中国历史的重构》,《文物》2002 年第 7 期。

⑥　李伯谦:《考古学对中国上古史建设的重大贡献》,《光明日报》2002 年 12 月 17 日。

⑦　四川省文物考古研究所:《三星堆祭祀坑》,北京:文物出版社,1999 年;孙华:《四川盆地的青铜时代》,北京:科学出版社,2000 年。

的接触和交流。在江西发现的吴城文化同样引人注目,其文化发展水平之高,表明这可能也是当时一个文化中心①。

　　总之,在中国考古学蓬勃发展的基础上,中国上古史重建的任务又重新回到古史学者的视野。先行者已经开始为如何重建中国上古史进行框架内的理论思考,并提出根植于田野考古学基础之上的考古学文化的"区系类型理论"和中国文明"多元一体格局说",为中国上古史重建做出了重要贡献。苏秉琦依据基础研究所提供的考古学材料,进一步完善田野考古学方法论,先后提出"区系类型"理论、"古文化、古城、古国"研究文明起源、形成的三步骤、"裂变、撞击、熔合"文明产生的三形式、"古国、方国、帝国"文明发展的三阶段、"原生型、次生型、续生型"文明起源的三类型,以及文明起源的"满天星斗说"。这都成为指导中国文明起源、形成、发展研究不可或缺的理论和方法。1991 年,苏秉琦连续著文,倡议重建中国史前史,其要髓是号召中国考古学研究重点从搭建历史框架的研究,转向研究这个框架里面的历史内容上来②。苏秉琦重建中国上古史的一件十分重要的实践举措,就是在白寿彝主编的《中国通史》中负责编写《远古时代》卷。2006 年,北京大学国学研究院本着多学科融合、文物考古资料与文献资料相结合的宗旨,组织专家编撰 4 卷本《中华文明史》,其中第一卷充分利用夏商周最新考古学成果,全面探讨了中华文明发展的历程,揭示了若干文明发展规律和历史经验。这都标志着考古学在中国上古史重建中从此进入到一个新境界。虽然重建中国上古史的工作有着艰巨性和长期性,但值得庆幸的是,我们已在路上③。

---

　　①　江西省博物馆、北京大学历史系考古专业、清江县博物馆:《江西清江县吴城商代遗址发掘简报》,《文物》1975 年第 7 期;江西省文物考古工作队、清江博物馆:《清江吴城遗址第六次发掘的主要收获》,《江西历史文物》1987 年第 2 期;江西省文物考古研究所等:《樟树吴城遗址第七次发掘简报》,《文物》1993 年第 7 期;江西省文物考古研究所、厦门大学人类学系考古专业、江西省樟树市博物馆:《江西樟树吴城商代遗址第八次发掘简报》,《南方文物》1995 年第 1 期。
　　②　北京大学考古文博学院:《考古学与中国历史的重构》,《文物》2002 年第 7 期。
　　③　黄海烈、蒋刚:《考古学与中国上古史重建》,《古代文明》2009 年第 3 期。

余 论

　　应该如何认识顾颉刚"层累说"与 20 世纪中国古史学之间的关系？如何看待顾颉刚古史学说的学术价值？中国古史学的未来走向与发展模式又将如何？这些问题成为海内外中国古史学研究者们共同关注和思考的跨世纪课题。

　　顾颉刚初入古史学界便提出"层累说"，也因此"暴得大名"，确立其在学术界无可争议的学术地位。他终其一生都将"层累说"奉为其古史研究的主要指导思想、核心理论和基本研究方法。顾颉刚通过"层累说"的提出，对中国传统价值观和知识体系进行了一次重新估定，解构了旧古史系统，推翻了延续二千多年的古史研究范式，在 20 世纪中国古史研究领域内引发了一场史学革命。顾颉刚运用"层累说"拆毁旧古史系统，剥去附在先秦典籍上的"圣道王功"，将中国传统社会的意识形态置于被怀疑的境地，对旧的道德体系和思维模式起到了摧枯拉朽的作用。顾颉刚"层累说"对 20 世纪中国古史学的影响是十分巨大而深远的。从广度上来看，涉及到古史学的史学观念、治史精神与态度、治史方法与领域等方方面面；从影响深度来看，古史学界内无论是该学说的支持者或是反对者，都或多或少地受其影响。

　　顾颉刚在 20 世纪中国古史学领域内首倡史学革命，重新塑造古史学研究范式。经过一场史学革命的洗礼后，古史学传统的解释体系和研究方法已不再适用，而"层累说"却为 20 世纪的中国古史学者们开启了一扇通往新世界的史学之门。但要将古史学领域内的所有问题都用"层累说"提供的方法和理论来研究解释，显然也是不现实的。20 世纪前半期的新旧学者在古史研究思路和解决办法上往往是参差重合，以顾颉刚为代表的"古史辨派"、以王国维为代表的有"新证"倾向的学者们、以傅斯年和李济为代表的考古学派多流并进，提出不同治学路数和研究取向，形成 20 世纪中国古史学界异彩纷呈的局面。这些不同的治学方法与研究理念，基于各自的学术立场和现实关怀，相互论争、相互影响、相互推动，更多地呈现出

"异中有同"的复杂面相,充分展现出古史学研究范式形成过程中的分化与统一,最终分别以各自不同的学术功用和研究成果,共同促成了 20 世纪中国古史学的现代化转型。

20 世纪 50 年代,顾颉刚在《法华读书记》中记述拟作之书时说,"予三十后编著《古史辨》,在旧史学界起一革命,得名得谤,扰攘至今。现在已有新方法可用,但愿于熟练之后将予所著修改一过,俾知予在古史学上确有何等功绩,并负何等罪过。书成,可名《顾颉刚古史论文集》"①。由此看来,顾颉刚晚年对自己在中国近现代史学史上的位置亦十分关注,希望后人通过《顾颉刚古史论文集》来评判自己在中国史学发展史上的成就与地位。对于前辈学者所取得的学术成就,不应苛求,对于他们"筚路蓝缕,以启山林"的功绩,更不应忘记。前辈学者提出问题,并解决部分问题,将余下的问题遗留给后人,这才能使后人沿着前人的足迹,利用后出的新材料和日趋完善的方法手段,进一步解决问题,提高认识。所以说,前人的工作是后人的发展基础与前进动力。

顾颉刚引领了 20 世纪中国古史学界乃至思想界一个重要思潮,即对以往传统的怀疑与反思,开启了一个新时代的到来。种种迹象表明,顾颉刚在表述和运用"层累说"的过程中,对其具体的方法与观点的局限性,有着足够的认识,但终其一生他都未放弃这一学说理论。他正是用别人看来似乎是固执的行为,来捍卫和表达他终生为之奋斗的理想,而恰恰是这种行为才使他没有随波逐流,才使他的学说理论充分展现于世人。没有任何一种学说理论,能够解答研究领域内的所有问题,即使已经得到看似完满的解答,也常常是处于不确定的状态,但恰恰正是这种理论与研究对象之间契合度的不完满,才会产生许多未来研究的领域和课题,才会使后来者从深度和广度上不断地完善这些研究领域和课题。刘家和在《崔述与中国学术史研究》序中评价崔述时亦说:"我们从学术史的角度来看,几乎历史上一切有成就的大学者都不可避免地有其深层的内在矛盾。如果他的学术已经到了完满无缺而无任何矛盾的程度,恐怕学术真的就要到他为止了。"②如果学说理论与研究对象之间稍有不合,即成为抛弃该学说理论的

---

① 顾颉刚:《法华读书记》(1951.1—1955.5),《顾颉刚读书笔记》(五),第 2946 页。

② 刘家和:《崔述与中国学术史研究》序,载邵东方:《崔述与中国学术史研究》,北京:人民出版社,1998 年,第 9 页。

理由,那么任何的学说理论都要面临被后人抛弃的命运。正如吕思勉评价章太炎、康有为、梁启超时所说:"成败不足以论英雄,因为事之成否,多半决之于外来的因素,而一个人的主张,则是原于其所处的地位。任何一个人,其所主张,总代表着社会上一方面的需要,即使其人失败,其所主张亦决不会全然废弃。"①

顾颉刚留给后世的并非只是其古史学说中的研究方法与具体观点,更重要的是其治学理念与精神,这是一笔不可多得的学术遗产。古史学界所要做的是批判地继承顾颉刚古史学说,特别是继承其运用历史演进的治史方法、严格审查史料的态度和多元化的史观,甄别其史学理论方法和具体史学观点中矫枉过正的部分,清除清末今文经学家残留在其古史学说中的负面影响。只有充分地批判继承诸如顾颉刚等前辈学者的古史学说,分清何为后世演化的古史,何为后世层累的古史,何为曾经剥蚀缺失的古史,拨开蒙在古史上的层层迷雾,寻出古史中真实的素地,才能真正有利于中国古史学健康有序的发展。

现阶段,随着地下出土材料的迅猛增加,古史史料的范围和内容已经远远超出顾颉刚提出"层累说"时所能预见的程度,这就要求中国古史学学者们与时俱进,不断调整古史学的研究理路和方法手段,更加重视考古学成果的研究与利用,将中国古史学领域内的狭义历史学与考古学进行整合式研究②。前辈学者已经在这一研究方向上做出了有益的探索,为之提出具体的研究模式,并命名为"中国古代文明研究"③、"中国古典学的第二次重建"④等,这些模式的提出,顺应了中国古史学学术发展的内在理路,为中国古史学未来的发展指明了方向。

建立可信的中国古史系统的研究,在史料上不能单独依靠传统文献或考古学哪一方面,经验证明,无论是传统文献抑或是考古学都不可能独立

---

① 吕思勉:《从章太炎说到康长素梁任公》,《吕思勉论学丛稿》,第399页。
② 历史学可以理解为"广义的历史学"和"狭义的历史学"两种,"广义的历史学"是指研究人类社会历史的科学;"狭义的历史学"是指依靠文献材料研究人类社会历史的学科。参见朱凤瀚:《论中国考古学与历史学的关系》,《历史研究》2003年第1期。
③ 详见李学勤:《中国古代文明十讲》,上海:复旦大学出版社,2003年。
④ 详见裘锡圭:《中国古典学重建中应该注意的问题》,《中国出土古文献十讲》,第2—14页;《出土文献与古典学重建》,载清华大学出土文献研究与保护中心编:《出土文献(第四辑)》,上海:中西书局,2013年。

建立可信的中国古史系统,这也是由中国古史特有的性质所决定的。

其一,中国先秦时期的传统文献,经顾颉刚等学者们整理后,已经被揭去神圣的面纱,踏踏实实地走入中国古史的史料学范畴之内,其中存在的某些问题已被道破,但这并不意味着其中的所有问题都被解决,这只是一个开始。即便是目前古史学界所运用的以地下新出土的考古学材料来印证传统文献的研究模式和取向,也正处于努力探索的阶段,虽然在一定程度上弥补了单纯依靠传统文献的一些不足,但也还遗留有相当数量亟待解决的问题。罗志田就曾意识到此点,他说:"在实际研究中对于未经地下材料证明的'古书'是用还是不用? 若此类材料不能用,则有多少古籍可用? 若不能信而用,怎么用? 仅仅是'不否定'和不'完全抹杀',显然遗留下相当数量难以解决的基本问题。"①所以,针对传统文献目前最为紧要的工作,并不是急于独立地使用这些材料来建立中国古史系统②,而是根据现今的史料状况,出土文献材料层出不穷,先秦古书屡有发现,这就决定了目前传统文献学方面的工作重点,即利用新出土的文献材料、先秦古佚书来盘活带动整体的传统文献,使各种与出土文献相关的先秦传统文献的相对年代日益清晰可信,并且以此为基点,带动其他传统文献使之相互间的年代顺序也可大致排定。这些工作的完成,将为未来的中国古史研究打下坚实的文献学基础。

其二,中国考古学作为 20 世纪初一门新兴学科,经过近百年的发展,已较为成熟并日趋壮大,成为分科细密、领域众多的学科。但凡事物都有其两面,有其优长则必有局限,考古学也不例外。考古学着重考察的是人们活动的物质领域,而且用考古学材料来研究社会的物质层面也是十分有效的,但对精神领域的研究,诸如礼仪行为,以及仅能用语言、文字表达的思想等方面,颇有些力不从心,对于一些特殊的历史事件和历史人物则更难以企及。并且现在所发现的考古遗存,只是地下埋藏的一部分,并经历史剥蚀而残缺凋零,考古学难以见到人们物质活动领域的全貌。中国考古

----

① 罗志田:《史料的尽量扩充与不看二十四史——民国新史学的一个诡论现象》,《近代中国史学十论》,第 99 页。

② 这里应该强调的是,这样的工作并非没有意义,不需要做,早在 20 世纪 40 年代有些学者已经开始着手这项工作,如徐旭生的《中国古史的传说时代》,而且做得较为成功。但也要看到,在徐旭生依据这些传统文献材料建立古史系统之前,他对那时刚刚兴起的中国现代考古学已具有较为深刻的认识,后来他在 50 年代所进行的"夏墟"调查,即是基于对考古学和文献学的全面了解。

学做出的文化分期,已相当精确,但也只是相对年代,至于用科技手段测年,即使最能较准确地测出年代的放射性碳-14 断代,也不能测出真实的绝对年代。总之,考古学材料只能用于研究历史的一个侧面①。董作宾对于考古学在复原古史时所存在的局限性,也有所观察,他说:"许多历史教科书都采用的史前文化材料,从'北京人'到旧石器时代,以至新石器时代的彩陶黑陶,这确是崭新的学问,重要的考古发现。但取以对照有史以来,却没有办法确定它们相当的年代。有些人把新石器时代接在殷代上面,这是毫无根据的。列在图中,以示它和有史以来的文化系统不容易发生密切的联系。据我们在安阳后冈的遗址发掘证明了上层灰陶(殷代)、中层黑陶、下层彩陶三种文化先后的次序,但是层与层之间的距离却又无法估计。小屯村上层是隋唐墓葬,下层是殷代遗址,相差两千年;侯家庄上层是汉墓,下层是殷陵,相差一千年;这都是可以断定的。后冈的殷代文化层虽在上面,我们却无法断定它和下层的黑陶、彩陶相距的年代。"②董作宾在这里指出了考古学的局限性之一,就是考古学无论多么发达,如果单靠田野考古发掘所确定的年代,也只能是出土物的相对年代,而不可能去指实确切年份。如果想获得出土物的较为精确的年代信息,只能在精准的田野发掘的基础上,依靠客观忠实的地层学、类型学方法,吸收现代科学技术所能提供的一切信息,参照真实可靠的传统文献和出土文字材料,才有可能达到这一目标,但这也是相对意义上的。

　　考古学材料的可靠程度要高于传统文献材料,因为文献材料在流传过程中受到自然或是人为的、有意识无意识的破坏,难免要出现与真实面目不尽相同的复杂现象。李济就曾认为,考古材料是近代科学发掘取得进展以后才有的,这是旧史料中完全找不到的东西。这些材料和自然科学的成果一样,都是具有最高的"可靠性",符合我们过去所悬想的"信史"的标准③。但在发掘和整理考古材料过程中,也绝不是可以完全复原真实的历史,难免要受到各方面因素的干扰。同一遗址的不同发掘者之间,由于理解的不同,也可造成结论的大异其趣。如董作宾在《殷墟文字甲编》自序中认为,殷墟第四次发掘的 E16 坑在卜辞第二期祖甲时就已经封存形成,李

---

①　张忠培:《浅谈考古学的局限性》,《故宫博物院院刊》1999 年第 2 期(总第 84 期)。

②　董作宾:《中国古代文化的认识》,《中国现代学术经典·董作宾卷》,第 640 页。

③　李济:《想像的历史与真实的历史之比较》,《李济文集》(第一卷),第 424 页。

济对此种观点就存有异议①。所以,考古学的材料也同传统文献一样,面临着被审查被检验的境地,要辨别是非真伪。

考古学的学科特性决定其具有相对性、复杂性和片断性,由其单独建立可靠真实的中国古史系统,也颇为困难。即便是董作宾这种精研甲骨金文的考古学者,也认为仅仅依靠金石学和甲骨金文来重建中国古代的信史是不够的。他说:"就甲骨文字来说,以前连我也在内,大家认为这是了不起的商代直接史料,奢望着从甲骨堆中钻研出来一部殷代文化的信史。实在说,大家对于这一堆材料都是黑漆一团,囫囵吞枣,盲目地在崇拜着,尤其是我们那些疑古派的朋友。西周文化史之期待于金文,也是同样的。"②董作宾认为,对于甲骨金文"这些新史料不能估价太高,因为它们并不能代表当时的整个文化。……它们可以代表的殷周文化实在少得可怜,百分之一的评价,并不算苛刻"。但他认为,并不能就此贬低甲骨金文的史料价值,这些材料相对传统文献,有着其不可替代的作用,他说:"拿甲骨、金文比较殷周文化,所表现的不过百分之一,但是我们古代流传下来的纸上史料,在晚殷和西周,却比甲骨、金文更贫乏,因而甲骨、金文足以订正补充殷周史料之处又不为少。材料既然真实,功用也极重大,所以甲骨、金文,一版一器,仍然都不失为研究中国古代文化的瑰宝。"③董作宾之所以说"甲骨文字不能代表殷代文化",是因为"这里所谓代表,是指一般人的意见,以为殷代的文化只能从甲骨文字里去寻找,只有甲骨文字中的记载是整个的殷代文化。这是一种奢望,是一种不可能实现的企图"④。

基于上述原因,这就需要在中国古史学领域之内找到狭义历史学与考古学之间的科际整合点。狭义历史学需要通过考古学得到印证与检验,而考古学确定课题与研究途径时,则要以狭义历史学为重要参考,使得双方在材料、方法和理论的运用时,都能够形成优势互补的局面,最终圆满解决中国上古史领域内的相关问题。朱凤瀚认为,这种学科间的整合"是 20 世纪与 21 世纪之交中国历史科学极为重要的新进展。可以预见,未来这两

---

① 详见李济:《跋〈殷墟文字甲编〉彦堂自序》,《李济文集》(第五卷),第 128—130 页。
② 董作宾:《中国古代文化的认识》,《中国现代学术经典·董作宾卷》,第 615 页。
③ 董作宾:《中国古代文化的认识》,《中国现代学术经典·董作宾卷》,第 615—616 页。
④ 董作宾:《〈殷墟文字甲编〉自序》,《中国现代学术经典·董作宾卷》,第 695 页。

个学科的交融及与其他学科建立的更广泛的联系,必定会产生重要的研究成果"①。

新中国成立之初,时任中国科学院历史研究所第一所副所长的尹达,就呼吁要将考古学研究和历史学研究紧密地联系起来,他说:"考古学应当是历史科学中的一个重要部分;考古工作所发现的新资料,经常是充实和修正历史的主要凭借。因此,及时用考古发见的新资料分析社会历史的某些问题,发表文章,就更能够吸引不少历史工作者关心和重视考古二作。只要和历史工作者的关系密切起来,就会使考古工作更加活跃起来,会鼓舞青年考古工作者的工作热情,也可能逐渐吸收部分的历史工作者参加考古工作。"②这是一种针对学科发展要求的强烈呼声。自从顾颉刚"层累说"提出后,推翻了原有旧古史系统,而现代考古学又极度扩充了中国古史的研究材料,如何利用新材料结合原有研究成果重新构建新的古史体系,成为国内外学者们共同关注和思考的问题。将考古学与狭义历史学结合,进行整合式研究已成为势所必然,但以何种方式结合,也是学者们一直在探讨和实践的核心问题。徐旭生、张光直等学者们在这方面提出过较好的建议。

徐旭生认为考古学对于将来古史的编纂,有极大的重要性,根据所研究时代的不同,考古学与历史学结合的方式也略有差异。这些研究时代约可分为下列三部分。

第一,是还没有文字记录的时代。这一节的史料全是由于地上面的搜集、地下面的发掘,通过考古学者及古人类学者的辛勤工作才能发现出来。所以,这个工作一小部分靠着历史学者的努力,而绝大部分却要靠考古学者的合作。第二,是已有文字记录却还简单的时代。对于这一节要真正写历史,专靠文字记录还远远地不够,还要靠着考古工作的协助。协助的方式大约可分为三端:(一)补足;(二)正误;(三)解释和证明古书。由以上三端就可以肯定在这一时代中虽说已经有了文字记录,可是考古资料仍有它很高的重要性。第三,是文字记录已经详明的时代。因为已经有了详明的文字记录,所以考古资料的重要性比以前两时代大为降低。虽然如此,它

① 朱凤瀚:《论中国考古学与历史学的关系》,《历史研究》2003年第1期。
② 尹达:《关于开展考古工作的建议》,《文物参考资料》1954年第3期。又载中国社会科学院科研局组织编选:《尹达集》,北京:中国社会科学出版社,2006年,第132页。

的重要性仍是持久地保留着。

  总之,历史的本身有多种多样的表示,所保存下来的只是一部分。就在这些保存下来可供我们研讨用途的资料中,用文字记录下来的仍只是一部分,未记录下来的还有很多。这一部分资料中的大部分,考古工作者全可以搜集、整理和研讨。我们研究的对象是越全面越好,所以历史工作者对于考古工作有极迫切的要求,而考古工作也是历史科学的整体中所万不可少的部分[①]。徐旭生在强调将历史学与考古学结合时,有一个按照不同研究对象结合不同研究材料的想法。古史学研究并不能单纯依靠文献,吸收考古学的成果非常重要,但也非对考古学持有盲目迷信,而是能够做到具体问题具体分析。

  更为系统地提出如何将狭义历史学与考古学相结合,运用到中国古史研究中去的学者,则是张光直。张光直基于对 20 世纪 90 年代以来中国考古学界出现的若干涵盖长时段、涉及多个领域的具有宏观系统的重大历史课题的认识,提出现行的古史研究中通常依据古史资料的分类标准,将人类在中国进展演变的整个长时段之内的历史划分为几个性质不一的领域:有文字以前的传说古史;用考古学建立起来的史前史;夏商周三代历史和夏商周三代的考古学。对于这些划分的领域,他认为有文字以前的传说古史,自古史辨的时代就已经知道是不大可靠的了。自从 20 世纪初期以来,考古学的发现愈积愈多,便出现了好些从前从来没有看过、听过、想过的新文化、新民族和新问题。所以,用考古学建立的历史更随时改变。考古学还发掘出新的文字材料,加强了古文字学这门学问,而古文字学又将夏商周三代历史大部分改观了。那么,这就需要一个新的古史结构来重新构建传统意义上的先秦史。他认为整个先秦史可说是一条线从头穿到尾,那便是从人类在这个地区落脚起一直到文明的起源为止这至少有上百万年的长时段之内,根据内容的质的变化可以分为四个大段。这四段历史在性质上、在产生的理论上和专业学者的训练上,都有根本性的区别。这四段分别是:(一)直立猿人时代,大约从 100 万年前起一直到 20 万年前左右;(二)现代人时代,始于大约 10 万年前到 15 万年前,终于农业的出现;(三)早期文明时代,从农业的开始到文明的起源,大约从 1 万年前至公元前 3

---

  ① 徐旭生:《考古学能从哪一方面为历史服务》,《历史教学》1956 年 9 月号。

千年;(四)金属时代,主要指龙山时代和夏商周时代。这种新结构也为中国古史研究带来了新问题,如文化的界说及分布、时空的安排、人口、聚落形态、社会、政治、经济、宗教等等各方面的结构制度,各种变化,变化的动力与程序。在各个时段内又有着各自的侧重点。他认为这四个时段中前两个时段只能作世界史来研究,要到了第三段,农业生活开始后,才能有根有据地讲中国史。前两段,即农业生活以前的旧石器时代,几乎全要建立在自然科学的资料之上,传世文献在此毫无用处。研究者们所根据的材料,是地质学、古生物学、古人类学、旧石器时代考古学等好多种学科的资料。研究方式是集众式的,焦点在田野工作方面。第三段的研究者除了注重田野工作外,还要注重生态环境的考察,又要熟知社会文化人类学的资料和原理。第四段内,由于传统文献和出土文字的加入,使得资料和技术方法得到极大的扩充,这就要求学者们要有很重的资料负担,要能采集解释自然科学的材料,要能做考古学田野,又要能使用古文字,还要了解当代文化社会人类学的诸多解释模式①。

张光直的这个新结构将原有的旧结构中纵向的学科分配为考古学、古文字学、人类学、古地理学、狭义历史学等诸多学科,并横向地拦腰截为四时段。在这个新结构下,可以在这一时段内根据不同性质的内容,将整体人类文化和社会作为研究对象,运用不同的学科手段。这样,张光直就将原来单一的根据材料的性质而分别采用不同手段和方式的研究模式改变了,重新划分出四个研究内容上有质的区别的长时段,分别在每个长时段内结合各自的特点,获取材料的方法是多种的,研究方法和研究视角是多元的,解释材料的理论是多学科的,每个时段内的学者可以各有所长、各取所需,做集众式的研究。虽然这种学科之间的整合方式,目前还处于探索阶段,不同的学者会有不同的看法,但有一点是可以肯定的,即在上古史研究领域内针对某一问题或是某一类问题进行研究时,任何学者都不会排斥狭义历史学和考古学的整合研究,会运用不同性质的史料,加以多层次多角度的研究。

将狭义历史学与考古学进行整合研究的同时,要防止和避免两种错误倾向:

____

① 张光直:《对中国先秦史新结构的一个建议》,《中国考古学论文集》,第32—43页。

其一,是根据现有的考古资料,为证新说,在未将相关传统文献材料梳理考证清楚的情况下,只取有利于自己观点的传统文献材料附会考古资料的现象。现略举一例,以资说明。

1997 年,河南省文物考古研究所、周口地区文化局联合组成的太清宫考古队,在河南省鹿邑县太清宫遗址发掘了一座周初大墓。墓主为 60 岁左右的男性,在随葬的有铭铜器中有 35 件"长子口"、3 件铭"子口"。显然是墓主之名,故被名为"长子口墓"①。这些有铭铜器一出,立即在学界引起争论。2002 年,王恩田认为,长子口墓墓主为宋国君主微子启或其弟微仲衍②。松丸道雄认为,墓中作器者名字的首字确是"长"字,但在后世传抄时可能讹误为"微"字;根据《吕氏春秋·诚廉》有微子"世为长侯,守殷常祀"之语,认为应将微子理解为"长国之侯";用上古音口、启同纽来解释长子口就是微子启③。高西省后来著文对长子口墓的葬俗、随葬组合进行了分析,通过用鼎制度的比照,支持长子口为微子启的说法④。而对于以上诸家之说,林沄则有完全不同的看法,他在《长子口墓不是微子墓》一文中分别列出三点证据来反驳上说。首先,将"长"、"微"两字在先秦时期的字形演变进行对比,认为"长"、"微"两字长期并行,写法上有明显的区别;而且西周时,既有长子狗鼎等器物证明确有长氏的存在,又有墙盘证明确有源自殷商的微氏存在,此两族不可能是同一氏族。也绝非后代传抄讹误才把长字变成微字。其次,《吕氏春秋·诚廉》的原文是"又使保召公就微子开于共头之下,而与之盟曰:'世为长侯,守殷常祀,相奉桑林,宜私孟诸。'"这里的"世为长侯",肯定不是世世代代为"长国之侯"。因为,微子封于宋从无异说,故此处的"长"应读为居长之长。通过对《春秋》的考察,可以看到宋国国君作为商王的后裔,直到东周时仍保持着很特殊的地位,确实是"世为长侯"的。从地望上来看,宋国的都城在今河南商丘,微子之墓不可

---

① 河南省文物考古研究所等:《河南鹿邑县太清宫西周墓的发掘》,《考古》2000 年第 9 期;韩维龙、张志清:《长子口墓的时代特征及墓主》,《考古》2000 年第 9 期。

② 王恩田:《鹿邑太清宫西周大墓与微子封宋》,《中原文物》2002 年第 4 期。

③ 松丸道雄:《文献与考古学的邂逅——实地考察鹿邑周初大墓》,《中国文物报》2004 年 2 月 6 日第七版。

④ 高西省:《从"长子口方鼎"谈太清宫大墓墓主身份》,《中国文物报》2004 年 4 月 23 日第七版;高西省:《长子口墓铜方鼎及相关问题》,载陕西师范大学、宝鸡青铜器博物馆编:《黄盛璋先生八秩华诞纪念文集》,北京:中国教育文化出版社,2005 年,第 82—90 页。

能葬到鹿邑,而且孟诸泽也是远离鹿邑的,因此把鹿邑的长子口墓附会成微子启的墓,是讲不通的。最后,就高西省所说的该墓"在西周时期享用九鼎八簋之礼,自然其身份是极高的"这一看法,提出他是用不同形制的鼎和簋凑在一起来达到"九鼎八簋"之数①。林沄这些论据的提出,无疑为推翻"长子口墓为微子墓"说,提供了坚实的证据。从中亦可看出,主张"长子口墓为微子墓"的学者们,强拉传统文献中相似但不确定的材料来附会新说的倾向。就以传统文献的运用为例,如果说《吕氏春秋·诚廉》中"世为长侯,守殷常祀,相奉桑林,宜私孟诸"一句称到"长侯",那么比其更早更接近出土物年代的传统文献,则会比《吕氏春秋·诚廉》这一材料更具说服力。如《尚书·康诰》:"王若曰,孟侯,朕其弟,小子封。"曾运乾的《尚书正读》注曰:"孟侯者,《汉书·地理志》云,周公封弟康叔,号曰'孟侯',以夹辅周室。师古曰'孟,长也。言为诸侯之长也'。按管蔡既诛,康叔先封为州牧,故称孟侯。"②那么,在《尚书》中"长侯"则一直被后世理解为"诸侯之长"。另外,正如林沄所观察到的,说"长子口墓为微子墓"在地望上也是有欠缺的。林沄说:"宋国的都城在今河南商丘,《汉书·地理志》于梁国睢阳县下注:'故宋国,微子所封。'汉代睢阳县在今商丘南,无异说。微子之墓不可能葬到鹿邑。而且《吕氏春秋·诚廉》的那段盟辞中提到的'孟诸'泽,《汉书·地理志》也注明在睢阳的东北,和《尔雅·释地》'宋有孟诸'相合。"③不仅微子封地的都城是在商丘,就是微子墓的地望也有歧说。《水经注·济水》:"济水又北径微乡东,《春秋》庄公二十八年,《经》书冬筑郿。京相璠曰:《公羊传》谓之微。东平寿张县西北三十里,有故微乡,鲁邑也。杜预曰:有微子冢。"④由此可见,寿张亦有微子冢的传说。这里虽然不能说微子冢便在寿张,但可以看出古代地望的纷繁复杂,在未将传统文献中的有关史料梳理研究清楚之前,便根据间接的考古材料下结论,难免失之武断。

　　其二,是单独运用历史文献材料或是考古材料能够解决的历史问题,就不要将两种材料强行整合到一起,这样做往往给人一种画蛇添足之感,

---

①　林沄:《长子口墓不是微子墓》,《黄盛璋先生八秩华诞纪念文集》,第79—81页。
②　曾运乾:《尚书正读》,北京:中华书局,1964年,第159页。
③　林沄:《长子口墓不是微子墓》,《黄盛璋先生八秩华诞纪念文集》,第80页。
④　陈桥驿:《水经注校释》,杭州:杭州大学出版社,1999年,第136页。

对于问题的解决还可能起到反作用。正如冯胜君所说："有的学者在研究过程中对于那些不依靠出土材料也能说明的问题，为了增强说服力，一定要引几条出土材料作为佐证。有时弄巧成拙，反成蛇足。原因在于我们对于出土材料的认识往往会处于一种'不确定'的状态中，如果对所利用材料的本身理解有误，那么这种材料就不是增强而是削弱了论证的说服力。"①出土材料这种"不确定"状态，对将狭义历史学和考古学进行整合性研究的影响颇大，现举例以示。

　　1957年12月，鄂君启节出土于安徽寿县九里乡，其物铜制，错金为字，舟节九行，行十八字，车节九行，行十六字。殷襟非、罗长铭合著《寿县出土的鄂君启金节》②一文，郭沫若继作《关于鄂君启节的研究》③。1961年9月，于省吾作《鄂君启节考释》一文④，改定后即寄给顾颉刚。顾颉刚依照于省吾的点定，钞于《读书笔记》之中："一、舟节，大司马邵阳败晋师于襄陲之岁，……二、车节，大司马邵阳败晋师于襄陲之岁，……"⑤顾颉刚特别注意到于省吾在考释地理方面，将"陵"释为"陲"，"如谓'襄陵'本应作'襄陲'"。而《水经注·淮水》篇引《竹书纪年》："梁惠成王十七年，宗景鼓、卫公孙仓会师围我襄陵。"《史记·楚世家》："怀王……六年，楚使柱国昭阳将兵而攻魏，破之于襄陵。"《汉书·地理志》："陈留郡襄邑"，颜师古《注》："圈称云：襄邑，宋地，本承匡襄陵乡也。宋襄公所葬，故号襄陵矣"，然其于《渭水》篇则曰："秦名天子冢曰'山'，汉曰'陵'"，是则春秋时王公之墓固未有陵名也。鄂君启节作"襄陲"，于省吾以曾姬无卹壶校之，"陲"作"陲"，晚周缯书作"陲"，与此同，而与古文"陵"之作"陵"或"陵"者迥别。据此顾氏认为："《史记》误'陲'为'陵'，而晋人写定《纪年》遂因之，而各家说又因之。使无鄂君节之出土，此误则永世不能正矣。予前拟作《地名释例》此亦可备一格也。"⑥

　　有关战国文字中的"陲"与"陵"字的分辨，则是随着后来地下出土材料的丰富而逐渐清晰。早在20世纪30年代，有关曾姬无卹壶中"陲"字的考

①　冯胜君：《二十世纪古文献新证研究》，第16页注①。
②　殷襟非、罗长铭：《寿县出土的鄂君启金节》，《文物参考资料》1958年第4期。
③　郭沫若：《关于鄂君启节的研究》，《文物参考资料》1958年第4期。
④　于省吾：《鄂君启节考释》，《考古》1963年第8期
⑤　顾颉刚：《壬寅夏日杂钞》(1962.6—1962.8)，《顾颉刚读书笔记》(八)，第6013—6014页。
⑥　顾颉刚：《壬寅夏日杂钞》(1962.6—1962.8)，《顾颉刚读书笔记》(八)，第6015—6016页。

释,诸家多训为"陲"字①。但随着 50 年代鄂君启节的发现,对"𡎚"字的考释出现分歧,正如黄盛璋所说:"楚文字'陲、陵'之争早在六十年代就已开展。于省吾先生认为鄂君启节'襄陵'应是'襄陲'。商承祚则据楚帛书'山陵'不得为'山陲',认为一概释'陲',值得考虑。"②于省吾认为,鄂君启节中的"襄陵应作襄陲。陲作'𡎚',各家误释作陵。陲字,曾姬无卹壶作'𡎚',晚周缯书作'𡎚',可以互证"③。实际上,杨树达在 1959 年出版的《积微居金文说》一书中,虽然也将曾姬无卹壶的"𡎚"字释为"陲"字,并认为"陲假为垂,《说文》十三篇下土部云:'垂,远边也',远边之义引申为边。……铭云'漾陲',谓漾水之旁也"。但杨树达在将'𡎚'释为陲字的同时,也觉察到在辞例上的不合之处,他说:"陈犹釜云:'陈犹立事岁,馘月戊寅,各(格)馋(安)陵',按漾陲与'格兹安陵'句例同也。"④随着战国古文字材料的增加,学者们根据新材料更加倾向于将"𡎚"释为陵字。如李学勤提出:"上海博物馆此玺(江陵行宫夫人玺)的第二字,从'土'从'夌'省,……自应读作陵字。"⑤刘宗汉认为:"细析此字(𡎚)字形,应系陲字无疑,然就文义论,确又应该读为陵字。……在楚方音中,禅母支韵的陲字可以读为来母蒸韵的陵字。……楚地以陵为下一字的双音地名很多,其原始字形皆应为陲字,后人依楚人读音书为陵字。"⑥黄盛璋亦认为:"楚文字此字用作'陵'字,却无可疑。但在字形结构与演变上还不能落实。"⑦正如黄盛璋所说,由于在"字形结构与演变上还不能落实",使得将"𡎚"字释为陲亦或释为陵,仍处于模棱两可之间。然而,吴振武的新发现,则为平息这场争论带来新契机,为彻底结束这种出土文字材料的"不确定"状态,提供了坚实的证据基础。吴振武在《楚文字中的"陵"和"陲"》一文中说:"在楚系文字资料中,常见下揭一字:𡎚(有时或用其右旁代替)。学者考释此字,向来有'陵'、'陲'两种说法。简单概括,释'陵'说主要着眼于辞例,而释'陲'说则主要着眼于字形。……1995

　　① 参见程鹏万:《安徽省寿县朱家集出土青铜器铭文集释》,哈尔滨:黑龙江人民出版社,2009 年,第 295 页。洪飏:《对楚地名中"陵"的文字学解释》,《社会科学战线》,2004 年第 6 期。
　　② 黄盛璋:《楚铭刻中"陵、陲"的考辨及其相关问题》,《安徽史学》1984 年第 1 期。
　　③ 于省吾:《鄂君启节考释》,《考古》1963 年第 8 期。
　　④ 杨树达:《积微居金文说》(增订本),北京:中华书局,1997 年,第 194 页。
　　⑤ 李学勤:《楚国夫人玺与战国时的江陵》,《江汉论坛》1982 年第 7 期。
　　⑥ 刘宗汉:《金文札记三则》,《古文字研究》第 10 辑,北京:中华书局,1983 年。
　　⑦ 黄盛璋:《楚铭刻中"陵、陲"的考辨及其相关问题》,《安徽史学》1984 年第 1 期。

年,笔者游学于香港,澳门收藏家萧春源先生远道来访并出示所藏古玺印若干,嘱为鉴考。其中一方笔者释为'陲成勹(军)'的楚官玺,令人惊叹!不仅此戍边军队用印在古玺中属首见,这真正的'陲'字在古文字中也是第一次出现,而且恰巧是楚文字。相信得此一证,'陵'、'陲'之别,当可不惑。"①那么,随着鄂君启节中"陵"字的确定,顾颉刚原来认为"《史记》误'陲'为'陵',而晋人写定《纪年》遂因之,而各家说又因之"的看法,显然是不能够成立。当出土考古材料的性质并不十分确定的情况下,便不加辨别地加以引用,以证己说,这样的做法无疑是较为危险和不可取的。应该注意到,对新出土考古材料性质的判定,是较为复杂的过程,有些材料当时看来是确定无疑的,但随着更新材料的涌现,往往先前的认识就会发生改变,这也是进行整合性研究时的困难所在,亦是其魅力所在。

　　为克服上述这些错误倾向,林沄结合自身有关周代用鼎制度方面的研究,提出了较为妥当的方法。他在《周代用鼎制度商榷》一文指出:"周墓中随葬鼎的情况很复杂,单单挑出'列鼎'来和文献记载相对比,并不能完满解释复杂的现象。"所以面对这种情况,他主张"从现存的先秦文献并不可能总结出整个周代的较可靠、较系统的用鼎制度,充其量只能梳理出周代后期的互有矛盾的、有待验证的鼎制片断。只有依据日益丰富的考古材料对这些记载逐一加以验证,不断地进行修正和补充,才能逐渐弄清周代用鼎制度的实际全貌"②。沈文倬亦认为,在实物史料与文献记录作结合研究时,应该抱着一种比较客观的态度,不要多加曲解,强求一致。并举以有关《仪礼》的新证性研究为例,他说:"《仪礼》这部古籍,成书于战国初期至中叶的结论,大致可以肯定的了。可是它所记录的,究竟是哪一国的习俗,还是很难断言。因此它与墓葬里所发现的材料相比对时,不免有所分歧,这是在情理之中的。"据此他认为,在以后将古文献与考古学材料进行整合性研究时,如果遇到有分歧处,与其牵强以疏通,不如存疑以待考,并坚定地认为:"田野考古事业在飞跃地发展,将来一定会有更多的实物史料来证明古文献记录的可信与否的。"③

---

　　①　吴振武:《楚文字中的"陵"和"陲"》,《长沙三国吴简暨百年来简帛发现与研究国际学术研讨会论文提要》,2001 年,第 4 页。

　　②　林沄:《周代用鼎制度商榷》,《史学集刊》1990 年第 3 期。

　　③　沈文倬:《对〈士丧礼、既夕礼中记载的丧葬制度〉的几点意见》,《考古学报》1958 年第 2 期。又载《菿闇文存》,北京:商务印书馆,2006 年,第 423—424 页。

综上所述,解决这些错误倾向的办法,只能是在对传统文献材料和考古材料全面深入掌握的前提下,充分考虑到这两方面的契合程度①,能互证则证之,并随着材料的更新与丰富,不断地检视结论。切不可通过简单的对照,强行纠合在一起,以免引出新的误说。

---

① 这里所说的"契合程度",是一个比较模糊的概念,是不能量化的标准,只能通过研究者深入到具体的研究实践中,逐渐摸索体会,才能得出较为合理适用的标准。

参考文献

B

白寿彝：《谈谈近代中国的史学》，《史学史研究》1983 年第 3 期。

班固：《汉书》，北京：中华书局，1962 年。

保定地区文物管理委员会：《河北徐水县南庄头遗址发掘简报》，《考古》1992 年第 11 期。

北京大学考古文博学院：《考古学与中国历史的重构》，《文物》2002 年第 7 期。

C

曹锦炎：《上海博物馆藏楚竹书〈墨子〉佚文》，《文物》2006 年第 7 期。

陈恭禄：《论秦疆域》，金陵大学文学院主编：《斯文》第 1 卷第 9、10 期合刊。

陈洪波：《中国科学考古学的兴起：1928—1949 年历史语言研究所考古史》，桂林：广西师范大学出版社，2011 年。

陈剑：《上博楚简〈容成氏〉与古史传说》，台北"中央研究院"历史语言研究所主办，"中国南方文明学术研讨会"论文，2003 年 12 月 19 日。

陈剑：《上博简〈容成氏〉的竹简拼合与编连问题小议》，上海大学古代文明研究中心、清华大学思想文化研究所编：《上博馆藏战国楚竹书研究续编》，上海：上海书店出版社，2004 年。

陈剑：《释"琼"及相关诸字》，武汉大学简帛研究中心主办，"中国简帛学国际论坛 2006"会议论文，2006 年 11 月 8 日。

陈剑：《甲骨金文考释论集》，北京：线装书局，2007 年。

陈剑：《战国竹书论集》，上海：上海古籍出版社，2013 年。

陈澧：《东塾读书记》，北京：生活·读书·新知三联书店，1998 年。

陈平原：《老北大的故事》，南京：江苏文艺出版社，1998 年。

陈平原、王枫编:《追忆王国维》,北京:中国广播电视出版社,1997年。

陈其泰、张京华主编:《古史辨学说评价讨论集》,北京:京华出版社,2001年。

陈桥驿:《水经注校释》,杭州:杭州大学出版社,1999年。

陈伟:《〈上海博物馆藏战国楚竹书(二)〉零释》,《新出楚简研读》,武汉:武汉大学出版社,2010年。

陈星灿:《中国考古向何处去——张光直先生访谈录》,《华夏考古》1996年第1期。

陈星灿:《中国史前考古学史研究(1895—1949)》,北京:生活·读书·新知三联书店,1997年。

陈训慈:《组织中国史学会问题》,《史地学报》第1卷第2期,1921年12月。

陈以爱:《中国现代学术研究机构的兴起——以北大研究所国学门为中心的探讨》,南昌:江西教育出版社,2002年。

陈寅恪:《寒柳堂集》,上海:上海古籍出版社,1980年。

陈寅恪:《金明馆丛稿二编》,上海:上海古籍出版社,1982年。

陈雍:《关于中国考古学的思考》,《文物季刊》1997年第2期。

程鹏万:《安徽省寿县朱家集出土青铜器铭文集释》,哈尔滨:黑龙江人民出版社,2009年。

崔述撰著、顾颉刚编订:《崔东壁遗书》,上海:上海古籍出版社,1983年。

D

丁四新:《论楚简〈鬼神〉篇的鬼神观及其学派归属》,《先秦哲学探索》,北京:商务印书馆,2015年。

董作宾:《新获卜辞写本后记》,《安阳发掘报告》第1期,1929年。

董作宾:《〈殷墟文字甲编〉自序》,《中国考古报告集之二·小屯·殷墟文字甲编》,中央研究院历史语言研究所,1948年。

董作宾:《中国古代文化的认识》,《大陆杂志》第3卷第12期,1951年。

杜春和、韩荣芳、耿来金:《胡适论学往来书信选》,石家庄:河北人民出版社,1998年。

杜正胜:《周代城邦》,台北:联经出版事业公司,1979 年。

杜正胜:《考古学与中国古代史研究——一个方法学的探讨》,《考古》1992 年第 4 期。

杜正胜:《从疑古到重建——傅斯年的史学革命及其与胡适、顾颉刚的关系》,《中国文化》第 12 期,1995 年。

杜正胜:《新史学与中国考古学的发展》,《文物季刊》1998 年第 1 期。

杜正胜编:《中国上古史论文选集》,台北:华世出版社,1979 年。

杜正胜、王汎森主编:《新学术之路——"中央研究院"历史语言研究所七十周年纪念文集》,台北:"中央研究院"历史语言研究所,1998 年。

F

方诗铭、王修龄:《古本竹书纪年辑证》,上海:上海古籍出版社,1981 年。

房玄龄:《晋书》,北京:中华书局,1974 年。

冯胜君:《二十世纪古文献新证研究》,济南:齐鲁书社,2006 年。

冯友兰:《三松堂全集》,郑州:河南人民出版社,2001 年。

傅斯年:《破坏》,《新潮》第 1 卷第 2 号,1919 年 2 月。

傅斯年:《历史语言研究所工作之旨趣》,《中央研究院历史语言研究所集刊》第 1 本,1928 年。

傅斯年:《傅斯年全集》(第一至第七册),台北:联经出版事业公司,1980 年。

傅斯年:《民族与古代中国史》,石家庄:河北教育出版社,2002 年。

傅振伦:《北大研究所考古学会在学术上之贡献》,《北大学生周刊》第 1 卷第 2 期,1930 年 12 月。

傅振伦:《傅振伦文录类选》,北京:学苑出版社,1994 年。

G

高亨:《周易古经今注》,上海:上海书店,1991 年。

高西省:《从"长子口方鼎"谈太清宫大墓墓主身份》,《中国文物报》2004 年 4 月 23 日。

高西省:《长子口墓铜方鼎及相关问题》,陕西师范大学、宝鸡青铜器博物馆主编:《黄盛璋先生八秩华诞纪念文集》,北京:中国教育文化出版社,2005年。

　　高智群:《献俘礼研究》,《文史》(第35、36辑),北京:中华书局,1992年。

　　葛兆光:《思想史研究课堂讲录——视野、角度与方法》,北京:生活·读书·新知三联书店,2005年。

　　葛志毅:《先秦两汉的制度与文化》,哈尔滨:黑龙江教育出版社,1998年。

　　葛志毅:《论尧舜时代与国家》,《管子学刊》2000年第4期。

　　葛志毅:《周代分封制度研究》,哈尔滨:黑龙江人民出版社,2005年。

　　顾潮:《顾颉刚年谱》,北京:中国社会科学出版社,1993年。

　　顾潮:《历劫终教志不灰——我的父亲顾颉刚》,上海:华东师范大学出版社,1997年。

　　顾潮:《顾颉刚学记》,北京:生活·读书·新知三联书店,2002年。

　　顾潮、顾洪:《顾颉刚评传》,南昌:百花洲文艺出版社,1995年。

　　顾洪:《学术大师治学录·顾颉刚》,中国社会科学院科研局编:《学术大师治学录》,北京:中国社会科学出版社,1999年。

　　顾颉刚:《孟姜女故事研究的第二次开头》,《北京大学研究所国学门周刊》第1卷第1期,1925年10月。

　　顾颉刚:《尚书今译选》,北京:中共中央党校出版社,1959年。

　　顾颉刚:《逸周书世俘篇校注写定和评论》,《文史》第2辑,北京:中华书局,1963年。

　　顾颉刚:《论巴蜀与中原的关系》,成都:四川人民出版社,1981年。

　　顾颉刚:《中国上古史研究讲义》,北京:中华书局,1988年。

　　顾颉刚:《顾颉刚古史论文集》(第一至第三册),北京:中华书局,1988年、1993年、1996年。

　　顾颉刚著、顾洪编:《顾颉刚读书笔记》(第一至第十卷),台北:联经出版事业公司,1990年。

　　顾颉刚:《汉代学术史略》,北京:东方出版社,1996年。

　　顾颉刚:《浪口村随笔》,沈阳:辽宁教育出版社,1998年。

　　顾颉刚:《秦汉的方士与儒生》,上海:上海古籍出版社,1998年。

顾颉刚:《中国近来学术思想界的变迁观》,王煦华编选:《古史辨伪与现代史学——顾颉刚集》,上海:上海文艺出版社,1998 年。

顾颉刚:《中国古代史研究序论》,《文史》2000 年第 4 辑(总第 53 辑),北京:中华书局。

顾颉刚:《我与〈古史辨〉》,上海:上海文艺出版社,2001 年。

顾颉刚:《当代中国史学》,上海:上海古籍出版社,2002 年。

顾颉刚:《中国古代史料概述》,《文史》2002 年第 4 辑(总第 61 辑),北京:中华书局。

顾颉刚:《史林杂识初编》,北京:中华书局,2005 年。

顾颉刚口述、何启君整理:《中国史学入门》,北京:北京出版社,2006 年。

顾颉刚:《顾颉刚全集》(全六十二册),北京:中华书局,2011 年。

顾颉刚编:《古籍考辨丛刊》(第一集),北京:中华书局,1955 年。

顾颉刚等编著:《古史辨》(第一至第七册),上海:上海古籍出版社,1982 年。

顾颉刚、刘起釪:《〈尚书·西伯戡黎〉校释译论》,中国历史文献研究会编:《中国历史文献研究集刊》(第 1 集),长沙:湖南人民出版社,1980 年。

顾颉刚、刘起釪:《尚书校释译论》,北京:中华书局,2005 年。

顾颉刚、容庚:《研究所国学门调查西山陆谟克学院发见建筑物报告》,《北京大学日刊》第 1428 号,1924 年 3 月 25 日。

顾颉刚、史念海:《中国疆域沿革史》,北京:商务印书馆,1999 年。

郭沫若:《关于鄂君启节的研究》,《文物参考资料》1958 年第 4 期。

郭沫若:《中国古代社会研究》(外二种),石家庄:河北教育出版社,2000 年。

郭永秉:《帝系新研:楚地出土战国文献中的传说时代古帝王系统研究》,北京:北京大学出版社,2008 年。

郭永秉:《从〈容成氏〉33 号简看〈容成氏〉的学派归属》,《古文字与古文献论集》,上海:上海古籍出版社,2011 年。

国立中央研究院文书处编:《国立中央研究院十七年度总报告》,国立中央研究院总办事处发行,1929 年。

国学整理社:《诸子集成》,北京:中华书局,1954 年。

H

韩维龙、张志清:《长子口墓的时代特征及墓主》,《考古》2000 年第 9 期。

韩奕琦:《中国上古史之重建》,《斯文》第 2 卷第 23、24 期合刊。

河北省文物管理处等:《河北武安磁山遗址》,《考古学报》1981 年第 3 期。

河南省文物局文物工作队:《郑州二里岗》,北京:科学出版社,1959 年。

河南省文物考古研究所:《郑州商城 1953 年—1985 年考古发掘报告》,北京:文物出版社,2001 年。

河南省文物考古研究所等:《河南鹿邑县太清宫西周墓的发掘》,《考古》2000 年第 9 期。

何驽、严志斌:《山西襄汾陶寺发现大型史前观象祭祀与宫殿遗迹》,《中国文物报》2004 年 2 月 20 日。

洪兴祖:《楚辞补注》,北京:中华书局,1983 年。

胡道静:《〈古史辨〉对于一个顽固青年的冲击》,《书林》1981 年第 4 期。

胡逢祥、张文建:《中国近代史学思潮与流派》,上海:华东师范大学出版社,1991 年。

胡厚宣:《结合考古资料重建中国上古史》,《中原文物》1992 年第 2 期。

胡平生、李天虹:《长江流域出土简牍与研究》,武汉:湖北教育出版社,2004 年。

胡绳:《枣下论丛》,北京:人民出版社,1978 年。

胡绳:《纪念顾颉刚先生诞生一百周年学术讨论会上的讲话》,《中国社会科学院研究生院学报》1993 年第 5 期。

胡适:《杜威博士归国饯别记胡适演说辞》,《时事新报》1921 年 7 月 5 日。

胡适:《〈国学季刊〉发刊宣言》,《国学季刊》第 1 卷第 1 期,1923 年 1 月。

胡适:《新文化运动与国民党》,《新月》第 2 卷第 6、7 号合刊,1929 年 9 月。

胡适:《新思潮的意义》,《胡适文存》第四集,合肥:黄山书社,1996 年。

胡适:《中国哲学史大纲》,上海:上海古籍出版社,1997 年。

胡适:《胡适文集》,北京:人民文学出版社,1998 年。

胡颂平:《胡适之先生年谱长编》,台北:联经出版事业公司,1984 年。

湖南省文物考古研究所:《湖南澧县梦溪八十垱新石器时代早期遗址发掘简报》,《文物》1996 年第 12 期。

湖南省文物考古研究所、澧县文物管理所:《湖南澧县彭头山新石器时代遗址发掘简报》,《文物》1990 年第 8 期。

黄海烈:《古董与国粹:民国初年国人的考古学观念》,葛志毅主编:《中国古代社会与思想文化研究论集》(第 2 辑),哈尔滨:黑龙江人民出版社,2007 年。

黄海烈:《民国时期殷墟发掘对中国古史研究的影响》,《历史教学》2010 年第 22 期。

黄海烈:《从辨伪到疑古:顾颉刚的新史学之路》,《古代文明》2010 年第 4 期。

黄海烈、蒋刚:《考古学与中国上古史重建》,《古代文明》2009 年第 3 期。

黄盛璋:《楚铭刻中"陵、陲"的考辨及其相关问题》,《安徽史学》1984 年第 1 期。

J

江西省博物馆、北京大学历史系考古专业、清江县博物馆:《江西清江县吴城商代遗址发掘简报》,《文物》1975 年第 7 期。

江西省文物考古工作队、清江县博物馆:《清江吴城遗址第六次发掘的主要收获》,《江西历史文物》1987 年第 2 期。

江西省文物考古研究所、厦门大学人类学系考古专业、江西省樟树市博物馆:《江西樟树吴城商代遗址第八次发掘简报》,《南方文物》1995 年第 1 期。

江西省文物考古研究所等:《樟树吴城遗址第七次发掘简报》,《文物》

1993 年第 7 期。

　　姜广辉：《上博藏简〈容成氏〉的思想史意义》，《中国社会科学院报》，2003 年 1 月 23 日。

　　蒋大椿主编：《史学探渊——中国近代史学理论文编》，长春：吉林教育出版社，1991 年。

　　蒋俊：《中国史学近代化进程》，济南：齐鲁书社，1995 年。

　　金景芳、吕文郁：《论尧舜禹时代是由原始社会向国家过渡的中间环节》，《学习与探索》1999 年第 3 期。

　　荆门市博物馆：《郭店楚墓竹简》，北京：文物出版社，1998 年。

　　井中伟、王立新编著：《夏商周考古学》，北京：科学出版社，2013 年。

K

　　康有为撰著、姜义华编校：《康有为全集》（第三集），上海：上海古籍出版社，1992 年。

　　康有为撰著、朱维铮等编校：《新学伪经考》，北京：生活·读书·新知三联书店，1998 年。

L

　　李伯谦：《考古学对中国上古史建设的重大贡献》，《光明日报》2002 年 12 月 17 日。

　　李春雷：《史学期刊与中国史学研究中的民族主义倾向——以 20 世纪二三十年代为例》，《河北大学学报》2004 年第 6 期。

　　李存山：《反思经史关系：从“启攻益”说起》，《中国社会科学》2003 年第 3 期。

　　李大钊：《李大钊史学论集》，石家庄：河北人民出版社，1984 年。

　　李刚：《中国北方青铜器的欧亚草原文化因素》，南开大学博士学位论文，2004 年。

　　李光谟编：《李济学术文化随笔》，北京：中国青年出版社，2000 年。

　　李济：《殷商陶器初论》，《安阳发掘报告》第 1 册，1929 年。

　　李济：《记小屯出土之青铜器》，《中国考古学报》第 3 册，1948 年。

　　李济：《考古琐谈》，武汉：湖北教育出版社，1997 年。

李济:《安阳》,石家庄:河北教育出版社,2000 年。

李济著、张光直等编:《李济文集》,上海:上海人民出版社,2006 年。

李锦全:《批判古史辨派的疑古论》,《中山大学学报》1956 年第 4 期。

李均明、刘国忠、刘光胜、邬文玲:《当代中国简帛学研究(1949—2009)》,北京:中国社会科学出版社,2011 年。

李零:《郭店楚简校读记》,北京:北京大学出版社,2002 年。

李零:《三代考古的历史断想——从最近发表的上博楚简〈容成氏〉、倗公福和虞述诸器想到的》,刘东主编:《中国学术》第 14 辑,北京:商务印书馆,2003 年 8 月。

李零:《读〈周原甲骨文〉》,北京大学中国考古学研究中心、北京大学震旦古代文明研究中心编:《古代文明》(第 3 卷),北京:文物出版社,2004 年。

李零:《待兔轩文存》(读史卷),桂林:广西师范大学出版社,2011 年。

李零:《待兔轩文存》(说文卷),桂林:广西师范大学出版社,2015 年。

李泉:《傅斯年》,济南:山东人民出版社,1991 年。

李学勤:《楚国夫人玺与战国时的江陵》,《江汉论坛》1982 年第 7 期。

李学勤:《文王玉环考》,饶宗颐主编:《华学》第 1 辑,广州:中山大学出版社,1995 年 8 月。

李学勤:《走出疑古时代》(修订版),沈阳:辽宁大学出版社,1997 年。

李学勤:《初读里耶秦简》,《文物》2003 年第 1 期。

李学勤:《中国古代文明十讲》,上海:复旦大学出版社,2003 年。

李学勤:《中国古代文明研究》,上海:华东师范大学出版社,2005 年。

李扬眉:《方法论视野中的"古史辨"派》,山东大学博士学位论文,2005 年。

梁启超:《中国考古学之过去及将来》,《重华》月刊第 1 期,1931 年。

梁思永:《后冈发掘小记》,《安阳发掘报告》第 4 册,1933 年。

梁思永:《梁思永考古论文集》,北京:科学出版社,1959 年。

梁玉绳:《史记志疑》,北京:中华书局,1981 年。

梁柱:《蔡元培与北京大学》,北京:北京大学出版社,1996 年。

辽宁省文物考古研究所:《辽宁牛河梁红山文化女神庙与积石冢群发掘简报》,《文物》1986 年第 8 期。

辽宁省文物考古研究所:《牛河梁红山文化遗址与玉器精粹》,北京:文物出版社,1999 年。

林素清:《〈说文〉古籀文重探——兼论王国维〈战国时秦用籀文六国用古文说〉》,《"中央研究院"历史语言研究所集刊》第 58 本,1987 年。

林毓生:《五四式反传统思想与中国意识的危机》,载《思想与人物》,台北:联经出版事业公司,1983 年。

林沄:《林沄学术文集》,北京:中国大百科全书出版社,1998 年。

林沄:《中国北方长城地带游牧文化带的形成过程》,《燕京学报》新 14 期,2003 年 5 月。

林沄:《长子口墓不是微子墓》,陕西师范大学、宝鸡青铜器博物馆主编:《黄盛璋先生八秩华诞纪念文集》,北京:中国教育文化出版社,2005 年。

林沄:《林沄学术文集(二)》,北京:科学出版社,2008 年。

刘鼎铭选辑:《"国立中央博物院"筹备处 1933 年 4 月—1941 年 8 月筹备经过报告》,《民国档案》2008 年第 2 期。

刘俐娜:《顾颉刚学术思想评传》,北京:北京图书馆出版社,1999 年。

刘俐娜:《顾颉刚的古史研究及其意义》,中国社会科学院近代史研究所编:《青年学术论坛》2000 年卷,北京:社会科学文献出版社,2001 年。

刘梦溪主编、顾潮等编校:《中国现代学术经典・顾颉刚卷》,石家庄:河北教育出版社,1996 年。

刘梦溪主编、裘锡圭编校:《中国现代学术经典・董作宾卷》,石家庄:河北教育出版社,1996 年。

刘起釪:《顾颉刚先生学述》,北京:中华书局,1986 年。

刘诗中:《江西仙人洞和吊桶环发掘获重要进展》,《中国文物报》1996 年 1 月 28 日。

刘知几撰、浦起龙释:《史通通释》,上海:上海古籍出版社,1978 年。

刘宗汉:《金文札记三则》,《古文字研究》第 10 辑,北京:中华书局,1983 年。

卢毅:《"整理国故运动"与中国现代学术转型》,北京师范大学博士学位论文,2003 年。

陆懋德:《筹办历史系计划书》,《清华周刊》第 52 卷第 16 期,1926 年 6

月 11 日。

　　路新生:《崔述与顾颉刚》,《历史研究》1993 年第 4 期。

　　路新生:《中国近三百年疑古思潮研究》,上海:上海人民出版社,2001 年。

　　吕思勉:《吕思勉论学丛稿》,上海:上海古籍出版社,2006 年。

　　吕文郁:《论尧舜禹时代的部族联合体》,《社会科学战线》1999 年第 5 期。

　　吕文郁:《周代的采邑制度》,北京:社会科学文献出版社,2006 年。

　　罗尔纲:《生涯再忆——罗尔纲自述》,太原:山西人民出版社,1997 年。

　　罗尔纲:《师门五年记·胡适琐记》,北京:生活·读书·新知三联书店,2006 年。

　　罗继祖主编:《罗振玉学术论著集》,上海:上海古籍出版社,2010 年。

　　罗志田:《权势转移:近代中国的思想、社会与学术》,武汉:湖北人民出版社,1999 年。

　　罗志田:《史料的尽量扩充与不看二十四史——民国新史学的一个诡论现象》,《历史研究》2000 年第 4 期。

　　罗志田:《国家与学术:清季明初关于"国学"的思想论战》,北京:生活·读书·新知三联书店,2003 年。

　　罗志田:《近代中国史学十论》,上海:复旦大学出版社,2003 年。

　　罗志田:《〈古史辨〉的学术思想和背景——述罗香林少为人知的一篇旧文》,《社会科学战线》2008 年第 2 期。

　　罗志田主编:《20 世纪的中国:学术与社会·史学卷》,济南:山东人民出版社,2001 年。

　　洛阳大学东方文化研究院编:《疑古思潮回顾与前瞻》,北京:京华出版社,2003 年。

M

　　马承源主编:《上海博物馆藏战国楚竹书》(一),上海:上海古籍出版社,2001 年。

　　马承源主编:《上海博物馆藏战国楚竹书》(二),上海:上海古籍出版社,2002年。

马承源主编:《上海博物馆藏战国楚竹书》(五),上海:上海古籍出版社,2005年。

马非百:《秦集史》,北京:中华书局,1982年。

马衡:《通史材料征集议》,《北京大学日刊》第284、285号,1919年1月11日、13日。

马衡:《本校筹备考古学系之计划》,《国立中山大学语言历史学研究所周刊》第1集第10期,1928年1月3日。

马骕:《绎史》,北京:中华书局,2002年。

蒙默编:《蒙文通学记》,北京:生活·读书·新知三联书店,2006年。

蒙文通:《蒙文通全集》(第一至第五卷),成都:巴蜀书社,1995—1998年。

孟蓬生:《上博竹书(二)字词劄记》,《上海博物馆藏战国楚竹书研究续编》,上海:上海书店出版社,2004年。

孟蓬生:《上博竹书(四)间诂》,《简帛研究》(2004年),桂林:广西师范大学出版社,2006年。

P

潘懋元、刘海峰编:《中国近代教育史资料汇编·高等教育》,上海:上海教育出版社,1993年。

彭林主编:《中国经学》第4辑,桂林:广西师范大学出版社,2009年。

骈宇骞、段书安:《二十世纪出土简帛综述》,北京:文物出版社,2006年。

Q

齐思和:《近百年来中国史学的发展》,《燕京社会科学》第2卷,1949年10月。

钱基博:《国学必读》,上海:中华书局,1924年。

钱基博:《现代中国文学史》,北京:中国人民大学出版社,2004年。

钱穆:《国史大纲》,北京:商务印书馆,1996年。

钱穆:《先秦诸子系年》,北京:商务印书馆,2001年。

钱小柏编:《顾颉刚民俗学论集》,上海:上海文艺出版社,1998 年。

裘锡圭:《中国出土古文献十讲》,上海:复旦大学出版社,2004 年。

屈万里:《敬悼傅孟真先生》,《自由中国》第 1 卷第 1 期,1949 年 11 月。

屈万里:《书佣论学集》,《屈万里先生全集》(第 14 卷),台北:联经出版事业公司,1984 年。

R

饶宗颐:《由尊卢氏谈到上海竹书(二)的〈容成氏〉——兼论其与墨家关系及其它问题》,《九州学林》总 11 辑,香港城市大学中国文化中心,2006 年。

容庚:《记考古学社》,《东方杂志》第 33 卷第 1 号,1936 年 1 月。

容庚:《王国维先生考古学上之贡献》,《燕京学报》第 2 期,上海:上海书店,1983 年影印。

阮元:《十三经注疏》,北京:中华书局,1980 年。

S

桑兵:《近代学术传承:从国学到东方学》,《历史研究》2001 年第 3 期。

桑兵:《从眼光向下回到历史现场——社会学人类学对近代中国史学的影响》,《中国社会科学》2005 年第 1 期。

山西省考古研究所、北京大学考古学系:《天马——曲村遗址北赵晋侯墓地第三次发掘》,《文物》1994 年第 8 期。

邵东方:《崔述与中国学术史研究》,北京:人民出版社,1998 年。

沈兼士:《沈兼士学术论文集》,北京:中华书局,1986 年。

沈培:《说上博简〈容成氏〉中的"胫不生之毛"》,复旦大学出土文献与古文字研究中心编:《出土文献与古文字研究》,上海:复旦大学出版社,2006 年。

沈文倬:《菿闇文存》,北京:商务印书馆,2006 年。

石家河考古队:《石家河遗址群调查报告》,《南方民族考古》第 5 辑,成都:四川科学技术出版社,1993 年。

石家河考古队:《天门石家河考古发掘报告之一——肖家屋脊》,北京:文物出版社,1999 年。

司马迁:《史记》,北京:中华书局,1959 年。

四川省文物考古研究所:《三星堆祭祀坑》,北京:文物出版社,
1999 年。

松丸道雄:《文献与考古学的邂逅——实地考察鹿邑周初大墓》,《中国文物报》2004 年 2 月 6 日。

苏秉琦:《迎接中国考古学的新世纪》,《东南文化》1993 年第 1 期。

苏秉琦、殷玮璋:《关于考古学文化的区系类型问题》,《文物》1981 年第 5 期。

苏云峰:《从清华学堂到清华大学(1911—1929)》,北京:生活·读书·新知三联书店,2001 年。

孙敦恒:《王国维年谱新编》,北京:中国文史出版社,1991 年。

孙飞燕:《上博简〈容成氏〉文本整理与研究》,北京:中国社会科学出版社,2014 年。

孙华:《四川盆地的青铜时代》,北京:科学出版社,2000 年。

T

汤志钧编:《章太炎年谱长编》,北京:中华书局,1979 年。

田旭东:《二十世纪中国古史研究主要思潮概论》,北京:中华书局,2003 年。

童书业:《"古史辨派"的阶级本质》,《文史哲》1952 年第 3 期。

托马斯·库恩著、金吾伦等译:《科学革命的结构》,北京:北京大学出版社,2003 年。

W

王弼等注:《二十二子》,上海:上海古籍出版社,1986 年。

王恩田:《鹿邑太清宫西周大墓与微子封宋》,《中原文物》2002 年第 4 期。

王汎森:《古史辨运动的兴起——一个思想史的分析》,台北:允晨文化实业股份有限公司,1987 年。

王汎森:《中国近代思想与学术的系谱》,石家庄:河北教育出版社,2001 年。

王汎森:《从经学向史学的过渡——廖平与蒙文通的例子》,《历史研究》2005 年第 2 期。

王汎森:《谈史语所八十年》,《东方早报》2008 年 12 月 1 日。

王汎森:《执拗的低音:一些历史思考方式的反思》,北京:生活·读书·新知三联书店,2014 年。

王国维:《观堂集林》,北京:中华书局,1959 年。

王国维:《古史新证》,北京:清华大学出版社,1994 年。

王聘珍:《大戴礼记解诂》,北京:中华书局,1983 年。

王庆祥、萧立文校注,罗继祖审订:《罗振玉王国维往来书信》,北京:东方出版社,2000 年。

王煦华:《顾颉刚主要著述年表》,《顾颉刚选集》,天津:天津人民出版社,1988 年。

王煦华编选:《古史辨伪与现代史学·顾颉刚卷》,上海:上海文艺出版社,1998 年。

王煦华编:《顾颉刚先生学行录》,北京:中华书局,2006 年。

王学典、孙延杰:《顾颉刚和他的弟子们》,济南:山东画报出版社,2000 年。

王钟翰:《陈寅恪先生杂忆》,《纪念陈寅恪教授国际学术讨论会文集》,广州:中山大学出版社,1989 年。

卫聚贤:《中国考古小史》,上海:商务印书馆,1933 年。

卫聚贤:《中国考古学史》,上海:上海书店出版社,1984 年。

吴少珉、赵金昭主编:《二十世纪疑古思潮》,北京:学苑出版社,2003 年。

吴泽、袁英光:《古史辨派史学思想批判》,《历史教学问题》1958 年第 10 期。

吴振武:《燕国铭刻中的"泉"字》,《华学》第 2 辑,广州:中山大学出版社,1996 年。

吴振武:《楚文字中的"陵"和"陲"》,《长沙三国吴简暨百年来简帛发现与研究国际学术研讨会论文提要》,2001 年。

X

西安半坡博物馆:《西安半坡》,北京:文物出版社,1982 年。

夏鼐:《碳—14 测定年代和中国史前考古学》,《考古》1977 年第 4 期。

夏鼐:《夏鼐文集》,北京:社会科学文献出版社,2000 年。

萧超然:《北京大学与近现代中国》,北京:中国社会科学出版社, 2005 年。

萧超然等编:《北京大学校史》,北京:北京大学出版社,1988 年。

谢维扬:《中国早期国家》,杭州:浙江人民出版社,1995 年。

谢维扬、房鑫亮主编:《王国维全集》(全二十卷),杭州:浙江教育出版社,2010 年。

辛德勇:《秦始皇三十六郡新考》,《文史》2006 年第 1、2 辑(总第 74、75 辑),北京:中华书局。

徐炳昶:《中国古史的传说时代》,北京:中国文化服务社,1943 年。

徐炳昶、苏秉琦:《试论传说材料的整理与传说时代的研究》,《国立北平研究院史学集刊》第 5 期,1947 年 12 月。

徐刚:《古文源流考》,北京:北京大学出版社,2008 年。

徐坚:《暗流:1949 年之前安阳之外的中国考古学传统》,北京:科学出版社,2012 年。

徐旭生:《考古学能从哪一方面为历史服务》,《历史教学》1956 年第 9 期。

徐旭生:《1959 年夏豫西调查"夏墟"的初步报告》,《考古》1959 年第 11 期。

徐旭生:《中国古史的传说时代》,桂林:广西师范大学出版社, 2003 年。

徐元诰:《国语集解》,北京:中华书局,2002 年。

徐在国:《上博竹书(二)文字杂考》,《学术界》2003 年第 1 期。

徐则陵:《历史教学之设备问题及其解决之方法》,《史地学报》第 1 卷第 3 期。

徐中舒:《殷周之际史迹之检讨》,《中央研究院历史语言研究所集刊》第 7 本第 2 分,1939 年。

徐中舒:《徐中舒历史论文选辑》,北京:中华书局,1998 年。

许冠三:《新史学九十年》,长沙:岳麓书社,2003 年。

许宏:《何以中国:公元前 2000 年的中原图景》,北京:生活·读书·新知三联书店,2014 年。

Y

严文明主编:《中华文明史》(第 1 卷),北京:北京大学出版社,2006 年。

杨伯峻:《春秋左传注》,北京:中华书局,1990 年。

杨宽:《顾颉刚先生和〈古史辨〉》,《光明日报》1982 年 7 月 19 日。

杨宽:《历史激流中的动荡和曲折》,台北:时报文化出版企业有限公司,1993 年。

杨宽:《西周史》,上海:上海人民出版社,1999 年。

杨荣国:《从疑古到证古——科学旗帜下的不同追求》,洛阳大学东方文化研究院编:《疑古思潮回顾与前瞻》,北京:京华出版社,2003 年。

杨树达:《积微居金文说》(增订本),北京:中华书局,1997 年。

杨向奎:《"古史辨派"的学术思想批判》,《文史哲》1952 年第 3 期。

殷涤非、罗长铭:《寿县出土的鄂君启金节》,《文物参考资料》1958 年第 4 期。

尹达主编:《纪念顾颉刚学术论文集》,成都:巴蜀书社,1990 年。

于省吾:《鄂君启节考释》,《考古》1963 年第 8 期。

余英时:《文史传统与文化重建》,北京:生活·读书·新知三联书店,2004 年。

袁复礼:《论新发现的石器时代的文化》,《国学季刊》第 1 卷第 1 号,1923 年 1 月。

袁家荣:《玉蟾岩获水稻起源重要新证据》,《中国文物报》1996 年 3 月 3 日。

袁英光、刘寅生编:《王国维年谱长编(1877—1927)》,天津:天津人民出版社,1996 年。

袁仲一:《秦兵马俑坑》,北京:文物出版社,2003 年。

Z

曾运乾:《尚书正读》,北京:中华书局,1964 年。

查晓英:《从地质学到史学的现代中国考古学》,四川大学硕士学位论文,2003 年 5 月。

查晓英:《李济考古学方法论中的史学特征》,《考古学报》2014 年第 2 期。

张富海:《汉人所谓古文研究》,北京大学博士学位论文,2005 年 4 月。

张光直:《考古学与中国历史学》,《考古与文物》1995 年第 3 期。

张光直:《中国考古学论文集》,北京:生活·读书·新知三联书店,1999 年。

张岂之主编:《中国近代史学学术史》,北京:中国社会科学出版社,1996 年。

张书学:《顾颉刚与傅斯年治史异同论》,《东岳论丛》1994 年第 1 期。

张天恩:《关中商代文化研究》,北京:文物出版社,2004 年。

张文绪、裴安平:《澧县梦溪八十垱出土稻谷的研究》,《文物》1997 年第 1 期。

张越:《80 年来古史论辩的简要回顾与评析》,《纪念顾颉刚先生诞辰 110 周年论文集》,北京:中华书局,2004 年。

张越:《五四时期中国史坛的学术论辩》,南昌:百花洲文艺出版社,2004 年。

张忠培:《良渚文化的年代及其所处社会阶段》,《文物》1995 年第 5 期。

张忠培:《浅谈考古学的局限性》,《故宫博物院院刊》(总第 84 期),1999 年第 2 期。

章太炎:《章太炎全集》(第一至第六册),上海:上海人民出版社,1982—1986 年。

赵平安:《楚竹书〈容成氏〉的篇名及其性质》,饶宗颐主编:《华学》第 6 辑,北京:紫禁城出版社,2003 年。

赵万里:《赵万里文集》,北京:国家图书馆出版社,2011 年。

浙江省文物考古研究所:《浙江考古精华》,北京:文物出版社,1999 年。

浙江省文物考古研究所:《河姆渡——新石器时代遗址考古发掘报告》,北京:文物出版社,2003 年。

浙江省文物考古研究所:《良渚遗址群考古报告之一——瑶山》,北京:

文物出版社,2003 年。

　　浙江省文物考古研究所、上海市文物管理委员会、南京博物院编著:《良渚文化玉器》,北京:文物出版社·两木出版社,1989 年。

　　浙江省文物考古研究所反山考古队:《浙江余杭反山良渚墓地发掘简报》,《文物》1988 年第 1 期。

　　郑良树:《诸子著作年代考》,北京:北京图书馆出版社,2001。

　　郑良树编:《顾颉刚先生著述年谱》,北京:中国友谊出版公司,1987 年。

　　郑玄等注:《十三经古注》,北京:中华书局,2014 年。

　　中国社会科学院考古研究所:《偃师二里头 1959—1978 年考古发掘报告》,北京:中国大百科全书出版社,1999 年。

　　中国社会科学院考古研究所编著:《中国考古学(新石器时代卷)》、《中国考古学(夏商卷)》、《中国考古学(两周卷)》,北京:中国社会科学出版社,2010 年、2003 年、2004 年。

　　中国社会科学院考古研究所洛阳汉魏故城工作队:《偃师商城的初步勘探和发掘》,《考古》1986 年第 6 期。

　　中国社会科学院考古研究所山西第二工作队等:《2002 年山西襄汾陶寺城址发掘》,《中国社会科学院古代文明研究中心通讯》(第 5 期)。

　　中国社会科学院考古研究所山西工作队等:《山西襄汾陶寺遗址发掘简报》,《考古》1980 年第 1 期。

　　中国社会科学院考古研究所山西工作队等:《1978—1980 年山西襄汾陶寺墓地发现简报》,《考古》1983 年第 1 期。

　　中国社会科学院考古研究所山西工作队等:《山西襄汾陶寺遗址首次发现铜器》,《考古》1984 年第 12 期。

　　中国社会科学院考古研究所山西工作队等:《陶寺遗址 1983—1984 年 III 区居住址发掘的主要收获》,《考古》1986 年第 9 期。

　　中国社会科学院考古研究所山西工作队等:《陶寺城址发现陶寺文化中期墓葬》,《考古》2003 年第 9 期。

　　中国社会科学院考古研究所山西工作队等:《山西襄汾陶寺城址发现陶寺文化大型建筑基址》,《考古》2004 年第 2 期。

　　中国社会科学院科研局组织编选:《尹达集》,北京:中国社会科学出版社,2006 年。

　　中山大学历史系、中国社会科学院历史研究所合编:《纪念顾颉刚先生诞辰 110 周年论文集》,北京:中华书局,2004 年。

　　周宏伟:《传世文献中没有记载过洞庭郡吗?》,《湖南师范大学社会科学学报》第 32 卷第 3 期,2003 年 5 月。

　　周予同著、朱维铮编:《周予同经学史论著选集》,上海:上海人民出版社,1983 年。

　　朱凤瀚:《论中国考古学与历史学的关系》,《历史研究》2003 年第 1 期。

　　朱希祖:《整理中国最古书籍之方法论》,《北京大学月刊》第 1 卷第 3 号,1919 年 3 月。

　　诸祖耿:《战国策集注汇考》,北京:中华书局,1985 年。

　　竹添光鸿:《左氏会笺》,汉文大系第十卷,富山房合资会社,昭和五十三年。